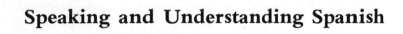

Speaking and Understanding Spanish

# John A. Thompson
# Alfredo Berumen

LOUISIANA STATE UNIVERSITY

## HOLT, RINEHART
## AND WINSTON

New York · Toronto · London

# Speaking and Understanding

# SPANISH

## FOURTH EDITION

## PHOTOGRAPHS

Dan Budnik—*Pages* 47, 82, 121, 124, 162, 193
Courtesy of the Mexican National Tourist Council—*Pages* 18, 134, 181, 220
Ediciones Sicilia, Zaragoza—*Page* 293
The Hispanic Society of America—*Page* 28
Helena Kolda—*Pages* 10, 95, 274, 291, 315, 316, 324–25, 334, 335, 343, 354, title page
The Museum of Modern Art, New York—*Page* 235
José Ortiz Echagüe—*Page* 301

*Speaking and Understanding Spanish, Fourth Edition* by John A. Thompson and Alfredo Berumen
Copyright © 1973, 1967, 1962, 1958 by Holt, Rinehart and Winston, Inc.
All Rights Reserved

Library of Congress Catalog Card Number: 72-90219
Printed in the United States of America

**ISBN: 0-03-000986-3**

4  5  6  7  8    038    9  8  7  6  5  4  3  2

# Contents

v

**Me gustan más aquéllas.** *I like those over there better.*

Possessive adjectives and pronouns. Demonstrative adjectives and pronouns. Idioms with **tener, hacer** and **acabar.** The seasons. Review of object pronouns.

**Hacía sol en Toluca.** *The sun was shining in Toluca.*

Review of future tense. Conditional tense and conditional of probability. Sequence of tenses.

**Tampoco están aquí.** *They aren't here either.*

Comparative degree. Superlative. Comparison of equality. Days of the week. Adverbs of time.

**¿Será su coche?** *Can it be his car?*

Ordinal numerals. Tens and hundreds. Passive voice. **Estar +** past participle (apparent passive). Passive voice with **se.**

**Fueron construidas por los indios.** *They were built by the Indians.*

Radical-changing verbs. Present tense of **sentir, dormir, pedir.**

**Puedes dar la vuelta.** *You can turn around.*

Commands with **usted** and **ustedes.** Present subjunctive of regular and irregular verbs. Position of pronoun objects of commands.

**¡Levántese usted!** *Get up!*

Regular and irregular imperatives with **tú** and **vosotros.** Negative commands.

# *Preface*

The authors of this textbook have always sought to make the teaching and learning of Spanish as smooth, painless, and effective as possible. They firmly believe that the skills of a second language can best be acquired in the same order as are those of one's native tongue, but at a vastly accelerated pace. As in previous editions, emphasis has been given to understanding the spoken language and to speaking it with an acceptable accent. Nevertheless, provision has been made from the beginning for cultivation of reading and writing skills and for acquiring control of the inflections and structure of Spanish.

The language is the everyday language of educated people. It is neither stilted nor too colloquial. The vocabulary, the expressions of the dialogs and of the drills, even those not directly based on the dialogs, are those commonly used by native speakers in daily situations. Nationalisms and regionalisms have been avoided, making the material useful and acceptable in any Spanish speaking country.

The preliminary dialog is the first part of each lesson and deals with incidents of daily life. The expressions used in it introduce and illustrate the principles of sentence structure taken up in the lessons. This is also true of the main dialog, which is suitable for either conversation or reading, and which has been moved to the back of the lesson, immediately before the *Cuestionario* and the *Traducción*.

The drills of each lesson have been prepared with the words and expressions of the dialogs of the lesson and, occasionally, of the preceding lessons. This gives the lesson a unified and coherent quality. The number of the repetition drills has been minimized and that of the variation drills, which offer some challenge to the student, has been increased; however, special care has been taken not to make the variation drills so complex and difficult as to discourage the average student.

Although this book may be used effectively without the aid of a language laboratory, it is strongly recommended that the accompanying tape recordings be used where laboratory facilities are available.

There is an accompanying workbook, which also has tape recordings, that provides drills that parallel and supplement those of the textbook. These increase the effectiveness of instruction in college classes and make the book suitable for use in secondary schools, particularly those where Spanish is taught in the junior and senior years. The workbook and its tape recordings may be used in laboratory sessions independently of class recitation; or they may be used for additional class drills, for example in secondary schools where the ratio of in-class drills to out-of-class study is greater.

Paragraph headings and instructions for doing the exercises are given in Spanish, with English translations in the earlier lessons, in order to facilitate the use and comprehension of the target language in classroom directions and explanations.

The dialogs of each lesson are in current everyday Spanish, and are accompanied in parallel columns, or followed immediately, by versions in idiomatic English with occasional literal translations, so that the student may know immediately and always the meaning of what he is hearing and speaking.

It is the authors' hope that the use of this book will make the teaching and learning of Spanish both effective and pleasant.

John A. Thompson
Alfredo Berumen

# Speaking and Understanding Spanish

# ✦ Lección Preliminar

## LA PRONUNCIACIÓN ESPAÑOLA
### *Spanish Pronunciation*

The sound structure of Spanish is simpler than that of other languages. Nevertheless, Spanish sounds are not so simple as is usually believed. The following explanations are of a general, nontechnical nature. They are meant to be an introduction and not by any means a complete treatise.

There are some regional variations in Spanish pronunciation, but far fewer than in English. The pronunciation given in this book is that which is used generally in the American hemisphere. Castilian pronunciation, current in central Spain, differs from the American most noticeably in the lisping of the **z** and the **c** (followed by **e** or **i**).

It is possible to acquire an authentic Spanish pronunciation, but one must make a special effort to do so. It is much more difficult to correct a faulty pronunciation, once learned, than it is to acquire a good pronunciation from the beginning. Therefore, the student should listen to Spanish sounds and imitate them with care and precision, not only in the following drills but throughout his study of Spanish. In listening and imitating, it is very important not to try to relate Spanish sounds to similar ones in English because very few sounds are the same in both languages.

## A. LAS VOCALES (*The Vowels*)

(1) La vocal **a**
Repita usted (*Repeat*):

**a, casa, a la casa, va a la casa, Ana**
**Ana va a la casa.** *Anne goes to the house.*

(2) La vocal **e**
Repita usted:

**té, bebe té, Pepe, Pepe bebe té**
**Sé que Pepe bebe té.** *I know that Joe drinks tea.*

1

(3)  La vocal **i** (written **y** in some situations)
Repita usted:

**aquí, vive aquí, dice que vive aquí, Mimí**
**Mimí dice que vive aquí.**   *Mimi says that she lives here.*

(4)  La vocal **o**
Repita usted:

**o, solo, como solo, cuando como solo, poco, como poco**
**Como poco cuando como solo.**   *I eat little when I eat alone.*

(5)  La vocal **u**
Repita usted:

**u, pluma, su pluma, mucho, usa mucho su pluma, Lupe**
**Lupe usa mucho su pluma.**   *Lupe uses her pen a lot.*

## B.  LOS DIPTONGOS (*The Diphthongs*)

Any combination of two of the vowels **a, e, o,** or accented **í, ú** forms two syllables. A combination of unaccented **i** or **u** with any other vowel forms a diphthong and is one syllable. (The combinations **iai, iei, uai,** and **uei** are triphthongs and pronounced as one syllable.)

In the diphthongs **ia, ie, io,** and **iu** the **i** is sounded approximately as English *y* in *yet*.

In the diphthongs **ua, ue, ui,** and **uo** the **u** is sounded as *w* in *wet*.

(1)  El diptongo **ai (ay)**
Repita usted:
**aire, al aire libre, bailes, hay, hay bailes**
**Hay bailes al aire libre.**   *There are dances in the open air.*

(2)  El diptongo **ei (ey)**
Repita usted:
**ei, carey, peines, peines de carey, seis, seis peines**
**Compré seis peines de carey.**   *I bought six tortoise-shell combs.*

(3)  El diptongo **oi (oy)**
Repita usted:
**oi, estoy, estoy triste, hoy, voy, hoy no voy**
**Hoy no voy porque estoy triste.**   *I'm not going today because I'm sad.*

(4)  El diptongo **ui (uy)**
Repita usted:
**ui, cuidar, cuidar el coche, Luis, fui con Luis**
**Fui con Luis a cuidar el coche.**   *I went with Louis to take care of the car.*

(5) El diptongo **au**
Repita usted:

**au, auto, causa, a causa del auto, Laura**
**Laura cayó a causa del auto.** *Laura fell because of the car.*

(6) El diptongo **eu**
Repita usted:

**eu, Europa, en Europa, deudos, Eugenio**
**Eugenio tiene deudos en Europa.** *Eugene has relatives in Europe.*

## C. LAS CONSONANTES (*The Consonants*)

**f** (la **efe**), **k** (la **ka**), **m** (la **eme**), **n** (la **ene**), **p** (la **pe**)
These consonants represent about the same sounds in Spanish as in English.

**c** (la **ce**)
**c** has the sound of English *c* in *cook* except in the groups **ce** and **ci**, where it has the sound of *s* in *say*.

**ch** (la **che**)
**ch,** which is treated as one letter and listed after **c** in Spanish dictionaries (and in the Spanish-English vocabulary in the back of this book), has the sound of *ch* in *chat, church.*

**h** (la **hache**)
**h** is soundless in Spanish.

**qu** (la **cu**)
The combination **qu** has the sound of *k* (never *kw*). It does not occur except before **e** or **i**.

**s** (la **ese**)
**s** has approximately the sound of English *s* in *saw* (not *was*).

**x** (la **equis**)
Before a vowel, **x** has the sound of *ks* in *boxing* (not *gz* as in *exam*). When it is followed by a consonant, **x** has the sound of *s* (**explicar** = **esplicar**).

**z** (la **zeta**)
**z** has the sound of *s* in *lasso* (not *z* in *lazy*). **z** rarely occurs before **e** or **i**, where **c** is used in its stead.

NOTE: In Castilian, **z** and **c** + **e** or **i** have the sound of *th* in *think*.

The following consonants represent sounds in Spanish with no close equivalent in English. Study the explanations carefully and practice the drills.

NOTE: In English the letters *b*, *d*, and *g* are called stops, because the flow of the air through the mouth is completely stopped and then released to produce the sounds of these letters. In Spanish (except in certain positions as indicated below), the sounds represented by these letters are produced without stopping the flow of air.

### b, v (la be)

(1) Unless it follows **m, n,** or a pause, **b** (or **v**) represents a sound that is formed between the lips, but without completely closing the lips.
Repita usted:

**avión, al bajar, al bajar del avión, la vi**
**La vi al bajar del avión.**   *I saw her getting off the plane.*

**a verme, no viene a verme, el abuelo**
**El abuelo no viene a verme.**   *Grandfather is not coming to see me.*

(2) Following **m, n,** or a pause, **b** (or **v**) has the sound of English *b*. **n** before **b** (or **v**) is pronounced as **m** (**invitar = imbitar**).
Repita usted:

**vecino, un buen vecino (= um buem becino), Vicente**
**Vicente es un buen vecino.**   *Vincent is a good neighbor.*

### d    (la de)

The sound of Spanish **d** is formed between the tip of the tongue and the lower back of the upper front teeth, not between the tongue and the upper gums as in English.

(1) The flow of air is not stopped to initiate the sound of **d** unless it follows **l, n,** or a pause.
Repita usted:

**adiós, te dice, te dice adiós, Eduardo**
**Eduardo te dice adiós.**   *Edward is saying goodbye to you.*

**nadie, saluda, no saluda a nadie, criada**
**La criada no saluda a nadie.**   *The maid doesn't greet anybody.*

(2) There is complete closure of tongue tip against teeth to initiate the sound of **d** only when it follows **l, n,** or a pause.
Repita usted:

**dinero, buscando, buscando el dinero, anda, Daniel**
**Daniel anda buscando el dinero.**   *Daniel is looking for the money.*

### t    (la te)

The sound of Spanish **t** is formed by placing the tip of the tongue in contact with the lower back of the upper front teeth (not against the gums as in English) and releasing the closure without a forceful expulsion of air.

Repita usted:

**tapetes, tiene tapetes, tienda, esta tienda**
**Esta tienda tiene tapetes.** *This store has tapestries.*

**taxi, este taxi, tome, tome usted**
**No tome usted este taxi.** *Don't take this taxi.*

r (la **ere**)

The sound of Spanish single **r** is formed by a quick flick of the tip of the tongue against the ridge of the upper front gums. The sound resembles that produced by a quick pronunciation of the English *dd* in *eddy*.

Repita usted:

**parque, ir al parque, quiere ir al parque, Sara**
**Sara quiere ir al parque.** *Sarah wants to go to the park.*

**Clara, toros, a los toros, iré a los toros.**
**Iré a los toros con Clara.** *I'll go to the bullfight with Clara.*

dr (el grupo **de ere**)

Repita usted:

**Pedro, padre, el padre de Pedro, cuadro**
**Vi el cuadro del padre de Pedro.** *I saw the painting of Peter's father.*

**madre, podrá, podrá ver a su madre, Isidro**
**Isidro podrá ver a su madre.** *Isidore will be able to see his mother.*

tr (el grupo **te ere**)

Repita usted:

**treinta, tres, a las tres treinta, el tren**
**El tren llegó a las tres treinta.** *The train arrived at 3:30.*

**traje, otro, otro traje, trajo**
**Luis no trajo el otro traje.** *Louis didn't bring the other suit.*

rr (la **erre**)

The sound of Spanish **rr** (and single **r** when it is the first letter of or follows **l** or **n** in a word) is produced by vibrating the tip of the tongue forcefully against the upper gum ridge (two to four quick flicks, as contrasted with one flick for the single **r**).

Repita usted:

**corre, corre mucho, Rosa, el perro de Rosa**
**El perro de Rosa corre mucho.** *Rose's dog runs a lot.*

**correo, cierran, ya cierran el correo, corre**

**Corre que ya cierran el correo.**  *Run, for they are already closing the post office.*

**Enrique, sonrió, sonrió al ver a Enrique, Rita**
**Rita sonrió al ver a Enrique.**  *Rita smiled on seeing Henry.*

l     (la **ele**)
The sound of Spanish **l** resembles that of English *l* in *leap*. It is quite different from final *l* in English, to which a vowel sound is frequently given by arching the tongue as the *l* is produced, as in *meal* (= *me-ul*).
Repita usted:

**algo, olvidó, olvidó algo en casa, Alberto**
**Alberto olvidó algo en casa.**  *Albert forgot something at home.*

**español, el español, faltas, habla sin faltas, Olga**
**Olga habla sin faltas el español.**  *Olga speaks Spanish without mistakes.*

ll    (la **elle**)
**ll** is treated as a separate letter in Spanish and is listed after **l** in Spanish dictionaries and in the Spanish-English vocabulary in the back of this book. In Spanish America the sound is like that of Spanish **y**. (In Spain it resembles English *-lli-* in *million*.)

y     (la **ye** o la **y griega**)
Except when final, the Spanish **y** is a consonant, not a semivowel. It is similar to English *y* in *yeast*, but is pronounced with the tongue in firm contact with both sides of the palate.
Repita usted:

**ayuda, sin ayuda, leyó ayer, leyó ayer sin ayuda**
**Luis leyó ayer sin ayuda.**  *Louis read yesterday without help.*

**cayó, ella, ella se cayó, ya**
**Ya sé que ella se cayó.**  *I already know that she fell.*

ñ     (la **eñe**)
**ñ** is listed after **n** in Spanish dictionaries. The sound is similar to that of *ny* pronounced as a single sound (not as separate sounds as in *can-yon*). It resembles *new* pronounced *niu*, not *noo*.
Repita usted:

**risueña, niña, una niña risueña, Toña**
**Toña es una niña risueña.**  *Toña is a cheerful little girl.*

**España, Núñez, señor, el señor Núñez**
**El señor Núñez va a España.**  *Mr. Núñez is going to Spain.*

g (la **ge**)

**g** in the groups **ge** and **gi** has the sound of Spanish **j** (see below). **u** in the groups **gue** and **gui** is silent unless marked with a dieresis (**ü**). The sound of **g** or **gu** (+ **e, i**) is formed by arching the back of the tongue to the soft palate, approximately as the *g* in *gum*.

(1) The flow of air is not stopped to initiate the sound of **g** unless it follows **n** or a pause:
Repita usted:

**lugar, este lugar, agua, el agua de este lugar, me gusta**
**Me gusta el agua de este lugar.**  *I like the water of this place.*

**llegó, ya llegó el guía, pregunta**
**Pregunta si ya llegó el guía.**  *Ask if the guide has already come.*

(2) **g** after **n** or a pause has approximately the sound of *g* in *go*.
Repita usted:

**fandango, Domingo, venga, venga Domingo al fandango**
**Quizá venga Domingo al fandango.**  *Perhaps Domingo will come to the fandango.*

j (la **jota**)

The sound of Spanish **j** and **g** (+ **e, i**) is formed between the back of the tongue and the back of the soft palate. The air passage is restricted but not closed. The sound resembles that of *h* in English *heat*.
Repita usted:

**Gil, la copa de Gil, cogió, cogió la copa de Gil, gitano**
**El gitano cogió la copa de Gil.**  *The gypsy took Gil's glass.*

## D.  ENLACE Y ACENTUACIÓN (*Linking and Stress*)

### (1)  Enlace

(a) Consecutive vowels in a phrase are pronounced without a break in the continuity of sound.
Repita usted:

**Venga‿a la‿oficina.**  *Come to the office.*

(b) A final consonant is pronounced with a following initial vowel without a break in the continuity of sound.
Repita usted:

**Ellos‿irán‿a casa.**  *They will go home.*

(c) Consecutive identical consonants are pronounced as one, but with greater duration than a single consonant.
Repita usted:

**Las‿señoras van con‿nosotros.**   *The ladies are going with us.*

## (2)   Acentuación de palabras (*Word Stress*)

(a) If a Spanish word ends in a vowel, **-n,** or **-s,** the next-to-last syllable normally has primary stress.
Repita usted:

**Mis amigos lo encontraron en el mercado.**   *My friends found it in the market.*

(b) If a Spanish word ends in a consonant (including **-y**) other than **-n** or **-s**, the last syllable normally has primary stress.
Repita usted:

**¿Va usted al hotel?**   *Are you going to the hotel?*

(c) Any exception to (a) and (b) must have a written accent over the stressed vowel.
Repita usted:

**Verán la película el miércoles.**   *They will see the film on Wednesday.*

(d) Spanish words of several syllables may have secondary stresses.
Repita usted:

**Los enamorados encontraron la felicidad en el matrimonio.**   *The lovers found happiness in marriage.*
**Están matriculados en la universidad.**   *They are registered in the university.*

CAUTION: Avoid using English stress patterns in pronouncing cognate Spanish words:
ENGLISH: *general,      consonant,      university,      impossible*
SPANISH: **general,   consonante,   universidad,   imposible**

## (3)   Acentuación de frases (*Sentence Stress*)

### (a) Elementos átonos (*Unstressed Elements*)
NOTE: In English it is possible to stress any element of a sentence, even articles, for emphasis. In Spanish, definite articles, pronoun objects of verbs, and possessives that precede a noun are never stressed, and short relatives, prepositions, and conjunctions are not normally stressed.

DEFINITE ARTICLES
Repita usted:

el **señor,** el **dueño,** de la **tienda**
El **señor es** el **dueño** de la **tienda.**   *The gentleman is the owner of the store.*

los de **atrás, no oyen,** lo que **dices**
Los de **atrás no oyen** lo que **dices.**   *Those behind don't hear what you say.*

OBJECT PRONOUNS
Repita usted:

nos **saluda,** si la **saludamos, Ana**
**Ana** nos **saluda** si la **saludamos.**   *Anne greets us if we greet her.*

POSSESSIVES
Repita usted:

mi **primo,** tu **hermano,** se **conocen**
Mi **primo** y tu **hermano** se **conocen.**   *My cousin and your brother know each other.*

su **hotel,** nuestra **casa, están cerca**
Su **hotel** y nuestra **casa están cerca.**   *Their hotel and our house are near.*

**(b) Elementos tónicos** (*Stressed Elements*)
In addition to the nouns, verbs, and descriptive adjectives that are usually stressed in both languages, the following elements, frequently unstressed in English, are stressed in Spanish: indefinite articles, demonstratives, subject pronouns, pronoun objects of prepositions, adverbs, and auxiliary verbs in compound tenses.

INDEFINITE ARTICLES
Repita usted:

**unos lápices, una pluma, quicro**
**Quiero unos lápices** y **una pluma.**   *I want some pencils and a pen.*

DEMONSTRATIVES
Repita usted:

**aquel mozo, estas maletas, trajo**
**Aquel mozo trajo estas maletas.**   *That porter brought these suitcases.*

SUBJECT PRONOUNS
Repita usted:

**yo creo,** que **ella es, guapa**
**Yo creo** que **ella es guapa.**   *I believe that she is pretty.*

VERBS
Repita usted:

**soy estudiante, estudio mucho**
**Soy estudiante** y **estudio mucho.** *I am a student and I study hard (much).*
me **ha dicho,** le **gustas**
**Ella** me **ha dicho** que le **gustas.** *She has told me that she likes you.*

ADVERBS
Repita usted:

**no estudio, ya sé,** la **lección**
**No estudio** porque **ya sé** la **lección.** *I don't study because I already know the lesson.*
**ya no bailo,** porque **estoy, muy cansado**
**Ya no bailo** porque **estoy muy cansado.** *I no longer dance because I am very tired.*

NOTE: The Spanish patterns of pitch, or rise and fall of voice inflection, are different from those of English. The student will do well to notice this aspect of Spanish pronunciation in the drills and imitate it carefully.

# ✦ Lección 1

## A. DIÁLOGO PRELIMINAR

(UN SEÑOR Y UNA SEÑORITA ENTRAN EN EL HOTEL.)

(A GENTLEMAN AND A YOUNG LADY ENTER THE HOTEL.)

EL EMPLEADO: Buenos días, señor.

THE CLERK: *Good morning, sir.*

EL SEÑOR: Buenos días.

THE GENTLEMAN: *Good morning.*

EL EMPLEADO: ¿Cómo está usted?

THE CLERK: *How are you?*

EL SEÑOR: Muy bien, gracias.

THE GENTLEMAN: *Very well, thank you.*

EL EMPLEADO: ¿Desea usted habitación?

THE CLERK: *Do you want a room?*

EL SEÑOR: Sí, señor, deseo una habitación buena.

THE GENTLEMAN: *Yes, sir, I want a good room.*

EL EMPLEADO: Hay una en el segundo piso.

THE CLERK: *There is one on the second floor.*

EL SEÑOR: Muy bien.

THE GENTLEMAN: *Very well.*

EL EMPLEADO: ¿Usted también desea habitación, señorita?

THE CLERK: *Do you also want a room, miss?*

LA SEÑORITA: No, señor, yo vivo en una casa particular.

THE YOUNG LADY: *No, sir, I live in a private home.*

## B.   PRÁCTICA
*Practice*

**(a)**    Conteste usted con frases completas (*answer in complete sentences*):

1. ¿Dice el empleado (*Does the clerk say*) "Buenos días" o (*or*) "Buenos días, señor"?
2. ¿Dice el empleado "¿Cómo está?" o "¿Cómo está usted?"?
3. ¿Dice el señor "Muy bien" o "Muy bien, gracias"?
4. ¿Dice el empleado "¿Desea habitación?" o "¿Desea usted habitación?"?
5. ¿Dice el señor "Deseo una habitación" o "Deseo una habitación buena"?
6. ¿Dice el empleado "Hay una en el piso" o "Hay una en el segundo piso"?
7. ¿Dice el señor "Bien" o "Muy bien"?
8. ¿Dice la señorita "Yo vivo en una casa" o "Yo vivo en una casa particular"?

**(b)**    Hable usted (*speak*) con frases completas:

1. Repita usted (*Repeat*), "Buenos días, señor".
2. Salude usted a un señor (*Greet a gentleman*).
3. Repita usted, "Buenos días, señorita".
4. Salude usted a una señorita.
5. Repita usted, "Buenos días, señores".
6. Salude usted a unos señores (*Greet some gentlemen*).
7. Repita usted, "Buenos días, señoritas".
8. Salude usted a unas señoritas.

## C.   LOS PRONOMBRES SUJETOS Y EL VERBO "ESTAR"

Spanish has two verbs that mean *to be*. They are **ser** and **estar**, but they are not interchangeable. The verb **estar** is used when referring to location or personal health. (Other uses of **estar** and the uses of **ser** will be given later.)

**(a)** Estudie usted los pronombres sujetos y el presente del verbo **estar** en la tabla siguiente y en el ¶24A del APÉNDICE. (*Study the subject pronouns and the present of the verb* **estar** *in the following table and in ¶24A of the* APPENDIX.

| ESTAR *to be* | | | |
|---|---|---|---|
| yo *I* | estoy | nosotros –as *we* | estamos |
| tú *you* | estás | vosotros –as *you* | estáis |
| usted *you* | | ustedes *you* | |
| él *he, it* | está | ellos *they* | están |
| ella *she, it* | | ellas *they* | |

NOTE: In most parts of Spanish America the pronoun **ustedes** (with its appropriate verb form) has replaced **vosotros**. The abbreviations of **usted** and **ustedes** are **Ud.** or **Vd.** and **Uds.** or **Vds.** respectively.

**(b)** Repita usted las frases cambiando las palabras subrayadas como se indica (*Repeat the sentences changing the underlined words as indicated*):

   1. Ana desea habitación, pero yo no.

      1. nosotros   2. tú   3. vosotros   4. usted   5. ustedes

   2. Él está bien, pero ella no.

      1. tú   2. ellos   3. ellas   4. usted   5. ustedes

**(c)** Repita usted las frases usando las formas de **estar** requeridas por los sujetos indicados. (*Repeat the sentences using the forms of* **estar** *required by the indicated subjects.*) NOTE: *It is usually not necessary to express the subject pronouns in Spanish, because in most cases the subject is indicated by the ending of the verb or by the context. The subject pronouns are used for clarity (particularly in the third person), for emphasis, or for courtesy with* **usted, ustedes.**

   *In the drill exercises that follow, the pronouns* **yo, nosotros, tú, vosotros** *are placed in brackets in order to indicate that they would not normally be expressed.*

Ejemplo: (Example) Ana está en el segundo piso.

                        las señoritas

                Las señoritas están en el segundo piso.

   1. [Yo] estoy en la ciudad de México.

      1. [nosotros]   2. usted   3. ustedes   4. ella   5. ellas

2. ¿Está Carlos en la habitación?

    1. [tú]  2. ella  3. [vosotros]  4. usted  5. ellos

3. El empleado está en el hotel.

    1. [yo]  2. [nosotros]  3. él  4. ellos  5. ella

4. ¿Cómo está usted?

    1. ustedes  2. [tú]  3. él  4. Carlos  5. Ana y Carlos

5. [Yo] no estoy muy bien.

    1. [nosotros]  2. usted y yo  3. ustedes  4. usted y él
    5. la señorita

**(d)** Complete usted las frases usando un pronombre apropiado a la forma del verbo (*Complete the sentences using a pronoun appropriate to the form of the verb*):

Ejemplo:  _____ estáis en la habitación.
             Vosotros estáis en la habitación.

1. _____estoy bien, gracias.
2. _____están en la habitación.
3. ¿Cómo estás _____?
4. _____está en el hotel.
5. ¿Cómo están _____?
6. _____estamos bien, gracias.

# D.  FRASES INTERROGATIVAS Y NEGATIVAS

*Interrogative and Negative Sentences*

Spanish interrogative sentences are formed simply by placing the subject (noun or pronoun) after the verb and writing an initial (inverted) and a final question mark. For example: **¿Habla Carlos** español**?, ¿Desea ella** una habitación**?** (*Does Charles speak* Spanish?, *Does she want* a room?).

Spanish negative sentences are formed by placing **no** before the verb. If ·the verb has an object pronoun, the word order is **no** + object pronoun + verb. For example: Ella **no** habla español, El **no lo** habla tampoco (She *doesn't speak* Spanish, He *doesn't speak it* either). For further information see ¶¶2 and 3 in the APPENDIX.

**(a)** Repita usted las frases cambiando las palabras subrayadas como se indica:

    1. ¿Está Carlos en el hotel?

        1. Ana   2. el señor   3. el empleado   4. él   5. ella

    2. ¿Desea Carlos una habitación?

        1. usted   2. ella   3. el doctor   4. el señor
        5. el empleado

    3. ¿No están (*aren't*) ustedes en la casa?

        1. Ana y Carlos   2. usted y Ana   3. ellos   4. ellas
        5. él y ella

    4. ¿No desean [ustedes] (*don't you want*) una casa?

        1. ellos   2. ellas   3. usted y ella   4. usted y él
        5. Ana y Carlos

**(b)** Cambie usted las frases a la forma interrogativa (*Change the sentences to the interrogative form*):

Ejemplo: La señora habla inglés.
        ¿Habla la señora inglés?

    1. Ana desea una habitación.
    2. Carlos habla español.
    3. La empleada habla inglés.
    4. La casa está cerca (*near*).
    5. El señor desea una casa particular.

**(c)** Cambie usted las frases a la forma negativa:

Ejemplo: Carlos saluda a la empleada.
        Carlos no saluda a la empleada.

    1. Estoy bien ahora (*now*).
    2. Ana desea una habitación. (*Omit* **una** *in the negative sentence.*)
    3. Ellos entran en el salón.
    4. Nosotros saludamos a la empleada.
    5. Carlos vive en el hotel.

**(d)** Conteste usted en español con frases afirmativas:

Ejemplo: ¿Entran Carlos y Ana en el hotel?
Sí, señor, Carlos y Ana entran en el hotel.

1. ¿Entran Carlos y Ana en el salón?
2. ¿Saludan Carlos y Ana a la empleada?
3. ¿Saluda la empleada a Carlos y Ana?
4. ¿Están bien Carlos y Ana?
5. ¿Desea la señorita una habitación?
6. ¿Vive Carlos en una casa particular?
7. ¿Está el hotel cerca de la casa?
8. ¿Está la casa cerca del hotel?

## E. DIÁLOGO

### Deseo una habitación

*Carlos y Ana entran en el salón del Hotel María Cristina de la ciudad de México y saludan a la señora empleada.*

CARLOS: Buenos días, señora.

LA SEÑORA: Buenos días, señor; buenos días, señorita. ¿Cómo están ustedes?

CARLOS: Estamos muy bien, gracias. ¿Cómo está usted?

LA SEÑORA: Yo estoy bien, gracias. ¿Que desean ustedes?

CARLOS: La señorita desea una habitación aquí, si es posible.

LA SEÑORA: Sí, señor, hay una buena habitación en el segundo piso.

ANA: Muchas gracias, señora.

LA SEÑORA: De nada, señorita. Usted desea una habitación también, ¿verdad, señor?

CARLOS: No, señora. Yo no deseo habitación, porque . . . ¿Cómo se dice en español "*private home*"?

LA SEÑORA: Se dice "casa particular".

CARLOS: Gracias. Pues yo vivo en una casa particular cerca de aquí.
LA SEÑORA: Muy bien, señor.
CARLOS: Adiós, señora.
LA SEÑORA: Adiós, señor.
CARLOS: Hasta luego, Ana.
ANA: Hasta esta tarde, Carlos.

### I Want a Room

*Charles and Anne enter the lobby of the Hotel María Cristina in Mexico City and greet the lady clerk.*
CHARLES: Good morning, madam.
THE LADY: Good morning, sir; good morning, miss. How are you?
CHARLES: We are very well, thank you. How are you?
THE LADY: I am well, thank you. What do you wish?
CHARLES: The young lady wants a room here, if it's possible.
THE LADY: Yes, sir, there is a good room on the second floor.
ANNE: Many thanks, madam.
THE LADY: Not at all, miss. You want a room also, sir, don't you?
CHARLES: No, ma'am. I don't want a room because . . . How do you say "private home" in Spanish?
THE LADY: You say "*casa particular.*"
CHARLES: Thanks. Well, I live in a private home near here.
THE LADY: Very well, sir.
CHARLES: Good–by, ma'am.
THE LADY: Good–by, sir.
CHARLES: See you later, Anne.
ANNE: Until this afternoon, Charles.

## F.   CUESTIONARIO

Conteste usted en español según el diálogo con frases completas (*Answer in Spanish according to the dialogue in complete sentences*):

Ejemplo:    ¿En qué (*what*) ciudad están Carlos y Ana?
            Carlos y Ana están en la ciudad de México.

1. ¿Dónde (*where*) entran Carlos y Ana?   2. ¿Cómo está Carlos?   3. ¿Cómo está Ana?   4. ¿Cómo están Carlos y Ana?   5. ¿Desea Carlos una habitación?   6. ¿Qué desea Ana?   7. ¿Dónde vive Carlos?   8. ¿Dónde está la casa?   9. ¿Cómo se dice "*private home*"?   10. ¿Cómo se dice "*see you later*"?

## **G.** TRADUCCIÓN

Traduzca usted al español (*Translate into Spanish*):

Anne and Charles are in Mexico City. They enter the hotel. Anne wants a good room. There is a good room on the second floor. Charles does not want a room in the hotel. He lives (**vive**) in a private home. The home is near here.

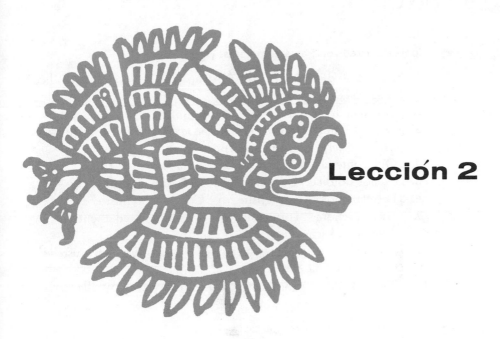

# Lección 2

## A. DIÁLOGO PRELIMINAR

EL SEÑOR: Buenas tardes, señora.

THE GENTLEMAN: *Good afternoon, ma'am.*

LA SEÑORA: Buenas tardes, señor.

THE LADY: *Good afternoon, sir.*

EL SEÑOR: ¿Está la señorita?

THE GENTLEMAN: *Is the young lady in?*

LA SEÑORA: Sí, señor. Está en su habitación.

THE LADY: *Yes, sir. She is in her room.*

EL SEÑOR: Haga usted el favor de llamarla.

THE GENTLEMAN: *Please (do the favor to) call her.*

LA SEÑORA: Con mucho gusto. Tome usted asiento.

THE LADY: *With much pleasure. Have (take) a seat.*

EL SEÑOR: Muchas gracias.

THE GENTLEMAN: *Many thanks.*

LA SEÑORA: ¿Cómo se llama usted, señor?

THE LADY: *What is your name, sir?*

EL SEÑOR: Antonio Sánchez, para servir a usted.

THE GENTLEMAN: *Anthony Sanchez, at your service.*

LA SEÑORA: Gracias. Voy a llamarla.

THE LADY: *Thanks. I am going to call her.*

19

## B. PRÁCTICA

**(a)**  Conteste usted con frases completas:

1. El señor no dice (*doesn't say*) "Buenos días, señora". ¿Qué dice? (*What does he say?*)
2. ¿Qué dice la señora?
3. ¿Dice el señor (*Does the gentleman say*) "¿Está la señorita aquí (*here*)?" o (*or*) "¿Está la señorita?"?
4. ¿Qué contesta la señora (*What does the lady answer?*)
5. El señor no dice "Llámela usted (*Call her*)". ¿Qué dice?
6. ¿Dice la señora "Con gusto" o "Con mucho gusto"?
7. ¿Dice la señora "Tome asiento" o "Tome usted asiento"?
8. ¿Qué dice el señor?
9. ¿Dice la señora "¿Cómo se llama?" o "¿Cómo se llama usted?"?
10. ¿Cómo se llama el señor?
11. ¿Dice la señora "Voy a llamar a la señorita" o "Voy a llamarla"?

**(b)**  Hable usted con frases completas:

1. Salude usted (*Greet*) al señor.
2. Salude usted a la señora.
3. Pregunte usted si (*Ask if*) está la señorita.
4. Pregunte si la señorita está en su habitación.
5. Pregunte al señor (*Ask the gentleman*) cómo se llama.
6. Pregunte a la señora cómo se llama.
7. Pregunte usted cómo me llamo (*what my name is*).
8. Pregunte al señor si se llama Antonio Sánchez.

## C. EL TIEMPO PRESENTE DE LOS VERBOS EN "-AR" Y DEL VERBO "IR"

**(a)**  Estudie usted la formación del tiempo presente de los verbos en **-ar** y la formación del tiempo presente del verbo **ir** en las tablas siguientes y en los ¶¶ 28 y 39 del APÉNDICE (*Study the formation of the present tense of the -ar verbs and the formation of the present tense of the verb ir in the following tables and in ¶28 and ¶39 of the* APPENDIX).

```
                    HABLAR
        hablo              hablamos
        hablas             habláis
        habla              hablan
```

```
                     IR
        voy                vamos
        vas                vais
        va                 van
```

NOTE: Notice the meaning of the present tense of Spanish verbs. The verb form **hablo**, for example, can mean *I talk*, *I am talking*, or *I do talk*, depending on the context.

The verb **ir** requires the preposition **a** before an infinitive. For example: **Voy a bajar en cinco minutos** [*I will come down* (literally, *I am going to come down*) in five minutes]. The preposition *to*, which in English is a sign of the infinitive form, is not translated into Spanish.

**(b)** Repita usted las frases cambiando las palabras como se indica:

1. Hablo con Ana por teléfono.

   1. Carlos  2. Pablo  3. el señor  4. la señora  5. la señorita

2. Hablamos con Pablo en español.

   1. María  2. Cristina  3. el empleado  4. la empleada
   5. la señorita

3. Hablas bien el español.

   1. el inglés  2. el francés  3. el italiano  4. el portugués
   5. el alemán

4. Ana y Carlos hablan mucho (*a lot*).

   1. usted y Ana  2. Pablo y Carlos  3. ella y usted
   4. ustedes  5. ellos

**(c)** Cambie usted las frases usando las formas del verbo requeridas por los sujetos:

Ejemplo:   Usted no habla con la señora.

           ellas
           Ellas no hablan con la señora.

1. [Yo] no hablo con usted.

    1. [nosotros]  2. él  3. ellos  4. ella  5. ella y yo

2. ¿Desea ella una habitación?

    1. ustedes  2. [tú]  3. ellos  4. usted  5. Ana y María

3. [Nosotros] saludamos a la señora.

    1. [tú]  2. ustedes  3. usted y ella  4. [vosotros]

    5. tú y yo

4. Carlos entra en el hotel.

    1. Carlos y yo  2. usted  3. tú y Carlos  4. [yo]  5. [tú]

**(d)** Cambie usted las frases con la forma apropiada de **ir**:

Ejemplo:   Carlos va a la ciudad de México.

           Carlos y Ana

           Carlos y Ana van a la ciudad de México.

1. [Yo] voy a la casa de Carlos.

    1. [tú]  2. [vosotros]  3. [nosotros]  4. usted  5. ustedes

2. Ana va a bajar en cinco minutos.

    1. [yo]  2. [nosotros]  3. [tú]  4. usted  5. usted y él

3. Ellas van a tomar asiento. (*to take a seat*).

    1. ella y yo  2. tú y yo  3. usted y yo  4. ellos  5. ustedes

## D.  LOS ARTÍCULOS Y EL GÉNERO Y NÚMERO DE LOS NOMBRES
*Articles and Gender and Number of Nouns*

Spanish nouns ending in vowels form the plural by adding **-s**; those ending in consonants add **-es**. For example: amigo, amigo**s**; señor, señor**es**. Nouns ending in **-n** or **-s** that have a written accent on the last syllable do not retain the accent in the plural. For example: habita**ción**, habita**ciones**. For further information see ¶15 of the APPENDIX.

**(a)** Estudie usted los artículos y el número y el género de los nombres en los ¶¶14, 15, 17 y 18 del APÉNDICE. (*Study the articles and the number and gender of nouns in ¶¶14, 15, 17, and 18 of the* APPENDIX.) Estudie usted también los artículos definidos e indefinidos en la tabla siguiente. (*Study also the definite and indefinite articles in the following table.*)

| LOS ARTÍCULOS | | | | |
| | Definidos | | Indefinidos | |
| Masculinos | el | los | un | unos |
| Femeninos | la | las | una | unas |

**(b)** Cambie usted las frases siguientes al plural según los ejemplos (*Change the following sentences to the plural according to the examples*):

**1.** Ejemplo:   El amigo está aquí.
Los amigos están aquí.

1. El empleado está aquí.
2. El asiento (*seat*) está aquí.
3. El teléfono está aquí.
4. El mexicano (*also spelled* mejicano) está aquí.
5. El americano está aquí.

**2.** Ejemplo:   La señora está cerca.
Las señoras están cerca.

1. La señorita está cerca.
2. La empleada está cerca.
3. La amiga está cerca.
4. La americana está cerca.
5. La casa está cerca.

**3.** Ejemplo:   El inglés (*Englishman*) pronuncia (*pronounces*) bien.
Los ingleses pronuncian bien.

1. El español (*Spaniard*) habla bien.
2. El señor habla bien.
3. El hotel está muy (*very*) cerca.
4. La habitación está muy cerca.
5. La ciudad está muy cerca.

**4.** Ejemplo:   Hay (*There is*) un empleado en el salón.
Hay unos (*There are some*) empleados en el salón.

1. Hay un empleado en el hotel.
2. Hay un señor en el salón.
3. Hay un teléfono en la habitación.
4. Hay un asiento en el salón.
5. Hay un salón en el hotel.

**5.** Ejemplo:   Una señorita desea tomar asiento.
Unas señoritas desean tomar asiento.

1. Una empleada desea entrar.
2. Una española (*Spanish lady*) desea entrar.
3. Una inglesa (*English lady*) desea bajar.
4. Una señora desea llamar.
5. Una señorita desea hablar.

## E.   CONTRACCIÓN DE LAS PREPOSICIONES "A" Y "DE" CON EL ARTÍCULO "EL"

The Spanish prepositions **a** and **de** contract when they are used in combination with the article **el**. For example: **La señorita baja al (a + el)** salón **del (de + el)** hotel. They do not contract with **la**, **los**, or **las**, the other forms of the definite article.

Cambie usted las frases siguientes según los ejemplos:

**1.** Ejemplo:   Saludo a los señores.
Saludo al señor.

1. Saludo a los empleados.
2. Saludo a los amigos.
3. Llamo a los señores.
4. Voy a los hoteles.
5. Voy a los salones.

**2.** Ejemplo:   Estamos cerca de los hoteles.
Estamos cerca del hotel.

1. Estamos cerca de los salones.
2. Ustedes están cerca de los teléfonos.
3. Carlos está cerca de los señores.
4. El teléfono está cerca de los asientos.
5. Estamos cerca de los teléfonos.

# F. PREGUNTAS Y RESPUESTAS
*Questions and Answers*

**(a)** Conteste usted en español afirmativamente (*affirmatively*):

Ejemplo:  ¿Entra Carlos en el hotel?
Sí, señor, Carlos entra en el hotel.

1. ¿Entran Carlos y Pablo en el hotel?
2. ¿Entra Carlos en la casa?
3. ¿Entran Carlos y Pablo en la casa?
4. ¿Saluda el amigo a la señora?
5. ¿Saludan los amigos a la señora?
6. ¿Está la señorita West en su habitación?
7. ¿Habla la empleada por teléfono?
8. ¿Habla la señora con Ana?
9. ¿Baja Ana en cinco minutos?
10. ¿Toman los amigos asiento?

**(b)** Conteste usted en español negativamente, según el ejemplo:

Ejemplo:  ¿Habla Carlos por teléfono?
No, señor, Carlos no habla por teléfono.

1. ¿Habla Pablo por teléfono?
2. ¿Habla la señora inglés?
3. ¿Toma Ana asiento?
4. ¿Toma ella asiento?
5. ¿Toman Ana y la señora asiento?
6. ¿Baja la señorita en unos minutos?
7. ¿Bajan las señoritas en un minuto?
8. ¿Bajan ellas en cinco minutos?

**(c)** Conteste usted en español según los ejemplos (*Answer in Spanish according to the examples*):

1. Ejemplo:  ¿Desea usted una habitación? o (*or*) ¿Deseas una habitación?
Sí, señor, deseo una habitación.

1. ¿Toma usted asiento?
2. ¿Habla usted español?
3. ¿Habla usted con la empleada?

4. ¿Hablas por teléfono?
5. ¿Llama usted a la señorita?
6. ¿Llamas a la señora?

2. Ejemplo:   ¿Saludan ustedes a Carlos? o ¿Saludáis a Carlos?
                  Sí, señor, saludamos a Carlos.

1. ¿Desean ustedes habitación?
2. ¿Están ustedes bien?
3. ¿Hablan ustedes inglés?
4. ¿Llaman ustedes a la señorita?
5. ¿Estáis cansados (tired)?
6. ¿Entran ustedes en el salón?

## G. DIÁLOGO

### ¿Está la señorita?

*Carlos y su amigo Pablo entran en el salón del hotel.*

CARLOS: Buenas tardes, señora.

LA SEÑORA: Buenas tardes, señores.

CARLOS: ¿Está la señorita Ana West?

LA SEÑORA: Sí, señor. La señorita West está en su habitación.

CARLOS: Haga usted el favor de llamarla.

LA SEÑORA: Muy bien, señor. ¿Cómo se llaman ustedes, por favor?

CARLOS: Yo me llamo Carlos Martín, para servir a usted.

LA SEÑORA: Gracias, ¿Y cómo se llama su amigo?

CARLOS: Se llama Pablo Herrera.

LA SEÑORA: Gracias. Voy a llamar a la señorita West.

*La señora habla con Ana por teléfono.*

LA SEÑORA: Hagan ustedes el favor de tomar asiento, señores. La señorita va a bajar en cinco minutos.

CARLOS: Muchas gracias . . . Usted habla inglés, ¿no es verdad, señora?

LA SEÑORA: No, señor. No hablo inglés; pero ustedes hablan muy bien el español.

CARLOS: No, señora, no hablamos muy bien. Yo lo hablo un poco, pero Ana casi no lo habla.

LA SEÑORA: Pero el señor Herrera lo habla, ¿no es verdad?

CARLOS: Sí, claro, Pablo es mexicano y lo habla perfectamente.

### Is the Young Lady In?

*Charles and his friend Paul enter the lobby of the hotel.*

CHARLES: Good afternoon, madam.

THE LADY: Good afternoon, gentlemen.

CHARLES: Is Miss Anne West in?

THE LADY: Yes, sir. Miss West is in her room.

CHARLES: Please call her. (Do the favor of calling her.)

THE LADY: Very well, sir. What are your names, please? (How do you call yourselves, please?)

CHARLES: My name is Charles Martin, at your service.

THE LADY: Thanks; and what's your friend's name?

CHARLES: His name is Paul Herrera.

THE LADY: Thank you. I am going to call Miss West.

*The lady talks with Anne by telephone.*

THE LADY: Please have a seat, gentlemen. The young lady will be down (is going to come down) in five minutes.

CHARLES: Thank you very much . . . You speak English, don't you, ma'am?

THE LADY: No, sir. I don't speak English, but you speak Spanish very well.

CHARLES: No, ma'am, we don't speak very well. I speak it a little, but Anne speaks hardly any (almost doesn't speak it).

THE LADY: But Mr. Herrera speaks it, doesn't he?

CHARLES: Yes, of course, Paul is Mexican and speaks it perfectly.

## H. CUESTIONARIO

Conteste usted en español según el diálogo con frases completas:

1. ¿Dónde entran Carlos y su amigo? 2. ¿Qué dice Carlos a la señora? 3. ¿Qué dice la señora? 4. ¿Qué pregunta Carlos? 5. ¿Dónde está la señorita West? 6. ¿Qué pregunta la señora? 7. ¿Cómo se llama el amigo de Carlos? 8. ¿Con quién (*whom*) habla la señora por teléfono? 9. ¿Habla la señora muy bien el inglés? 10. ¿Habla Ana muy bien el español? 11. ¿Habla Pablo muy bien el español? 12. ¿Es Pablo americano?

## I.  TRADUCCIÓN

Traduzca usted al español:

Charles and his friend enter the lobby of the hotel. They ask (*Preguntan*) if Miss West is in. The clerk talks with Anne by telephone. Charles and Paul take a seat. Anne comes down in five minutes. She does not speak Spanish very well and the clerk does not speak English well. Paul is Mexican and of course he speaks Spanish perfectly.

## ·♩♩ Lección 3

### A. DIÁLOGO PRELIMINAR

EL JOVEN: ¡Hola! ¿Cómo estás?

THE YOUNG MAN: *Hello! How are you?*

LA JOVEN: Un poco cansada.

THE YOUNG LADY: *A little tired.*

EL JOVEN: Te presento a mi amigo

THE YOUNG MAN: *This is my friend (I present my friend to you).*

EL AMIGO: Mucho gusto en conocerla.

THE FRIEND: *Very glad to meet you.*

LA JOVEN: El gusto es mío.

THE YOUNG LADY: *The pleasure is mine.*

EL JOVEN: Eres tan guapa como siempre.

THE YOUNG MAN: *You are as pretty as ever.*

LA JOVEN: Y tú eres tan galante como siempre.

THE YOUNG LADY: *And you are as gallant as ever.*

EL AMIGO: ¿Quiere usted comer con nosotros?

THE FRIEND: *Do you want to eat with us?*

LA JOVEN: Con mucho gusto.

THE YOUNG LADY: *With much pleasure.*

EL JOVEN: Pues vamos. Tengo hambre.

THE YOUNG MAN: *Then let's go. I'm hungry.*

29

## B. PRÁCTICA

**(a)** Conteste usted con frases completas:

1. ¿Dice el joven "¿Como estás?" o "¡Hola! ¿Cómo estás?"?
2. ¿Cómo está la joven?
3. ¿Dice el joven "Te presento a un amigo" o "Te presento a mi amigo"?
4. ¿Qué dice el amigo?
5. ¿Dice la joven "Mucho gusto" o "El gusto es mío"?
6. El joven no dice "Eres guapa". ¿Qué dice?
7. ¿Qué dice la joven?
8. ¿Dice el amigo "¿Quiere usted comer?" o "¿Quiere usted comer con nosotros?"?
9. ¿Qué contesta la joven?
10. ¿Dice el joven "Quiero comer" o "Tengo hambre"?

**(b)** Hable usted con frases completas:

1. Salude (*Greet*) usted a un amigo.
2. Pregunte usted a una amiga si está cansada.
3. Si yo lo presento (*If I introduce you*) a una señorita, ¿qué dice usted?
4. ¿Qué dice la señorita?
5. Dígale (*Tell*) usted a su amiga que es tan guapa como siempre.
6. Dígale usted a su amigo que es tan galante como siempre.
7. Pregunte usted a una señorita si quiere comer.
8. Repita usted "¿Tiene usted hambre?"
9. Pregúntele usted a una señorita si tiene hambre.
10. Si yo le pregunto (*If I ask you*) "¿Quiere usted comer?", ¿contesta usted "Con mucho gusto" o "¡Vamos!"?

## C. LOS ADJETIVOS: GÉNERO, NÚMERO Y CONCORDANCIA
*Adjectives: Gender, Number, and Agreement*

Spanish adjectives must agree with their nouns in gender and number. Adjectives ending in **-o** change the ending to **-a** to form the feminine. Adjectives ending in **-e** and most adjectives ending in consonants do not change in gender. Examples: amigo mexican**o**, amigos mexican**os**; amiga mexican**a**, amigas mexican**as**; amigo galante, amigos galante**s**; amiga inteligente, amigas inteligente**s**. However, adjectives of nationality ending in a consonant add **-a** to form the feminine. Examples: inglés, ingles**a**; español, español**a**.

Not all Spanish adjectives precede their nouns, as English adjectives do. Spanish descriptive adjectives, such as **bueno, bonito**, etc., follow their nouns; but they are placed before their nouns when they are used emphatically, as in Tengo una **buena** amiga. Limiting adjectives, such as possessives, numerals, demonstratives, etc., precede their nouns, the same as in English. For example: Tengo **tres** amigos, **Mis** amigos están aquí. For further information study ¶19 in the APPENDIX.

**(a)** Repita usted las frases haciendo los cambios indicados (*making the indicated changes*):

1. Carlos es muy bueno.
   1. Pablo   2. el alumno (*student*)   3. el profesor (*teacher*)
   4. el hotel   5. el salón

2. Los señores son muy buenos.
   1. los empleados   2. los amigos   3. los jóvenes
   4. los salones   5. los asientos

3. Ana es muy guapa (*good looking*).
   1. la alumna   2. la profesora   3. la señora   4. la joven
   5. Cristina

4. Ana y María son muy buenas.
   1. las señoritas   2. las empleadas   3. las amigas
   4. Ana y ella   5. las habitaciones

**(b)** Repita usted las frases con las formas apropiadas de los verbos y de los adjetivos:

Ejemplo:   El señor es bueno.
                        señoras
                Las señoras son buenas.

   1. Ana es muy guapa.
        1. Ana y María   2. Ana y Pablo   3. ellas   4. ellos
        5. Cristina

   2. La señora es muy amable (*kind*).
        1. amiga   2. amigo   3. empleadas   4. alumnos
        5. profesora

   3. Carlos es alegre (*happy*) y guapo.
        1. María   2. ellos   3. él   4. él y ella   5. ellas

## D.   EL PLURAL

Repita usted en el plural según los ejemplos: (NOTE: **Un poco** *is an adverbial phrase and therefore invariable*).

**1.** Ejemplo:   Estoy un poco cansado.
            Estamos un poco cansados.

   1. Estoy encantado (*delighted*).
   2. Estoy encantado de conocerla.
   3. Estoy cansado del viaje (*trip*).
   4. Estoy encantado de la vida (*enchanted with life*).

**2.** Ejemplo:   La señorita es guapa.
            Las señoritas son guapas.

   1. La señora es amable.
   2. La amiga es mexicana.
   3. La habitación es pequeña (*small*).
   4. La montaña es grande (*large*).

**3.** Ejemplo:   El amigo es galante.
            Los amigos son galantes.

   1. El viaje es largo (*long*).
   2. El señor es amable.

3. El hotel es bueno.
4. El salón es grande.

**4.** Ejemplo:    Hay un taxi bueno.
               Hay unos taxis buenos.

1. Hay un hotel pequeño.
2. Hay un salón grande.
3. Hay una montaña hermosa.
4. Hay una casa particular.

**5.** Ejemplo:    El empleado es inglés.
               Los empleados son ingleses.

1. El joven es inglés.
2. El señor es español.
3. La joven es española.
4. La señorita es inglesa.

# E.    LOS NÚMEROS
*Numerals*

**(a)**    Estudie usted los números del 1 al 20 en el ¶ 10 del Apéndice.

**(b)**    Lea usted en español según el ejemplo:

Ejemplo:    $2 + 2 = 4$

Dos más (*plus; literally, more*) dos son cuatro.

| | | |
|---|---|---|
| 1. $2 + 3 = 5$ | 6. $9 + 2 = 11$ | 11. $13 + 5 = 18$ |
| 2. $1 + 2 = 3$ | 7. $10 + 2 = 12$ | 12. $15 + 4 = 19$ |
| 3. $4 + 1 = 5$ | 8. $13 + 1 = 14$ | 13. $10 + 10 = 20$ |
| 4. $3 + 3 = 6$ | 9. $15 + 2 = 17$ | 14. $9 + 7 = 16$ |
| 5. $7 + 1 = 8$ | 10. $12 + 4 = 16$ | 15. $10 + 7 = 17$ |

## F. PRONOMBRES OBJETOS DIRECTOS
*Direct Object Pronouns*

Object pronouns regularly precede inflected forms of the verb. If the sentence is negative, the word order is **no** + object pronoun + verb, as in Ana **no lo** habla.

**(a)** Estudie usted los pronombres objetos directos en la tabla siguiente y en el ¶24C del Apéndice.

| me | *me* | | nos | *us* |
|----|------|--|-----|------|
| te | *you* | | os | *you* |
| lo | *you (m.), him, it* | | los | *you, them (m.)* |
| la | *you (f.), her, it* | | las | *you, them (f.)* |

**(b)** Repita usted cambiando las palabras indicadas:

1. Pablo me presenta.
   1. nos   2. lo   3. la   4. te   5. los

2. Ellos me saludan.
   1. te   2. lo   3. nos   4. la   5. las

3. [Yo] te llamo.
   1. la   2. los   3. las   4. lo   5. os

4. Ellos no me saludan.
   1. te   2. lo   3. la   4. nos   5. os

**(c)** Substituya usted los nombres objetos por pronombres (*Replace the noun objects with pronouns*):

1. Ejemplo:   Carlos saluda a la empleada.
              Carlos la saluda.

   1. Carlos saluda a la señora.
   2. Carlos saluda al señor.
   3. Pablo saluda a la señorita.
   4. Saludamos a los amigos.
   5. Saludamos a las amigas.

**2.** Ejemplo:   Ana no desea la habitación.
                    Ana no la desea.

   1. Carlos no toma la habitación.
   2. Pablo no toma el asiento.
   3. Ana no contesta el teléfono.
   4. No contestamos las preguntas.
   5. No tomamos los asientos.

**(d)**  Conteste usted las frases siguientes según el ejemplo. (NOTE: *Proper names and common nouns that stand for definite persons are usually preceded by the preposition* **a** *when they are direct objects. See ¶16 in the* APPENDIX.

Ejemplo:   ¿Presenta usted a Pablo?
                    Sí, lo presento.

   1. ¿Presenta usted a Carlos?
   2. ¿Llama usted a Cristina?
   3. ¿Llama usted al empleado?
   4. ¿Presenta usted a los amigos?
   5. ¿Saluda el mesero (*waiter*) a Ana y a Carlos?
   6. ¿Conoce Carlos a Monterrey?

## G.  DIÁLOGO

### ¡Tengo hambre!

*Ana baja al salón del Hotel María Cristina.*

ANA: ¡Hola, Carlos! ¿Cómo estás?
CARLOS: Encantado de la vida. ¿Y tú, Ana, cómo estás esta tarde?
ANA: Estoy un poco cansada del viaje en autobús.
CARLOS: ¡Pobre chica!
ANA: El viaje es muy largo y las montañas no son pequeñas.
CARLOS: No, son muy grandes y muy altas; pero muy hermosas.
ANA: Creo que, en realidad, tengo hambre en vez de estar cansada.
CARLOS: Bueno. Los tres vamos a comer en seguida.
ANA: ¿Los tres?

CARLOS: Sí. Mi amigo Pablo está aquí. Pablo, quiero presentarte a la señorita
Ana West.

PABLO: Tengo mucho gusto en conocer a usted, señorita.

ANA: Gracias, Pablo; el gusto es mío. Carlos escribe mucho de usted.

PABLO: Carlos habla de usted todo el tiempo, pero no dice que es tan guapa.

ANA: Carlos no es tan galante como usted.

CARLOS: ¡Jum! No quiero interrumpir, pero tengo hambre. ¿Vamos a
comer?

PABLO: No es mala la idea. Vamos.


### I'm Hungry!

*Anne comes down to the lobby of the Hotel María Cristina.*

ANNE: Hello, Charles! How are you?

CHARLES: Glad to be alive (Enchanted with life). And you, Anne, how are you this afternoon?

ANNE: I am a little tired from the bus trip.

CHARLES: Poor girl!

ANNE: The trip is very long and the mountains are not small.

CHARLES: No, they are very large and very high, but very beautiful.

ANNE: I believe that, in reality, I am hungry (I have hunger) instead of being (to be) tired.

CHARLES: Good. We three are going to eat right away.

ANNE: We three?

CHARLES: Yes. My friend Paul is here. Paul, I want to introduce you to Miss Anne West.

PAUL: I am very glad to meet you, miss. (I have much pleasure in knowing you.)

ANNE: Thanks, Paul; the pleasure is mine. Charles writes a lot about you.

PAUL: Charles talks about you all the time, but he doesn't say that you are so pretty.

ANNE: Charles is not so gallant as you.

CHARLES: Ahem! I don't wish to interrupt, but I'm hungry. Shall we eat? (Are we going to
eat?)

PAUL: It's not a bad idea. Let's go.


## H.  CUESTIONARIO

### Conteste usted en español con frases completas:

1. ¿Dónde baja Ana?   2. ¿Cómo está Carlos?   3. ¿Cómo está Ana?
4. ¿Cómo es el viaje a México?   5. ¿Qué tiene Ana en vez de estar
cansada?   6. ¿Quién presenta Pablo a Ana?   7. ¿Qué dice Pablo?   8.
¿A quién (*to whom*) escribe Carlos mucho?   9. ¿De quién habla Carlos
todo el tiempo?   10. ¿Quién dice que Pablo es galante?

# I. TRADUCCIÓN

Traduzca usted al español:

Charles is in the lobby of the hotel. In five minutes Anne comes down. "Hello, Charles! How are you?" she says to Charles. He introduces Paul to Anne. "I am very glad to know you," says Paul. "Thanks, the pleasure is mine," answers Anne. Paul says that Anne is pretty. She says that he is gallant. Charles interrupts: "I am hungry. Shall we eat?"

# Lección 4

## A. DIÁLOGO PRELIMINAR

| | |
|---|---|
| EL MESERO: ¿Cuántos son ustedes? | THE WAITER: *How many are you?* |
| EL JOVEN: Somos dos. | THE YOUNG MAN: *There are two of us (We are two).* |
| EL MESERO: Tomen ustedes asiento a esta mesa. | THE WAITER: *Take seats at this table.* |
| EL JOVEN: Deme usted la lista. | THE YOUNG MAN: *Give me the menu.* |
| EL MESERO: ¿Quieren ustedes aperitivo? | THE WAITER: *Do you want an appetizer?* |
| LA JOVEN: Sí, jugo de naranja. | THE YOUNG LADY: *Yes, orange juice.* |
| EL JOVEN: Yo quiero un vaso de jerez. | THE YOUNG MAN: *I want a glass of sherry.* |
| EL MESERO: Aquí tienen ustedes. | THE WAITER: *Here they are (Here you have).* |
| EL JOVEN: ¡Salud y pesetas! | THE YOUNG MAN: *Here's to health and wealth..* |
| LA JOVEN: Igualmente. | THE YOUNG LADY: *The same to you.* |

## B. PRÁCTICA

**(a)** Conteste usted con frases completas:

1. ¿Dice el mesero "¿Quiénes (*who*) son ustedes?" o "¿Cuántos son ustedes?"?
2. ¿Dice el joven "Son dos" o "Somos dos"?
3. ¿Dice el mesero "Tome usted asiento" o "Tomen ustedes asiento"?
4. ¿Dice el joven "La lista" o "Deme usted la lista"?
5. ¿Dice el mesero "¿Quiere usted aperitivo?" o "¿Quieren ustedes aperitivo?"?
6. ¿Dice la joven "Jugo de naranja" o "Sí, jugo de naranja"?
7. ¿Dice el joven "Un vaso de jerez" o "Yo quiero un vaso de jerez"?
8. ¿Dice el mesero "Aquí están" o "Aquí tienen ustedes"?
9. ¿Dice el joven "¡Salud!" o "¡Salud y pesetas!"?
10. ¿Dice la joven "¡Salud y pesetas!" o "Igualmente"?

**(b)** Hable usted con frases completas:

1. Pregunte usted a unos jóvenes cuántos son.
2. Si usted está con dos amigos, ¿dice usted "Somos dos" o "Somos tres"?
3. Repita usted (*Repeat*) "Tome usted asiento".
4. Diga usted (*Tell*) a una señorita que tome (*to take* [*that she take*]) asiento.
5. Diga usted a dos señoritas que tomen asiento.
6. Repita usted "Denme ustedes la lista".
7. Si usted habla con dos meseros, ¿dice usted "Deme usted la lista" o "Denme ustedes la lista"?
8. Repita usted "¿Quiere usted aperitivo?"
9. Pregunte usted a un joven si quiere aperitivo.
10. Pregunte usted a dos jóvenes si quieren aperitivo.

## C.  PALABRAS INTERROGATIVAS

(a)  Aprenda usted estas palabras interrogativas. (*Learn these interrogative words.*)

| | |
|---|---|
| ¿cómo | *how?* |
| ¿cuál? | *which, what?* |
| ¿cuáles? | *(plural) which?* |
| ¿cuándo? | *when?* |
| ¿cuánto? ¿cuánta? | *how much?* |
| ¿cuantos? ¿cuántas? | *how many?* |
| ¿dónde? | *where?* |
| ¿qué? | *what?* |
| ¿quién? | *who?* |
| ¿quiénes? | *(plural) who?* |
| ¿de quién? | *whose?* |
| ¿por qué? | *why?* |

(b)  Cambie usted las frases al plural según el ejemplo:

Ejemplo:    ¿Cuál es el vaso (*glass*) de Pablo?
            ¿Cuáles son los vasos de Pablo?

 1.  ¿Cuál es la habitación de Ana?
 2.  ¿Cuál es el asiento de Carlos?
 3.  ¿Cuál es el amigo de Ana?
 4.  ¿Cuál es la empleada del hotel?
 5.  ¿Cuál es la mesa de ustedes?

(c)  Cambie usted las frases usando la forma apropiada del verbo:

Ejemplo:    ¿Cuánto jugo desea usted?
               ellos
            ¿Cuánto jugo desean ellos?

 1.  ¿Cuánto dinero (*money*) necesita (*need*) usted?
        1. ustedes   2. [tú]   3. [nosotros]   4. [vosotros]   5. él y ella
 2.  ¿Cuántas flores (*flowers*) desea usted?
        1. Ana   2. [vosotros]   3. ustedes   4. [tú]   5. usted y ella

**(d)** Cambie usted las frases al plural según los ejemplos:

**I.** Ejemplo:    ¿Quién va a bajar (*to go down*) al salón?
                        ¿Quiénes van a bajar al salón.

   1. ¿Quién desea comprar (*to buy*) flores?
   2. ¿Quién entra en el hotel?
   3. ¿Quién toma jugo de naranja?
   4. ¿Quién va a comer con usted?
   5. ¿Quién desea comer en el restaurante?

**2.** Ejemplo:    ¿De quién es la mesa?
                        ¿De quiénes son las mesas?

   1. ¿De quién es la habitación?
   2. ¿De quién es el hotel?
   3. ¿De quién es la copa (*wine glass*)?
   4. ¿De quién es el aperitivo?
   5. ¿De quién es la flor?

## D.  EL TIEMPO PRESENTE

Spanish has three conjugations, or groups of verbs, each of which is identifiable by its infinitive ending, **-ar, -er,** or **-ir**. The **-er** and **-ir** verbs have identical endings in all tenses except in the first and second persons plural of the present indicative: (**-er**) **-emos, -éis**; (**-ir**) **-imos, -ís**.

**(a)** Estudie usted el presente de los verbos **comer** (*to eat*) y **vivir** (*to live*) en la tabla siguiente (*the following table*) y en el ¶28 del Apéndice.

| COMER | VIVIR |
|---|---|
| com**o** | viv**o** |
| com**es** | viv**es** |
| com**e** | viv**e** |
| com**emos** | viv**imos** |
| com**éis** | viv**ís** |
| com**en** | viv**en** |

**(b)**   Repita usted cambiando como se indica:

I.   Siempre comemos en casa.
    I. en el hotel   2. en el restaurante   3. en la habitación
    4. en el patio   5. aquí

2.   Vosotros coméis con Ana, ¿verdad?
    I. María   2. Cristina   3. Carlos   4. Pablo   5. la empleada

3.   Ellos comen comida americana.
    I. mexicana   2. española   3. inglesa   4. francesa   5. italiana

4.   Vivimos cerca del hotel.
    I. del restaurante   2. de la casa   3. de la iglesia (*church*)
    4. de la ciudad   5. de aquí

5.   ¿Vivís en la casa de Carlos?
    I. Pablo   2. Ana   3. María   4. Cristina   5. Francisca

**(c)**   Repita usted las frases usando las formas de los verbos requeridas por
los sujetos indicados:

I.   [Nosotros] aprendemos español en México. (**aprender**: *to
*learn*)
    I. usted   2. ustedes   3. [yo]   4. [tú]   5. [vosotros]

2.   [Tú] no bebes jugo de naranja. (**beber**: *to drink*)
    I. [nosotros]   2. [yo]   3. [vosotros]   4. él   5. ellas

3.   [Vosotros] comprendéis bien el español. (**comprender**: *to
*understand*)
    I. usted   2. [yo]   3. ellos   4. ella   5. [tú]

4.   [Nosotros] escribimos cartas (*letters*) en español. (**escribir**: *to
*write*)
    I. [vosotros]   2. [tú]   3. usted   4. él   5. ellas

5.   [Tú] siempre recibes notas (*grades*) buenas. (**recibir**: *to receive*)
    I. [yo]   2. [nosotros]   3. usted   4. ella   5. ellos

# E. EL TIEMPO PRESENTE DE "QUERER", "SER" Y "TENER"

(a) Estudie usted el presente de **querer, ser** y **tener** en la tabla siguiente.

| QUERER *to want* | SER *to be* | TENER *to have* |
|---|---|---|
| quiero | soy | tengo |
| quieres | eres | tienes |
| quiere | es | tiene |
| queremos | somos | tenemos |
| queréis | sois | tenéis |
| quieren | son | tienen |

NOTE: Every language has some expressions that do not have exact equivalents in other languages. Such expressions are called idioms. Spanish has a number of idioms with the verb **tener**, one of which—**Tengo hambre** (*I am hungry*, literally *I have hunger*)—you already know. Try to learn the idioms as you meet them throughout the course.

The verb **ser** is used with predicate nouns, as in Carlos **es** el empleado del hotel. It is also used with adjectives that express natural characteristics, as in: El estudiante **es** inteligente.

(b) Conteste usted las preguntas usando las palabras indicadas:

1. Ejemplo:  ¿Qué quieres, Pablo?  (una mesa)
Quiero una mesa.

   1. ¿Qué quiere usted?  (un aperitivo)
   2. ¿Qué quiere Ana?  (una habitación)
   3. ¿Qué quiere usted, señora?  (la lista)
   4. ¿Qué quieres, Pepe?  (comer)
   5. ¿Qué queréis  (*in Spanish America,* **quieren**) tú y Carlos? (jugo de naranja)
   6. ¿Cuántos aperitivos quieren ustedes?  (tres, por favor)

2. Ejemplo:  ¿Qué tienes, Pablo?  (la lista)
Tengo la lista.

   1. ¿Qué tienes, Ana?  (mucha hambre)
   2. ¿Qué tiene Carlos?  (jugo de naranja)

3. ¿Cuántas servilletas (*napkins*) tiene usted?   (tres servilletas)
4. ¿Qué aperitivo tiene Pablo?   (un vaso de jerez)
5. ¿Tienen ustedes mesero en casa?   (criado [*servant*], no mesero)
6. Vosotros tenéis tenedores (*forks*), ¿verdad?   (tenedores y cucharas [*spoons*])

3. Ejemplo: ¿Sois mexicanos?   (españoles)
         No, señor, somos españoles.

   1. ¿Es español Carlos?   (americano)
   2. ¿Eres Juanito?   (Pepe)
   3. ¿Son ustedes de Monterrey?   (Puebla)
   4. ¿Son ellas amigas de la señora?   (empleadas)
   5. ¿Es usted rico (*rich*)?   (pobre [*poor*])
   6. ¿Sois empleadas de la señora?   (amigas)

## F. FRASES PARA COMPLETARSE SEGÚN EL SENTIDO
*Sentences to Be Completed According to the Meaning*

(a) Complete las frases con la forma apropiada de **comer**:

   1. Carlos _____ en casa, pero [yo] _____ en el Parador.
   2. Señorita, ¿_____ usted en casa también?
   3. Usted y yo _____ en el patio del restaurante.
   4. Carlos, ¿por qué no _____ con el tenedor?
   5. Ustedes las americanas no _____ mucho, ¿verdad?
   6. Usted y yo siempre _____ comidas mexicanas (also spelled mejicanas).

(b) Complete usted las frases con formas del verbo **vivir**:

   1. Señores, ¿_____ ustedes en una casa particular?
   2. No, señora, [nosotros] _____ en un hotel.
   3. ¿Dónde _____ los amigos de Pablo?
   4. Niños (*children*), [vosotros] _____ cerca de aquí, ¿verdad?
   5. Pablo vive aquí, pero [nosotros] _____ en Toluca.
   6. No, señor, [yo] no _____ en la ciudad.

(c)  Complete usted las frases con las formas apropiadas de **ser** o de **estar** según el sentido:

1. Carlos, ¿dónde _____ el restaurante Parador?
2. ¿Cómo _____ María y Cristina?
3. Usted y Ana _____ muy inteligentes.
4. Pablo y yo _____ empleados del hotel.
5. Mi amigo y yo _____ enfermos (*sick*).
6. La señora de la casa _____ muy guapa.

## G.  DIÁLOGO

### *¡Salud y pesetas!*

*Carlos, Ana y Pablo entran en el restaurante Parador de la calle de Niza, y Carlos habla con el mesero.*

MESERO: Muy buenas tardes, señores, y bienvenidos.

CARLOS: Buenas tardes.

MESERO: ¿Cuántos son ustedes?

CARLOS: Somos tres y deseamos una mesa cerca del patio, por favor.

MESERO: Muy bien. Por aquí, señores.

*Los tres toman asiento a una mesa cerca de las flores del patio.*

CARLOS: Ana, ¿quieres tomar un aperitivo antes de comer?

ANA: Sí, Carlos, quiero un vaso de jugo de naranja.

CARLOS: ¿Y tú, Pablo?

PABLO: Yo voy a tomar un vino de Jerez.

CARLOS: Mesero, haga usted el favor de traer dos vasos de jugo de naranja y una copa de jerez.

MESERO: Ahorita, señor. Aquí está la lista de los platos del día. Son muy ricos.

*Mientras los tres leen la lista, un mesero pone en la mesa cuchillos, tenedores, cucharas, cucharitas, copas, vasos, platos y servilletas. Otro mesero trae los aperitivos.*

MESERO: Aquí están dos vasos de jugo de naranja y una copa de jerez.

ANA: Pues, a su salud.

PABLO: Salud y pesetas, como dicen los españoles.

CARLOS: Salud, pesetas y amor.

PABLO: Mucha felicidad en México, señorita.

*Here's to Health and Wealth!*

*Charles, Anne, and Paul enter the Parador Restaurant on Nice Street, and Charles speaks with the waiter.*

WAITER: Very good evening, (lady and) gentlemen, and welcome.

CHARLES: Good evening.

WAITER: How many (are you)?

CHARLES: There are three of us (We are three), and we want a table near the patio, please.

WAITER: Very well. This way, gentlemen.

*The three take seats at a table near the flowers of the patio.*

CHARLES: Anne, do you want an appetizer before eating?

ANNE: Yes, Charles, I want a glass of orange juice.

CHARLES: And you, Paul?

PAUL: I'm going to have a sherry wine.

CHARLES: Waiter, please bring two glasses of orange juice and one glass of sherry.

WAITER: Right away, sir. Here's today's menu (the list of the dishes of the day). They are very good (rich).

*While the three are reading the menu, a waiter puts knives, forks, spoons, teaspoons, wine glasses, water glasses, plates, and napkins on the table. Another waiter brings the appetizers.*

WAITER: Here are two glasses of orange juice and one of sherry.

ANNE: Well, to your health.

PAUL: Health and pesetas (wealth) as the Spaniards say.

CHARLES: Health, wealth, and love.

PAUL: Much happiness in Mexico, miss.

## H.  CUESTIONARIO

**Conteste usted en español con frases completas:**

1. ¿Cuántos amigos hay?   2. ¿Cómo se llaman los tres?   3. ¿Cuál es el mexicano?   4. ¿Dónde entran los amigos?   5. ¿Cómo se llama el restaurante?   6. ¿En qué calle está?   7. ¿Quién saluda a los amigos? 8. ¿Qué dice el mesero?   9. ¿Qué desean los tres amigos?   10. ¿Dónde toman asiento?   11. ¿Dónde está la mesa?   12. ¿Dónde están las flores? 13. ¿Qué toman los tres antes de comer?   14. ¿Qué aperitivo toma Ana? 15. ¿Cuál de los tres toma jerez?   16. ¿Quiénes leen la lista? 17. ¿Quién pone la mesa?   18. ¿Qué pone el mesero en la mesa?   19. ¿Qué trae el otro mesero?   20. ¿Para quiénes es el jugo de naranja?   21. ¿Para quién es el jerez?   22. Cuando Ana toma el aperitivo, ¿qué dice?   23. ¿Qué dice Pablo?

# I. TRADUCCIÓN

Traduzca usted al español:

The three friends enter the restaurant. A waiter greets them when they enter. They take a table in the patio. One waiter brings the appetizers. While they read the menu, the other waiter sets (*pone*) the table. He puts on the table forks, knives, spoons, and plates. He also puts water glasses and wine glasses.

## Repaso primero
*First Review*

### A. LECTURA

Un señor americano está en México para aprender (*in order to learn*) a hablar español. Se llama Carlos Martín y vive en una casa particular cerca del Hotel María Cristina.

Una señorita americana también quiere aprender a hablar español y quiere estar cerca de Carlos. Se llama Ana West. Toma el autobús y va a la ciudad de México. Carlos va con ella al Hotel María Cristina. Entran en el salón del hotel, saludan a la empleada y hablan con ella. Ana toma una buena habitación en el segundo piso, y Carlos va a su casa.

Por la tarde Carlos va al hotel con un amigo que se llama Pablo Herrera. La empleada llama a la señorita West por teléfono y dice a los dos señores que Ana va a bajar en cinco minutos. Los dos toman asiento porque los "cinco minutos" de una señorita son en realidad mucho tiempo.

Carlos presenta su amigo a Ana cuando ella baja. Pablo es muy galante y dice a Ana que es muy guapa. Ella está un poco cansada y tiene mucha hambre. Los tres van en seguida a un restaurante cerca del hotel para comer. Entran en el restaurante y toman aperitivos. Ana y Carlos toman jugo de naranja y Pablo toma vino de Jerez.

Los tres amigos leen la lista mientras (*while*) un mesero pone la mesa. Pone vasos, cuchillos, tenedores, cucharas, cucharitas, copas, platos y servilletas. Otro mesero trae los aperitivos y los tres amigos los (*them*) toman antes de comer.

# B.   PRÁCTICA DE EXPRESIONES

Substituya usted las palabras subrayadas según se indica, y haga otros cambios necesarios en la frase (*Replace the underlined words as indicated, and make other necessary changes in the sentence*):

Ejemplo:   Carlos habla con el mesero.   (*the gentlemen*)
           Los señores hablan con el mesero.

**(a)**  1. Buenos días. ¿Como está usted?   (*you and your friend*)
     2. [Yo] estoy bien, gracias.   (*we*)
     3. La señorita desea una buena habitación.   (*young ladies*)
     4. ¿Usted también desea habitación?   (*a private home*)
     5. No, señora. Vivo en una casa particular.   (*the second floor*)
     6. Hasta esta tarde, Carlos.   (*friends*)

**(b)**  1. Buenas tardes. ¿Está la señorita?   (*ladies*)
     2. Haga usted el favor de llamarla.   (*have a seat*)
     3. La empleada habla con Ana por teléfono.   (*clerks*)
     4. ¿Cómo se llama usted?   (*the young ladies*)
     5. [Yo] me llamo Carlos Martín.   (*my friend*)
     6. Usted habla inglés, ¿verdad?   (*Anne and Charles*)

**(c)**  1. Te presento a mi amigo.   (*friends*)
     2. Mucho gusto en conocer a usted.   (*your friends*)
     3. [Yo] estoy cansado del viaje.   (*Anne and Charles*)

4. Carlos habla de usted todo el tiempo. (*his friends*)
5. Carlos no es tan galante como usted. (*Charles and Paul*)
6. Los cuatro van a comer en el Parador. (*I*)

(d) 1. Los amigos entran en el restaurante Parador. (*Charles*)
2. Tomen ustedes asiento a esta (*this*) mesa. (*you, singular*)
3. ¿Quieren ustedes un aperitivo? (*your friends*)
4. Pablo quiere la lista de los platos del día. (*we*)
5. Ana tiene mucha hambre. (*my friends*)
6. Los platos del día son muy ricos. (*orange juice*)


# C.  GÉNERO, NÚMERO Y CONCORDANCIA

(a)  Repase (*Review*) usted los párrafos 14, 15, 17, 18 y 19 del APÉNDICE.

(b)  Cambie usted las frases siguientes según los ejemplos:

1. Ejemplo:  Carlos saluda al amigo.
             Carlos saluda a los amigos.

   1. La señora saluda al señor.
   2. Pablo presenta a la señorita.
   3. La señorita saluda al mesero.
   4. Los amigos entran en la habitación.
   5. Ana toma el tenedor.

2. Ejemplo:  Saludamos a los señores.
             Saludamos al señor.

   1. Saludamos a los amigos.
   2. Llamamos a los meseros.
   3. Presento a los empleados.
   4. Vivo cerca de los hoteles.
   5. Tengo las copas de los señores.

3. Ejemplo:  Deseo una habitación buena.
             Deseo unas habitaciones buenas.

   1. Deseo una flor bonita.
   2. Deseo un aperitivo bueno.

3. Deseo una mesa grande.
4. Deseo un tenedor bueno.
5. Deseo una cucharita y un cuchillo.

4. Ejemplo:   La señorita es muy guapa.
              Las señoritas son muy guapas.

1. La naranja es muy buena.
2. Su amigo es muy guapo.
3. La señorita está cansada.
4. El mesero es muy galante.
5. La casa es muy grande.

## D.  FRASES INTERROGATIVAS Y FRASES NEGATIVAS

Cambie usted las frases siguientes según los ejemplos:

1. Ejemplo:   Ella quiere naranjas.
              ¿Por qué quiere ella naranjas?

1. Él quiere servilletas.
2. Ustedes quieren la lista.
3. Carlos quiere entrar en el salón.
4. Ana y Carlos quieren comer en el patio.
5. Vosotros queréis comer en seguida.

2. Ejemplo:   Ella entra en el restaurante.
              ¿Por qué no entra ella en el restaurante?

1. Ellos toman aperitivos.
2. Usted toma jugo de naranja.
3. Nosotros saludamos a los amigos.
4. Ustedes presentan a las señoritas.
5. El mesero trae los vasos.

# E.  EL TIEMPO PRESENTE DE LOS VERBOS

**(a)**  Estudie usted el presente de los verbos regulares (APÉNDICE, ¶28).

**(b)**  Complete usted las frases siguientes según los ejemplos:

**I.**  Ejemplo:  (hablar) [Nosotros] _____ inglés y español.
         [Nosotros] hablamos inglés y español.

1. (entrar) [Yo] _____ en el salón del hotel.
2. (desear) ¿Qué _____ ustedes, señores?
3. (llamar) Carlos _____ a la señorita por teléfono.
4. (tomar) Ellos _____ asiento a una mesa.
5. (tomar) ¿_____ [vosotros] jugo de naranja?

**2.**  Ejemplo:  (comer) [Nosotros] _____ en un buen restaurante.
         [Nosotros] comemos en un buen restaurante.

1. (comer) ¿Dónde _____ [tú], Carlos?
2. (comer) Ana y yo _____ en el Parador.
3. (poner) ¿Qué _____ el mesero en la mesa?
4. (creer) [Yo] _____ que el mesero es guapo.
5. (traer) ¿Por qué no _____ [vosotros] los platos?

**3.**  Ejemplo:  (vivir) [Nosotros] _____ cerca del hotel.
         [Nosotros] vivimos cerca del hotel.

1. (vivir) [Nosotros] _____ en una casa particular.
2. (vivir) Carlos y yo _____ en el segundo piso.
3. (escribir) Carlos _____ mucho de Ana.
4. (interrumpir) ¿Por qué _____ [tú] la conversación?
5. (escribir) Carlos y Ana _____ mucho de sus amigos.

**(c)**  Repase usted el presente de **estar, ir, ser, querer** y **tener** en el ¶39
del APÉNDICE.

**(d)**  Conteste usted según los ejemplos:

**I.**  Ejemplo:  ¿Están ustedes en el patio?
         Sí, señor, estamos en el patio.

1. ¿Están ustedes en el restaurante?

2. ¿Está usted bien, señorita?
3. ¿Estás [tú] en la habitación?
4. ¿Están Ana y Carlos en el patio?
5. ¿Estáis [vosotros] muy cansados del viaje?

2. Ejemplo:   ¿Son ustedes españoles?
                       No, no somos españoles.

1. ¿Son ustedes norteamericanos?
2. ¿Es usted muy guapo?
3. Carlos, ¿eres de la ciudad de México?
4. ¿Es usted de los Estados Unidos?
5. ¿Son mexicanos usted y Carlos?

3. Ejemplo:   ¿Tienen ustedes mucha hambre?
                       Sí, tenemos mucha hambre.

1. Amigos, ¿tienen ustedes (in Spain, tenéis vosotros) servilletas?
2. Señor, ¿tiene usted la lista?
3. Carlos, ¿tienes el jugo de naranja?
4. ¿Tienen hambre Ana y María?
5. ¿Tienen usted y Carlos una habitación buena?

4. Ejemplo:   ¿Qué van a tomar tú y Ana?   (jugo de naranja)
                       Vamos a tomar jugo de naranja.

1. ¿Qué van a comer Pablo y Anita?   (enchiladas)
2. ¿Qué van a beber usted y Carlos?   (jerez)
3. ¿Qué van a pedir (to ask for) María y Cristina?   (la lista)
4. ¿Qué comida van a pedir tú y Pablo?   (comida mexicana)
5. ¿Dónde vamos a comer tú y yo?   (en el Parador)

**(e)** Complete usted las frases con la forma apropiada de **querer** según el ejemplo:

Ejemplo:   [Nosotros] _____ comer en el Parador.
                   Queremos comer en el Parador.

1. [Vosotros] _____ una mesa en el patio.
2. Ustedes _____ tomar aperitivos, ¿verdad?
3. ¿Por qué no _____ [tú] beber jugo de naranja?
4. Señorita West, ¿_____ usted llamar al mesero?
5. Usted y ella _____ leer la lista, ¿verdad?

## F. PRONOMBRES OBJETOS

Repase usted los pronombres objetos directos en el ¶24C del Apéndice, y complete las frases según los ejemplos:

**1.** Ejemplo:  ¿Va usted a tomar la habitación?
Sí, voy a tomarla.

1. ¿Va usted a presentar a Ana?
2. ¿Va Carlos a llamar al portero (*doorman*)?
3. ¿Va usted a tomar el asiento?
4. ¿Van ustedes a presentar a las señoritas?
5. ¿Van ustedes a traer los aperitivos?

**2.** Ejemplo:  Ana te quiere, pero tú no _____ quieres.
Ana te quiere, pero tú no la quieres.

1. Ana te llama, pero tú no _____ llamas.
2. Yo quiero a Ana, pero ella no _____ quiere.
3. Las señoritas me saludan, pero yo no _____ saludo.
4. Carlos y Pablo me llaman, pero yo no _____ llamo.
5. Usted no me saluda, pero yo sí _____ saludo.
6. [Vosotros] _____ invitáis, pero ella no os invita.

## G. TRADUCCIÓN

Traduzca usted al español:

Charles is (an) American. He is in Mexico City because he wants to speak Spanish. Miss Anne West also wants to speak Spanish. She goes to Mexico City and takes a room in a hotel. Charles's house is near the hotel.

Charles goes to Anne's hotel with a friend. The friend's name is Paul Herrera. Anne comes down to the lobby. "How are you, Anne?" Charles asks. "I am a little tired," she answers. Then (**Luego**) Charles introduces Paul to Anne. Paul says that he is very glad to meet her. "The pleasure is mine," Anne says. Charles is very hungry. "Shall we eat?" he asks. Paul says that it is a good idea, and they go to the Parador Restaurant. They take seats at a table, and a waiter brings the menu.

# Lección 6

## A. DIÁLOGO PRELIMINAR

EL AMIGO: ¿Qué vas a tomar?

THE (BOY) FRIEND: *What are you going to have?*

LA AMIGA: Esta comida mexicana.

THE (GIRL) FRIEND: *This Mexican dinner.*

EL AMIGO: ¿Te gusta la salsa picante?

THE (BOY) FRIEND: *Do you like hot sauce?*

LA AMIGA: Sí, me gusta mucho.

THE (GIRL) FRIEND: *Yes, I like it a lot.*

EL AMIGO: Yo voy a tomar jamón con huevos.

THE (BOY) FRIEND: *I am going to have ham and eggs.*

LA AMIGA: Eres americano y comes como americano.

THE (GIRL) FRIEND: *You are an American and you eat like an American.*

EL AMIGO: Y tú eres americana y comes como mexicana.

THE (BOY) FRIEND: *And you are an American and you eat like a Mexican.*

LA AMIGA: Es verdad. Tú eres más patriota.

THE (GIRL) FRIEND: *It's true. You are more patriotic.*

EL AMIGO: ¿Qué hacemos después de comer?

THE (BOY) FRIEND: *What shall we do after dinner (after eating)?*

LA AMIGA: Vamos a ver una película mexicana.

THE (GIRL) FRIEND: *Let's see a Mexican film.*

## B.  PRÁCTICA

**(a)**  Conteste usted con frases completas:

1. ¿Dice el amigo "¿Qué va a tomar usted?" o "¿Qué vas a tomar?

2. ¿Qué comida va a tomar la amiga?

3. ¿Dice el amigo "¿Te gusta la salsa?" o "¿Te gusta la salsa picante?"?

4. ¿Qué contesta la amiga?

5. ¿Qué va a tomar el amigo?

6. El amigo no come como mejicano. ¿Cómo come?

7. ¿Cómo come la amiga?

8. ¿Dice la amiga "Tú eres patriota" o "Tu eres más patriota"?

9. ¿Dice la amiga "¿Qué hacemos después?" o "¿Qué hacemos después de comer?"?

10. ¿Qué van a hacer después de comer?

**(b)**  Hable usted con frases completas:

1. Repita usted (*Repeat*), "¿Qué vas a tomar?"

2. Pregúntele a un amigo qué va a tomar.

3. Repita usted, "¿Qué va usted a tomar?"

4. Pregúntele a un señor qué va a tomar.

5. Repita usted "¿Qué van a tomar ustedes?"

6. Pregúnteles a dos amigos qué van a tomar.

7. Repita usted, "¿Vas a tomar una comida mexicana?"

8. Pregúntele a un amigo si va a tomar una comida mexicana.

9. Pregúntele a una amiga si va a tomar jamón con huevos.

10. Pregúntele a un amigo si le gusta la salsa picante.

11. Repita usted, "¿Le gusta a usted la salsa picante?"

12. Pregúntele a un señor si le gusta la salsa picante.

## C.  REPASO DEL TIEMPO PRESENTE

**(a)**  Repase usted el tiempo presente de los verbos regulares (Apéndice, ¶28).

**(b)**  Cambie usted las frases siguientes usando las formas de los verbos requeridas por los sujetos.

**1.**  Ejemplo:   Deseamos una mesa en el patio.
                            yo
                    Deseo una mesa en el patio.

   1. ustedes   **2.** [tú]   **3.** [vosotros]   **4.** usted   **5.** ellos

**2.**  Ejemplo:   Lees la lista del día, ¿verdad?
                            [vosotros]
                    Leéis la lista del día, ¿verdad?

   1. tú y ella   **2.** usted y ella   **3.** usted   **4.** usted y yo   **5.** ustedes

**3.**  Ejemplo:   Escribís mucho de México.
                            yo
                    Escribo mucho de México.

   1. [nosotros]   **2.** usted   **3.** [tú]   **4.** él y yo   **5.** ustedes

## D.  LOS VERBOS "SER" Y "ESTAR"

Note: **Ser** and **estar** both mean *to be*, but they are not interchangeable. In general, **ser** is used with descriptive adjectives that express a natural or permanent characteristic of the subject, with possessives, with predicate nouns, in impersonal expressions, in expressions of origin, and with past participles to form the passive voice. **Estar** is used for location, whether permanent or temporary; with descriptive adjectives that denote a temporary state or condition; with past participles used as adjectives; and with present participles to form the progressive aspect of tenses.

**(a)**  Cambie usted las frases al singular o al plural según los ejemplos:

**1.**  Ejemplo:   Soy empleado del cine.
                    Somos empleados del cine.

1. Usted es profesor, ¿verdad?
2. ¿Eres empleado del hotel?
3. Ella es mi mesera.
4. Soy estudiante de español.
5. Él es amigo de Carlos.

2. Ejemplo:   Somos de la ciudad de México.
              Soy de la ciudad de México.

1. Ustedes son de los Estados Unidos.
2. Sois de Nueva Orleans, ¿verdad?
3. Ellos son de Monterrey.
4. Somos de Nueva York.
5. Las señoritas son de España.

3. Ejemplo:   No soy muy guapo.
              No somos muy guapos.

1. La mesera no es muy guapa.
2. [Tú] no eres muy amable.
3. Usted no es muy alto.
4. No soy muy rica.
5. Él no es muy inteligente.

**(b)** Conteste usted las preguntas según los ejemplos:

**1.** Ejemplo:   ¿No están bien los amigos?
                  Sí, los amigos están bien.

1. ¿No está bien la señorita?
2. ¿No está Carlos cansado?
3. ¿No está la empleada en el salón?
4. ¿No están las señoras en el patio?
5. ¿No están ellos en el restaurante?

**2.** Ejemplo:   ¿De qué son las copas?
                  Las copas son de plata (*silver*).

1. ¿De qué son las cucharas?
2. ¿De qué son los cuchillos?
3. ¿De qué son los tenedores?
4. ¿De qué son los brazaletes (*bracelets*)?
5. ¿De qué son las cucharitas?

(c) Complete las frases siguientes con **ser** o con **estar**, según el sentido.

    1. Carlos y Ana \_\_\_\_\_ amigos de Pablo.
    2. La habitación de Ana \_\_\_\_\_ en el segundo piso.
    3. Ana y Carlos \_\_\_\_\_ americanos.
    4. Los amigos no \_\_\_\_\_ muy patriotas.
    5. Ana y María \_\_\_\_\_ muy cansadas.
    6. El jugo de naranja \_\_\_\_\_ para Cristina.
    7. Buenos días, señores. ¿Cómo \_\_\_\_\_ ustedes?

## E.  LOS PRONOMBRES OBJETOS

(a) Estudie usted los pronombres objetos indirectos y directos.

| SUJETO | INDIRECTO<br>*to me, etc.* | DIRECTO<br>*me, etc.* |
|--------|--------------------------|---------------------|
| yo | me | me |
| tú | te | te |
| usted | le | lo, la |
| él | le | lo |
| ella | le | la |
| nosotros | nos | nos |
| vosotros | os | os |
| ustedes | les | los, las |
| ellos | les | los |
| ellas | les | las |

NOTE: **Le** and **les** change to **se** before **lo, la, los,** or **las.** Notice also that the third person pronouns have one form (**le, les**) for indirect objects and a different form (**lo, la, los, las**) for direct objects. Examples: El mesero **les** da la lista, El mesero **los** saluda. For further information study ¶24 in the APPENDIX. It was explained in Lesson 1 that in most parts of Spanish America the pronoun **ustedes** has replaced **vosotros.** This difference applies also to the object forms. For example: in Spain they say, **Vosotros** sois mis amigos y **os** estimo (*esteem*), whereas in most parts of Spanish America they say, **Ustedes** son mis amigos y **los** estimo.

**(b)**   Cambie las frases al plural según los ejemplos:

**1.**   Ejemplo:   La señorita me saluda en español.
                Las señoritas nos saludan en español.

     1. El mesero me saluda en español.
     2. El amigo me invita a comer.
     3. La empleada me llama por teléfono.
     4. Ella me acompaña al cine (*movies*).
     5. El empleado me habla en inglés.

**2.**   Ejemplo:   El señor te conoce bien.
                Los señores los conocen bien (*or, for clarity*, Los señores los conocen bien a ustedes).

     1. La empleada te saluda en inglés.
     2. El mesero te saluda cortésmente (*politely*).
     3. Un amigo te invita a bailar (*to dance*).
     4. El empleado te lleva al restaurante.
     5. Ella te acompaña al baile (*dance*).

**(c)**   Conteste usted, cambiando el nombre objeto al pronombre apropiado:

Ejemplo:   ¿Comen ustedes frijoles?
          Sí, los comemos.

     1. ¿Toman ustedes aperitivos?
     2. ¿Quieren ustedes el taxi?
     3. ¿Llaman ustedes a Carlos?
     4. ¿Trae el mesero los platos?
     5. ¿Conocen ustedes a las señoritas?
     6. ¿Desea Ana la habitación?
     7. ¿Saluda Carlos a las empleadas?
     8. ¿Tienes hambre?
     9. ¿Tenéis dinero?
   10. ¿Conocen ustedes a Luis y a María?

**(d)**   Complete usted las frases con el pronombre apropiado, según el ejemplo:   NOTE: *Since there are several possible meanings for* **le, les** (*and* **se**, *which replaces* **le** *or* **les** *before* **lo, la, los, las**), *one of the prepositional phrases* **a usted, a él, a ella, a ustedes, a ellos, a ellas** *is frequently used to make clear the meaning of* **le, les,** *or* **se.**

Ejemplo:   El mesero _____ trae la lista.   (a los amigos)
          El mesero les trae la lista.

1. Ana _____ da una propina (*tip*).   (al chofer)
2. Carlos _____ da un peso.   (al dependiente)
3. Pablo _____ da una propina.   (a la empleada)
4. Enrique _____ da propinas.   (a las empleadas)
5. Josefina _____ presenta su amigo.   (a Ana)
6. Roberto _____ presenta su amigo.   (a Ana y a María)
7. Un mesero _____ trae la lista.   (a Carlos)
8. Una mesera _____ trae la comida.   (a los amigos)

(e)   Conteste usted en español según los ejemplos:

Ejemplos:   ¿Te trae el helado?
                    Sí, me trae el helado.

                    ¿Les trae a ustedes la lista?
                    Sí, nos trae la lista.

1. ¿Te dan el aperitivo?
2. ¿Le dan a usted el aperitivo?
3. ¿Les dan a ustedes las enchiladas?
4. ¿Me da el mesero helado con fresas?
5. ¿Nos da el mesero la paella (*a Spanish dish*)?
6. ¿Le dan a él jamón con huevos?
7. ¿Les dan a ellas salsa picante?
8. ¿Os presenta Carlos a Pablo?

# F.   EL VERBO "GUSTAR"

NOTE: *I like the hotel* is structured in Spanish as The hotel is pleasing to me and is expressed as **Me gusta** el hotel or El hotel **me gusta**; *They like us* becomes *We are pleasing to them*, **Les gustamos**. Notice that the object pronouns (**me, les**, etc.) are indirect.

(a)   Cambie usted las frases al plural según los ejemplos:

1.   Ejemplo:   Me gusta el brazalete.
                      Me gustan los brazaletes.

   1. Me gusta la habitación.
   2. Me gusta la casa.

3. Me gusta el patio.
4. Me gusta el empleado.
5. Me gusta la mesera.

**2.**    Ejemplo:   ¿Te gusta la tarjeta (*card*)?
                    ¿Te gustan las tarjetas?

　　1. ¿Te gusta la flor?
　　2. ¿Te gusta la servilleta?
　　3. ¿Te gusta la copa?
　　4. ¿Te gusta el aperitivo?
　　5. ¿Te gusta la comida?

**(b)**   Cambie usted las frases al singular según los ejemplos:

**1.**   Ejemplo:   Nos gustan los meseros.
                     Nos gusta el mesero.

　　1. Nos gustan los platos.
　　2. Nos gustan las comidas.
　　3. Nos gustan las enchiladas.
　　4. Nos gustan las salsas.
　　5. Nos gustan las naranjas.

**2.**   Ejemplo:   ¿Les gustan a ustedes las comidas?
                     ¿Les gusta a ustedes la comida?

　　1. ¿Les gustan a ustedes los aperitivos?
　　2. ¿Les gustan a ustedes los vinos (*wines*)?
　　3. ¿Les gustan a ustedes las flores?
　　4. ¿Les gustan a ustedes los patios?
　　5. ¿Les gustan a ustedes las mesas?

**(c)**   Cambie usted las frases al plural según el ejemplo:

Ejemplo:   A usted le gusta comer, ¿verdad?
            A ustedes les gusta comer, ¿verdad?

　　1. A usted le gusta charlar (*to chat*), ¿verdad?
　　2. A usted le gusta cantar (*to sing*), ¿verdad?
　　3. A usted le gusta bailar, ¿verdad?
　　4. A usted le gusta reír (*to laugh*), ¿verdad?
　　5. A usted le gusta pasear (*to go for a ride or a walk*), ¿verdad?

## G. DIÁLOGO

### Me gusta la comida mexicana

ANA: Carlos, ¿dónde está el mesero? Yo tengo hambre y quiero comer.

CARLOS: Está allí, en la puerta, Ana, y nos escucha. ¿Qué vas a tomar?

ANA: Esta comida mexicana, con tamales, enchiladas y frijoles.

CARLOS: ¿Te gusta la salsa picante?

ANA: Sí, me gusta mucho.

CARLOS: ¿Y tú, Pablo?

PABLO: Yo voy a tomar jamón con huevos.

CARLOS: Pues, a mí me gusta la paella española.

PABLO: ¡Ja! ¡Ja! ¡Ja!

CARLOS: ¿Qué hay, Pablo? ¿Qué te pasa?

PABLO: Es muy gracioso. Yo soy mexicano y como como norteamericano.

ANA: Es verdad, y tú, Carlos eres americano y comes como español.

PABLO: Usted, Ana, también es americana y come como mexicana.

ANA: ¡Qué gracioso! No somos muy patriotas. ¿verdad?

PABLO: A lo menos no comemos con patriotismo.

ANA: De postre vamos a tomar helado con fresas.

CARLOS: ¿Y qué hacemos después?

PABLO: Pues, hay una buena película en el cine Chapultepec.

CARLOS: Está decidido. Vamos al cine.

ANA: Sí, y mañana quiero ir de compras.

### I Like the Mexican Dinner

ANNE: Charles, where is the waiter? I'm hungry and I want to eat.

CHARLES: He's there in the door, Anne, and he's listening to us. What are you going to take?

ANNE: This Mexican dinner, with tamales, enchiladas, and beans.

CHARLES: Do you like hot sauce?

ANNE: Yes, I like it a lot.

CHARLES: And you, Paul?

PAUL: I am going to take ham and eggs.

CHARLES: Well, I like Spanish paella.

PAUL: Ha! Ha! Ha!

CHARLES: What's up, Paul? What's the matter with you?

PAUL: It's very funny. I am a Mexican and I'm eating like a North American.

ANNE: It's true, and you, Charles, are an American and you are eating like a Spaniard.
PAUL: You, Anne, are also an American and you're eating like a Mexican.
ANNE: How funny! We are not very patriotic, are we?
PAUL: At least we are not eating with patriotism.
ANNE: For dessert let's have ice cream with strawberries.
CHARLES: And what do we do afterwards?
PAUL: Well, there's a good film at the Chapultepec movie theatre.
CHARLES: It's decided. Let's go to the movie.
ANNE: Yes, and tomorrow I want to go shopping.

## H. CUESTIONARIO

Conteste en español con frases completas:

1. ¿Qué pregunta Ana?   2. ¿Dónde está el mesero?   3. ¿Quién va a tomar la comida mexicana?   4. ¿Qué toma Pablo?   5. ¿Quién va a tomar la paella?   6. ¿Cuál de los tres es mexicano?   7. ¿Quiénes son americanos?   8. ¿Por qué no son patriotas?   9. ¿Qué toman de postre? 10. ¿Qué quiere hacer Ana mañana?

## I. TRADUCCIÓN

Traduzca usted al español:

Anne is hungry and wants to eat. Charles calls the waiter. Then he asks Anne and Paul what they are going to take. Anne is American, but she likes Mexican food (**la comida mexicana**). Paul wants ham and eggs and Charles likes the Spanish paella. For dessert they take ice cream with strawberries. Then they go to the movies.

## Lección 7

## A.  DIÁLOGO PRELIMINAR

EL DEPENDIENTE: Buenos días. ¿Qué desea usted?

THE CLERK: *Good morning. What do you wish?*

LA SEÑORITA: Quiero unas tarjetas postales.

THE YOUNG LADY: *I want some postcards.*

EL DEPENDIENTE: Tenemos unas muy bonitas.

THE CLERK: *We have some very pretty ones.*

LA SEÑORITA: ¿Cuánto valen?

THE YOUNG LADY: *How much are they worth?*

EL DEPENDIENTE: Cincuenta centavos cada una.

THE CLERK: *Fifty cents each.*

LA SEÑORITA: Deme usted una docena.

THE YOUNG LADY: *Give me a dozen.*

EL DEPENDIENTE: ¿No quiere usted este brazalete de plata?

THE CLERK: *Don't you want this silver bracelet?*

LA SEÑORITA: ¿Es muy caro?

THE YOUNG LADY: *Is it very expensive?*

EL DEPENDIENTE: Cuesta sólo cuarenta y siete pesos.

THE CLERK: *It costs only forty-seven pesos.*

LA SEÑORITA: Muy bien. Lo compro.

THE YOUNG LADY: *Very well. I'll buy it.*

## B. PRÁCTICA

**(a)** Conteste usted con frases completas:

1. ¿Se dice (*Does one say*) "buenos días" en la mañana o en la tarde?
2. ¿Dice el dependiente "¿Qué deseas?" o "¿Qué desea usted?"?
3. Dice la señorita "Deseo unas tarjetas postales" o "Quiero unas tarjetas postales"?
4. El dependiente no dice "Tengo unas muy bonitas". ¿Qué dice?
5. ¿Dice la señorita "¿Cuánto vale?" o "¿Cuánto valen?"?
6. ¿Cuántos centavos vale cada tarjeta?
7. Repita usted "seis pesos".
8. ¿Cuánto vale una docena de tarjetas postales?
9. ¿Cuesta el brazalete cuarenta pesos o cuarenta y siete pesos?
10. ¿Dice la señorita "Muy bien. Lo quiero" o "Muy bien. Lo compro"?

**(b)** Hable usted con frases completas:

1. Repita usted "¿Qué desea usted?", "¿Qué desean ustedes?".
2. Pregunte usted a una señorita qué desea.
3. Pregunte usted a Carlos y a Pablo qué desean.
4. Diga al dependiente que usted quiere unas tarjetas postales.
5. Pregúntele cuánto vale cada tarjeta.
6. Dígale que usted quiere una docena.
7. Pregúntele cuánto valen los brazaletes.
8. Pregúntele si los brazaletes son de plata.
9. Pregúntele si quiere cuarenta pesos por uno.
10. Dígale que le gusta el brazalete y quiere comprarlo.

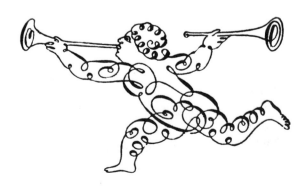

## C. EL TIEMPO PRESENTE DE "DECIR", "PODER" Y "VENIR"

| DECIR | PODER | VENIR |
|-------|-------|-------|
| digo | puedo | vengo |
| dices | puedes | vienes |
| dice | puede | viene |
| decimos | podemos | venimos |
| decís | podéis | venís |
| dicen | pueden | vienen |

NOTE: Some Spanish verbs change the stem vowel according to a regular pattern. Such verbs are called radical-changing verbs. They are explained in greater detail in Lessons 21, 26, and 36, and ¶37 of the APPENDIX.

**(a)** Cambie usted las frases usando las formas del verbo requeridas por los sujetos:

**1.** Ejemplo:   Usted dice cosas interesantes.
                  [yo]
                  [Yo] digo cosas interesantes.

   1. [nosotros]   2. [vosotros]   3. [tú]   4. María   5. María y Pablo

**2.** Ejemplo:   ¿Entiende Carlos lo que digo (*what I say*)?
                  ella
                  ¿Entiende Carlos lo que ella dice?

   1. [tú]   2. Pablo   3. ustedes   4. él   5. [nosotros]

**3.** Ejemplo:   Ustedes dicen que están cansados.
                  [yo]
                  [Yo] digo que estoy cansado.

   1. ella   2. [tú]   3. ellos   4. [vosotros]   5. ellas

**4.** Ejemplo:   No puedo ir al cine hoy (*today*).
                  [vosotros]
                  No podéis ir al cine hoy.

   1. [tú]   2. ustedes   3. usted   4. usted y yo   5. ellas

**(b)** Cambie usted las frases al singular según el ejemplo:

Ejemplo:   No podéis traducir la carta.
              No puedes traducir la carta.

1. No podéis usar el teléfono.
2. No podemos pagar ese precio (*price*).
3. Ustedes no pueden ir de compras.
4. Mis amigas no pueden ir al baile.
5. No podemos ir al restaurante.

**(c)** Cambie usted las frases usando las formas apropiadas del verbo:

Ejemplo:   Usted viene a casa a las cinco (*at five o'clock*).
              [tú]
              [Tú] vienes a casa a las cinco.

1. [yo]   2. [nosotros]   3. ustedes   4. ella   5. [vosotros]

**(d)** Cambie usted las frases al plural según el ejemplo:

Ejemplo:   Usted viene a ver los brazaletes.
              Ustedes vienen a ver los brazaletes.

1. Vengo a comprar las tarjetas.
2. Vienes a invitar a Ana, ¿verdad?
3. Él viene a practicar el español.
4. Vengo a visitar a la señorita.
5. Mi amigo viene a charlar.

**(e)** Conteste usted afirmativamente:

1. Ustedes no tienen cuchillos, ¿verdad?
2. Ustedes no pueden oírnos (*to hear*), ¿verdad?
3. Ustedes no quieren escribir la carta, ¿verdad?
4. Usted no puede comprar el brazalete, ¿verdad?
5. Usted no quiere saber (*to know*) el precio, ¿verdad?
6. Usted no tiene muchas tarjetas, ¿verdad?
7. No quieres tomar un taxi, ¿verdad?
8. No puedes pagar (*to pay*) el taxi, ¿verdad?
9. No queréis comer paella, ¿verdad?
10. No podéis ir a la tienda (*store*) a pie (*on foot*), ¿verdad?

# D.  UNOS VERBOS IRREGULARES

NOTE: Some verbs, such as those in the following table, are irregular in the first person singular but are regular in the remaining forms of the present indicative.

| INFINITIVE | | PRESENT INDICATIVE |
|---|---|---|
| conocer | *to know, be acquainted with* | conozco, conoces, *etc.* |
| dar | *to give* | doy, das, *etc.* |
| hacer | *to do, make* | hago, haces, *etc.* |
| poner | *to put, set* | pongo, pones, *etc.* |
| saber | *to know, have knowledge* | sé, sabes, *etc.* |
| salir | *to go out* | salgo, sales, *etc.* |
| traer | *to bring* | traigo, traes, *etc.* |
| valer | *to be worth* | valgo, vales, *etc.* |
| ver | *to see* | veo, ves, *etc.* |

**(a)**  Pregunte usted según el ejemplo:

Ejemplo:   Pregúnteme usted . . . si conozco a Pablo.
¿Conoce usted a Pablo?

1. . . . si salgo del hotel.
2. . . . si sé la verdad.
3. . . . si hago muchos viajes.
4. . . . si le doy una propina.
5. . . . si traigo el vino.
6. . . . si veo las flores.
7. . . . si pongo la mesa.
8. . . . si valgo mucho.

**(b)**  Conteste usted afirmativamente:

Ejemplo:   ¿Conoces a la señorita?
Sí, conozco a la señorita.

1. ¿Sabes dónde estamos?
2. ¿Sales a la calle?
3. ¿Ves un taxi?

4. ¿Le das dos pesos?
5. ¿Haces una buena comida?
6. ¿Pones los platos en la mesa?
7. ¿Vas al cine?
8. ¿Traes las servilletas?

## E.  DIÁLOGO

### ¿Cuánto Vale?

*Ana sale del hotel, toma un taxi y va al Zócalo. Allí baja del taxi, paga al chofer y le da un peso de propina. Va a pie por las calles. De vez en cuando se detiene para mirar los escaparates. Cuando está enfrente de una tienda, sale un dependiente y la saluda.*

DEPENDIENTE: Buenos días, señorita. ¿No quiere usted entrar?

ANA: Gracias. Necesito unas tarjetas postales. ¿Las vende usted aquí?

DEPENDIENTE: Sí, señorita. Tenemos unas muy bonitas.

ANA: ¿Cuánto valen?

DEPENDIENTE: Valen cincuenta centavos cada una.

ANA: Voy a comprar éstas. Es una docena, ¿no es verdad?

DEPENDIENTE: Justamente, y valen seis pesos. ¿Quiere usted algunos objetos de plata?

ANA: No sé. ¿Son muy caros?

DEPENDIENTE: No, señorita. Son muy baratos y de muy buena calidad. Este brazalete, por ejemplo.

ANA: Sí, es muy bonito. ¿Cuánto vale?

DEPENDIENTE: Vale cuarenta y siete pesos.

ANA: Es mucho, señor.

DEPENDIENTE: Pues para usted, que es tan simpática, el precio es sólo cuarenta y cuatro pesos.

ANA: Muy bien. Lo compro . . . ¿Puede usted decirme dónde está el Sanborn's? Tengo una cita allí a las diez y media.

DEPENDIENTE: Derecho por esta calle y luego a la derecha.

ANA: Muchas gracias. Adiós, señor.

*How Much Is It Worth?*

*Anne leaves the hotel, takes a taxi, and goes to the Zocalo. There she gets out of the taxi, pays the driver, and gives him a one peso tip. She walks along the streets. From time to time she stops to look at the show windows. When she is in front of a store, a clerk comes out and speaks to her.*

CLERK: Good morning, miss. Don't you wish to come in?

ANNE: Thanks. I need some postcards. Do you sell them here?

CLERK: Yes, miss. We have some very pretty ones.

ANNE: How much are they worth?

CLERK: They are worth fifty cents each.

ANNE: I am going to buy these. That's a dozen, isn't it?

CLERK: Exactly, and they are six pesos. Do you want some silver objects?

ANNE: I don't know. Are they very expensive?

CLERK: No, miss. They are very cheap and of very good quality. This bracelet, for example.

ANNE: Yes, it is very pretty. How much is it worth?

CLERK: It's worth forty-seven pesos.

ANNE: That's too much, sir.

CLERK: Well, for you, who are so charming, the price is only forty-four pesos.

ANNE: Very well. I'll buy it. . . . . Can you tell me where Sanborn's is? I have an appointment there at 10:30.

CLERK: Straight along this street and then to the right.

ANNE: Thank you very much. Goodby, sir.

# F. CUESTIONARIO

Conteste usted en español con frases completas:

1. ¿Qué toma Ana cuando sale del hotel?  2. ¿Dónde baja del taxi?
3. ¿Qué le da al chofer de propina?  4. ¿Cómo va por las calles?  5. ¿Para qué se detiene de vez en cuando (*now and then*)?  6. ¿Quién sale de una tienda?  7. ¿Qué pregunta el dependiente después de saludarla?  8. ¿Qué necesita Ana?  9. ¿Cuánto vale cada tarjeta?  10. ¿Cuántas tarjetas compra?  11. ¿Cuánto valen las doce tarjetas?  12. Los objetos de plata no son caros. ¿Cómo son?  13. ¿Cuánto vale el brazalete?  14. ¿A qué precio lo compra Ana?  15. ¿Por qué quiere ir al Sanborn's?

## G.  TRADUCCIÓN

Traduzca usted al español:

Anne stops to look at the show windows. A clerk comes out of a store and greets her. "Don't you want to enter?" he asks. "Can I buy some post cards here?" she asks. "I need a dozen." She buys the cards and pays six pesos. "Don't you want to buy a bracelet?" "How much is it worth?" "For you the price is only forty-four pesos." She buys it and then goes to Sanborn's. She has an appointment there at 10:30.

# Lección 8

## A. DIÁLOGO PRELIMINAR

| | |
|---|---|
| EL SEÑOR: ¿Está mi amigo? | THE GENTLEMAN: *Is my friend in?* |
| LA CRIADA: No. Salió hace una hora. | THE MAID: *No. He left an hour ago.* |
| EL SEÑOR: ¿Por qué no me esperó? | THE GENTLEMAN: *Why didn't he wait for me?* |
| LA CRIADA: Alguien lo llamó por teléfono. | THE MAID: *Someone called him by telephone.* |
| EL SEÑOR: ¿De qué hablaron? | THE GENTLEMAN: *What did they talk about?* |
| LA CRIADA: No sé, pero después vino un señor en un coche. | THE MAID: *I don't know, but a gentleman came later in a car.* |
| EL SEÑOR: ¿Y mi amigo partió con él? | THE GENTLEMAN: *And my friend left with him?* |
| LA CRIADA: Sí. Creo que fueron al aeropuerto. | THE MAID: *Yes. I think they went to the airport.* |
| EL SEÑOR: Debió dejar recado. | THE GENTLEMAN: *He ought to have left a message.* |
| LA CRIADA: Mire usted, aquí viene. | THE MAID: *Look, here he comes.* |

73

## B. PRÁCTICA

**(a)** Conteste usted con frases completas:

1. ¿Con quién (*With whom*) habla el señor?
2. ¿Dice el señor "¿Están mis amigos?" o "¿Está mi amigo?"?
3. ¿Salió el amigo hace dos horas o hace una hora?
4. ¿Dice el señor "¿Por qué no esperó?" o "¿Por qué no me esperó?"?
5. ¿Alguien llamó a la criada, o alguien llamó al amigo?
6. ¿Dice el señor "¿De qué habló?" o "¿De qué hablaron?"?
7. ¿Vino una señorita o vino un señor en un coche?
8. ¿Partió el amigo solo (*alone*), o partió con el señor?
9. ¿Cree la criada (*Does the maid believe*) que fueron al restaurante, o que fueron al aeropuerto?
10. ¿Debió dejar el amigo el coche, o debió dejar recado?
11. ¿Qué dice la criada al ver (*on seeing*) al señor?

**(b)** Hable usted con frases completas:

1. Pregúntele a la criada si está su (*your*) amigo.
2. Pregúntele a la criada si están sus (*your, plural*) amigos.
3. Pregúntele (*Ask her*) si su amigo salió hace dos horas.
4. Repita usted "¿Por qué no me esperaron?".
5. Pregúntele por qué no lo (*you, direct object*) esperaron sus amigos.
6. Repita usted "Alguien me llamó".
7. Diga usted (*Say*) que alguien lo llamó por teléfono.
8. Repita usted "Fui al aeropuerto".
9. Dígale usted al señor que usted fue al aeropuerto con sus (*your*) amigos.
10. Dígale a la criada que sus amigos debieron dejar recado.

## C. EL TIEMPO PRETÉRITO

The Spanish preterit tense is used to refer to an act or action that is done, completed. Thus **hablé** means *I spoke* or *I did speak*; **comí** means *I ate* or *I did eat*. For example: Ayer **comimos** en el Sanborn's (We *ate* at Sanborn's yesterday), ¿**Esperaste** a Carlos en el restaurante? (*Did* you wait for Charles in the restaurant?). Notice that **-er** and **-ir** verbs have identical endings in this tense.

**(a)** Estudie usted el pretérito de los verbos regulares en la tabla siguiente.

| HABLAR | COMER | VIVIR |
|---|---|---|
| hablé | comí | viví |
| hablaste | comiste | viviste |
| habló | comió | vivió |
| hablamos | comimos | vivimos |
| hablasteis | comisteis | vivisteis |
| hablaron | comieron | vivieron |

**(b)** Cambie usted las frases usando las formas apropiadas de los verbos:

**I.** Ejemplo:  Le hablé a Cristina por teléfono.
  él
  Él le habló a Cristina por teléfono.

  1. usted   2. ustedes   3. [tú]   4. ella   5. [nosotros]

**2.** Ejemplo:  Esperaste (*wait*) a José mucho tiempo.
  ella
  Ella esperó a José mucho tiempo.

  1. ustedes   2. él   3. ellas   4. [nosotros]   5. [vosotros]

**3.** Ejemplo:  Usted pasó por (*pass by*) la casa de Carlos.
  [yo]
  Pasé por la casa de Carlos.

  1. Pablo   2. [tú]   3. ustedes   4. ella   5. [nosotros]

**4.** Ejemplo:  Comiste ayer en el restaurante, ¿verdad?
  [nosotros]
  Comimos ayer en el restaurante, ¿verdad?

  1. usted   2. ellas   3. ustedes   4. tú y yo   5. él

**5.** Ejemplo:  Viví aquí el año pasado (*last year*)
  [nosotros]
  Vivimos aquí el año pasado.

  1. [tú]   2. usted   3. usted y yo   4. ustedes   5. ellos

**6.** Ejemplo:   Conocimos a Cristina en una fiesta.
                 ustedes
                 Ustedes conocieron a Cristina en una fiesta.

   I. [yo]   2. [vosotros]   3. [tú]   4. ella   5. ellas

**7.** Ejemplo:   Usted subió al (*get into*) coche y partió.
                 ustedes
                 Ustedes subieron al coche y partieron.

   I. [yo]   2. [nosotros]   3. [tú]   4. ellas   5. [vosotros]

**(c)**  Cambie usted las frases al plural según el ejemplo:

   Ejemplo:   ¿Por qué no dejó usted recado?
              ¿Por qué no dejaron ustedes recado?

   I. ¿Por qué no pasaste por mi casa?
   2. ¿Por qué no la llamé por teléfono?
   3. ¿Por qué no esperó él más tiempo?
   4. ¿Por qué no entendió (*understand*) la criada?
   5. ¿Por qué no te vi en el cine?

**(d)**  Cambie usted las frases al singular según el ejemplo:

   Ejemplo:   Salimos del aeropuerto a las ocho.
              Salí del aeropuerto a las ocho.

   I. Salisteis sin dejar recado.
   2. Ustedes debieron (*must*) llamarme por teléfono.
   3. ¿Por qué decidieron ellas ir en avión (*airplane*)?
   4. No vimos a Carlos en la casa.
   5. Los hombres subieron al avión.


## D.   EL TIEMPO PRETÉRITO DE "BAJAR" Y ENTRAR

The verb **entrar**, *to enter* (*into*), requires the preposition **en** before an object. **Bajar**, *to go down from*, requires the preposition **de** before an object. For example: **Entra en** la casa, but Llega a la casa y **entra**; **Baja del** coche, but Para el coche y **baja**.

**(a)** Cambie usted las frases siguientes según los ejemplos.

**I.** Ejemplo:   Él bajó rápidamente del coche.
                        usted
          Usted bajó rápidamente del coche.

   I. [nosotros]   **2.** ustedes   **3.** [tú]   **4.** la señora   **5.** los señores

**2.** Ejemplo:   Ustedes entraron en el cine.
                        ella
          Ella entró en el cine.

   I. [tú]   **2.** los amigos   **3.** usted   **4.** usted y ella   **5.** usted y yo

**(b)** Cambie usted las frases al plural según el ejemplo:

   Ejemplo:   Bajé del coche y entré en la tienda.
          Bajamos del coche y entramos en la tienda.

   I. Bajaste del taxi y entraste en el cine.
   2. Usted bajó del tren (*train*) y entró en la estación (*station*).
   3. Él bajó del avión y entró en el aeropuerto.
   4. Ella bajó del autobús (*bus*) y entró en la casa.
   5. Bajé del coche y entré en el hotel.

## E.   EL TIEMPO PRETERITO DE "SUBIR" Y "PARTIR"

The verb **subir**, *to get on, into*, requires the preposition **a** before an object.
The verb **partir**, *to depart from*, requires the preposition **de** before an object.

**(a)** Cambie usted las frases al plural según el ejemplo:

   Ejemplo:   ¿Por qué no subió usted al tren?
          ¿Por qué no subieron ustedes al tren?

   I. ¿Por qué no subí al autobús?
   2. ¿Por qué no subiste al taxi?
   3. ¿Por qué no subió ella al avión?
   4. ¿Por qué no subió el señor al coche?
   5. ¿Por qué no subiste a la canoa (*canoe*)?

**(b)**  Cambie usted las frases al singular según el ejemplo:

Ejemplo:   Mis amigos partieron de la ciudad.
           Mi amigo partió de la ciudad.

1. Las criadas partieron de la casa.
2. Partimos del aeropuerto a las ocho.
3. ¿A qué hora (*time*) partisteis de Acapulco?
4. Las señoritas partieron de México ayer.
5. Ustedes partieron del Zócalo en un taxi.

## F.  EL PRETÉRITO DE "SER" E "IR"

**(a)**  Estudie usted el pretérito de **ser** e (*and*) **ir**.

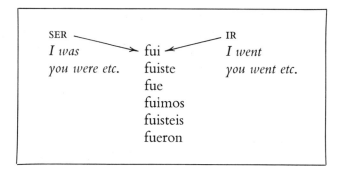

**(b)**  Conteste según el ejemplo:

Ejemplo:   ¿Fue usted quien llamó? (*Was it you who called?*)
           No, no fui yo.

1. ¿Fuiste tú quien llamó?
2. ¿Fueron ustedes quienes bajaron?
3. ¿Fue ella a quien escribiste?
4. ¿Fue él a quien vimos ayer?
5. ¿Fui yo a quien saludaste?
6. ¿Fuimos nosotros a quienes habló usted?

**(c)**  Conteste usted afirmativamente:

Ejemplo:   ¿Fuiste al cine? (*Did you go to the movies?*)
           Sí, fui al cine.

1. ¿Fuiste con Carlos?
2. ¿Fue usted al Zócalo?
3. ¿Fueron ustedes en el coche?
4. ¿Fuisteis a Chapultepec?
5. ¿Fue Carlos al aeropuerto?
6. ¿Fueron sus amigos a Acapulco?

## G.  EL TIEMPO PRETÉRITO DE "DAR" Y "VER"

**(a)**  Estudie usted el pretérito de **dar** y **ver**.

| DAR | VER |
|-----|-----|
| di | vi |
| diste | viste |
| dio | vio |
| dimos | vimos |
| disteis | visteis |
| dieron | vieron |

**(b)**  Cambie usted las frases al pretérito según los ejemplos:

**1.**  Ejemplo:   Le damos a Carlos el dinero.
                   Le dimos a Carlos el dinero.

    1. Le doy a la criada el recado.
    2. ¿Le da usted la tarjeta a Carlos?
    3. Le das las flores a Ana, ¿verdad?
    4. Los amigos me dan un susto (*fright*).
    5. No me dais la dirección (*address*).
    6. ¿Dan ustedes propina al mesero?

**2.**  Ejemplo:   Te veo hoy muy preocupado (*worried*).
                   Te vi ayer muy preocupado.

    1. Vemos hoy a Ana muy alegre.
    2. Me ves hoy en el Sanborn's.
    3. Usted me ve hoy en la tienda.

4. Las señoritas ven hoy la película.
5. Ana os ve hoy en el cine.
6. Pablo y yo te vemos hoy en el baile.

## H.  DIÁLOGO

### ¿Qué te pasó?

*Ana entra en el Sanborn's.*

ANA: Hola, Pablo. ¿Hace mucho tiempo que me espera?

PABLO: Buenos días, Ana. Llegué hace tres minutos.

ANA: Pero, ¿dónde está Carlos? ¿No vino con usted?

PABLO: No, señorita, y no sé dónde está. Lo esperé media hora y luego pasé por su casa.

ANA: ¿Y no lo vio?

PABLO: No, no lo vi. La criada me informó que alguien llamó a Carlos por teléfono a eso de las ocho.

ANA: ¿Sobre qué?

PABLO: No sé. Hablaron en inglés y la criada no entendió nada.

ANA: Pues, ¿qué le pasó a Carlos?

PABLO: Llegó un coche con dos hombres. Carlos subió al coche, y partieron rápidamente.

ANA: Estoy muy preocupada.

PABLO: No es para preocuparse.

ANA: Pero debió dejar recado, a lo menos.

PABLO: Sí, eso sí . . . ¡Pero mire usted! Aquí viene el hijo pródigo.

ANA: ¡Carlos! ¿Adónde fuiste? Me diste un susto.¿ Qué te pasó?

CARLOS: Pues, nada. Unos amigos míos decidieron ir en avión a Acapulco. Yo los llevé al aeropuerto y ellos me dejaron su coche.

### What Happened to You?

*Anne enters Sanborn's.*

ANNE: Hello, Paul. Have you been waiting for me long?

PAUL: Good morning, Anne. I arrived three minutes ago.

ANNE: But, where is Charles? Didn't he come with you?

PAUL: No, miss, and I don't know where he is. I waited for him for half an hour and then I went (passed) by his house.

ANNE: And you didn't see him?

PAUL: No, I didn't see him. The servant girl informed me that someone called Charles by telephone at about eight o'clock.

ANNE: About what?

PAUL: I don't know. They spoke in English and the servant didn't understand anything.

ANNE: Well, what happened to Charles?

PAUL: A car with two men arrived. Charles got into the car and they left fast.

ANNE: I'm very worried.

PAUL: It's not anything to be worried about.

ANNE: But he ought to have left a message, at least.

PAUL: Yes, that's true (that, yes) . . . But look! Here comes the prodigal son.

ANNE: Charles! Where did you go? You scared me. What happened to you?

CHARLES: Well, nothing. Some friends of mine decided to go by plane to Acapulco. I took them to the airport, and they left me their car.


## I.   CUESTIONARIO

Conteste en español con frases completas:

1. ¿Con quién habla Ana cuando (*when*) entra en el Sanborn's?   2. ¿Qué le pregunta ella a Pablo?   3. ¿Cuántos minutos hace que Pablo llegó?   4. ¿Llegó Carlos con Pablo?   5. ¿Cuánto tiempo lo esperó Pablo?   6. ¿Por dónde pasó Pablo luego?   7. ¿Con quién habló Pablo en la casa de Carlos?   8. ¿A qué hora llamaron a Carlos por teléfono?   9. ¿Por qué no entendió la criada?   10. ¿Cuántos hombres llegaron en el coche?   11. ¿Qué debió dejar Carlos?   12. ¿Adónde decidieron ir los amigos de Carlos?   13. ¿Adónde los llevó Carlos?   14. ¿Qué le dejaron ellos a Carlos?


## J.   TRADUCCIÓN

Traduzca usted al español:

Anne enters Sanborn's and greets Paul. She asks if he has been waiting a long time. He arrived three minutes ago, but Charles did not come with him. Paul waited for him half an hour, and then went by his house. Some friends called Charles by telephone. He took them to the airport and they left him their car.

J{ **Lección 9**

## A. DIÁLOGO PRELIMINAR

EL SEÑOR: ¿Está abierta la estación de gasolina?

EL EMPLEADO: Sí, señor. ¿Qué desea usted?

·EL SEÑOR: Llene el tanque; está casi vacío.

EL EMPLEADO: El motor necesita un litro de aceite.

EL SEÑOR: Muy bien. ¿Tiene bastante agua el radiador?

EL EMPLEADO: Sí, señor. Voy a limpiar el parabrisa (or el parabrisas).

EL SEÑOR: ¿Están bien infladas las llantas?

EL EMPLEADO: Una está un poco desinflada.

EL SEÑOR: ¿Cuánto le debo?

EL EMPLEADO: Cuarenta y seis pesos.

THE GENTLEMAN: *Is the gas station open?*

THE ATTENDANT: *Yes, sir. What do you want?*

THE GENTLEMAN: *Fill the tank; it's almost empty.*

THE ATTENDANT: *The motor needs a liter (1.05 quarts) of oil.*

THE GENTLEMAN: *Okay. Does the radiator have enough water?*

THE ATTENDANT: *Yes, sir. I'm going to clean the windshield.*

THE GENTLEMAN: *Do the tires need air (are the tires well inflated)?*

THE ATTENDANT: *One is a little low (deflated).*

THE GENTLEMAN: *How much do I owe you?*

THE ATTENDANT: *Forty-six pesos.*

82

## B.  PRÁCTICA

**(a)**  Conteste usted con frases completas:

1. ¿Dice el señor "¿Está abierta la estación?" o "¿Está abierta la estación de gasolina?"?
2. ¿Qué pregunta el empleado?
3. ¿Dice el señor "Quiero gasolina" o "Llene el tanque"?
4. ¿Está vacío el tanque, o está casi vacío?
5. ¿Dice el empleado "El motor necesita aceite" o "El motor necesita un litro de aceite"?
6. ¿Pregunta el señor si tiene agua el radiador, o si tiene bastante agua el radiador?
7. ¿Dice el empleado "Limpio el parabrisa" o "Voy a limpiar el parabrisa"?
8. ¿Cuántas (*How many*) llantas están bien infladas?
9. ¿Dice el empleado, "Una está desinflada" o "Una está un poco desinflada"?
10. ¿Dice el señor, "¿Cuánto es?" o "¿Cuánto le debo?"?

**(b)**  Hable usted con frases completas:

1. Pregunte usted si está abierta la estación de gasolina.
2. Repita usted "Está abierto".
3. Pregunte usted si está abierto el restaurante.
4. Repita usted "Están abiertas".
5. Pregunte usted si están abiertas las tiendas.
6. Pregunte al señor qué desea.
7. Pregunte a los señores qué desean.
8. Si es necesario (*If it is necessary*) llenar el tanque, ¿qué dice usted al empleado?
9. ¿Qué pregunta el señor acerca de (*concerning*) las llantas?
10. ¿Qué pregunta el señor acerca del radiador?
11. Pregúntele al empleado cuánto le (*to him*) debe usted.

## C. REPASO DEL TIEMPO PRETÉRITO

NOTE: Some Spanish letters (**c** and **g**, for instance) represent one sound when followed by **a**, **o**, or **u**, and a different sound when followed by **e** or **i**. (See Lección preliminar.) This makes it necessary to change the spelling of some verb forms in order to retain the original sound of the verb. This is explained in detail in ¶38 of the APPENDIX.

Conteste usted según los ejemplos:

**I.** Ejemplo:   ¿Buscaste (*look for*) a la señorita?
                    Sí, la busqué.

  1. ¿Buscaste a la señora?
  2. ¿Saludaste a Carlos?
  3. ¿Llamaste a la empleada?
  4. ¿Vendiste (*sell*) el coche?
  5. ¿Escribiste el recado?

**2.** Ejemplo:   ¿Quién pagó el taxi?
                    Yo lo pagué.

  1. ¿Quién pagó la comida?
  2. ¿Quién dio la propina?
  3. ¿Quién presentó al señor?
  4. ¿Quién vio a José ayer?
  5. ¿Quién dio la fiesta?

**3.** Ejemplo:   ¿Cuándo pasó usted el hotel?
                    Pasé el hotel hace cinco minutos.

  1. ¿Cuándo llenó usted el tanque?
  2. ¿Cuándo pagó usted la gasolina?
  3. ¿Cuándo llegó usted de Acapulco?
  4. ¿Cuándo volvió (*return*) usted de Chapultepec?
  5. ¿Cuándo vio usted el castillo (*castle*)?

**4.** Ejemplo:   (Pregúnteme usted) . . . si vi a Carlos.
                                ¿Vio usted a Carlos?

  1. . . . si pasé por su casa.
  2. . . . si le di un recado.
  3. . . . si entendí el recado.
  4. . . . si entré en el Sanborn's.
  5. . . . si decidí ir a Acapulco.

**5. Ejemplo:**   (Pregunte a su amigo) . . . si habló por teléfono.
¿Hablaste por teléfono?

1. . . . si vio a los amigos.
2. . . . si fue con ellos al aeropuerto.
3. . . . si partió rápidamente.
4. . . . si comió en el restaurante.
5. . . . si tomó helado con fresas.

**6. Ejemplo:**   (Pregúntenos usted) . . . si bajamos al salón.
¿Bajaron ustedes al salón?

1. . . . si saludamos a la señora.
2. . . . si dimos la vuelta.
3. . . . si compramos tarjetas.
4. . . . si fuimos al Zócalo.
5. . . . si subimos al coche.

## D. EL TIEMPO PRETÉRITO DE LOS VERBOS IRREGULARES

NOTE: A number of frequently used verbs have irregular stems and slightly irregular endings in the preterit tense:

| Infinitive | PRETERIT Stem | Endings | Infinitive | PRETERIT Stem | Endings |
|---|---|---|---|---|---|
| andar | **anduv–** | | | | –e |
| estar | **estuv–** | | decir | **dij–** | –iste |
| haber | **hub–** | –e | conducir | **conduj–** | –o |
| poder | **pud–** | –iste | traducir | **traduj–** | –imos |
| poner | **pus–** | –o | traer | **traj–** | –isteis |
| saber | **sup–** | –imos | | | –eron |
| tener | **tuv–** | –isteis | | | |
| hacer | **hic–** | –ieron | | | |
| (**hizo** *in the third per. sing.*) | | | | | |
| querer | **quis–** | | | | |
| venir | **vin–** | | | | |

**(a)** Cambie usted las frases al pretérito según el ejemplo:

Ejemplo:   ¿Llena usted el tanque?
           ¿Ya llenó usted el tanque?

1. ¿Estás en el restaurante Parador?
2. ¿Pone Pablo agua en el radiador?
3. ¿Puede Carlos inflar las llantas?
4. ¿Trae el mesero la lista?
5. ¿Andamos por la calle Madero?
6. ¿Le dices el recado a Carlos?
7. ¿Hace usted el helado?
8. ¿Sabes el precio de la gasolina?
9. ¿Traducen ustedes la lección?

**(b)** Complete usted las frases según el ejemplo:

Ejemplo:   Pudimos traer el coche y . . .
           Pudimos traer el coche y lo trajimos.

1. Ustedes quisieron decir el recado y . . .
2. Antonia quiso hacer la comida y . . .
3. Usted quiso poner la mesa y . . .
4. Quise saber el precio y . . .
5. Tuvimos que traer dinero y . . .
6. Ana pudo traducir la carta y . . .
7. Tuviste que saber la dirección y . . .
8. Pude conducir a los señores y . . .

# E.  DIÁLOGO

## ¡Llenar el tanque!

*Carlos y Pablo están paseándose en automóvil. Carlos maneja.*

PABLO: Pero ya pasaste el hotel. ¿No prometiste a Ana estar allí a las cuatro?

CARLOS: Voy primero a esta estación de gasolina. El tanque está casi vacío.

PABLO: Es verdad que el coche anda mejor con gasolina.

CARLOS: Señor, haga usted el favor de llenar el tanque.

PABLO: Y ver si hay agua en el radiador, y si necesita aceite.

EMPLEADO: Muy bien, señor.

CARLOS: A ver también si las llantas están bien infladas.

PABLO: ¿Adónde vamos esta tarde?

CARLOS: Vamos primero a ver el castillo, y luego a dar un paseo por el bosque de Chapultepec.

PABLO: Me alegro, porque Ana tiene muchas ganas de verlo.

CARLOS: Si hay tiempo, vamos también a visitar la universidad.

EMPLEADO: Cuarenta litros, señor. Cuarenta pesos.

CARLOS: Aquí tiene usted.

EMPLEADO: Un momento, que voy a limpiar el parabrisa.

*Carlos y Pablo dieron la vuelta y se pararon enfrente del hotel. Pablo se quedó en el coche; Carlos entró en el hotel.*

SEÑORA: Usted busca a la señorita West, ¿no es verdad?

CARLOS: Sí, señora.

SEÑORA: Un momento. Voy a llamarla.

CARLOS: Usted es muy amable.


### Fill 'Er Up!

*Charles and Paul are taking an automobile ride. Charles is driving.*

PAUL: But you've already passed the hotel. Didn't you promise Anne to be there at four?

CHARLES: I am going first to this gas station. The tank is almost empty.

PAUL: It's true that the car runs better with gasoline.

CHARLES: Please fill the tank.

PAUL: And see if there's water in the radiator, and if it needs oil.

EMPLOYEE: Very well, sir.

CHARLES: See also if the tires need air (if the tires are well inflated).

PAUL: Where are we going this afternoon?

CHARLES: We are going first to see the castle and then take a drive through Chapultepec forest.

PAUL: I'm glad, because Anne is anxious (has many desires) to see it.

CHARLES: If there's time, we'll visit the university, too.

EMPLOYEE: Forty liters, sir. Forty pesos.

CHARLES: Here they are (Here you have them).

EMPLOYEE: One moment, I'm going to clean the windshield.

*Charles and Paul turned around and stopped in front of the hotel. Paul stayed in the car; Charles entered the hotel.*

LADY: You are looking for Miss West, aren't you?

CHARLES: Yes, ma'am.

LADY: One moment. I'm going to call her.

CHARLES: You are very kind.

## F. CUESTIONARIO

Conteste usted en español con frases completas:

1. ¿Qué prometió Carlos a Ana?   2. ¿Por qué va Carlos primero a la estación de gasolina?   3. ¿Qué van a hacer esta tarde?   4. ¿Por qué se alegra Pablo?   5. ¿Qué van a hacer también si hay tiempo?   6. ¿Cuántos litros de gasolina puso el empleado?   7. ¿Qué hicieron después de salir de la estación?   8. ¿Dónde se quedó Pablo cuando se pararon enfrente del hotel?   9. ¿Dónde entró Carlos?   10. ¿Por quién preguntó Carlos en el hotel?   11. ¿Cuánto tiempo cree usted que tuvo que esperar Carlos?

## G. TRADUCCIÓN

Traduzca usted al español:

Charles and Paul promised (to: **a**) Anne to be at (**en**) the hotel at four. They went first to a filling station. The employee filled the tank and cleaned the windshield. Then (**Luego**) they went to the hotel. Paul stayed in the car, and Charles entered the hotel. Anne and Charles got into the (**subieron al**) car, and the three friends went to Chapultepec.

*Repaso segundo*

## A. LECTURA

Carlos, Ana y Pablo entraron en un restaurante para tomar aperitivos y comer. Es un restaurante español de la calle de Niza de la ciudad de México y se llama "Parador". Ana tomó un plato mexicano porque le gusta la comida picante. Carlos tomó una paella española, y Pablo comió jamón con huevos. De postre tomaron helado con fresas. Después de la comida los tres amigos fueron a ver una película mexicana en el cine Chapultepec.

Al día siguiente (*On the following day*) Ana salió del hotel, tomó un taxi y fue al Zócalo. Allí decidió mirar unos escaparates (*store windows*) antes de ir (*before going*) al Sanborn's. Entró en una tienda y compró una docena de tarjetas postales y un brazalete de plata. El brazalete le pareció (*seemed to her*) muy caro, pero el dependiente se lo vendió por cuarenta y cuatro pesos.

Ana fue al restaurante, donde vio a Pablo pero no a Carlos. Después de unos minutos llegó Carlos y los tres tomaron helados.

Unos amigos de Carlos decidieron ir a Acapulco para pasar unos días. Carlos los llevó al aeropuerto, y ellos le dejaron el automóvil a Carlos hasta su (*their*) vuelta. Por la tarde (*In the afternoon*) Carlos y Pablo fueron a una estación de gasolina para comprar gasolina y aceite. El empleado infló (*inflated, put air into*) las llantas y limpió el parabrisa. Después los dos amigos fueron al hotel a buscar a Ana, y los tres fueron a ver el castillo y dieron un paseo en coche por el bosque de Chapultepec.

# B.  PRÁCTICA DE EXPRESIONES

Substituya usted las palabras subrayadas según se indica, y haga otros cambios necesarios:

**(a)** 1. Voy a tomar jamón con huevos.  (*I went*)
2. [Tú] eres americana y comes como mexicana.  (*Anne*)
3. ¿Qué hacemos después de comer?  (*did*)
4. [Yo] tengo hambre y quiero comer.  (*the friends*)
5. De postre vamos a tomar helado con fresas. (*she is going*)
6. Hay una buena película en el cine Chapultepec.  (*films*)

**(b)** 1. Quiero una tarjetas postales.  (*Anne wants*)
2. Tenemos unas muy bonitas.  (*I have*)
3. ¿No quiere usted este brazalete de plata?  (*they*)
4. Valen cincuenta centavos cada una.  (*twenty*)
5. Los brazaletes son muy baratos y de buena calidad.  (*bracelet*)
6. ¿Puede usted decirme dónde está el Sanborn's? (*you and Charles*)

**(c)** 1. Alguien llamó a Carlos por teléfono.  (*two gentlemen*)
2. Creo que fueron al aeropuerto.  (*she went*)
3. ¿Hace mucho tiempo que me espera usted?  (*you and Anne*)
4. Llegué hace tres minutos.  (*we arrived*)
5. Hablaron en inglés y la criada no entendió nada.  (*waiters*)
6. Carlos, ¿adónde fuiste? Me diste un susto.  (*friends*)

**(d)** 1. ¿Está abierta la estación de gasolina?  (*stations*)
2. ¿Están bien infladas las llantas?  (*tire*)
3. Una está un poco desinflada.  (*all*)
4. ¿Me hace usted el favor de llenar el tanque?  (*did*)
5. Luego vamos a dar un paseo por Chapultepec.  (*we went*)
6. Ana tiene muchas ganas de ver el castillo.  (*Anne and Christine*)

## C.  EL TIEMPO PRESENTE

**(a)**  Repase el presente de los verbos **ser** y **estar**. Complete las frases siguientes según el sentido:

1. Estoy en la tienda, pero yo no _____ el dependiente.
2. ¿Por qué estás en casa? ¿No _____ bien?
3. Eres americana y también _____ guapa.
4. La señorita West es la empleada, pero no _____ aquí.
5. El jugo que está en la mesa _____ para usted.
6. ¿Cómo _____ ustedes, señores?
7. ¿Dónde _____ la señorita que _____ de México?

**(b)**  Repase el presente de los verbos **decir, poder** y **venir**. Cambie las frases siguientes al singular:

Ejemplo:   Los señores dicen que no pueden ir.
           El señor dice que no puede ir.

1. Decimos que no podemos acompañarte.
2. ¿Decís que no podéis venir?
3. ¿Dicen ustedes que no pueden visitarme?
4. Decimos que no podemos llevarte al cine.
5. Los amigos dicen que no pueden llevarnos a Acapulco.
6. Los meseros dicen que no pueden darnos la mesa.

**(c)**  Complete usted las frases siguientes con la forma apropiada del presente de **venir**:

1. Carlos y Pablo _____ a visitar a Ana.
2. El empleado _____ a inflar las llantas.
3. [Yo] _____ en el coche de mis amigos.
4. [Nosotros] _____ a llevarte a ver la universidad.
5. Carlos, ¿cuándo _____ a visitarnos?

**(d)**  Repase usted el presente de los verbos irregulares de la Lección 7. Conteste las frases siguientes según el ejemplo:

Ejemplo:   ¿Ves la universidad?
           Sí, la veo.

1. ¿Pones los vasos en la mesa?
2. ¿Conoces al empleado del hotel?
3. ¿Sabes el precio del brazalete?

4. ¿Hace usted comidas buenas?
5. ¿Trae usted el jugo de naranja?
6. ¿Da usted propinas grandes?

## D. LOS PRONOMBRES OBJETOS

Cambie usted los nombres subrayados por pronombres objetos según el sentido:

Ejemplos:   ¿Llamó usted al chofer (*driver*)?
                   ¿Lo llamó usted?
                   Pregunto a Carlos si está bien.
                   Le pregunto si está bien.

 1. Pregunto a la empleada dónde está Ana.
 2. Preguntamos al mesero si hay mesas.
 3. Ayer llevamos a los amigos al aeropuerto.
 4. Digo a María que tengo el coche.
 5. Llamaste a Ana por teléfono, ¿verdad?
 6. Vemos al mesero en la puerta.
 7. La señora da a Ana el recado.
 8. No saludaste al empleado esta mañana.
 9. Digo a mi amiga que es guapa.
10. El empleado da a Ana el brazalete.

## E. EL VERBO "GUSTAR"

Complete las frases siguientes según el ejemplo:

Ejemplo:   A Carlos _____ gusta dar un paseo con Ana.
                  A Carlos le gusta dar un paseo con Ana.

 1. A ustedes _____ gusta el restaurante, ¿verdad?
 2. A nosotros _____ gustan mucho las flores.
 3. A Cristina _____ gusta ir en taxi.

**4.** A Carlos _____ gusta mucho la empleada.

**5.** A María y a Cristina _____ gusta comer en el Parador.

**6.** Creo que a las señoritas _____ gustan los meseros.

## F. EL TIEMPO PRETÉRITO

**(a)** Repase usted el pretérito de los verbos regulares e irregulares.

**(b)** Complete las frases siguientes con la forma apropiada del pretérito del verbo indicado:

    **I.** Ayer [yo] _____ a mi amiga por teléfono. (llamar)

    **2.** Esta mañana [yo] _____ de casa a las ocho. (salir)

    **3.** ¿Por qué no _____ [tú] en la casa de Pedro? (entrar)

    **4.** Creo que [tú] _____ muchas enchiladas. (comer)

    **5.** Usted _____ ayer muchas tarjetas. (escribir)

    **6.** Hoy Carlos no _____ a la empleada. (saludar)

    **7.** Ana no _____ la copa de jerez. (beber)

    **8.** [Nosotros] ya _____ el hotel de Ana. (pasar)

    **9.** Los amigos _____, pero no _____ recado. (salir, dejar)

    **10.** [Vosotros] _____ asiento, pero no _____ nada. (tomar, comer)

**(c)** Cambie usted las frases al singular según el ejemplo:

Ejemplo:   No compramos nada en la tienda.
             No compré nada en la tienda.

    **I.** ¿Anduvieron ustedes mucho ayer?

    **2.** No le dimos el recado a Carlos.

    **3.** ¿Pusisteis las flores en la mesa?

    **4.** Mis amigos no fueron al Zócalo esta tarde.

    **5.** Los señores no estuvieron aquí esta tarde.

    **6.** Fuimos nosotros quienes vinimos.

    **7.** Los empleados no hicieron nada ayer.

    **8.** Las señoras dicen que ayer tuvieron mucha hambre.

    **9.** Le dijimos a usted que ya comimos.

    **10.** Supimos que ustedes no pudieron venir.

## G.  TRADUCCIÓN

Traduzca usted al español:

The three friends went to a restaurant in order to eat dinner (*omit dinner in Spanish*). They took a table near the patio. They looked at the menu and decided to take a Mexican dinner because Anne likes hot sauce. For dessert they took ice cream and strawberries. After eating, they went to a theater in order to see a Mexican film.

On the following day Anne went shopping. She did not buy much, but she talked in Spanish with a clerk in one of the stores. She bought a dozen (of) post cards and a silver bracelet (bracelet of silver).

Afterwards she went to Sanborn's, where she saw Paul alone (**solo**). Charles took some friends to the airport. Afterwards, he entered the restaurant and sat down (**se sentó**) with Anne and Paul.

## A. DIÁLOGO PRELIMINAR

EL JOVEN: ¿Por qué tarda tanto su amigo?

THE YOUNG MAN: *Why is your friend so late?*

LA JOVEN: No sé. Siempre venía a tiempo.

THE YOUNG LADY: *I don't know. He always came on time.*

EL JOVEN: Era usted quien tardaba, ¿verdad?

THE YOUNG MAN: *It was you who was late, wasn't it?*

LA JOVEN: Tardaba un poco en vestirme.

THE YOUNG LADY: *I used to take a little time to dress.*

EL JOVEN: Mi novia tardaba mucho.

THE YOUNG MAN: *My sweetheart used to take a long time.*

LA JOVEN: No sabía que tiene novia.

THE YOUNG LADY: *I didn't know you have a sweetheart.*

EL JOVEN: Ya no tengo. Se casó con mi amigo.

THE YOUNG MAN: *I no longer have. She married my friend.*

LA JOVEN: ¿Cómo pasó eso?

THE YOUNG LADY: *How did that happen?*

EL JOVEN: Ella y yo salíamos juntos con mi amigo.

THE YOUNG MAN: *She and I went out together with my friend.*

LA JOVEN: ¿Y ella se enamoró del amigo?

THE YOUNG LADY: *And she fell in love with the friend?*

EL JOVEN: Sí, y se casó con él.

THE YOUNG MAN: *Yes, and she married him.*

## B.  PRÁCTICA

**(a)**  Conteste usted con frases completas:

  1. ¿Dice el joven "¿Por qué tarda su amigo?" o "¿Por qué tarda tanto su amigo?"?
  2. ¿Dice la joven "Siempre viene a tiempo" o "Siempre venía a tiempo"?
  3. ¿Era el amigo quien tardaba, o era la joven quien tardaba?
  4. ¿Dice la joven "Tardaba un poco en vestir" o "Tardaba un poco en vestirme"?
  5. ¿Dice el joven "Mi amiga tardaba mucho" o "Mi novia tardaba mucho"?
  6. ¿Dice el joven "No tengo" o "Yo no tengo"?
  7. ¿Dice el joven "Casó a mi amigo" o "Se casó con mi amigo"?
  8. La joven no dice "¿Qué pasó?" ¿Qué dice?
  9. El joven no dice "Ella salía con mi amigo". ¿Qué dice?
  10. ¿Dice el joven "Ella enamoró al amigo" o "Ella se enamoró del amigo"?
  11. ¿Se casó ella con el joven, o se casó con el amigo?

**(b)**  Hable usted con frases completas:

  1. Repita usted, "¿Sabe usted por qué?"
  2. Pregúntele a la joven si sabe por qué tarda su amigo.
  3. Pregúntele si su amigo venía a tiempo.
  4. Repita usted "Era yo quien tardaba".
  5. Dígale al joven que era usted quien tardaba.
  6. Repita usted "¿Cuánto tiempo?"
  7. Pregúntele a la joven cuánto tiempo tardaba en vestirse.
  8. Repita usted "Mi novia y yo salíamos".
  9. Dígale a la joven que usted y su (*your*) novia salían con su amigo.
  10. Dígale a la joven que su amigo se enamoró de su novia.
  11. Repita usted "¿Sabe usted que se casaron?"
  12. Pregúntele a la joven si sabe que su (*your*) novia y su amigo se casaron.

## C.  EL TIEMPO IMPERFECTO

NOTE: There are two simple past tenses in Spanish: the preterit and the imperfect. The preterit, primarily a tense of narration, tells of a happening completed in the past. (**Llegué hace tres minutos.** *I arrived* three minutes ago).

The imperfect is used: (1) to give a description of indefinite duration in the past (Las montañas **eran** hermosas. The mountains *were* beautiful.); (2) to narrate a continuing past action (**Leía** cuando lo vi. *He was reading* when I saw him.); (3) to narrate a customary or indefinitely repeated past action (**Comíamos** allí todos los días. *We used to eat* there every day.). To remember the difference between the preterit and the imperfect, it may be helpful to think of the preterit as a dot (.) and of the imperfect as a line (——) or a series of dots (. . .).

English usage is often not a dependable guide, since the usual English equivalent of the preterit, "wrote" or "did . . . write" (Me **escribió** ayer; no me **escribió** la semana pasada. He *wrote* me yesterday; he *did* not *write* me last week.) may also be used as the equivalent of the Spanish imperfect tense (**Escribía** de vez en cuando, pero no **escribía** todos los días. He *wrote* occasionally, but *did* not *write* every day.). "Would write," usually thought of as conditional, may also represent the Spanish imperfect tense (**Escribía** cuando quería dinero. He *would write* whenever he wanted money.). However, "was writing" and "used to write" regularly correspond to the imperfect tense.

(a)  Estudie usted el tiempo imperfecto (APÉNDICE, ¶30). Los verbos en **-er** y los verbos en **-ir** tienen terminaciones idénticas en el tiempo imperfecto.

|  | HABLAR | COMER VIVIR |
|---|---|---|
|  | aba | ía |
|  | abas | ías |
| habl- | aba | com- ía |
|  | ábamos | viv- íamos |
|  | abais | íais |
|  | aban | ían |

**(b)** Cambie usted las frases usando las formas apropiadas de los verbos según los ejemplos:

1. Ejemplo:  Pablo siempre me hablaba en español.
                  usted
             Usted siempre me hablaba en español.

   1. María   2. [tú]   3. ustedes   4. tú y ella   5. [vosotros]

2. Ejemplo:  Tú siempre comías en el Sanborn's.
                  Ana
             Ana siempre comía en el Sanborn's.

   1. ustedes   2. ella   3. [vosotros]   4. usted   5. ellas

3. Ejemplo:  Vosotros vivíais cerca del hotel, ¿verdad?
                  [tú]
             Vivías cerca del hotel, ¿verdad?

   1. usted   2. usted y Carlos   3. usted y yo   4. tú y él   5. [nosotros]

4. Ejemplo:  Pablo charlaba con Ana cuando entré.
                  ustedes
             Ustedes charlaban con Ana cuando entré.

   1. [tú]   2. usted   3. [vosotros]   4. él   5. ellas

5. Ejemplo:  Leías la lista cuando Ana llegó.
                  usted
             Usted leía la lista cuando Ana llegó.

   1. [yo]   2. [nosotros]   3. él   4. ellas   5. ustedes


**(c)** Cambie usted las frases al imperfecto según los ejemplos:

1. Ejemplo:  Siempre como enchiladas.
             Antes comía enchiladas.

   1. Siempre tardo en vestirme.
   2. Usted siempre viene a tiempo.
   3. Ustedes siempre salen con las novias.
   4. Siempre tienes muchas citas.
   5. Él siempre sabe la dirección.
   6. Siempre venimos a visitarte.
   7. Siempre manejas (*drive*) con cuidado (*carefully*).

**2.** Ejemplo:  Hablas con María cuando te veo.
                 Hablabas con María cuando te vi.

    I. Usted lee la lista cuando lo veo.
    2. Ustedes suben al coche cuando los veo.
    3. Ellas entran en el cine cuando las veo.
    4. Sales del hotel cuando te veo.
    5. Ella pasa en coche cuando la veo.

## D.  EL TIEMPO IMPERFECTO DE "IR", "SER" Y "VER"

**(a)** Estudie el imperfecto de **ir, ser** y **ver**. Note: *All Spanish verbs except* **ir**, **ser** *and* **ver** *are regular in the imperfect tense.*

| IR | SER | VER |
|------|--------|---------|
| iba | era | veía |
| ibas | eras | veías |
| iba | era | veía |
| íbamos | éramos | veíamos |
| ibais | erais | veíais |
| iban | eran | veían |

**(b)** Cambie usted las frases al imperfecto según los ejemplos:

**I.** Ejemplo:  Usted iba frecuentemente al cine.
             ella
        Ella iba frecuentemente al cine.

    I. [tú]   2. [nosotros]   3. tú y ella   4. él y yo   5. [vosotros]

**2.** Ejemplo:  Era ella quien llegaba tarde.
             ellas
        Eran ellas quienes llegaban tarde.

    I. [yo]   2. usted   3. ellos   4. [nosotros]   5. [él]

**3.** Ejemplo:  Usted siempre la veía alegre.
ustedes
Ustedes siempre la veían alegre.

1. [nosotros]  2. [tú]  3. [yo]  4. ellos  5. [vosotros]

**(c)** Cambie usted las frases siguientes al imperfecto:

1. Eres la novia de Carlos, ¿verdad?
2. Soy amigo de los novios.
3. Somos dependientes de la tienda.
4. ¿Adónde va usted con mi amigo?
5. Vais a ver el castillo de Chapultepec.
6. Ustedes van a Acapulco en avión.
7. Pablo nos ve frecuentemente aquí.
8. Te veo con Cristina en Chapultepec.
9. Ves a María en los bailes, ¿verdad?

**(d)** Cambie usted las frases siguientes al presente:

1. ¿Ibas al Zócalo con mi prima?
2. Ustedes iban a visitar a los amigos.
3. Íbamos a los bailes con los novios.
4. Eras amigo de Pablo, ¿verdad?
5. Yo era amigo de la empleada.
6. Éramos meseros del Parador.
7. Usted nos veía todos los días.
8. Te veíamos cuando ibas a trabajar.
9. La veías cuando ibas al Zócalo.

# E.  TRANSFORMACIÓN

**(a)** Cambie usted las frases siguientes según los ejemplos:

**1.** Ejemplo:  Ana habla mucho.
Ana habla mucho, pero antes hablaba más.

1. Andamos mucho.
2. Usted maneja mucho.
3. Ustedes tardan mucho.

4. Tú y Ana compran mucho.
5. Comemos mucha paella.
6. Tienes muchos amigos.
7. Ana y yo salimos mucho.
8. Mi amigo escribe mucho.

2. Ejemplo:   Me dicen que eres inteligente.
              Me dijeron que eras inteligente.

1. Me dicen que eres guapa.
2. Me dicen que Pablo es galante.
3. Me dicen que tú y Carlos son amigos.
4. Me dicen que ustedes son estudiantes.

3. Ejemplo:   Veo que Ana va a pie.
              Vi que Ana iba a pie.

1. Veo que tú y Carlos van a pie.
2. Veo que Cristina y María van en un taxi.
3. Veo que vas al Zócalo en el autobús.
4. Veo que mis amigos van en coche a Chapultepec.

4. Ejemplo:   Digo que veo a Pablo todos los días (*every day*).
              Dije que veía a Pablo todos los días.

1. Digo que veo a María todas las tardes.
2. Decimos que vemos a Roberto todas las tardes.
3. Usted dice que me ve todas las mañanas.
4. Ustedes dicen que ven a Carlos todas las noches (*every night*).

# F.  DIÁLOGO

## *Tenía novia*

*Pablo llegó al salón del hotel y está hablando con Ana.*

ANA: ¿Por qué tarda Carlos tanto en llegar? Antes, cuando teníamos cita, él siempre venía a tiempo.

PABLO: Era usted quien tardaba, ¿eh?

ANA: Bueno, sí, cuando él llegaba yo siempre tardaba algunos minutos en acabar de vestirme.

PABLO: Comprendo. Tenía que darse los últimos toques artísticos, ¿no?

ANA: ¿Cómo sabe usted tanto?

PABLO: Tengo hermanas . . . y tenía novia.

ANA: ¿Tenía? ¿Ya no tiene?

PABLO: Ya no.

ANA: ¿Qué pasó? Si no es indiscreta la pregunta.

PABLO: De ningún modo. Es que tengo un amigo . . . o mejor dicho, tenía
un amigo, y él tenía una prima . . .

ANA: ¿Era guapa?

PABLO: Regular. Usted sabe que no es costumbre en México salir solo con
la novia; hay que ir acompañados.

ANA: No es como las citas americanas, por lo visto.

PABLO: Por eso los cuatro íbamos juntos a todas partes.

ANA: ¿Y la novia se enamoró del amigo?

PABLO: Exactamante, y se casó con él.

ANA: ¡Pobre Pablo! Te quedaste muy triste, ¿verdad?

PABLO: Ya lo estoy menos, gracias a Carlos y a ti.

ANA: ¿No tienes tú una prima? . . . Pero aquí viene Carlos.

### I Used to Have a Sweetheart

*Paul arrived at the lobby of the hotel and is talking with Anne.*

ANNE: Why is Charles so late in getting here? Before, when we had a date, he always came
on time.

PAUL: You were the one who was late, eh?

ANNE: Well, yes, when he would arrive I always used to take some minutes to finish dressing.

PAUL: I understand. You had to give yourself the final artistic touches, no?

ANNE: How do you know so much?

PAUL: I have sisters . . . and I used to have a girl friend.

ANNE: Used to? You no longer have?

PAUL: Not now.

ANNE: What happened? If the question is not indiscreet.

PAUL: Not at all. It's just that I have a friend . . . or better said, I used to have a friend, and
he had a cousin . . .

ANNE: Was she pretty?

PAUL: So so. You know it's not the custom in Mexico to go out alone with one's girl friend;
they must go accompanied.

ANNE: It's not like American dates, apparently.

PAUL: For that reason the four of us used to go everywhere together.

ANNE: And the sweetheart fell in love with the friend?

PAUL: Exactly, and she married him.

ANNE: Poor Paul! You were (remained) very sad, weren't you?

PAUL: I'm less so now, thanks to Charles and you.

ANNE: Don't you have a cousin? . . . But here comes Charles.

## G. CUESTIONARIO

Conteste usted en español con frases completas:

1. Según Ana, ¿quién tarda mucho?   2. ¿Cuándo venía Carlos a tiempo?
3. ¿Cuánto tardaba Ana en vestirse?   4. ¿Cómo sabe Pablo tanto?   5.
¿Quién tenía una prima?   6. ¿Qué no es costumbre en México?   7.
¿Adónde iban los cuatro juntos?   8. ¿De quién se enamoró la novia de
Pablo?   9. ¿Con quién se casó el amigo de Pablo?   10. ¿Cómo está
Pablo, gracias a Carlos y Ana?

## H. TRADUCCIÓN

Traduzca usted al español:

Anne didn't know why Charles was late in arriving. Paul didn't understand it either (**tampoco**) and didn't know where Charles was. Paul
knew a lot about women because he used to have a sweetheart. He used
to have a friend also, who had a cousin. The four (of them) used to go
everywhere together. His friend fell in love with his sweetheart and
married her.

## Lección 12

## A. DIÁLOGO PRELIMINAR

EL AMIGO: ¿Por qué tardaste tanto? ¿Qué hacías?

THE FRIEND: *Why did you take so long? What were you doing?*

EL JOVEN: Iba a tomar el autobús cuando vi a una amiga.

THE YOUNG MAN: *I was going to take the bus when I saw a (girl) friend.*

EL AMIGO: ¡Y te detuviste a charlar! ¿Quién era?

THE FRIEND: *And you stopped to chat! Who was she?*

EL JOVEN: Una joven que tomaba lecciones de inglés.

THE YOUNG MAN: *A young lady who used to take English lessons.*

EL AMIGO: ¿Tú le enseñabas inglés?

THE FRIEND: *Did you [use to] teach her English?*

EL JOVEN: Yo la ayudaba algunas veces.

THE YOUNG MAN: *I helped her sometimes.*

EL AMIGO: Y, por supuesto, se hicieron amigos.

THE FRIEND: *And, of course, you became friends.*

EL JOVEN: ¡Claro! Algunas veces nos paseamos juntos.

THE YOUNG MAN: *Of course! Sometimes we go for a ride (a walk) together.*

EL AMIGO: Pues, yo ya me cansaba de esperarte.

THE FRIEND: *Well, I was already getting tired of waiting for you.*

EL JOVEN: ¿Hace mucho que me esperas?

THE YOUNG MAN: *Have you been waiting for me long?*

EL AMIGO: ¡Casi una hora!

THE FRIEND: *Almost an hour!*

104

# B.  PRÁCTICA

**(a)**  Conteste usted con frases completas:

1. ¿Dice el amigo "¿Por qué tardó usted tanto?" o "¿Por qué tardaste tanto?"?
2. ¿Dice el amigo "¿Qué hiciste?" o "¿Qué hacías?"?
3. ¿Iba el joven a tomar un taxi, o iba a tomar el autobús?
4. ¿Vio el joven a un amigo, o vio a una amiga?
5. ¿Se detuvo a mirar, o se detuvo a charlar?
6. ¿Tomaba la joven lecciones de español, o tomaba lecciones de inglés?
7. ¿Dice el joven "Yo la ayudo algunas veces" o "Yo la ayudaba algunas veces"?
8. ¿Dice el amigo "¿Te hiciste amigo?" o "¿Se hicieron amigos?"?
9. El joven no dice "Siempre nos paseamos juntos". ¿Qué dice?
10. ¿Dice el amigo "Yo ya me canso de esperarte" o "Yo ya me cansaba de esperarte"?

**(b)**  Hable usted con frases completas:

1. Repita usted "¿Por qué tardaste?"
2. Pregúntele a un amigo por qué tardó tanto.
3. Repita usted "¿Por qué tardó usted tanto?"
4. Pregúntele a un señor por qué tardó tanto.
5. Repita usted "¿Por qué te detuviste?"
6. Pregúntele a un amigo por qué se detuvo a charlar.
7. Pregúntele a un señor por qué se detuvo a charlar.
8. Dígale a un amigo que usted tomaba lecciones de español.
9. Repita usted "El profesor (La profesora) me ayudaba".
10. Dígale a un amigo que el profesor lo ayudaba algunas veces.
11. Dígale a un amigo que usted ya se cansaba de esperarlo.

12. Dígales a unas señoritas que hace una hora que las espera.

## C.  LA FORMA PROGRESIVA DE LOS VERBOS

Spanish progressive tenses are formed with the appropriate tense of **estar** (or a few other verbs, such as *ir, seguir*) plus the present participle of the main verb. Present participles are formed by dropping the infinitive endings and adding **-ando** to the stems of **-ar** verbs, and **-iendo** to the stems of **-er** and **-ir** verbs. (There are some exceptions, which are explained in the APPENDIX, ¶26.) The progressive form, however, is not used in Spanish so frequently as it is in English. In Spanish it is used primarily as an emphatic form. For further information study ¶26 in the APPENDIX.

**Conteste usted según los ejemplos:**

**1.**  Ejemplo:   ¿Por qué no esperas a Carlos?
                   Señor, estoy esperándolo.

 1. ¿Por qué no ayudas a Pablo?
 2. ¿Por qué no estudias español?
 3. ¿Por qué no tomas lecciones?
 4. ¿Por qué no llevas a Cristina?
 5. ¿Por qué no practicas el español?

**2.**  Ejemplo:   ¿Cuándo va a volver Carlos?
                   Ya está volviendo.

 1. ¿Cuándo va a comer Pablo?
 2. ¿Cuándo va a beber Carlos?
 3. ¿Cuándo van a escribir los amigos?
 4. ¿Cuándo van a salir los autobuses?
 5. ¿Cuándo va a salir el avión?

**3.**  Ejemplo:   Estoy esperando el taxi.
                   Estamos esperando el taxi.

 1. [Yo] estaba comiendo con Ana.
 2. Estuve estudiando todo el día.
 3. Seguí escribiendo hasta la una.
 4. Ayer anduve paseando con Cristina.
 5. [Yo] iba mirando los escaparates.

## D.  LOS PRONOMBRES OBJETOS

(a)  Repase usted los pronombres objetos directos e indirectos en el Apéndice, ¶24C.

(b)  Complete las frases siguientes según el ejemplo:

Ejemplo:   Pedisteis la lista . . . (leer).
           Pedisteis la lista pero no la leísteis.

   1. Estudié el español . . . (aprender)
   2. Leíste los libros . . . (comprender)
   3. Usted vio a Ana . . . (invitar)
   4. Vi a los jóvenes . . . (saludar)
   5. Miramos las flores . . . (comprar)

(c)  Cambie usted las frases siguientes según el ejemplo:

Ejemplo:   El amigo trajo el coche a Carlos.
           El amigo le trajo el coche.

   1. El mesero trajo el aperitivo a los jóvenes.
   2. La mesera dio la lista a Francisca.
   3. Ustedes vendieron los brazaletes a las señoritas.
   4. Prometimos (*promise*) el coche a Pablo y a María.
   5. ¿Llevaste las flores a María y a Cristina?

## E.  PRONOMBRES OBJETOS DIRECTOS E INDIRECTOS EN LA MISMA FRASE

When two object pronouns are used before or after the same verb, the indirect object usually precedes the direct object. The pronoun **se** replaces **le** or **les** when either of these pronouns is followed by **lo, la, los,** or **las.** The pronoun **se** always precedes any other object pronoun.

Cambie usted las frases siguientes según los ejemplos:

1. Ejemplo:   Carlos me dio el dinero.
             Carlos me lo dio.

1. José me enseñó el coche.
2. Pablo me trajo los brazaletes.
3. Anita me dio la flor.
4. Mi primo me envió (*send*) las invitaciones.
5. Enrique me presentó a José.

2. Ejemplo:  El mesero nos trajo la lista.
            El mesero nos la trajo.

1. La criada nos trajo las enchiladas.
2. La empleada nos dio el recado.
3. Pablo nos trajo a los amigos.
4. La señora nos recomendó a Antonia.
5. Antonia nos hizo las comidas.

3. Ejemplo:  Pablo presentó el amigo a José.
            Pablo se lo presentó.

1. Anita presentó el joven a Pablo.
2. El mesero dio los vasos a Enrique.
3. Paquita envió la carta a Carlos.
4. La mesera trajo las enchiladas a José.
5. Carlos llevó el coche a Antonio.

4. Ejemplo:  La criada dio el recado a las señoritas.
            La criada se lo dio.

1. Pablo dio el jugo a las señoritas.
2. El mesero trajo las enchiladas a las señoras.
3. Carlos dio los tamales a las amigas.
4. Pablo dejó el coche a los amigos.
5. El joven dio la tarjeta a Antonia y a María.

NOTE: Since the pronoun **se** that replaces **le** or **les** can mean *to you, to him,* etc., it is sometimes necessary for the sake of clarity to add **a usted, a él,** etc. For example, La criada se lo dio **a usted,** La criada se lo dio **a él,** etc.

## F. PRONOMBRES OBJETOS DE INFINITIVO Y DE PARTICIPIO PRESENTE

NOTE: When a pronoun is the object of a dependent infinitive or of a present participle, it can be placed either before the conjugated verb or after, and attached to, the infinitive or participle.

**Cambie las frases siguientes según los ejemplos:**

**I.** Ejemplo:   No quiero esperar a Carlos.
          No quiero esperarlo.

1. No queremos esperar a Pablo.
2. No quiero invitar a Paquita.
3. Ustedes no quieren ver el mercado (*market*).
4. Ana no quiere conocer a Paquita.

**2.** Ejemplo:   Queremos conocer a tu prima.
          La queremos conocer.

1. Queremos ver el instituto.
2. Quiero ayudar a mi primo.
3. ¿Quieres invitar a mis primas?
4. Carlos quiere practicar el español.

**3.** Ejemplo:   Estoy esperando a Carlos.
          Estoy esperándolo.

NOTE: An accent must be written on the next-to-last syllable of the present participle when an object pronoun is attached to it.

1. Estamos esperando a Paquita.
2. Estoy ayudando a Carlos.
3. ¿Estás estudiando el español?
4. Estamos llamando a Antonia.

**4.** Ejemplo:   El mesero está poniendo la mesa.
          El mesero la está poniendo.

1. Carlos está escribiendo el recado.
2. Mi prima está preparando la comida.
3. Ustedes están haciendo las enchiladas.
4. Mi amiga está comiendo la paella.

## G. LOS PRONOMBRES REFLEXIVOS

**(a)** Estudie usted los pronombres reflexivos en la tabla siguiente:

| | |
|---|---|
| me | *myself* |
| te | *yourself* |
| se | *yourself, himself, herself, itself* |
| nos | *ourselves* |
| os | *yourselves* |
| se | *yourselves, themselves* |

NOTE: Spanish has a number of reflexive verbs that in English are not reflexive. You are already acquainted with **llamarse, pasearse, casarse** and a few others. The verb **casarse** requires the preposition **con** before an object, and the verb **enamorarse** requires the preposition **de** before an object.

**(b)** Cambie usted las frases siguientes según los ejemplos:

**1.** Ejemplo:  Usted siempre se levanta temprano.
            Antonia
            Antonia siempre se levanta temprano.

   1. [yo]  2. ustedes  3. [tú]  4. [nosotros]  5. ellas

**2.** Ejemplo:  Ana se quedó en casa anoche (*last night*).
            ellas
            Ellas se quedaron en casa anoche.

   1. [nosotros]  2. [tú]  3. ustedes  4. [vosotros]  5. [yo]

**3.** Ejemplo:  Carlos se enamoró de la señorita.
            él
            Él se enamoró de la señorita.

   1. [tú]  2. Pablo  3. [yo]  4. usted  5. ustedes

**4.** Ejemplo:  Usted se casó con la empleada.
            ustedes
            Ustedes se casaron con las empleadas.

   1. [yo]  2. [nosotros]  3. [tú]  4. él  5. ellos

**5.** Ejemplo:   Ana se da prisa (*hurry*) porque es tarde (*late*).
ustedes
Ustedes se dan prisa porque es tarde.

I. [nosotros]   **2.** [yo]   **3.** [tú]   **4.** ellas   **5.** él

## H. LOS PRONOMBRES RECÍPROCOS

NOTE: Los plurales de los pronombres reflexivos se usan también como pronombres recíprocos. Por ejemplo: Usted y yo **nos** ayudamos, You and I help *each other*.

Combine (*combine*) las frases siguientes según el ejemplo:

Ejemplo:   Yo la ayudaba y ella me ayudaba.
Nos ayudábamos (*or* Nos ayudábamos uno a otro). *We used to help each other*.

I. Ella me escribía y yo le escribía a ella.
2. Tú la veías muchas veces y ella te veía.
3. El amigo saludó a la empleada y la empleada saludó al amigo.
4. Yo te di un susto y tú me diste un susto.
5. Usted conocía a Francisca y ella lo conocía a usted.

## I. DIÁLOGO

### *Yo no sabía que la conocías*

ANA: ¿Al fin llegaste, Carlos?

CARLOS: Sí. Aquí me tenéis. Siento haber tardado un poco.

ANA: Pero, ¿qué hacías? Hace media hora que estamos esperándote.

CARLOS: Pablo, tú conoces a la señorita Francisca Pacheco, ¿no es verdad?

PABLO: ¿Que si la conozco? Es mi prima. Pero no sabía que tú la conocías. ¿Cuándo la conociste?

CARLOS: Hace casi un mes en el Instituto Cultural Mexicano-Americano, adonde yo iba para estudiar español.

ANA: ¿Y ella también estaba tomando lecciones de español, sin duda?

CARLOS: No, pero sí tomaba lecciones de inglés, y hace quince días que practicamos juntos.

ANA: ¡Ya caigo!

CARLOS: Ella me ayudaba en el español y yo la ayudaba a ella en el inglés.

ANA: ¡Bonito arreglo!

PABLO: Bueno, ¿qué vamos a hacer hoy?

ANA: No me importa.

PABLO: Como hoy es viernes, podemos ir al famoso mercado de Toluca, si les parece bien.

ANA: ¿Dónde está Toluca?

PABLO: Toluca está al oeste, a sesenta y cuatro kilómetros, o unas cuarenta millas, de aquí.

CARLOS: ¿Cuánto vamos a tardar en ir y volver?

ANA: Carlos probablemente quiere volver a tiempo para su lección de español.

CARLOS: A decir verdad, yo . . .

ANA: No es necesario explicar.

PABLO: Tengo una idea. Si invitamos a mi prima, los cuatro podemos ir juntos a Toluca.

ANA: No es mala la idea.


### I didn't know you knew her

ANNE: You finally got here, Charles?

CHARLES: Yes. Here I am. I'm sorry to have delayed a little.

ANNE: But what were you doing? We've been waiting for you for half an hour.

CHARLES: Paul, you know Miss Frances Pacheco, don't you?

PAUL: Do I know her? She's my cousin. But I didn't know you knew her. When did you meet her?

CHARLES: Almost a month ago in the Mexican-American Cultural Institute, where I was going in order to study Spanish.

ANNE: And she also was taking Spanish lessons, no doubt?

CHARLES: No, but she *was* taking English lessons, and we have been practicing together for two weeks.

ANNE: Now I get it!

CHARLES: She was helping me with Spanish and I was helping her with English.

ANNE: Nice arrangement!

PAUL: Well, what are we going to do today?

ANNE: I don't care.

PAUL: Since today is Friday, we can go to the famous market in Toluca, if it seems all right to you.

ANNE: Where is Toluca?

PAUL: Toluca is to the west, sixty-four kilometers, or about forty miles, from here.

CHARLES: How long is it going to take us to go and return?

ANNE: Charles probably wants to return in time for his Spanish lesson.

CHARLES: To tell the truth, I . . .

ANNE: It isn't necessary to explain.

PAUL: I have an idea. If we invite my cousin, the four of us can go together to Toluca.

ANNE: It's not a bad idea.

## J.  CUESTIONARIO

**Conteste usted en español con frases completas:**

1. ¿Qué dijo Ana cuando Carlos llegó?  2. ¿Qué siente Carlos?  3. ¿Cuánto tiempo hace que lo esperan?  4. ¿Por qué conoce Pablo a la señorita Pacheco?  5. ¿Cuándo la conoció Carlos?  6. ¿Cuántos días hace que practican juntos?  7. ¿En qué ayudaba Francisca a Carlos?  8. ¿Qué pueden ver en Toluca el viernes?  9. ¿Cuántos kilómetros son cuarenta millas?  10. ¿A qué otra persona van a invitar?

## K.  TRADUCCIÓN

**Traduzca al español:**

Charles arrived at last. He was sorry to have arrived a little late. He knew Frances Pacheco, but did not know that she was Paul's cousin. Charles met Frances almost a month ago and has been practicing Spanish with her for two weeks. They are going to invite her to go with them to Toluca. There is a famous market there. Toluca is to the west, about sixty-four kilometers from Mexico City.

# Lección 13

## A. DIÁLOGO PRELIMINAR

EL JOVEN: Buenos días.

LA CRIADA: Buenos días, señor. Pase usted.

EL JOVEN: ¿Se ha levantado ya la señorita?

LA CRIADA: No se había levantado cuando entré en su alcoba.

EL JOVEN: Vea otra vez, por favor.

LA CRIADA: Ya está levantada, pero no se ha vestido.

EL JOVEN: ¿Le ha dicho que estoy aquí?

LA CRIADA: Sí, señor. Va a vestirse pronto.

★ ★ ★

LA SEÑORITA: Siento haberlo hecho esperar.

EL JOVEN: No se preocupe usted.

LA SEÑORITA: No me he desayunado. ¿Quiere acompañarme?

EL JOVEN: Con mucho gusto. Gracias.

THE YOUNG MAN: *Good morning.*

THE MAID: *Good morning, sir. Come in.*

THE YOUNG MAN: *Has the young lady gotten up yet?*

THE MAID: *She hadn't gotten up when I entered her bedroom.*

THE YOUNG MAN: *Look (see) again, please.*

THE MAID: *She is already up, but she hasn't dressed.*

THE YOUNG MAN: *Have you told her that I am here?*

THE MAID: *Yes, sir. She's going to dress soon.*

★ ★ ★

THE YOUNG LADY: *I'm sorry to have made you wait.*

THE YOUNG MAN: *Don't worry.*

THE YOUNG LADY: *I haven't had breakfast. Will you join (accompany) me?*

THE YOUNG MAN: *With much pleasure, Thanks.*

# B. PRÁCTICA

**(a)** Conteste usted con frases completas:

1. El joven dice "Buenos días". ¿Qué dice la criada?
2. ¿Dice el joven "¿Está levantada ya la señorita?" o "¿Se ha levantado ya la señorita?"?
3. Repita usted "Vio que no se había levantado".
4. ¿Qué vio la criada cuando entró en la alcoba?
5. ¿Dice el joven "Vea otra vez" o "Vea otra vez, por favor"?
6. ¿Dice la criada "Está levantada" o "Ya está levantada"?
7. Repita usted "No se ha vestido todavía".
8. ¿Se ha vestido ya la señorita?
9. ¿Dice el joven "¿Le dijo que estoy aquí?" o "¿Le ha dicho que estoy aquí?"?
10. ¿Cuándo va a vestirse la señorita?
11. ¿Dice la señorita "Siento hacerlo esperar" o "Siento haberlo hecho esperar"?
12. Repita usted "Acaba de levantarse" (*She has just gotten up*).
13. ¿Por qué no se ha desayunado la señorita?


**(b)** Hable usted con frases completas:

1. Si usted habla con dos señores, ¿les dice "Pase usted, señor" o "Pasen ustedes, señores"?
2. Si habla con dos señoritas, ¿qué les dice?
3. Pregunte usted si se ha levantado su (*your*) amiga.
4. Dígale al joven que la señorita no se había levantado.
5. Pregunte cuándo va a vestirse su amiga.
6. Repita usted "No se preocupe usted, señor".
7. Dígale al señor que no se preocupe.
8. Dígales a las señoritas que no se preocupen.
9. Repita usted "¿Se ha desayunado usted?", "¿Se han desayunado ustedes?"
10. Pregúntele al señor si se ha desayunado.
11. Pregúnteles a las señoritas si se han desayunado.
12. Dígales que usted quiere acompañarlas.

## C.  LOS TIEMPOS COMPUESTOS
*The compound (perfect) tenses*

The compound or perfect tenses (present perfect, past perfect, etc.) are formed by using the appropriate tense of the verb **haber** (*to have*) with a past participle. When they are used with **haber,** past participles do not change for gender and number. For more detailed information see ¶35 in the APPENDIX.

Los participios pasados regulares (*regular past participles*) se forman substituyendo **-ar** por **-ado, -er** por **-ido** e **-ir** por **-ido** en los infinitivos.

PARTICIPIOS PASADOS REGULARES

| | | | |
|---|---|---|---|
| hab**lar** | *to speak* | hab**lado** | *spoken* |
| com**er** | *to eat* | com**ido** | *eaten* |
| viv**ir** | *to live* | viv**ido** | *lived* |

Los participios pasados irregulares más comunes y los verbos correspondientes son los siguientes:

| | | | |
|---|---|---|---|
| abrir | *to open* | abierto | *opened* |
| decir | *to say* | dicho | *said* |
| devolver | *to return, give back* | devuelto | *returned, given back* |
| escribir | *to write* | escrito | *written* |
| hacer | *to do* | hecho | *done* |
| morir | *to die* | muerto | *died* |
| poner | *to put, set* | puesto | *put, set* |
| ver | *to see* | visto | *seen* |
| volver | *to return* | vuelto | *returned* |

## D. EL PRESENTE PERFECTO

El presente perfecto se forma (*is formed*) con el presente del verbo **haber** y el participio pasado del verbo principal. Estudie usted el presente del verbo **haber**.

| PRESENTE DE HABER | |
|---|---|
| he | hemos |
| has | habéis |
| ha | han |

**(a)** Cambie usted las frases siguientes según los ejemplos:

**1.** Ejemplo: Pablo ha pensado ir a Toluca.
ellas
Ellas han pensado ir a Toluca.

1. [yo]   2. [nosotros]   3. [vosotros]   4. usted   5. ustedes

**2.** Ejemplo: [Yo] no he querido aceptar la invitación.
[nosotros]
No hemos querido aceptar la invitación.

1. [vosotros]   2. usted   3. ustedes   4. [tú]   5. ellas

**3.** Ejemplo: ¿No ha conocido usted a Paquita?
Carlos
¿No ha conocido Carlos a Paquita?

1. ustedes   2. [tú]   3. [vosotros]   4. ellas   5. [yo]

**4.** Ejemplo: [Tú] no has hecho nada hoy.
[vosotros]
No habéis hecho nada hoy.

1. [yo]   2. ustedes   3. [nosotros]   4. usted   5. Antonia

**5.** Ejemplo: Usted no se ha levantado todavía (*yet*).
[tú]
No te has levantado todavía.

1. [nosotros]   2. [yo]   3. ustedes   4. [vosotros]   5. ella

**(b)** Cambie usted las frases al presente perfecto según el ejemplo:

Ejemplo:  Ustedes abren la tienda.
Ustedes han abierto la tienda.

1. Te devuelvo el coche.
2. Me dices el recado.
3. Anita siempre escribe los precios.
4. Tú y Cristina ven el castillo.
5. Los jóvenes vuelven de Chapultepec.
6. Paquita se pone muy guapa.

**(c)** Cambie usted las frases siguientes según el ejemplo:

Ejemplo:  Carlos dice que no hago nada.
Carlos dice que no he hecho nada.

1. Creo que no haces nada en el Instituto.
2. Veo que la criada abre la puerta.
3. Sé que Carlos escribe mucho de usted.
4. Veo que el mesero pone la mesa.
5. ¿Dices que no ves los precios?
6. Te pregunto por qué vuelves tarde.


# E.   MODISMOS DE LOS VERBOS "HABER" Y "HACER"
*Idioms with the Verbs "haber" and "hacer"*

NOTE: The third person singular of the present indicative of **haber** (**ha**) with **y** attached to it (**hay**) means *there is* or *there are*. In the other tenses, however, the **y** is omitted (**había**: *there was* or *there were*). **Hay** or **había** followed by **que** and an infinitive means *It is* (*was,* etc.) *necessary.* Example: **Hay que ir** acompañados (*It is necessary to go* accompanied). An idiom of **hacer** that occurs frequently is as follows: **Hace mucho tiempo** que te espero or Te espero **hace mucho tiempo**. It means I have been waiting for you *for a long time.* When this idiom is used with reference to the past, the imperfect tense is used, e.g.: **Hacía mucho tiempo** que te esperaba (I had been waiting for you *for a long time*). However, when the main verb is in the preterit, **hace** is translated as *ago*. For example: Josefina **salió hace una hora** (Josephine *left an hour ago.*).

Cambie usted las frases siguientes según los ejemplos:

**1.** Ejemplo:  Hay un coche en la calle (*There is a car in the street*).
         Había muchos coches en la calle (*There were many cars in the street*).

1. Hay una flor en la mesa.
2. Hay una mesa en el patio.
3. Hay un señor en el salón.
4. Hay un teatro (*theater*) en la colonia (*district*).
5. Hay un jardín (*garden*) en la ciudad.

**2.** Ejemplo:  Hace mucho tiempo que te espero.
         Hacía mucho tiempo que te esperaba (*I had been waiting for you for a long time*).

1. Hace mucho tiempo que nos esperan.
2. ¿Hace mucho tiempo que me esperas?
3. Hace treinta minutos que escribo.
4. Hace quince minutos que hablas.
5. Hace una hora que usted come.

# F.  PARTICIPIOS PASADOS CON EL VERBO "ESTAR"

When used after **estar**, past participles have the same gender and number as the subject of **estar**.

Conteste usted según los ejemplos:

**1.** Ejemplo:  ¿Se han levantado ustedes?
          Sí, ya estamos levantados.

1. ¿Se han interesado ustedes?
2. ¿Se han vestido las muchachas?
3. ¿Se han casado los novios?
4. ¿Se ha enamorado la muchacha?
5. ¿Se han enamorado Ana y Carlos?

**2.** Ejemplo:   ¿Han abierto las tiendas?
Sí, ya están abiertas.

1. ¿Han puesto la mesa?
2. ¿Han hecho los postres?
3. ¿Han escrito las cartas?
4. ¿Han devuelto el coche?
5. ¿Han dicho la noticia (*news*)?

## G.   EL TIEMPO PLUSCUAMPERFECTO
*The Past Perfect Tense*

The past perfect tense, also called pluperfect, is formed with the imperfect of **haber** (**había, habías, había, habíamos, habíais, habían**) and the past participle of the main verb. For example: Paquita ya **había salido** cuando Pablo llegó (Fran *had* already *left* when Paul arrived).

**(a)**   Cambie las frases siguientes al plural según el ejemplo:

Ejemplo:   [Yo] ya había pagado la comida.
Ya habíamos pagado las comidas.

1. [Yo] ya había presentado a Paquita.
2. Usted ya había pagado al chofer.
3. Él ya había pedido los aperitivos.
4. Ella ya había llamado al mesero.
5. Usted ya había invitado a Cristina.

**(b)**   Conteste usted las preguntas según el ejemplo:

Ejemplo:   ¿Por qué no presentaste a Carlos?
Ya lo había presentado.

1. ¿Por qué no viste el mercado?
2. ¿Por qué no dijo usted la noticia?
3. ¿Por qué no escribió Carlos el recado?
4. ¿Por qué no hicieron ustedes el ejercicio (*exercise*)?
5. ¿Por qué no dijiste la verdad?

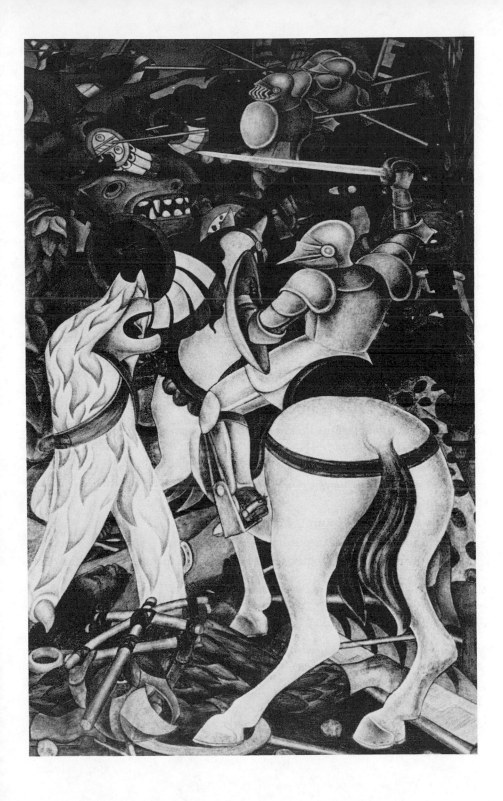

## H. DIÁLOGO

### *Cada vez más guapa*

*Carlos ha parado el coche enfrente de una casa de la colonia de Lomas de Chapultepec. Ha bajado con Ana y con Pablo. Han llamado a la puerta y ha acudido una criada.*

CRIADA: Buenos días, señorito.

PABLO: Buenos días, Antonia. ¿Se ha levantado ya mi prima?

CRIADA: Sí, señorito. Está levantada, y hasta vestida. Un momento, voy a llamarla.

ANA: ¡Qué casa tan bonita! Y las flores del jardín son lindísimas.

PABLO: Sí, mis tíos se han interesado siempre por las flores.

PAQUITA: ¡Pablo! Me alegro de verte.

PABLO: Hola, Paquita. Te pones cada vez más guapa. Quiero presentarte a la señorita Ana West.

ANA: Encantada de conocerla a usted, Francisca.

PAQUITA: Igualmente, señorita; esta casa es de usted.

PABLO: Creo que ya conoces a Carlos, ¿verdad?

PAQUITA: Sí, tuve el gusto de conocerlo en el Instituto. ¿Cómo está usted, Carlos?

CARLOS: Muy bien, Paca ¿Y usted?

PABLO: Oye, Paquita, hemos pensado ir al mercado de Toluca hoy. ¿Quieres acompañarnos?

PAQUITA: Con mucho gusto. ¿Cuándo piensan ir?

PABLO: Ahora mismo, si tú puedes.

PAQUITA: Bueno. Tendré que telefonear a papá para decírselo. En cinco minutos estaré lista.

### *Prettier All the Time*

*Charles has stopped the car in front of a house in the Chapultepec Heights subdivision. He has gotten out with Anne and Paul. They have knocked at the door and a maid has come.*

MAID: Good morning, sir (young sir).

PAUL: Good morning, Antonia. Has my cousin gotten up yet?

MAID: Yes, sir. She's up, and even dressed. One moment, I am going to call her.

ANNE: What a pretty house! And the flowers of the garden are very beautiful.

PAUL: Yes, my uncle and aunt have always been interested in flowers.

*Fran enters.*

FRAN: Paul! I'm glad to see you.

PAUL: Hello, Fran. You're getting prettier all the time. I want to introduce Miss Anne West to you.

ANNE: Delighted to know you, Frances.

FRAN: I'm equally delighted, miss. Make yourself at home (this house is yours).

PAUL: I believe you already know Charles, don't you?

FRAN: Yes, I had the pleasure of meeting him in the Institute. How are you, Charles?

CHARLES: Very well, Fran. And you?

PAUL: Listen, Fran, we have planned to go to the Toluca market today. Do you want to go with us?

FRAN: Gladly (with much pleasure). When do you plan to go?

PAUL: Right now, if you can.

FRAN: All right. I'll have to telephone papa in order to tell him (it). In five minutes I'll be ready.

## I.  CUESTIONARIO

Conteste usted en español con frases completas:

1. ¿Dónde ha parado Carlos el coche?   2. ¿En qué colonia está la casa? 3. ¿Quién ha acudido a la puerta?   4. ¿Qué ha preguntado Pablo?   5. ¿Qué ha contestado Antonia?   6. ¿Quién va a llamar a Paquita?   7. ¿Qué dice Ana de (*about*) la casa?   8. ¿Cómo son las flores del jardín?   9. ¿Por qué tiene flores bonitas el jardín? 10. ¿Qué dice Ana cuando Pablo la presenta?   11. ¿Qué contesta Paquita?   12. ¿Dónde conoció Paquita a Carlos?   13. ¿Adónde han pensado ir?   14. ¿Qué le pregunta Pablo a Paquita?

## J.  TRADUCCIÓN

Traduzca usted al español:

Charles has stopped the car in front of a house. He, Anne, and Paul have got out. Paul has knocked at the door, The maid has opened the door. "Has my cousin got up?" he asks. The maid tells him that she is up and dressed. Then she goes to call her. Paul asks her if she wants to accompany them to Toluca. Fran accepts with pleasure, but she has to telephone (**tiene que telefonear**) her father. She has to tell him that she is going with them.

# ✶ Lección 14

## A. DIÁLOGO PRELIMINAR

EL AMIGO: ¿Dónde podremos estacionar?

THE BOY FRIEND: *Where will we be able to park?*

LA AMIGA: ¿Habrá lugar cerca del mercado?

THE GIRL FRIEND: *I wonder if there's room near the market?*

EL AMIGO: Creo que no. Estacionaremos aquí.

THE BOY FRIEND: *I don't think so. We'll park here.*

EL MUCHACHO: Señor, yo le cuidaré el coche.

THE BOY: *Sir, I'll watch your car.*

EL AMIGO: ¿Cuánto me cobrarás?

THE BOY FRIEND: *How much will you charge me?*

EL MUCHACHO: Sólo dos pesos, señor.

THE BOY: *Just two pesos, sir.*

EL AMIGO: Bueno. Volveremos dentro de una hora.

THE BOY FRIEND: *Good. We'll be back in an hour.*

LA AMIGA: Las calles están llenas de puestos.

THE GIRL FRIEND: *The streets are filled with stalls.*

EL AMIGO: Sí, como todos los viernes.

THE BOY FRIEND: *Yes, as (they are) every Friday.*

LA AMIGA: ¡Mira qué bonitas cestas!

THE GIRL FRIEND: *Look what pretty baskets!*

EL AMIGO: ¡Muy bonitas!

THE BOY FRIEND: *Very pretty!*

LA AMIGA: ¿Quieres comprar éstas?

THE GIRL FRIEND: *Do you want to buy these?*

EL AMIGO: Creo que me gustan más aquéllas.

THE BOY FRIEND: *I think I like those over there better.*

125

# B.  PRÁCTICA

**(a)**  Conteste usted con frases completas:

1. ¿Dice el amigo "¿Dónde podré estacionar?" o "¿Dónde podremos estacionar?"?
2. ¿Dice la amiga "¿Hay lugar?" o "¿Habrá lugar?"?
3. ¿Dice la amiga "¿Habrá lugar en el mercado?" o "¿Habrá lugar cerca del mercado?"?
4. ¿Dice el amigo "¿Estacionamos aquí?" o "¿Estacionaremos aquí?"?
5. ¿Dice el muchacho "Yo le cuido el coche" o "Yo le cuidaré el coche"?
6. ¿Dice el muchacho "Dos pesos, señor" o "Sólo dos pesos, señor"?
7. ¿Volverán los amigos dentro de media hora, o volverán dentro de una hora?
8. ¿Están las calles llenas de coches, o están llenas de puestos?
9. ¿Dice el amigo "Sí, todos los viernes" o "Sí, como todos los viernes"?
10. ¿Dice la amiga "¡Mire usted qué bonitas cestas!" o "¡Mira qué bonitas cestas!"?

**(b)**  Hable usted con frases completas:

1. Repita usted "¿Dónde podré estacionar?"
2. Pregúntele a la señorita dónde podrá usted estacionar.
3. Repita usted "¿Dónde podrá usted?"
4. Pregúntele al señor dónde podrá él estacionar.
5. Repita usted "Estacionaré cerca del mercado".
6. Dígale a su amigo que usted estacionará cerca del mercado.
7. Repita usted "Le cuidaré el coche".
8. Dígale al señor que usted le cuidará el coche.
9. Dígales a los señores que usted les cuidará el coche.
10. Repita usted "Está lleno de gente".
11. Pregúntele a su amigo si el mercado está lleno de gente.
12. Repita usted "Mire usted aquellas cestas".
13. Dígale a la señorita que mire (*to look at*) aquellas cestas.

## C. PRONOMBRES OBJETOS DE PREPOSICIONES
*Pronouns Objects of Prepositions*

NOTE: As shown in the following table, almost all subject personal pronouns are used as objects of prepositions without any change in form. The only exceptions are the pronouns **yo** and **tú** and the reflexive pronoun **se**. These pronouns take the forms **mí**, **ti**, and **sí** respectively, when used as objects of prepositions. There is one more exception: with the preposition **con** these pronouns take the forms **conmigo**, **contigo**, and **consigo**, respectively.

**(a)** Estudie usted las formas siguientes y el ¶24 del APÉNDICE.

| | |
|---|---|
| para mí  *for me* | para nosotros –as  *for us* |
| para ti  *for you* | para vosotros –as *for you* |
| para usted  *for you* | para ustedes  *for you* |
| para él  *for him, for it* | para ellos  *for them* |
| para ella  *for her, for it* | para ellas  *for them* |
| para ello  *for it* | para sí  *for yourselves,* |
| para sí  *for yourself,* | *for themselves* |
| *for himself, etc.* | |

conmigo   *with me*
contigo   *with you*
consigo   *with yourself, with himself, etc.*

**(b)** Conteste usted las frases siguientes según los ejemplos:

I. Ejemplo:   ¿Para quién compraste las cestas?
              Las compré para ti y para mí.

1. ¿Para quién compraste las flores?
2. ¿Para quién compraste los brazaletes?
3. ¿Para quién trajiste el coche?
4. ¿Para quién pediste los tamales?
5. ¿Para quién pediste la paella?

**2.** Ejemplo:  ¿Vino usted con Pablo y con María?
Vine con él, pero no con ella.

  I. ¿Vino usted con Carlos y con Ana?
  2. ¿Llegó usted con Pablo y con Paquita?
  3. ¿Salió usted con el señor y con las chicas?
  4. ¿Comió usted con mis amigos y con mi prima?
  5. ¿Habló usted con el mesero y con las criadas?

**3.** Ejemplo:  ¿Está Carlos en la habitación?
Sí, está en ella.

  I. ¿Está Anita en la habitación?
  2. ¿Está Pablo en la tienda?
  3. ¿Están las señoritas en las habitaciones?
  4. ¿Está Enrique en el cine?
  5. ¿Están los señores en los cines?

**4.** Ejemplo:  ¿Con quién quiere comer Ana?
Quiere comer contigo y conmigo.

  I. ¿Con quién quiere practicar Paquita?
  2. ¿Con quién quiere charlar Pablo?
  3. ¿Con quién quiere bailar Enrique?
  4. ¿Con quién quiere estudiar José?
  5. ¿Con quién quiere salir María?

## D.  EL TIEMPO FUTURO
*The Future Tense*

NOTE: The future tense is formed by joining the present endings of the verb **haber** to the infinitive: he (**-é**), has (**-ás**), ha (**-á**), hemos (**-emos**), habéis (**-éis**), han (**-án**). All verbs in Spanish have the same future endings.

In addition to the common meaning, the Spanish future has an idiomatic usage: it can express a present probability or conjecture. For example: —¿Dónde está Carlos?—**Estará** con Paquita. ("Where is Charles?" "*He is probably* with Fran.")

It must be mentioned also that in Spanish one often uses the present tense to refer to an immediate future, as in **Vuelvo** en cinco minutos (*I will be back* in five minutes). For further information see ¶31 in the APPENDIX.

EL FUTURO

hablar-
comer-       { é, ás, á, emos, éis, án
vivir-

**(a)** Cambie usted las frases siguientes según los ejemplos:

**1.** Ejemplo:   Estacionaré cerca del mercado.
                  [nosotros]
                  Estacionaremos cerca del mercado.

   1. usted   2. [tú]   3. [vosotros]   4. ustedes   5. él

**2.** Ejemplo:   Ustedes se quedarán en el coche.
                  usted
                  Usted se quedará en el coche.

   1. [yo]   2. [nosotros]   3. [tú]   4. él   5. [vosotros]

**3.** Ejemplo:   Cuidaré el coche por dos pesos.
                  él
                  Él cuidará el coche por dos pesos.

   1. [nosotros]   2. usted   3. ustedes   4. [tú]   5. tú y él

**4.** Ejemplo:   ¿Cuándo iremos al famoso mercado?
                  ustedes
                  ¿Cuándo irán ustedes al famoso mercado?

   1. usted   2. Anita   3. [tú]   4. ellas   5. [yo]

**5.** Ejemplo:   Volveré dentro de una hora.
                  [tú]
                  Volverás dentro de una hora.

   1. ellas   2. ustedes   3. él   4. [nosotros]   5. usted y él

**(b)** Cambie usted las frases siguientes al futuro según el ejemplo:

Ejemplo:   Ayer fuiste al mercado de Toluca.
           Mañana irás al mercado de Toluca.

1. Ayer estuviste con ella en Toluca.
2. Ayer anduve por la plaza.
3. Ayer trajimos las cestas.
4. Ayer Pablo nos condujo al mercado.
5. Ayer mis tíos (*aunt and uncle*) trajeron el coche.

**(c)**   Cambie usted las frases al futuro de probabilidad según el ejemplo:

Ejemplo:   Estás cansado de esperar.
Estarás cansado de esperar (*You probably are tired of waiting*).

1. Ustedes están cansados de andar.
2. Ana y Carlos están cansados de comprar.
3. Paquita está cansada de manejar.
4. La novia de Pablo está triste.
5. La prima de Pablo habla inglés.

## E.   EL TIEMPO FUTURO DE LOS VERBOS IRREGULARES

NOTE: A dozen common verbs use a modified form of the infinitive as a stem for the future. The endings remain the same.

**(a)**   Estudie usted los futuros irregulares en la tabla siguiente.

| INFINITIVE | STEM | INFINITIVE | STEM | INFINITIVE | STEM |
|---|---|---|---|---|---|
| caber | **cabr-** | decir | **dir-** | poner | **pondr-** |
| haber | **habr-** | hacer | **har-** | salir | **saldr-** |
| poder | **podr-** | | | tener | **tendr-** |
| querer | **querr-** | | | valer | **valdr-** |
| saber | **sabr-** | | | venir | **vendr-** |

**(b)**   Cambie usted las frases siguientes según los ejemplos:

1. Ejemplo:   No podré ir a Toluca el viernes.
ellas
Ellas no podrán ir a Toluca el viernes.

1. [nosotros]   2. [tú]   3. Ana   4. ustedes   5. él

**2.** Ejemplo:   Usted vendrá al mercado, ¿verdad?
                        ustedes
                 Ustedes vendrán al mercado, ¿verdad?

    I. [tú]   **2.** tú y yo   **3.** [vosotros]   **4.** él   **5.** ellas

**3.** Ejemplo:   Él nos dirá los precios.
                        usted
                 Usted nos dirá los precios.

    I. ustedes   **2.** [tú]   **3.** [vosotros]   **4.** tú y él   **5.** ellos

**4.** Ejemplo:   ¿Me hará usted una cesta bonita?
                        ustedes
                 ¿Me harán ustedes una cesta bonita?

    I. [tú]   **2.** [vosotros]   **3.** él   **4.** usted y él   **5.** ellos

**(c)** Conteste usted las preguntas según los ejemplos:

**I.** Ejemplo:   ¿Pondrá usted la mesa pronto (*soon*)?
                 Sí, la pondré pronto.

    I. ¿Pondrá usted las servilletas pronto?
    2. ¿Querrán ustedes las cestas pronto?
    3. ¿Sabrás el precio del coche pronto?
    4. ¿Haréis este favor pronto?
    5. ¿Tendrás los coches aquí pronto?

**2.** Ejemplo:   ¿Cabrán (*is there room for*) ustedes en el coche?
                 Sí, cabremos en él.

    I. ¿Cabrán los amigos en el salón?
    2. ¿Saldrá usted en el avión?
    3. ¿Vendrán ustedes en el taxi?
    4. ¿Podrán ustedes entrar en la plaza?
    5. ¿Querrá usted entrar en la casa?

**(d)** Complete usted las frases siguientes según el ejemplo:

Ejemplo:   Hoy no escribo las cartas (*or* No escribo las cartas hoy).
                 Mañana escribiré las cartas (*or* Escribiré las cartas mañana).

    I. Hoy no puedo ir contigo.
    2. Hoy no quieres acompañarnos.
    3. Hoy no sabes manejar.

4. El empleado no nos dice el precio hoy.
5. Hoy no hay cestas en el mercado.
6. Hoy no tenemos tiempo para ir.
7. Ustedes no vienen hoy a visitarnos.
8. Los amigos no salen hoy para Toluca.

## F.  DIÁLOGO

## Me gustan más aquéllas

*Los cuatro jóvenes acaban de llegar a la plaza principal de Toluca.*

CARLOS: ¿Dónde podré estacionar el coche?

PABLO: Podrás estacionarlo aquí mismo, si quieres.

CARLOS: El mercado estará cerca, ¿verdad?

PABLO: Sí, el mercado está a la derecha a dos cuadras.

MUCHACHO: Le guardaré el coche, señor, por dos pesos.

CARLOS: Bueno. Lo guardarás bien, ¿eh?

MUCHACHO: Sí, señor, no habrá cuidado.

ANA: ¡Miren ustedes cuánta gente!

PAQUITA: Sí, hay mucha gente.

CARLOS: Y la mayoría son indios.

ANA: Y casi todos los hombres están vestidos de la misma manera.

CARLOS: No serán de aquí todos ellos, ¿verdad?

PABLO: Ni mucho menos. Todos son de esta región, pero muchos vienen de muy lejos.

PAQUITA: No sólo vienen para comprar y vender, sino también para visitar a los vecinos y hablar con ellos.

PABLO: El mercado es la vida social de los indios.

CARLOS: ¡Qué grande es el mercado!

PABLO: Sí, es grande. Aquel gran edificio es el mercado central . . .

PAQUITA: . . . pero los viernes todas las calles se llenan de puestos.

ANA: ¡Miren aquellas cestas!

PAQUITA: Sí, los indios de esta región son especialistas en hacer cestas.

CARLOS: Las harán a mano, ¿verdad?

PABLO: Sí, todas están hechas a mano.

*I Like Those Over There Better*

*The four young people have just arrived at the main square of Toluca.*

CHARLES: Where'll I be able to park the car?

PAUL: You can park it right here, if you wish.

CHARLES: The market is (probably) near, isn't it?

PAUL: Yes, the market is two blocks away to the right.

BOY: I'll watch the car for you, mister, for two pesos.

CHARLES: Fine. You'll guard it well, eh?

BOY: Yes, sir, (there will be) no worry.

ANNE: Look how many people!

FRAN: Yes, there are a lot of people.

CHARLES: And the majority are Indians.

ANNE: And almost all the men are dressed in the same way.

CHARLES: They are (probably) not all from here, are they?

PAUL: Far from it (nor much less). They are all from this region, but many come from very far.

FRAN: They come not only to buy and sell, but to visit with the neighbors and talk with them.

PAUL: The market is the social life of the Indians.

CHARLES: How big the market is!

PAUL: Yes, it's big. That large building is the central market . . .

FRAN: . . . but on Fridays all the streets fill up with stalls.

ANNE: Look at those baskets!

FRAN: Yes, the Indians of this region are specialists in making baskets.

CHARLES: They (probably) make them by hand, don't they?

PAUL: Yes, they are all hand-made.

# G.  CUESTIONARIO

Conteste usted en español con frases completas:

1. ¿Adónde acaban de llegar los jóvenes?   2. ¿Está el mercado a la derecha o a la izquierda (*to the left*)?   3. ¿A cuántas cuadras está el mercado? 4. ¿Qué quiere el muchacho?   5. ¿Cuántos pesos quiere por guardar el coche?   6. ¿Qué dice Ana al ver (*on seeing*) a la gente?   7. ¿Cómo están vestidos casi todos los hombres?   8. ¿En qué día se llenan de puestos las calles?   9. ¿Para qué vienen los indios al mercado?   10. ¿Viven en Toluca todos los indios?   11. ¿De dónde son?   12. ¿Qué hacen con los vecinos? 13. ¿En qué son especialistas?   14. ¿Cómo hacen las cestas?

# H.   TRADUCCIÓN

**Traduzca usted al español:**

The young people have just arrived in Toluca. Charles can park the car in the main square, because the market is two blocks away to the right. A boy wants to watch the car for two pesos. On seeing the market, Anne says, "Look how many people!" There are many people and the majority are Indians. Almost all the men are dressed the same way. The Indians come to buy and sell and to visit the neighbors. On Fridays, the streets are filled up with stalls.

# ♪ Lección 15

*Repaso tercero*

## A. LECTURA

El viernes por la mañana Pablo fue al hotel de Ana muy temprano. Como Carlos no estaba allí, Ana y Pablo hablaron a solas unos minutos. Pablo le dijo que tenía novia; que él y su novia iban con un amigo y su prima a los cines y a los bailes; pero que al fin la novia se enamoró del amigo y se casó con él. Naturalmente Pablo estaba muy triste por eso. Pero le dijo a Ana que ya no estaba tan triste porque le gustaban mucho ella y Carlos.

Carlos llegó al fin y les dijo que sentía mucho haber tardado en llegar. También les dijo que había conocido a Francisca Pacheco, y que hacía quince días que practicaba el español con ella en el Instituto Cultural. "Paquita es mi prima", le dijo Pablo. "¿Es verdad? No lo sabía", exclamó Carlos.

Los tres amigos fueron a la casa de Paquita para invitarla a ir con ellos al mercado de Toluca. Cuando llegaron, la criada les dijo que Paquita estaba levantada y hasta vestida. "¡Qué casa tan bonita!" dijo Ana al ver las flores del jardín. Pablo le dijo a Paquita que se ponía cada vez más guapa; luego le presentó a Ana, y le preguntó si quería ir con ellos a Toluca. "Con mucho gusto," contestó, "pero tendré que telefonear a papá para decírselo."

Dos horas más tarde ya habían llegado a la plaza principal de Toluca. Un muchacho se acercó a ellos y les dijo: "Les guardaré el coche por dos pesos, señores, si quieren." "¿Lo guardarás bien?" preguntó Carlos. "Sí, señor. No habrá cuidado", contestó el muchacho.

Como el día era viernes, había mucha gente en el mercado central, y hasta las calles se habían llenado de puestos. La mayoría de las personas eran indios que habían venido de toda aquella región. Habían venido no sólo para comprar y vender, sino también para visitar y hablar entre sí (among themselves).

Había muchas cestas muy bonitas en el mercado, y Ana compró una para llevarla consigo a la ciudad.

## B.  PRÁCTICA DE EXPRESIONES

Substituya usted las palabras subrayadas según se indica, y si es necesario hacer otros cambios en las expresiones, hágalos usted (make them).

**(a)**    1. [Yo] tardaba un poco en llegar.   (you and your friend)
      2. [Nosotros] salíamos juntos con mi amigo.   (my sweetheart and I)
      3. ¿Por qué tarda Carlos tanto en llegar?   (used to be late)
      4. Cuando teníamos cita, él siempre venía a tiempo.   (we have)
      5. No es costumbre salir solo con la novia.   (used to be)
      6. [Yo] estaba triste, pero ya lo estoy menos.   (Paul)

**(b)**    1. [Tú] te detuviste a charlar. ¿Quién era ella?   (you and your friend)
      2. Por supuesto ustedes se hicieron amigos.   (Anne and Paul)
      3. Algunas veces [nosotros] nos paseamos juntos.   (she and I)
      4. [Yo] ya me cansaba de esperarte.   (am getting tired)
      5. Hace media hora que [nosotros] estamos esperando.   (Anne)
      6. [Yo] no sabía que conocías a Paquita.   (Anne and I)

**(c)**    1. ¿Se ha levantado ya la señorita?   (had)
      2. Ella está levantada, pero no está vestida.   (Anne and Fran)
      3. No me he desayunado todavía.   (had)
      4. Mis tíos se han interesado por las flores.   (you and Paul)
      5. Te pones cada vez más guapa.   (have become)
      6. [Yo] estoy encantada de conocerla a usted.   (Anne and Charles)

**(d)**  1. ¿Habrá lugar cerca del mercado?  (*was there*)
    2. Volveremos dentro de media hora.  (*returned*)
    3. ¡Miren ustedes cuánta gente!  (*baskets*)
    4. Los jóvenes acaban de llegar.  (*you and I*)
    5. Muchos indios vienen de muy lejos.  (*will come*)
    6. Los viernes las calles se llenan de puestos.  (*market*)

## C.  LOS PRONOMBRES

**(a)**  Repase usted los pronombres objetos directos, indirectos y reflexivos en el APÉNDICE, ¶24C.

**(b)**  Repita usted las frases cambiando según el ejemplo:

Ejemplo:  Juan te dio la carta.
          Juan te la dio.

    1. El mesero me trajo la comida.
    2. Carlos nos pasó la lista.
    3. Pablo le dejó a usted el coche.
    4. Paquita le dio a ella los brazaletes.
    5. El mesero les trajo a ellos los vasos.

**(c)**  Complete usted las frases según el ejemplo:

Ejemplo:  [Yo] _____ en la tienda.  (detenerse)
          Me detengo en la tienda.

    1. [Yo] _____ mucho de verte.  (alegrarse)
    2. [Nosotros] _____ todas las tardes.  (pasearse)
    3. Creo que [tú] no _____ de verme.  (alegrarse)
    4. Ustedes siempre _____ temprano.  (levantarse)
    5. Creo que [vosotros] _____ mucho.  (preocuparse)

**(d)**  Complete usted con pronombres recíprocos según el ejemplo:

Ejemplo:  Usted y yo _____ con frecuencia.  (ver)
          Usted y yo nos vemos con frecuencia.

    1. Usted y yo _____ en español.  (escribir)

    2. Tú y yo ＿＿ en inglés y en español.　(hablar)
    3. Usted y Anita ＿＿ todas las tardes.　(visitar)
    4. Paquita y Carlos ＿＿ en el Instituto.　(ayudar)
    5. Ustedes y las empleadas ＿＿ amablemente.　(saludar)

**(e)** Repase usted los pronombres objetos de preposición (Apéndice, ¶24B).

**(f)** Cambie las frases siguientes según el ejemplo:

Ejemplo:　¿Comiste hoy en la habitación?
           Sí, comí en ella.

    1. ¿Fuiste con Ana ayer?
    2. ¿Saliste con los amigos a las ocho?
    3. ¿Llegaste a tiempo con las flores?
    4. ¿Estuviste en el cine a las nueve?
    5. ¿Quieres ir con Carlos mañana?

**(g)** Cambie usted las frases al singular según el ejemplo:

Ejemplo:　Los jóvenes comieron ayer con nosotros.
           El joven comió ayer conmigo.

    1. Los amigos fueron con nosotros al Zócalo.
    2. Ustedes estuvieron en el teatro con nosotros.
    3. Las señoritas anduvieron a pie con nosotros.
    4. Tradujisteis las lecciones con nosotros.
    5. Mis amigas no quisieron venir con nosotros.

## D.　EL TIEMPO IMPERFECTO

**(a)** Repase usted el imperfecto de los verbos (Apéndice, ¶30) y conteste las preguntas siguientes según el ejemplo:

Ejemplo:　¿Saluda usted a la empleada?
           Sí, pero antes no la saludaba.

    1. ¿Invita usted a Paquita?
    2. ¿Quiere mucho Pablo a Anita?
    3. ¿Visitan ustedes a mis primas?
    4. ¿Invitáis a los amigos a bailar?
    5. ¿Acompañan los novios a las novias?

**(b)**   Repase usted el imperfecto de los verbos **ir, ser** y **ver** (Apéndice, ¶39).

**(c)**   Cambie las frases siguientes según el ejemplo:

Ejemplo:   Soy yo quien ve muy bien.
           Era yo quien veía muy bien.

1. Eres tú quien ve muy bien.
2. Es usted quien va en taxi.
3. Nosotros somos quienes vamos a pie.
4. Ellos son quienes van al cine.
5. Ustedes son quienes ven las películas.


# E.   EL TIEMPO FUTURO

**(a)**   Repase usted el futuro de los verbos regulares (Apéndice, ¶31).

**(b)**   Conteste las preguntas siguientes según el ejemplo:

Ejemplo:   ¿Toman ustedes jugo de naranja?
           Ahora no, lo tomaremos después.

1. ¿Llama usted a su novia?
2. ¿Comen ustedes enchiladas?
3. ¿Llamas a Antonia por teléfono?
4. ¿Invitáis a los amigos a comer?
5. ¿Escriben los meseros las listas?

**(c)**   Repase usted los futuros irregulares en la Lección 14 y cambie las frases siguientes según los ejemplos:

1. Ejemplo:   Las cestas no caben en el coche.
              Las cestas no cabrán en el coche.

   1. No puedo ir contigo a Toluca.
   2. Los amigos no saben la dirección.
   3. Tu y yo ponemos la mesa.
   4. Anita y Paquita salen a las nueve.
   5. Ustedes tienen mucha hambre.
   6. ¿Vienes a visitarnos con frecuencia?

**2.** Ejemplo:   No ha puesto la mesa.
                          No habrá puesto la mesa.

1. No ha estudiado la lección.
2. No he acabado la lección.
3. Hemos acabado antes de las nueve.
4. ¿Qué han hecho los amigos en el Instituto?
5. ¿Los habéis ayudado?

## F.  LOS TIEMPOS COMPUESTOS

**(a)**  Repase usted el presente perfecto en la Lección 13 y conteste las preguntas siguientes según el ejemplo:

Ejemplo:   ¿Por qué no saludas a la señora?
                   Ya la he saludado.

1. ¿Por qué no estudias la lección?
2. ¿Por qué no visitan ustedes a las primas?
3. ¿Por qué no recibe Carlos el dinero?
4. ¿Por qué no venden ellos su coche?
5. ¿Por qué no aprendéis las expresiones?

**(b)**  Repase usted el pluscuamperfecto y los participios pasados irregulares en la Lección 13 y en el Apéndice, ¶27.

**(c)**  Cambie las frases siguientes según el ejemplo:

Ejemplo:   Digo que devolví el coche.
                   Dije que había devuelto el coche.

1. Pablo dice que abrió la puerta.
2. Ustedes dicen que escribieron el recado.
3. Antonia dice que hizo la comida.
4. Las señoritas dicen que vieron el castillo.
5. Carlos dice que devolvió el coche.

## G.  EL VERBO "ESTAR" CON PARTICIPIOS PASADOS

Conteste las preguntas siguientes según el ejemplo:

Ejemplo:   ¿Por qué no cierras (*close*) las puertas (*doors*)?
Porque ya están cerradas.

1. ¿Por qué no abres (*open*) las ventanas (*windows*)?
2. ¿Por qué no escribes el recado?
3. ¿Por qué no haces los tamales?
4. ¿Por qué no pones la mesa?
5. ¿Por qué no preparas el helado?

## H.  LA FORMA PROGRESIVA DE LOS TIEMPOS

**(a)**  Repase usted el verbo **estar** (APÉNDICE, ¶39).

**(b)**  Cambie las frases siguientes según el ejemplo:

Ejemplo:   Escribí toda la tarde.
Estuve escribiendo toda la tarde.

1. Usted recibió recados toda la mañana.
2. ¡Hola, Carlos! hablábamos de ti.
3. Los amigos bailarán toda la noche.
4. Ustedes han comido mucho.
5. Carlos te llamaba esta mañana.

## I.  UNOS MODISMOS
*Some Idioms*

Cambie usted las frases siguientes al imperfecto: NOTE: *Be sure that you understand the meaning of each idiom.*

1. Tengo mucha hambre.
2. Tenemos que salir para Toluca.

3. Hay un mercado grande en la ciudad.
4. Hay muchas flores en el jardín.
5. Hace mucho frío en Toluca.
6. Hace treinta minutos que espero.
7. Acabo de llegar (*I have just arrived*) a la plaza.
8. Acabamos de salir de la ciudad.

## J. TRADUCCIÓN

**Traduzca usted al español:**

Charles used to come on time when he had a date with Anne. On Friday he was half an hour late (he delayed half an hour) in arriving. Paul was already there. He liked to be able to talk with Anne. She liked it also.

They decided to go to the market in Toluca. They invited Fran Pacheco to accompany them. They went by automobile and arrived at the main square at 10:30.

There were many people in the market, and the majority were Indians. They saw many pretty baskets. The Indians of that region are specialists in basket-making.

# ✦ Lección 16

## A. DIÁLOGO PRELIMINAR

LA JOVEN: Qué tiempo tan malo, ¿verdad?

LA AMIGA: ¿Llueve mucho aquí en el invierno?

LA JOVEN: Sí, y también hace mucho frío.

LA AMIGA: Yo no tengo mucho frío. ¿Y tú?

LA JOVEN: ¡Te aseguro que no tengo calor!

LA AMIGA: ¿Cómo es el verano aquí?

LA JOVEN: Malo. Hace mucho calor.

LA AMIGA: ¡Caramba! ¿Y cómo es la primavera?

LA JOVEN: ¡Hermosa! El tiempo es agradable y hay muchas flores.

LA AMIGA: Vamos a un café. ¿Quieres una taza de té?

LA JOVEN: ¡Sí, cómo no! ¿Y tú qué quieres?

LA AMIGA: Yo tengo sed. Voy a tomar un refresco.

THE YOUNG LADY: *What bad weather, isn't it?*

THE FRIEND: *Does it rain a lot in winter here?*

THE YOUNG LADY: *Yes, and it is very cold also.*

THE FRIEND: *I'm not very cold. How about you?*

THE YOUNG LADY: *I assure you that I'm not warm!*

THE FRIEND: *How is summer here?*

THE YOUNG LADY: *Bad. It is very hot.*

THE FRIEND: *Goodness! And how is spring?*

THE YOUNG LADY: *Beautiful! The weather is fine and there are many flowers.*

THE FRIEND: *Let's go to a cafe. Do you want a cup of tea?*

THE YOUNG LADY: *Yes, of course! And what do you want?*

THE FRIEND: *I'm thirsty. I'm going to have a soft drink.*

143

# B.  PRÁCTICA

**(a)**  Conteste usted con frases completas:

1.  ¿Dice la joven "Qué tiempo" o "Qué tiempo tan malo"?
2.  ¿Pregunta la amiga "¿Llueve mucho aquí?" o "¿Llueve mucho aquí en el invierno?"?
3.  ¿Dice la joven "También hace frío" o "También hace mucho frío"?
4.  La amiga no dice "Yo no tengo frío". ¿Qué dice?
5.  ¿Dice la amiga "¿Y qué tienes tú?" o dice sólo (*only*) "¿Y tú?"?
6.  La joven no dice sólo "No tengo calor". ¿Qué dice?
7.  ¿Dice la amiga "¿Cómo es la primavera aquí?" o "¿Cómo es el verano aquí?"?
8.  ¿Por qué es malo el verano, según la joven?
9.  ¿Qué exclamación dijo la amiga?
10.  ¿Cómo se dice "caramba" en inglés?
11.  ¿Por qué es hermosa la primavera?
12.  La amiga no dice "Iremos a un café". ¿Qué dice?
13.  ¿Por qué quiere la joven una taza de té?
14.  ¿Dice la amiga "Yo tengo hambre" o "Yo tengo sed"?
15.  ¿Dice la amiga "Tomaré un refresco", o "Voy a tomar un refresco"?

**(b)**  Hable usted con frases completas:

1.  Repita usted "¡Qué tiempo tan malo!"
2.  Si el tiempo es agradable, ¿qué exclama usted?
3.  Pregúntele a la joven si llueve mucho aquí.
4.  Pregúntele si llueve mucho en el invierno.
5.  Pregúntele si hace mucho frío.
6.  Pregúntele qué tiempo hace (*how is the weather*) en la primavera.
7.  Pregúntele si hay muchas flores.
8.  Pregúntele si hace mucho calor en el verano.
9.  Repita usted "¿Tienes frío?"
10.  Pregúntele a la amiga si no tiene frío.
11.  Pregúntele si tiene mucha sed.
12.  Invítela (*Invite her*) a ir a un café.
13.  Pregúntele si quiere tomar una taza de té.
14.  Dígale que usted no tiene frío.
15.  Dígale que usted va a tomar un refresco.

## C. LOS POSESIVOS
*Possessives*

NOTE: Spanish possessives agree in number and gender with the person or thing possessed, not with the possessor. For example: **Nuestro** (*not* **nuestros**) coche anda bien (*Our* car runs well). There are two groups of Spanish possessives. One is used before nouns (**mi, tu, su,** etc.), as in **Mi** amiga tiene frío, **Tu** amiga tiene sed. The other group is used after or without nouns. For example: El té es **mío.** El refresco es **tuyo.** The possessives of this second group must be preceded by appropriate definite articles when they are used as subject pronouns, as in Tu amigo quiere té, pero **el mío** quiere café. Since the third person possessives can have more than one meaning, it is sometimes necessary to replace them by **de usted, de él, el de usted, el de él,** etc., to prevent confusion. For further information see the APPENDIX, ¶23.

**(a)** Estudie usted la tabla de los posesivos.

|  |  |
|---|---|
| **BEFORE NOUNS** | |
| mi, mis | *my* |
| tu, tus | *your* |
| su, sus | *your, his, her, its* |
| nuestro, –a; –os, –as | *our* |
| vuestro, –a; –os, –as | *your* |
| su, sus | *your, their* |
| **AFTER OR WITHOUT NOUNS** | |
| mío, –a; –os, –as | *mine* |
| tuyo, –a; –os, –as | *yours* |
| suyo, –a; –os, –as | *yours, his, hers, its* |
| nuestro, –a; –os, –as | *ours* |
| vuestro, –a; –os, –as | *yours* |
| suyo, –a; –os, –as | *yours, their* |

**(b)** Repita usted cambiando según los ejemplos:

I. Ejemplo:   El coche que tengo es mío.
                      (ellos) El coche que tienen ellos es suyo.
        1. [nosotros]   2. [tú]   3. ustedes   4. él   5. [vosotros]   6. ellas

**2.** Ejemplo:   Aquí tengo tu saco (*coat*). ¿Dónde está el mío?
(flores) Aquí tengo tus flores. ¿Dónde están las mías?

    1. sombrero   2. brazaletes   3. cesta   4. copa   5. libros (*books*)
    6. tarjetas

**3.** Ejemplo:   ¿Es nuestro coche o el de ustedes?
(cucharas) ¿Son nuestras cucharas o las de ustedes?

    1. rebozos (*shawls*)   2. taxi   3. rosas   4. canoa   5. vasos   6. galletas
    (*cookies*)

**(c)** Cambie usted las frases siguientes según los ejemplos:

**1.** Ejemplo:   Tu rebozo costó mucho.
El mío no costó mucho.

    1. Tu coche vale mucho.
    2. Tu té está muy bueno.
    3. Tu hotel es muy caro.
    4. Tu brazalete es muy bueno.

**2.** Ejemplo:   Mis hermanas han llegado.
Las tuyas no han llegado.

    1. Mis flores han llegado.
    2. Mis primas han salido.
    3. Mis amigas han llamado.
    4. Mis tías han escrito.

**3.** Ejemplo:   Tu novia llegó ayer.
La suya llegará mañana.

    1. Tu invitación llegó ayer.
    2. Tu tía salió ayer.
    3. Tu novia estuvo aquí ayer.
    4. Tu hermana comió aquí ayer.

**4.** Ejemplo:   (de usted) Mi coche es malo, pero el suyo es bueno.
Mi coche es malo, pero el de usted es bueno.

    1. (de usted) Mi tío es pobre, pero el suyo es rico.
    2. (de ustedes) Mi casa es pequeña, pero la suya es grande.
    3. (de él) Mis padres son pobres, pero los suyos son ricos.
    4. (de ellos) Mi ciudad es fría, pero la suya es caliente.

## D.  LOS DEMOSTRATIVOS

NOTE: Besides having demonstratives for *this* and *these*, Spanish has two groups of demonstratives for *that* and *those*. One of these groups (**ese**, etc.) refers to persons or things near the person addressed, as in Quiero **esas** galletas que tienes. The other group (**aquel**, etc) refers to persons or things at a distance, as in Miren ustedes las cestas de **aquel** puesto. (Native speakers do not always observe this distinction.) The neuter forms (**esto, eso,** and **aquello**) refer to something indefinite. For example: ¿ Qué es **esto**? When not followed by nouns, Spanish demonstratives other than the neuter forms have a written accent, as in —¿ Cuál (*which*) cesta te gusta? —Me gusta **ésta**.

**(a)**  Estudie usted los demostrativos en la tabla siguiente y en el ¶22 del APÉNDICE.

| | | | | | |
|---|---|---|---|---|---|
| este | *this (m.)* | ese | *that (m.)* | aquel | *that (m.)* |
| esta | *this (f.)* | esa | *that (f.)* | aquella | *that (f.)* |
| estos | *these (m.pl.)* | esos | *those (m.pl.)* | aquellos | *those (m.pl.)* |
| estas | *these (f.pl.)* | esas | *those (f.pl.)* | aquellas | *those (f.pl.)* |
| esto | *this (neuter)* | eso | *that (neuter)* | aquello | *that (neuter)* |

**(b)**  Conteste usted según los ejemplos:

**1.**  Ejemplos:  ¿ Es tuyo este vaso?
　　　　　　—No, aquél es el mío.
　　　　　　¿ Son tuyas estas flores?
　　　　　　—No, aquéllas son las mías.

　　1.  —¿ Es tuyo este coche?
　　2.  —¿ Son tuyos estos brazaletes?
　　3.  —¿ Es tuya esta casa?
　　4.  —¿ Son tuyas estas cestas?
　　5.  —¿ Son tuyos estos cuchillos?
　　6.  —¿ Es tuya esta habitación?

**2.**  Ejemplos:  —¿ Es de ustedes esta casa?
　　　　　　—No, aquélla es la nuestra.
　　　　　　—¿ Son de ustedes estos puestos?
　　　　　　—No, aquéllos son los nuestros.

    1. —¿Es de ustedes esta habitación?
    2. —¿Es de ustedes este coche?
    3. —¿Son de ustedes estos sarapes?
    4. —¿Son de ustedes estas flores?
    5. —¿Son de ustedes estas tarjetas?
    6. —¿Es de ustedes este taxi?

**3.** Ejemplos: —¿Es de Luis aquella canoa?
              —No, ésa es la suya.
              —¿Son de Luis aquellos vasos?
              —No, ésos son los suyos.

    1. —¿Es de Luis aquella mesa?
    2. —¿Son de Luis aquellas galletas?
    3. —¿Es de Luis aquel autobús?
    4. —¿Es de Luis aquel sarape?
    5. —¿Son de Luis aquellos libros?
    6. —¿Son de Luis aquellas cestas?

**(c)** Repita usted en el plural según los ejemplos:

**1.** Ejemplo: ¿De quién (*whose*) es este coche?
             ¿De quién son estos coches?

    1. ¿De quién es este puesto?
    2. ¿De quién es esta cesta?
    3. ¿De quién es este té?
    4. ¿De quién es esta taza?
    5. ¿De quién es esta galleta?

**2.** Ejemplo: Ese vaso que tienes es caro.
             Esos vasos que tienes son caros.

    1. Ese plato que tienes es barato.
    2. Esa taza que tienes es cara.
    3. Ese sarape que tienes es bonito.
    4. Esa cesta que compraste es bonita.
    5. Esa galleta que comes es buena.

**3.** Ejemplo: ¡Miren ustedes aquel puesto!
             ¡Miren ustedes aquellos puestos!
    1. ¡Miren ustedes aquella cesta!
    2. ¡Miren ustedes aquel sarape!
    3. ¡Miren ustedes aquella montaña!

4. ¡Miren ustedes aquel hombre!

5. ¡Miren ustedes aquel muchacho!

NOTE: The English correlatives *former* and *latter* are translated into Spanish by **éste** (*the latter*) and **aquél** (*the former*). The demonstratives must agree with their nouns in gender and number.

(d) Conteste usted las preguntas siguientes según el ejemplo:

Ejemplo:   —¿Te gustan la cesta y el sarape?
          —Éste me gusta, pero aquélla no.

1. —¿Te gustan la galleta y el té?
2. —¿Te gustan la taza y el café?
3. —¿Te gustan el vaso y la taza?
4. —¿Te gustan el mercado y la gente?
5. —¿Te gustan los puestos y las calles?

## E. EXPRESIONES CON "TENER", "HACER" Y "ACABAR"

Repita usted según los ejemplos:

1. Ejemplos:   —¿Tienen ustedes sueño (*are sleepy*)?
             —Sí, tenemos mucho sueño.
             —¿Tienen ustedes ganas de comer?
             —Sí, tenemos muchas ganas de comer.

1. —¿Tienen ustedes frío?
2. —¿Tienen ustedes hambre?
3. —¿Tienen ustedes apetito?
4. —¿Tienen ustedes sed?
5. —¿Tienen ustedes calor?
6. —¿Tienen ustedes razón (*are right*)?

2. Ejemplo:   —¿Tienes hambre?
            —Yo no tengo hambre, pero Carlos la tiene.

1. —¿Tienes sed?
2. —¿Tienes sueño?
3. —¿Tienes apetito?

4. —¿Tienes frío?
5. —¿Tienes calor?
6. —¿Tienes miedo (*are afraid*)?

3. Ejemplo:   —¿Hace sol (*does the sun shine*) en Toluca?
              —Ramón dijo que hacía sol.
    1. —¿Hace viento (*Is it windy*) en Toluca?
    2. —¿Hace mal tiempo en Toluca?
    3. —¿Hace sol en Toluca?
    4. —¿Hace buen tiempo en Toluca?
    5. —¿Hace un tiempo agradable en Toluca?
    6. —¿Hace calor en Toluca?

4. Ejemplo:   Anita dice que tiene frío.
              Anita dijo que tenía frío.

    1. Anita dice que tiene sed.
    2. Ustedes dicen que tienen sueño.
    3. Digo que tengo calor.
    4. ¿Dices que tienes ganas de ir?
    5. Usted dice que tiene veinte años.
    6. Decimos que tenemos hambre.

5. Ejemplo:   Juan acaba de salir.
              Juan acababa de salir (*had just left*).

    1. Los jóvenes acaban de llegar.
    2. Pablo acaba de llamar un taxi.
    3. El teléfono acaba de sonar (*ring*).
    4. Acabamos de comer.
    5. El mesero acaba de darnos la lista.
    6. Acabo de pedir una comida.

## F.  LAS ESTACIONES
*The seasons*

**(a)**  Aprenda usted los nombres de las estaciones.

| la primavera | *spring* | el otoño | *autumn* |
|---|---|---|---|
| el verano | *summer* | el invierno | *winter* |

**(b)** Repita usted cambiando según el ejemplo:

Ejemplo:   Iré a México en la primavera próxima (*next*).
            Fui a México en la primavera pasada (*last*).

1. Estaremos en Monterrey en la primavera próxima.
2. Nuestros tíos vendrán a vernos en el verano próximo.
3. Tendremos calor en el verano próximo.
4. Iremos a Puebla en el otoño próximo.
5. Hará frío en el invierno próximo.

# G.   LOS PRONOMBRES OBJETOS

**(a)**   Repase usted los pronombres objetos (APÉNDICE, ¶24C,D,E).

**(b)**   Repita usted cambiando según los ejemplos:

**1.** Ejemplos:   —¿Quién te trajo el libro?
                    —Carlos me lo trajo.
                    —¿Quién te trajo las fresas?
                    —Carlos me las trajo.

  1. —¿Quién te trajo el coche?
  2. —¿Quién te trajo las flores?
  3. —¿Quién te trajo el vino?
  4. —¿Quién te trajo la tarjeta?
  5. —¿Quién te trajo los sarapes?
  6. —¿Quién te trajo los refrescos?

**2.** Ejemplos:   Este vaso es mío. Pablo me lo dio.
                    (cesta) Esta cesta es mía. Pablo me la dio.

  1. coche   2. libro   3. brazalete   4. taza   5. copa   6. servilleta

**3.** Ejemplos:   ¿Son tuyas esas rosas? ¿Quién te las dio?
                    (sarapes) ¿Son tuyos esos sarapes? ¿Quién te los dio?

  1. platos   2. fresas   3. rebozos   4. flores   5. galletas   6. refrescos

**4.** Ejemplos:   Ana tiene el vino; ayer se lo envié.
                    (dirección) Ana tiene la dirección; ayer se la envié.

  1. flores   2. vasos   3. carta   4. libros   5. tarjeta   6. rosas

## H.  DIÁLOGO

### *Hacía sol en Toluca*

*En un restaurante cerca de la ciudad de México.*

PABLO: ¿Qué tienes, Ana? ¿Estás enferma?

ANA: No, no estoy enferma, pero sí tengo frío. Hacía frío en Toluca, pero no lo noté porque hacía sol.

PABLO: Toluca es una ciudad muy alta. Está a casi nueve mil pies sobre el nivel del mar.

CARLOS: Y aquel puerto donde atravesamos las montañas debe de tener más de diez mil pies de altura.

ANA: Pues yo tenía frío durante todo el viaje de vuelta.

CARLOS: ¡Cuánto lo siento! Te habría dado mi saco.

PAQUITA: O Pablo te habría prestado el suyo.

PABLO: Con una taza de té caliente ya te calentarás.

PAQUITA: Pablo tiene razón. No hay nada como el té para calentarlo a uno.

CARLOS: En efecto, con el viento y la lluvia, hace bastante frío aquí.

PABLO: En esta estación llueve casi todas las tardes, y muchas veces hace viento también. ¿Qué tomarás, Ana?

ANA: No tengo hambre, pero sí tengo sed. Tomaré una taza de té, como tú lo has recomendado.

PAQUITA: Yo también voy a tomar té, y me gustaría probar esas galletas también.


### *The Sun Was Shining in Toluca*

*In a restaurant near Mexico City.*

PAUL: What's the matter, Anne? Are you sick?

ANNE: No, I'm not sick, but I *am* cold. It was cold in Toluca, but I didn't notice it because the sun was shining.

PAUL: Toluca is a very high city. It's almost nine thousand feet above sea level.

CHARLES: And that pass where we crossed the mountains must be more than ten thousand feet high.

ANNE: Well, I was cold during all the return trip.

CHARLES: I'm awfully sorry! I would have given you my coat.

FRAN: Or Paul would have lent you his.

PAUL: With a cup of hot tea you'll soon get warm.

FRAN: Paul is right. There's nothing like tea to warm one up.
CHARLES: In fact, with the wind and the rain, it is quite cold here.
PAUL: In this season it rains almost every afternoon, and it is often windy, also. What will you have, Anne?
ANNE: I'm not hungry, but I *am* thirsty. I'll have a cup of tea, as you have recommended.
FRAN: I also am going to have tea, and I would like to try those cookies, too.

## I.  CUESTIONARIO

Conteste usted en español con frases completas:

1. ¿Qué le pregunta Pablo a Ana?   2. ¿Qué tiene Ana?   3. ¿Qué tiempo hacía en Toluca?   4. ¿Por qué hace frío en Toluca?   5. ¿Por qué no notó Ana que hacía frío?   6. ¿Cuándo tenía frío Ana?   7. ¿Qué le habría dado Carlos?   8. ¿Con qué se calentará Ana?   9. ¿Qué tiene Ana, sed o hambre?   10. ¿Qué tomará Paquita?

## J.  TRADUCCIÓN

Traduzca usted al español:

Paul asked Anne if she was sick. She said that she was not sick; that she was cold. It was cold in Toluca, but she did not notice it because it was sunny. It was very cold when they were crossing the pass in the mountains on the return trip. They entered a restaurant and Anne ordered (**pidió**) a cup of hot tea. Fran ordered tea and some cookies. While they were drinking, they talked about a trip to the pyramids of Teotihuacán.

# Lección 17

## A. DIÁLOGO PRELIMINAR

LA JOVEN: Entra. ¡Me alegro de verte!

THE YOUNG LADY: *Come in. I'm glad to see you!*

LA AMIGA: Gracias. Pasaba por aquí y decidí saludarte.

THE FRIEND: *Thanks. I was going by, and I decided to greet you.*

LA JOVEN: ¿Te gustaría comer con nosotros?

THE YOUNG LADY: *Would you like to eat with us?*

LA AMIGA: Sería mucha molestia.

THE FRIEND: *It would be (too) much trouble.*

LA JOVEN: Al contrario, sería un placer.

THE YOUNG LADY: *On the contrary, it would be a pleasure.*

LA AMIGA: Gracias. Me dijiste que tenías hermanos.

THE FRIEND: *Thanks. You told me you had (some) brothers.*

LA JOVEN: Sí, los gemelos.

THE YOUNG LADY: *Yes, the twins.*

LA AMIGA: Me gustaría conocerlos. ¿Están aquí?

THE FRIEND: *I would like to meet them. Are they here?*

LA JOVEN: No, y dijeron que hoy no vendrían a comer.

THE YOUNG LADY: *No, and they said they would not come for dinner today.*

LA AMIGA: Lo siento.

THE FRIEND: *I'm sorry (I regret it).*

LA JOVEN: Sólo están en casa mamá y abuelita.

THE YOUNG LADY: *Only mother and grandmother are at home.*

LA AMIGA: Tu papá viene a comer, ¿verdad?

THE FRIEND: *Your dad is coming for dinner, isn't he?*

LA JOVEN: Sí. Dijo que estaría aquí a las dos.

THE YOUNG LADY: *Yes. He said he would be here at two.*

# B.  PRÁCTICA

**(a)**  Conteste usted con frases completas:

    1. ¿Dice la joven "Entre usted" o "Entra"?
    2. ¿Qué dice la joven después de decir "Entra"?
    3. ¿Dice la amiga "Pasé por aquí" o "Pasaba por aquí"?
    4. ¿Dice la amiga "Decido saludarte" o "Decidí saludarte"?
    5. ¿Dice la joven "¿Te gusta comer con nosotros?" o "¿Te gustaría comer con nosotros?"?
    6. La amiga no contesta "Es mucha molestia". ¿Qué contesta?
    7. Según la joven, no sería molestia. ¿Qué sería?
    8. ¿Cuántos hermanos tiene la joven?
    9. ¿Dice la amiga "Me gusta conocerlos" o "Me gustaría conocerlos"?
  10. ¿Qué dijeron los gemelos?
  11. ¿Quiénes están en casa?
  12. ¿Dice la amiga "Tu papá vendrá a comer" o "Tu papá viene a comer"?
  13. ¿Qué dijo el papá?

**(b)**  Hable usted con frases completas:

    1. A una amiga le decimos "Entra"; a una señora le decimos "Entre usted". ¿Qué les decimos a dos señoras?
    2. Repita usted "verte", "verla".
    3. Dígale a su amiga que usted se alegra de verla.
    4. Dígale a una señora que usted se alegra de verla.
    5. Repita usted "verlos a ustedes".
    6. Dígales a sus amigos que se alegra de verlos.
    7. Dígales a sus amigos que decidió saludarlos.
    8. Repita usted "¿Te gustaría?". "¿Le gustaría a usted?"
    9. Pregúntele a una amiga si le gustaría comer con usted.
  10. Pregúntele a una señora si le gustaría comer con usted.
  11. Dígale a su amiga que a usted le gustaría comer con ella.
  12. Dígale a una señora que sería un placer comer con ella.
  13. Pregúntele a su amiga cuántos hermanos tiene.
  14. Pregúntele si dijeron que comerían en casa.

## C.   REPASO DEL TIEMPO FUTURO

**(a)**  Repase usted los futuros regulares e irregulares en la Lección 14. NOTE: **ayer, mañana**, and most other temporal adverbs can either precede or follow the verb.

**(b)**  Cambie las frases siguientes al futuro según el ejemplo.

> Ejemplo:   Ayer comimos en el restaurante.
> Mañana comeremos en el restaurante.

> 1. Ayer fuimos a la casa de tus tíos.
> 2. Ustedes estuvieron ayer en Toluca.
> 3. Ayer fuiste al mercado conmigo.
> 4. Ayer pude llevarte al cine.
> 5. Paquita no quiso ir con nosotros ayer.
> 6. Antonia hizo la comida ayer.
> 7. Mi hermano salió ayer para Puebla.
> 8. Carlos tuvo el coche ayer.
> 9. Mis hermanos vinieron ayer de Cuernavaca.
> 10. Ayer pudimos estacionar en la plaza.

## D.   EL TIEMPO CONDICIONAL

### *The Conditional Tense*

NOTE: The meaning of the Spanish conditional tense (it is also considered a mood) corresponds to a large extent to that of the English modal auxiliary *would*. For example: Dije que **llamaría** a Francisca (I said that I *would call* Frances), Yo te **ayudaría** si pudiese (I *would help* you if I could). This tense is also used to express probability from a past standpoint, as in Francisca no vino ayer porque **estaría** enferma (Frances didn't come yesterday because she *probably was* sick). All verbs in Spanish have the same conditional endings, and all verbs have the same stem for the conditional as for the future tense. For more detailed information see ¶32 in the APPENDIX.

**(a)** Estudie usted el condicional en la tabla siguiente:

$$\left.\begin{array}{l}\text{hablar}\\\text{comer}\\\text{vivir}\end{array}\right\}\begin{array}{l}\text{-ía}\\\text{-ías}\\\text{-ía}\\\text{-íamos}\\\text{-íais}\\\text{-ían}\end{array}$$

**(b)** Repita usted cambiando según los ejemplos:

**1.** Ejemplo: (ir) —Iré contigo.
　　　　　　　　—Dijo que iría conmigo.

　　1. comer　2. hablar　3. quedar　4. almorzar (*to eat lunch*)　5. subir
　　6. volver

**2.** Ejemplo: Prometí que llegaría a tiempo.
　　　　　　　(nosotros) Prometimos que llegaríamos a tiempo.

　　1. [tú]　2. ella　3. ustedes　4. [vosotros]　5. ellos　6. Ana

**3.** Ejemplo: Escribieron que nos verían pasado mañana.
　　　　　　　(ir con nosotros) Escribieron que irían con nosotros pasado
　　　　　　　mañana (*day after tomorrow*).

　　1. llamarnos　2. visitarnos　3. llevarnos　4. volver con nosotros
　　5. viajar con nosotros　6. comer con nosotros

**4.** Ejemplo: Dijeron que comerían a las doce.

　　1. estudiar　2. partir　3. llamar　4. llegar　5. volver　6. pasearse

**(c)** Estudie usted los condicionales irregulares en la tabla siguiente:

| INFINITIVE | STEM | INFINITIVE | STEM | INFINITIVE | STEM |
|---|---|---|---|---|---|
| caber | **cabr-** | decir | **dir-** | poner | **pondr-** |
| haber | **habr-** | hacer | **har-** | salir | **saldr-** |
| poder | **podr-** | | | tener | **tendr-** |
| querer | **querr-** | | | valer | **valdr-** |
| saber | **sabr-** | | | venir | **vendr-** |

**(d)**   Repita usted cambiando según los ejemplos:

**I.**  Ejemplo:  Ella escribió que vendría hoy.
              [nosotros] Escribimos que vendríamos hoy.

  1. [tú]   2. Ana   3. ellos   4. [vosotros]   5. [yo]   6. los gemelos

**2.**  Ejemplo:   Dije que lo sabría, pero ya no es posible.
              (salir) Dije que saldría, pero ya no es posible.

  1. hacerlo   2. tenerlo   3. venir   4. poder hacerlo   5. ponerlo
  6. decirlo

**3.**  Ejemplo:   —¿Pagarán ustedes el taxi?
              —Dijimos que lo pagaríamos.

  1. —¿Tendrán ellos el dinero?
  2. —¿Vendrás temprano (*early*)?
  3. —¿Querrán ustedes venderlo?
  4. —¿Podrá ella traducirlo?
  5. —¿Saldrás con nosotros?
  6. —¿Lo sabrán ustedes?

**(e)**   Cambie usted las frases según el ejemplo:

  Ejemplo:   Paquita no ha venido. Estará (*probably is*) enferma.
            Paquita no vino. Estaría (*probably was*) enferma.

  1. Pablo no ha llamado. Estará enfermo.
  2. El doctor no ha llegado. Estará ocupado.
  3. Ana ha tomado té. Tendrá frío.
  4. María no ha escrito. Estará enojada (*angry*).
  5. Carlos no ha comido. Estará triste.

# E.   CORRESPONDENCIA DE TIEMPOS
## *Sequence of Tenses*

NOTE: When a sentence of the type **Ana dice que tiene frío** (*Anne says that she is cold*) is changed to the past tense, the verb of the main clause is put in the preterit, but the verb of the dependent clause is put in the imperfect if both are simultaneous. However, if the dependent verb is in the present perfect, it is changed to the past perfect.

**(a)**   Cambie usted las frases siguientes según los ejemplos:

**I.**   Ejemplo:   Ana dice que tiene frío.
                      Ana dijo que tenía frío.

> 1. Ana dice que tiene calor.
> 2. Carlos dice que Ana tiene razón.
> 3. Los gemelos dicen que tienen hambre.
> 4. Paquita dice que tiene mucha sed.
> 5. Ana dice que Pablo está triste.

**2.**   Ejemplo:   Josefina escribe que Enrique ha vuelto.
                      Josefina escribió que Enrique había vuelto.

> 1. La criada dice que Carlos ha vuelto.
> 2. La empleada dice que Pablo ha salido.
> 3. Josefina dice que su esposo ha hecho un viaje.
> 4. Ana escribe que no ha ido a Monterrey.
> 5. Los gemelos dicen que han estado en Cuernavaca.

**(b)**   Cambie usted las frases siguientes según los ejemplos:

NOTE: A sentence of the type **Francisca dice que los gemelos no vendrán** (*Frances says that the twins will not come*) is changed to the past by putting the main verb in the preterit and the dependent verb in the conditional. However, if the dependent verb is in the future perfect, it is changed to the conditional perfect.

**I.**   Ejemplo:   Ella dice que los gemelos vendrán a la una.
                      Ella dijo que los gemelos vendrían a la una.

> 1. Los gemelos dicen que tendrán que salir.
> 2. El doctor dice que podrá llegar a la una.
> 3. Francisca dice que Antonia hará la comida.
> 4. La mamá dice que saldrá para Puebla.
> 5. Mi novia escribe que vendrá a verme.

**2.**   Ejemplo:   Él dice que su prima ya habrá llegado.
                      Él dijo que su prima ya habría llegado.

> 1. Paquita dice que sus hermanos ya habrán vuelto.
> 2. Josefina dice que su esposo ya habrá escrito.
> 3. Creo que Antonia ya habrá hecho el almuerzo.
> 4. ¿Dices que Carlos ya habrá devuelto el coche?
> 5. Pablo dice que el avión ya habrá salido.

## F.  DIÁLOGO

### Tampoco están aquí

*Ana West ha sido invitada a almorzar en la casa de Francisca Pacheco.*

PAQUITA: ¡Cuánto me alegro de verte!

ANA: Te estoy muy agradecida por la invitación.

PAQUITA: Es un placer verte con nosotros.

ANA: Gracias. Me gustaría conocer a tu familia.

PAQUITA: Hoy no somos más que mi abuela, papá y yo.

ANA: ¿Tu mamá no está en casa?

PAQUITA: No. Anteayer fue a Puebla a pasar unos días con su hermana, tía Josefina.

ANA: ¿Está enferma tu tía?

PAQUITA: No; pero su esposo, tío Enrique, dijo que tendría que hacer un viaje de negocios.

ANA: Y tu tía se quedaría sola, ¿verdad?

PAQUITA: Sí, pues sus hijos están casados.

ANA: ¿Cuándo volverá tu mamá?

PAQUITA: Dijo que estaría de regreso en unos quince días.

ANA: Ayer me dijiste que tenías dos hermanos.

PAQUITA: Sí, los gemelos; pero tampoco están aquí. Fueron a Cuernavaca.

ANA: ¿Por mucho tiempo?

PAQUITA: Ya habrían vuelto a casa, pero les dije que podrían quedarse hasta el regreso de mamá. Están visitando a un compañero de colegio en Cuernavaca.

ANA: ¿En colegio a la edad de catorce años?

PAQUITA: En español "colegio" quiere decir "escuela secundaria".

### They Aren't Here Either

*Anne West has been invited to lunch in Frances Pacheco's house.*

FRAN: How glad I am to see you!

ANNE: I am very grateful to you for the invitation.

FRAN: It is a pleasure to see you with us.

ANNE: Thanks. I should like to meet your family.

FRAN: Today we are only grandmother, papa, and I.

ANNE: Your mother is not at home?

FRAN: No. She went day before yesterday to Puebla to spend a few days with her sister, Aunt Josephine.

ANNE: Is your aunt sick?

FRAN: No, but her husband, Uncle Henry, said he would have to take a business trip.

ANNE: And your aunt would be left alone, wouldn't she?

FRAN: Yes, since her children are married.

ANNE: When will your mother return?

FRAN: She said she would be back in a couple of weeks.

ANNE: Yesterday you told me that you have two brothers.

FRAN: Yes, the twins. But they aren't here either. They went to Cuernavaca.

ANNE: For a long time?

FRAN: They would have returned home already but I told them they could stay until Mama's return. They are visiting a college (school) mate in Cuernavaca.

ANNE: In college at the age of fourteen?

FRAN: In Spanish "*colegio*" means "secondary school."


## G.   CUESTIONARIO

Conteste usted en español con frases completas:

1. ¿Qué dice Paquita al ver a Ana?   2. ¿Por qué está agradecida Ana?
3. ¿Qué le gustaría a Ana?   4. ¿Quiénes están hoy en la casa de Paquita?
5. ¿Por qué no está en casa la mamá de Paquita?   6. ¿A quién visita la mamá en Puebla?   7. ¿Qué le fue necesario al esposo de Josefina, tío Enrique?
8. ¿Por qué no viven con la tía sus hijos?   9. ¿Cuándo estará de regreso la mamá?   10. ¿A quién visitan los gemelos en Cuernavaca?   11. ¿Qué quiere decir "colegio" en español?   12. ¿Estudia usted en colegio o en universidad?


## H.   TRADUCCIÓN

Traduzca usted al español:

Fran invited Anne to eat lunch. Anne came to Fran's house. Fran told her that she was glad to see her. Anne was very grateful for the invitation. Also she wanted to meet her family. That day only Fran, her father, and her grandmother were at home. Fran's mother was in Puebla visiting a sister. Her twin brothers were visiting a school mate. Fran had told them that they could stay in Cuernavaca a couple of weeks.

## {·} Lección 18

## A. DIÁLOGO PRELIMINAR

LA AMIGA: ¿Adónde vas?

LA SEÑORITA: Voy a tomar el autobús. ¿Y tú?

LA AMIGA: Voy a casa. Estuve con tu hermana en el cine.

LA SEÑORITA: Es muy alegre, ¿verdad?

LA AMIGA: Sí, más de lo que yo creía.

LA SEÑORITA: Es la más alegre de la familia.

LA AMIGA: ¿Es mayor o menor que tú?

LA SEÑORITA: Ella es mayor que yo.

LA AMIGA: Pero eres tan guapa como ella.

LA SEÑORITA: No, ella es mucho más guapa que yo.

LA AMIGA: Vamos a tomar un helado.

LA SEÑORITA: No, gracias. Perdería el autobús.

THE FRIEND: *Where are you going?*

THE YOUNG LADY: *I'm going to take the bus. And you?*

THE FRIEND: *I'm going home. I was with your sister at the movies.*

THE YOUNG LADY: *She is very jolly, isn't she?*

THE FRIEND: *Yes, more than I thought (believed).*

THE YOUNG LADY: *She is the jolliest in the family.*

THE FRIEND: *Is she older or younger than you?*

THE YOUNG LADY: *She's older than I.*

THE FRIEND: *But you are as pretty as she.*

THE YOUNG LADY: *No, she is much prettier than I.*

THE FRIEND: *Let's have an ice cream.*

THE YOUNG LADY: *No, thanks. I would miss (lose) the bus.*

162

# B.  PRÁCTICA

**(a)**  Conteste usted con frases completas:

1. ¿Dice la amiga "¿Adónde va usted?" o "¿Adónde vas?"?
2. La señorita no dice sólo "Voy a tomar el avión". ¿Qué dice?
3. ¿Dice la amiga "Estaba con tu hermana" o "Estuve con tu hermana"?
4. ¿Estuvo la amiga en el restaurante, o estuvo en el cine?
5. ¿Dice la señorita "Está muy alegre" o "Es muy alegre"?
6. La amiga no dice "Sí, es muy alegre". ¿Qué dice?
7. La señorita no dice "Es la más alegre". ¿Qué dice?
8. ¿Dice la amiga "¿Es mayor que tú?" o "¿Es mayor o menor que tú?"?
9. ¿Dice la amiga "Eres más guapa que ella" o "Eres tan guapa como ella"?
10. ¿Dice la amiga "¿Quieres tomar un helado?" o "Vamos a tomar un helado"?
11. La señorita no dice "Pierdo el autobús". ¿Qué dice?

**(b)**  Hable usted con frases completas:

1. Repita usted "¿Adónde vas?", "¿Adónde va usted?"
2. Pregúntele a su amigo adónde va.
3. Pregúntele a un señor adónde va.
4. Pregúntele a su amigo si va a casa.
5. Pregúntele a un señor si va a casa.
6. Repita usted "Con tus hermanas".
7. Dígale a un amigo que usted estuvo con sus hermanas.
8. Repita usted "¿Eres el más alegre?", "¿Es usted el más alegre?"
9. Pregúntele a un amigo si es el más alegre.
10. Pregúntele a una señorita si es la más alegre.
11. Repita usted "Eres más alegre que yo", "Usted es más alegre que yo".
12. Dígale a su amigo que es más alegre que usted.
13. Dígale a una señorita que es más alegre que usted.
14. Dígale a su amigo que usted no va porque perdería el autobús.

## C.  EL GRADO COMPARATIVO-SUPERLATIVO

The comparative-superlative degree is formed in Spanish by placing **más** (*more, most*) or **menos** (*less, least*) before adjectives or adverbs. The following have special forms in addition to the regular forms.

| POSITIVE | COMPARATIVE-SUPERLATIVE |
|---|---|
| bueno (*good*) | mejor (*better, best*) |
| bien (*well*) | mejor (*better, best*) |
| malo (*bad*) | peor (*worse, worst*) |
| mal (*badly*) | peor (*worse, worst*) |
| grande (*large*) | mayor (*larger, largest, older, oldest*) |
| pequeño (*small*) | menor (*smaller, smallest, younger, youngest*) |
| mucho (*much*) | más (*more, most*) |
| poco (*little, not much*) | menos (*less, least*) |

There is no distinction in form between the comparative and superlative degrees: Este libro es **bueno**: ése es **mejor**; aquél es **el mejor** de todos. (This book is *good*; that one is *better*; that one yonder is *the best* of all.) Esta calle es **ancha**; la avenida es **más ancha**; el paseo es **el más ancho** de los tres. (This street is *wide*; the avenue is *wider*; the boulevard is *the widest* of the three.) In comparisons, *than* is usually expressed by **que**.

**(a)**  Repita usted cambiando según los ejemplos:

I.  Ejemplo:   La taza y la copa son bonitas.
                      La taza es más bonita que la copa.

    1.  Anita y Lola son simpáticas.
    2.  El hermano y el cuñado (*brother-in-law*) son amables.
    3.  Carlos y Pablo están cansados.
    4.  Esta tarjeta y aquélla son bonitas.
    5.  El rebozo y el sarape son caros.
    6.  El inglés y el francés son difíciles.

**2.** Ejemplo:   Ricardo es alto.
                        Rosa es más alta que él.

  1. Ricardo es guapo.
  2. Ricardo es alegre.
  3. Ricardo es grande.
  4. Ricardo es bueno.
  5. Ricardo es inteligente.
  6. Ricardo es pequeño.

**3.** Ejemplo:   Los jóvenes son amables.
                        Juan es el más amable de todos.

  1. Los jóvenes son alegres.
  2. Los jóvenes son inteligentes.
  3. Los jóvenes son guapos.
  4. Los jóvenes son buenos.
  5. Los jóvenes son altos.
  6. Los jóvenes son grandes.

NOTE: Before a numeral or expression of quantity, **de** and not **que** is used for *than*.

Likewise, **de** expresses *than* before **el (la, los, las, lo) que** plus a verb whenever quantity or amount is indicated or implied in the comparison. The neuter **lo** is used when there is no specific noun expressed or implied.

**4.** Ejemplo:   Yo tengo veinte dólares.
                        Roberto tiene más de veinte.

  1. Yo tengo diez pesos.
  2. Yo necesito cinco dólares.
  3. Yo tengo tres hermanos.
  4. Yo quiero una docena de rosas.
  5. Yo esperé por quince minutos.
  6. Yo bebí dos vasos de vino.

**(b)**   Complete usted según los ejemplos:

Ejemplos:  Él bebe más vino . . .
                    Él bebe más vino del que imaginas.
                    Queremos más flores . . .
                    Queremos más flores de las que imaginas.

  1. Bebo más café . . .

2. Quieren más tarjetas . . .
3. Tiene más plata . . .
4. Compró más objetos . . .
5. Necesitan más dinero . . .
6. Leemos más libros . . .

**(c)**   Repita en el plural según los ejemplos:

Ejemplos:  Él practica más de lo que sabes.
            Ellos practican más de lo que sabéis.
            Necesito más de lo que usted puede darme.
            Necesitamos más de lo que ustedes pueden darnos.

1. Estudio más de lo que piensas.
2. Él bebe más de lo que debe.
3. Se pasea más de lo que yo sabía.
4. Hablas más de lo que piensas.
5. Es más rico de lo que creías.
6. Trabaja peor de lo que puedo comprender.

# D.   COMPARACIÓN DE IGUALDAD
*Comparison of Equality*

In comparisons of equality, *as* (*so*), *as much* (*so much*) . . . *as* are expressed in Spanish by **tanto** (**tan** before an adjective or adverb) **. . . como**.

**(a)**   Responda usted según los ejemplos:

Ejemplos:  Él dice que no estudias.
            —Estudio tanto como él.
            Ellos dicen que ustedes no tienen flores.
            —Tenemos tantas como ellos.

1. Él dice que usted no trabaja.
2. Dicen que ustedes no bailan.
3. Ella dice que no escribes tarjetas.
4. Digo que no practicas.
5. Dicen que ustedes no compran nada.
6. Dicen que no aprendéis.

**(b)**   Repita usted cambiando según el ejemplo:

Ejemplo:   Mi amigo es tan guapo como el tuyo.
           (primas) Mis primas son tan guapas como las tuyas.

l. hermano   **2.** cuñada   **3.** tíos   **4.** amigas   **5.** vecina   **6.** chofer

**(c)**   Conteste usted según el ejemplo:

Ejemplo:   ¿Son altas estas montañas?
           No tan altas como aquéllas.

  1. ¿Es larga esta avenida?
  2. ¿Son caros estos rebozos?
  3. ¿Está cansada esta criada?
  4. ¿Es bueno este vino?
  5. ¿Son baratas estas cestas?
  6. ¿Es grande este hotel?

# E.   EL SUPERLATIVO ABSOLUTO

The superlative absolute is formed by dropping the final vowel of an adjective and adding **–ísimo** (or, when the adjective ends in a consonant, simply by adding **–ísimo**). This form expresses a high degree of the quality represented by the adjective, but without comparing with other nouns of the class. The ending **–ble** changes to **–bilísimo** in the superlative absolute. NOTE: Where English uses *in* after superlatives relative to others of a class, Spanish regularly uses **de**.

**(a)**   Complete usted las frases según el ejemplo:

Ejemplo:   No son las montañas más altas de México . . .
           pero son altísimas.

  1. No es el hotel más grande de la ciudad . . .
  2. No es el estudiante más inteligente de la clase . . .
  3. No son las cestas más bonitas del mercado . . .
  4. No son los jóvenes más ricos de la escuela . . . (rico, riquísimo)
  5. No es la avenida más larga de la ciudad . . . (largo, larguísimo)
  6. No es el joven más amable del mundo . . .

**(b)** Repita usted cambiando según el ejemplo:

Ejemplo:  Los tíos de Pablo son muy ricos.
          Los tíos de Pablo son riquísimos.

1. Estas galletas son muy ricas.
2. El jardín de tu casa es muy lindo.
3. El doctor estaba muy ocupado.
4. La ciudad me parece muy grande.
5. Fuimos a un mercado muy famoso.
6. Las calles son muy largas.

## F.  LOS DÍAS DE LA SEMANA

The Spanish names of the days of the week are masculine and except in a predicate position are generally used with the definite article. In phrases such as *on Monday*, *on Fridays*, etc., the preposition is not used in Spanish, but the article is: **el lunes, los viernes.**

| DÍAS DE LA SEMANA | | ADVERBIOS DE TIEMPO | |
|---|---|---|---|
| domingo | *Sunday* | hoy | *today* |
| lunes | *Monday* | ayer | *yesterday* |
| martes | *Tuesday* | mañana | *tomorrow* |
| miércoles | *Wednesday* | anteayer | *day before* |
| jueves | *Thursday* | | *yesterday* |
| viernes | *Friday* | pasado | *day after* |
| sábado | *Saturday* | mañana | *tomorrow* |
| anoche | *last night* | esta noche | *tonight* |

Complete usted según los ejemplos:

Ejemplos:  Si hoy es lunes, ayer fue domingo.
           Si hoy es lunes, pasado mañana será miércoles.

1. Si hoy es martes, mañana será ＿＿＿.
2. Si hoy es martes, pasado mañana será ＿＿＿.

3. Si ayer fue martes, hoy es _____.
4. Si hoy es miércoles, anteayer fue _____.
5. Si mañana será domingo, ayer fue _____.
6. Si pasado mañana será sábado, mañana será _____.
7. Si ayer fue sábado, mañana será _____.
8. Si anteayer fue lunes, pasado mañana será _____.

## G. DIÁLOGO

### ¿Será su coche?

*Ana está en casa de Paquita.*

PAQUITA: Quería presentarte a mi hermana mayor y a su esposo.

ANA: ¿No están en casa?

PAQUITA: No. Mi cuñado es de Monterrey y fueron a visitar a su familia.

ANA: Siento no conocerlos.

PAQUITA: ¿Qué tendrá papá que no viene?

ANA: Oigo un coche allá afuera. ¿Será el suyo?

PAQUITA: Sí, es él . . . Papá, te presento a la simpática americana de quien te hablé anoche.

EL DOCTOR PACHECO: Señorita West, es un placer recibirla a usted en esta casa, que es la suya.

ANA: Gracias, señor doctor. Son ustedes muy amables.

PAQUITA: ¿Papá, por qué tardaste tanto? ¿No te había dicho que íbamos a tener visita?

EL DOCTOR PACHECO: Es que estaba muy ocupado. Señorita West, ¿qué le parece México?

ANA: Es muy interesante. Aun más de lo que me había imaginado.

EL DOCTOR PACHECO: ¿Y qué harán ustedes esta tarde?

PAQUITA: Vamos a ver las pirámides, y mañana iremos a Xochimilco.

EL DOCTOR PACHECO: Eso será interesante.

ANTONIA: El almuerzo está servido.

PAQUITA: Voy a ayudar a abuelita a bajar la escalera. Es muy anciana.

*Can It Be His Car?*

*Anne is in Fran's house.*

FRAN: I wanted to introduce you to my older sister and her husband.

ANNE: Aren't they at home?

FRAN: No. My brother-in-law is from Monterrey, and they went to visit his family.

ANNE: I am sorry not to meet them.

FRAN: What can be the matter with papa that he doesn't come?

ANNE: I hear a car out there. Can it be his?

FRAN: Yes, it is he . . . Papa, I present you to the charming American girl of whom I spoke to you last night.

DOCTOR PACHECO: Miss West, it is a pleasure to receive you in this house, which is yours.

ANNE: Thank you, (Mr.) doctor. You are very nice.

FRAN: Papa, why did you take so long? Hadn't I told you we were going to have company?

DOCTOR PACHECO: (The reason) is that I was very busy. Miss West, how do you like Mexico?

ANNE: It is very interesting. Even more than I had imagined.

DOCTOR PACHECO: And what will you do this afternoon?

FRAN: We are going to see the pyramids, and tomorrow we'll go to Xochimilco.

DOCTOR PACHECO: That will be interesting.

ANTONIA: Lunch is served.

FRAN: I am going to help grandma to come downstairs. She is very old.

# H.  CUESTIONARIO

Conteste usted en español con frases completas:

1. ¿Por qué no puede presentar Paquita a su hermana mayor?   2. ¿Qué dice Ana al saber que no están ni la hermana ni el cuñado?   3. ¿A qué fueron a Monterrey?   4. ¿Qué oye Ana allá afuera?   5. ¿Quién viene en ese coche?   6. ¿Qué hace Paquita cuando entra su papá?   7. ¿De quién había hablado Paquita a su papá?   8. ¿Qué le dijo el doctor a Ana cuando lo presentó Paquita?   9. ¿Qué contestó la señorita West?   10. ¿Qué le había dicho Paquita a su papá?   11. ¿Por qué había tardado tanto el doctor?   12. ¿Qué le parece México a la señorita West?   13. ¿Qué harán Paquita y Ana por la tarde?   14. ¿Qué harán mañana?   15. ¿Qué les dice Antonia a estas personas?   16. ¿Por qué va Paquita a ayudar a su abuela?

## I. TRADUCCIÓN

Traduzca usted al español:

Fran wanted to introduce her older sister and brother-in-law to Anne. But they were not at home. They had gone to Monterrey to visit his family. "I wonder what's wrong with papa," said Fran. At that moment a car stopped in front of the house. It was the doctor's car. He entered, and Fran introduced him to Anne. Antonia said that lunch was served. Fran helped her grandmother to come downstairs, and they ate lunch (they lunched).

# Lección 19

## A. DIÁLOGO PRELIMINAR

EL JOVEN: ¡Hola! ¿Qué tal?

EL AMIGO: ¡Hombre, me alegro de verte!

EL JOVEN: ¿Quieres ir a las pirámides?

EL AMIGO: Creo que no. Ya he estado allá varias veces.

EL JOVEN: Se dice que habrá una fiesta.

EL AMIGO: ¿De veras? ¿Se sabe qué clase de fiesta?

EL JOVEN: Una fiesta azteca. Se cree que será brillante.

EL AMIGO: Pero las pirámides no fueron construidas por los aztecas.

EL JOVEN: ¿Por quién fueron construidas?

EL AMIGO: Se supone que fueron construidas por los toltecas.

EL JOVEN: Bueno. ¿Vas? Las muchachas van también.

EL AMIGO: ¡Claro que voy!

THE YOUNG MAN: *Hello! How goes it?*

THE FRIEND: *Man, I'm glad to see you!*

THE YOUNG MAN: *Do you want to go to the pyramids?*

THE FRIEND: *I don't think so. I've been there several times.*

THE YOUNG MAN: *It is said that there will be a festival.*

THE FRIEND: *Really? Is it known what kind of festival?*

THE YOUNG MAN: *An Aztec festival. It is believed it will be brilliant.*

THE FRIEND: *But the pyramids were not built by the Aztecs.*

THE YOUNG MAN: *Whom were they built by?*

THE FRIEND: *It is supposed they were built by the Toltecs.*

THE YOUNG MAN: *Good. Are you going? The girls are going too.*

THE FRIEND: *Of course I'm going!*

# B.  PRÁCTICA

**(a)**  Conteste usted con frases completas:

1. El joven no le dice a su amigo "¿Cómo estás?" ¿Qué le dice?
2. ¿Dice el amigo "Me alegro de verte" o "¡Hombre, me alegro de verte!"?
3. ¿Dice el joven "¿Vas a las pirámides?" o "¿Quieres ir a las pirámides?"?
4. El amigo no dice "Creo que sí". ¿Qué dice?
5. ¿Dice el joven "Habrá una fiesta" o "Se dice que habrá una fiesta"?
6. El amigo no dice "¿Sabes qué clase de fiesta?" ¿Qué dice?
7. El joven no dice "Creo que será brillante". ¿Qué dice?
8. ¿Dice el amigo "La pirámide no fue construida" o "Las pirámides no fueron construidas"?
9. ¿Dice el joven "¿Quién las construyó?" o "¿Por quién fueron construidas?"?
10. ¿Dice el amigo "Supongo que fueron construidas" o "Se supone que fueron construidas"?
11. El joven no dice "Los muchachos van también". ¿Qué dice?
12. ¿Dice el amigo "Sí, voy" o "¡Claro que voy!"?

**(b)**  Hable usted con frases completas:

1. Repita usted "¿Qué tal, amiga?", "¿Qué tal, amigas?"
2. Salude usted a una amiga.
3. Salude usted a varias (*several*) amigas.
4. Repita usted "Me alegro de verte", "Me alegro de verlas".
5. Dígale a una amiga que usted se alegra de verla.
6. Dígales a varias amigas que se alegra de verlas.
7. Repita usted "¿Quieres ir?", "¿Quieren ustedes ir?"
8. Pregúntele a una amiga si quiere ir a la fiesta.
9. Pregúnteles a varias amigas si quieren ir a la fiesta.
10. Repita usted "¿Has estado?", "¿Ha estado usted?"
11. Pregúntele a su amiga si ha estado en las pirámides.
12. Pregúntele a una señorita si ha estado en las pirámides.
13. Repita usted "¿Se sabe?"
14. Pregúntele a un amigo si se sabe si habrá fiesta.
15. Pregúntele si se sabe si será brillante.
16. Pregúntele si van también las muchachas.
17. Dígale enfáticamente (*emphatically*) que usted va.

# C. LOS NÚMEROS ORDINALES

NOTE: Spanish ordinal numerals can be placed before or after the nouns they modify, but the ordinals **primero** and **tercero** drop the final **-o** when they are in the masculine singular and placed before their nouns. For example: Ésta es la **primera** lección, or Ésta es la lección **primera**; Éste es el capítulo **primero**, but Éste es el **primer** capítulo. In Spanish, ordinals are not commonly used after **décimo** (*tenth*). For example: Tenemos la lección **décima**, no la lección **doce**. Of course you can also say Tenemos la lección **uno** la lección **dos**, etc., instead of la **primera** lección, etc.

**(a)** Estudie usted los números ordinales en la tabla siguiente y en el ¶11 del APÉNDICE.

| | | | |
|---|---|---|---|
| primer(o) | *first* | sexto | *sixth* |
| segundo | *second* | séptimo | *seventh* |
| tercer(o) | *third* | octavo | *eighth* |
| cuarto | *fourth* | noveno | *ninth* |
| quinto | *fifth* | décimo | *tenth* |

**(b)** Repita las frases usando números ordinales según los ejemplos:

**1.** Ejemplo:   Vivimos en el piso número dos.
Vivimos en el segundo piso.

1. Estaban en el piso número tres.
2. Su habitación está en el piso número cuatro.
3. Viven en el piso número cinco.
4. Se sentó en la silla número seis.
5. Su amigo se sentó en la silla número siete.
6. Entraron en la casa número ocho.
7. La casa número nueve estaba cerrada.
8. Vive en la casa número uno de la calle número diez.

**2.** Ejemplo:   Alfonso X es conocido como "El Sabio" ("*The Learned*").
Alfonso Décimo es conocido como "El Sabio".

1. Pedro I es conocido como "El Cruel".
2. Isabel I fue hija de Juan II de Castilla.

3. Fernando II de Aragón se casó con Isabel I.
4. Felipe II fue hijo del emperador Carlos V.
5. Fernando VII fue hijo de Carlos IV.
6. Enrique VIII de Inglaterra se casó con la hija de Fernando e Isabel.


# D. LAS DECENAS Y LAS CENTENAS
## *Tens and Hundreds*


**(a)** Estudie usted los números en la lección tres y en el ¶10 del APÉNDICE.

**(b)** Conteste usted las preguntas siguientes según los ejemplos:

**I.** Ejemplo:　—¿Cuántos son dos por (*times*) diez?
　　　　　　　—Dos por diez son veinte.

1. —¿Cuántos son dos por seis?
2. —¿Cuántos son dos por doce?
3. —¿Cuántos son tres por diez?
4. —¿Cuántos son dos por diez y ocho?
5. —¿Cuántos son cuatro por diez?
6. —¿Cuántos son cinco por diez?
7. —¿Cuántos son cuatro por veinte?
8. —¿Cuántos son dos por cincuenta?

**2.** Ejemplo:　—¿Cuántos son cincuenta más (*plus*) ciento (*or* cien *in the popular language*)?
　　　　　　　—Cincuenta más ciento (*or* cien) son ciento cincuenta.

1. —¿Cuántos son ochenta más ciento (*or* cien)?
2. —¿Cuántos son ciento (*or* cien) más noventa y cinco?
3. —¿Cuántos son ciento más ciento (*or* cien más cien)?
4. —¿Cuántos son ciento cincuenta más ciento cincuenta?
5. —¿Cuántos son doscientos más doscientos?
6. —¿Cuántos son trescientos más cuatrocientos?
7. —¿Cuántos son doscientos más ochocientos?
8. —¿Cuántos son mil más ciento cinco?

# E.   LA VOZ PASIVA

The passive voice is composed of the appropriate form of **ser** and the past participle of a verb. The past participle has the same gender and number as the subject of **ser**.

**(a)**   Cambie usted la voz pasiva a la voz activa según los ejemplos:

**I.**   Ejemplo:   Este paseo es preferido por los turistas.
                    Los turistas prefieren este paseo.

   1. Este restaurante es preferido por los turistas.
   2. Este hotel es preferido por mis amigos.
   3. Este mercado es preferido por Antonia.
   4. Este museo es preferido por los turistas.
   5. Este café es preferido por las muchachas.

**2.**   Ejemplos:   Estas cosas serán explicadas por el guía (*guide*).
                     El guía explicará estas cosas.
                     La pirámide fue construida por los toltecas.
                     Los toltecas construyeron la pirámide.

   1. El coche fue manejado por el chofer.
   2. La casa fue comprada por el doctor.
   3. El salón fue limpiado por la criada.
   4. Las cestas son hechas por los indios.
   5. El hotel será vendido por el dueño.
   6. Las mesas han sido puestas por los meseros.
   7. Las llantas siempre eran infladas por el empleado.
   8. Los amigos fueron llevados al aeropuerto por Carlos.
   9. Los aperitivos serán traídos por el otro mesero.
   10. El tanque es llenado todos los días por el chofer.

**(b)**   Cambie usted de la voz activa a la voz pasiva según los ejemplos:

**I.**   Ejemplos:   Mi hermano escribirá la carta.
                     La carta será escrita por mi hermano.
                     Pablo nos ha invitado a almorzar.
                     Hemos sido invitados por Pablo a almorzar.

   1. El chofer trae el coche a las ocho.

2. El dependiente vendió las sortijas. (*rings*)
3. El guía ha explicado muchas cosas.
4. Mi padre venderá nuestra casa.
5. Los meseros comerán las fresas.
6. El empleado ha abierto el café.
7. Comprábamos flores en el mercado.
8. Los amigos dejaron el recado.

**2.** Ejemplos:   Los indios hacen las cestas.
Las cestas son hechas por los indios.
Los españoles destruyeron el templo.
El templo fue destruido por los españoles.

I. La criada pone la mesa.
2. El mesero trae los aperitivos.
3. El muchacho guarda el coche.
4. El guía explicó muchas cosas.
5. Los toltecas construyeron las pirámides.
6. El dependiente llenará el tanque.
7. Paquita ha invitado a Ana.
8. Carlos ya había comprado las flores.
9. Los turistas sacaron muchas fotos.
10. Antonia servirá la comida.

## F. EL PARTICIPIO PASADO CON "ESTAR"

The "apparent" or "false" passive, which states the condition resulting from an action and not the action itself, is expressed in Spanish by **estar** (not **ser**) and the past participle, as in El banco **estaba abierto** (The bank *was open*).

**(a)** Repase usted los participios irregulares en la Lección 13 y cambie las frases siguientes según el ejemplo:

Ejemplo:   Me dicen que las cestas están vendidas.
Me dijeron que las cestas estaban vendidas.

I. Me dicen que el recado está escrito.
2. Me dicen que las enchiladas están hechas.

3. Me informan que los bancos están abiertos.
4. Me informan que el dinero está devuelto.
5. La criada dice que la mesa está puesta.
6. Antonia dice que el perro (*dog*) está muerto.

## G.  LA VOZ PASIVA CON "SE"

When the agent of an action is not expressed in a passive construction, it is customary in Spanish to use **se** with the active form of the verb instead of **ser** with the past participle. This form of the passive voice is the most common way of expressing the impersonal passive. For example: **Se necesita** dependiente (Clerk *wanted*); **Se hablan** español e inglés (Spanish and English *spoken*). The **se** in these cases is not a reflexive pronoun but a sign of the passive voice.

**(a)**  Cambie usted las frases según el ejemplo:

Ejemplo:   ¿Cómo se dice eso en inglés?
                 Pregunté cómo se decía eso en inglés.

1. ¿Cómo se dice esto en español?
2. ¿En qué hotel se habla español?
3. ¿A qué precio se vende esta cesta?
4. ¿A qué hora se cierra el restaurante?
5. ¿A qué hora se espera el avión?

**(b)**  Cambie usted las frases al plural según el ejemplo:

Ejemplo:   ¿Dónde se vende ese brazalete?
                 ¿Dónde se venden esos brazaletes?

1. ¿Dónde se vende ese sarape?
2. ¿Dónde se sirve esa comida?
3. ¿Dónde se tiene esa costumbre?
4. ¿Dónde se pide ese permiso (*permit*)?
5. ¿Dónde se hace esa cesta?
6. ¿Dónde se paga la comida?

(c) Cambie usted las frases a la voz pasiva con **se** y luego a la voz pasiva con **ser** y el participio pasado según el ejemplo:

Ejemplo:   Está cerrada la casa.
Se cerró ayer. Fue cerrada por Antonio.

1. Está escrita la carta.
2. Están vendidas las cestas.
3. Está comprado el coche.
4. Está hecho el trabajo (*work*).
5. Todo está arreglado.
6. Las llantas están infladas.

## H.   DIÁLOGO

## *Fueron construidas por los indios*

*Carlos y Pablo están platicando con un guía al pie de la Pirámide del Sol en San Juan Teotihuacán. No se ven las muchachas, porque ambas están en el museo arqueológico.*

GUÍA: Como yo les decía, señores, esta pirámide es más grande que las de Egipto.

CARLOS: Pero es menos alta, ¿verdad?

PABLO: Es verdad que no es tan alta.

GUÍA: Fue construida como base de un templo dedicado al culto del sol.

CARLOS: El templo fue destruido por los españoles, ¿verdad?

PABLO: Sí, para hacer más fácil la conversión al cristianismo de las razas indias.

CARLOS: ¿Se sabe cuándo y por quién fueron construidas todas estas pirámides, avenidas y plazas?

PABLO: No se sabe con exactitud. Se cree que ya estaban construidas cuando llegaron los toltecas.

GUÍA: Fueron construidas probablemente en el siglo sexto antes de Jesucristo.

CARLOS: ¿De modo que estamos a la sombra de veinte y cinco siglos?

GUÍA: Uno se siente muy joven en presencia de tanta antigüedad.

PABLO: Oye, Carlos, vamos a subir a lo más alto.

CARLOS: No. No podré respirar si subo allí.

PABLO: Ya debes de estar acostumbrado a la altura.

CARLOS: Pues no lo estoy todavía. Apenas puedo subir la escalera al segundo piso de mi casa.

PABLO: Allá arriba podríamos sacar buenas fotografías de toda esta zona arqueológica.

### They Were Built by the Indians

*Charles and Paul are chatting with a guide at the foot of the Pyramid of the Sun in San Juan Teotihuacan. The girls are not seen, because both are in the archeological museum.*

GUIDE: As I was saying, gentlemen, this pyramid is larger than those in Egypt.

CHARLES: But it's less tall, isn't it?

PAUL: It's true that it is not so tall.

GUIDE: It was built for the base of a temple dedicated to the worship of the sun.

CHARLES: The temple was destroyed by the Spaniards, wasn't it?

PAUL: Yes, in order to make easier the conversion to Christianity of the Indian races.

CHARLES: Is it known when and by whom all these pyramids, avenues, and squares were built?

PAUL: It is not known exactly. It is believed that they were already built when the Toltecs arrived.

GUIDE: They were built probably in the sixth century B.C.

CHARLES: So we are in the shadow of twenty-five centuries?

GUIDE: One feels very young in the presence of such antiquity.

PAUL: Listen, Charles, let's climb up to the top.

CHARLES: No. I won't be able to breathe if I go up there.

PAUL: You ought to be accustomed to the altitude by now.

CHARLES: Well, I'm not yet. I can hardly climb the stairs to the second floor of my house.

PAUL: Up there we would be able to take good photographs of all this archeological zone.

## I. CUESTIONARIO

### Conteste usted en español con frases completas:

1. ¿Dónde platicaban los dos amigos con el guía?   2. ¿Dónde estaban las muchachas?   3. ¿Con qué pirámides comparó el guía la Pirámide del Sol? 4. ¿Para qué fue construida la pirámide mexicana?   5. ¿Por quiénes fue destruido el templo?   6. ¿Para qué fue destruido el templo?   7. ¿Cuándo fue construida la Pirámide del Sol, más o menos?   8. ¿Adónde quiere subir Pablo?   9. ¿Por qué no quiere subir Carlos?   10. ¿De qué lugar podrían sacar fotografías?

## J. TRADUCCIÓN

Traduzca usted al español:

Charles and Paul were chatting with a guide. Anne and Fran were in the archeological museum. The guide said to the young men that the Pyramid of the Sun was larger than the largest pyramid of Egypt, but that it was not so tall. "When were the Mexican pyramids built?" Charles asked. "They were built probably in the sixth century before Christ," the guide answered him. Paul asked Charles if he wanted to climb to the top. But Charles said to him that he was not used to the altitude. Then they decided to take some refreshments.

# Lección 20

*Repaso cuarto*

## A. LECTURA

Cuando estaban en el restaurante, Carlos le preguntó a Ana si estaba enferma. Ella contestó que no, que tenía frío, y que lo había tenido durante todo el viaje de vuelta. Paquita dijo que lo sentía mucho. En Toluca hace frío porque es una ciudad muy alta. "Puedes tomar una taza de té para calentarte", le dijo Pablo a Ana. "Lo haré", contestó ella y pidió una taza de té caliente. Paquita también pidió té y unas galletas. Carlos y Pablo pidieron café con leche (*milk*).

Al día siguiente Ana fue invitada a comer por Paquita. Cuando Ana llegó a la casa de Paquita, ésta le dijo que se alegraba de verla; y Ana le dijo que estaba muy agradecida por la invitación. El papá, que era médico, llegó un poco tarde. Paquita lo presentó a su amiga. Ese día sólo estaban en la casa Paquita, su papá y su abuelita. La mamá había ido a pasar unos días con su hermana, y los gemelos estaban en Cuernavaca visitando a un compañero.

Poco después Antonia dijo que el almuerzo estaba servido. Cuando estaban a la mesa, el doctor le preguntó a Ana qué le parecía México. Ella le contestó

que le parecía más interesante de lo que se había imaginado. El doctor y
Paquita se alegraron de la compañía de Ana porque no estaban en casa ni la
esposa ni los gemelos.

Al día siguiente los cuatro jóvenes fueron a San Juan Teotihuacán. Las
muchachas fueron al museo arqueológico, y los muchachos fueron al pie de
la Pirámide del Sol. Un guía les explicó que la base de esa pirámide era más
grande que la de la pirámide principal de Egipto; pero que no era tan alta.
También les dijo que esas pirámides mexicanas fueron construidas probablemente en el siglo sexto antes de Cristo. Después subieron a lo más alto para
sacar fotografías de la zona arqueológica.

## B.  PRÁCTICA DE EXPRESIONES

Substituya usted las palabras subrayadas según se indica, y si es necesario
hacer otros cambios en las expresiones, hágalos.

**(a)**  1. ¡Qué tiempo tan malo!, ¿verdad?  (días)
    2. ¿Cómo es la primavera aquí?  (*autumn and winter*)
    3. ¿Qué tiene Ana? ¿Está enferma?  (*you and Anne*)
    4. [Yo] tenía frío durante el viaje de vuelta.  (*have been cold*)
    5. Te calentarás con una taza de té.  (*got warm*)
    6. Con la lluvia hace bastante frío aquí.  (*has been cold*)

**(b)**  1. Entra. [Yo] me alegro de verte.  (*Fran and I*)
    2. Sólo están en casa mamá y abuelita.  (*were*)
    3. Es un placer verte con nosotros.  (*has been*)
    4. Me gustaría conocer a tu familia.  (*we would like*)
    5. Ella dijo que estaría de regreso en quince días.  (*the twins*)
    6. Ayer [tú] me dijiste que tenías dos hermanas.  (*you and Fran*)

**(c)**  1. [Yo] estuve con tu hermana en el cine.  (*Fran and I*)
    2. Ella es más alegre de lo que yo creía.  (*you and your sister*).
    3. Quería presentarte a mi hermana mayor.  (*I want*)
    4. ¿Qué tendrá papá que no viene?  (*the twins*)
    5. ¿Papá, por qué tardaste tanto?  (*friends*)
    6. Voy a ayudar a abuelita a bajar la escalera.  (*I went*)

**(d)**  l. Las pirámides no fueron construidas por los aztecas.  (*pyramid*)

  2. ¡Claro que [yo] voy!  (*my sweetheart and I*)

  3. Fue construida como base de un templo.  (*has been*)

  4. El templo fue destruido por los españoles.  (*temples*)

  5. Uno se siente muy joven aquí.  (*you and your friend*)

  6. Apenas puedo subir la escalera.  (*used to be able*)


## C.  POSESIVOS

**(a)**  Repase usted los posesivos en la Lección 16 y el ¶23 del APÉNDICE.

**(b)**  Cambie las frases siguientes según los ejemplos:

 **l.**  Ejemplo:   El té que bebes es mío.
                    El té que bebiste era mío.

  1. El café que bebes es mío.
  2. Los refrescos que te doy son tuyos.
  3. El saco que te presto es mío.
  4. Los sarapes que ves son nuestros.
  5. Las galletas que comes son tuyas.

 **2.**  Ejemplo:   Anita tenía tu rebozo.
                    Anita tenía el tuyo.

  1. Paquita quería mi saco.
  2. El muchacho llevó mis cestas.
  3. El mesero ya trajo tus galletas.
  4. Señorita, aquí están sus brazaletes.
  5. Mesero, ¿trajo usted nuestras galletas?
  6. Señores, ¿les guardo su coche?

 **3.**  Ejemplo:   Señores, el taxi que llegó es el suyo.
                    Señores, el taxi que llegó es el de ustedes.

  1. Señorita, el té que traje es el suyo.
  2. Señoritas, el coche que está allá es el suyo.
  3. Señoras, las galletas que puse aquí son las suyas.
  4. Señorita, las cestas pequeñas son las suyas.
  5. Amigos, las tazas grandes son las suyas.

## D.  DEMOSTRATIVOS

**(a)**  Repase usted los demostrativos en la Lección 16 y en el ¶22 del Apéndice.

**(b)**  Cambie usted las frases siguientes al plural según los ejemplos:

**1.**  Ejemplo:   Este brazalete es el mío. Aquél es el tuyo.
                   Estos brazaletes son los míos. Aquéllos son los tuyos.

   1. Este rebozo es el mío. Aquél es el tuyo.
   2. Este saco es el mío. Aquél es el tuyo.
   3. Esta cesta es la mía. Aquélla es la tuya.
   4. Esta taza es la mía. Aquella es la tuya.

**2.**  Ejemplo:   Ese refresco que tomaste es el mío.
                   Esos refrescos que tomaste son los míos.

   1. Ese vaso de jerez que tomaste es el mío.
   2. Esa cucharita que tomaste es la mía.
   3. Esa taza de té que tomaste es la mía.
   4. Ese asiento que tomaste es el mío.

## E.  MODISMOS CON "HACER", "TENER" Y "ACABAR"

Cambie usted las frases siguientes según los ejemplos:

**1.**  Ejemplo:   Hoy hace mucho calor. (ayer)
                   Ayer hizo mucho calor.

   1. Hoy hace mucho frío.  (ayer)
   2. Hoy hace mucho viento.  (ayer)
   3. Hoy hace buen tiempo.  (mañana)
   4. Hoy hace mal tiempo.  (mañana)
   5. Hoy no hace tanto calor.  (anoche)

**2.**  Ejemplo:   Ana dice que ella tiene frío.
                   Ana dijo que tenía frío.

   1. Paquita dice que tiene calor.
   2. Ustedes indican que tienen hambre.

3. Cristina escribe que tiene diez y ocho años.
4. Decimos que tenemos mucho sueño.
5. Carlos explica que tiene que partir.
6. Anuncian que el avión acaba de llegar.
7. Pablo dice que Luis acaba de salir.

## F.   EL TIEMPO CONDICIONAL

**(a)**   Repase usted el condicional (APÉNDICE, ¶32; la Lección 17).

**(b)**   Cambie usted las frases según los ejemplos:

**1.**   Ejemplo:   Pablo dice que le dará el recado.
                        Pablo dijo que le daría el recado.

   1. Anita dice que pondrá la mesa.
   2. Los gemelos dicen que vendrán mañana.
   3. El cuñado dice que saldrá para Monterrey.
   4. Carlos promete que pronto sabrá manejar.
   5. Antonia dice que hará el té.

**2.**   Ejemplo:   Estudiaré contigo si vienes.
                        Habría estudiado contigo, pero no viniste.

   1. Practicaré contigo si vienes.
   2. Me pasearé contigo si vienes.
   3. Charlaré contigo si vienes.
   4. Bailaré contigo si vienes.
   5. Iré al cine contigo si vienes.

**3.**   Ejemplo:   Paquita no ha venido. Estará (*probably is*) enferma.
                        Paquita no vino. Estaría (*probably was*) enferma.

   1. Pablo no ha llegado. Estará enfermo.
   2. El doctor no ha llegado. Estará ocupado.
   3. Anita ha tomado té. Tendrá frío.
   4. Mi amiga no ha escrito. No tendrá tiempo.
   5. Carlos no ha comido. No tendrá hambre.

# G.  EL GRADO COMPARATIVO

**(a)**  Repase usted el grado comparativo en la Lección 18 y en el ¶21 del APÉNDICE.

**(b)**  Cambie usted las frases siguientes según los ejemplos:

**1.**  Ejemplo:   Dicen que Paquita es tan guapa como Antonia.
               Pues yo creo que Paquita es más guapa.

    1.  Dicen que Anita es tan rica como Paquita.
    2.  Dicen que Lola es tan amable como María.
    3.  Dicen que el cuñado es tan simpático como el doctor.
    4.  Dicen que Toluca es tan grande como Puebla.
    5.  Dicen que el español es tan fácil como el inglés.

**2.**  Ejemplo:   No tienes muchos amigos.
               Tengo más de los que crees.

    1.  No tienes muchos primos.
    2.  No tienes muchos compañeros.
    3.  No tienes muchos empleados.
    4.  No tienes muchas cestas.
    5.  No tienes muchas lecciones.

**3.**  Ejemplo:   Pablo tiene más años (*is older*) que Carlos.
               Pablo es mayor que Carlos.

    1.  Pablo tiene menos años que el guía.
    2.  Toluca es más grande que Xochimilco.
    3.  Puebla es más pequeña que Monterrey.
    4.  Esta cesta es más buena que aquélla.
    5.  Aquel taxi es más malo que éste.
    6.  Antonia tiene más años que Francisca.

## H.   EL GRADO SUPERLATIVO

**(a)**   Estudie el superlativo (Apéndice, ¶21 ; la Lección 18).

**(b)**   Cambie usted según el ejemplo:

Ejemplo:   ¿Es muy guapa Paquita?
                  Sí, es la más guapa de su familia.

  1. ¿Es muy galante Pablo?
  2. ¿Es muy amable Anita?
  3. ¿Es muy cortés el doctor?
  4. ¿Es muy anciana la abuelita?
  5. ¿Son muy simpáticos los gemelos?

**(c)**   Conteste usted según el ejemplo:

Ejemplo:   ¿Qué tan guapa (*how good-looking*) es Anita?
                  Anita is guapísima.

  1. ¿Qué tan barato es ese brazalete?
  2. ¿Qué tan caro es aquel coche?
  3. ¿Qué tan alta es Toluca?
  4. ¿Qué tan rápidos son esos aviones?
  5. ¿Qué tan pobres son estos muchachos?

## I.   LA VOZ PASIVA

**(a)**   Repase usted la voz pasiva en la Lección 19. Cambie usted según los ejemplos:

Ejemplo:   Los toltecas construyeron la pirámide.
                  La pirámide fue construida por los toltecas.
  1. Mi cuñado construyó aquel hotel.
  2. Paquita presentó al doctor.
  3. Los gemelos aman a la abuelita.
  4. Pablo ha invitado a las primas.
  5. Mis tíos enviaron estas cestas.

**(b)**   Repase usted la voz pasiva con **se** en la Lección 19.

**(c)**   Cambie las frases de la forma activa a la forma pasiva según los ejemplos:

Ejemplos:   Aquí hablan (*they speak*) inglés.
            Aquí se habla (*is spoken*) inglés.
            Aquí hacen (*they make*) buenos helados.
            Aquí se hacen (*are made*) buenos helados.

  1. Aquí hablan español.
  2. Aquí enseñan a bailar.
  3. Aquí creen que somos ricos.
  4. Aquí sirven buenas comidas.
  5. Aquí cambian cheques de viajero (*travelers' checks*).


# J.  LOS DÍAS Y LAS ESTACIONES

**(a)**   Repase usted las estaciones en la Lección 16, y los días y los adverbios de tiempo en la Lección 18 y en el ¶8 del APÉNDICE.

**(b)**   Conteste usted con frases completas:

  1. ¿Qué día es hoy?
  2. ¿Qué día fue ayer?
  3. ¿Qué día fue anteayer?
  4. ¿Qué día será mañana?
  5. ¿Qué día será pasado mañana?

**(c)**   Conteste usted con frases completas:

  1. ¿Cómo se llama la estación del frío?
  2. ¿Cómo se llama la estación del calor?
  3. ¿Cómo se llama la estación de las flores?
  4. ¿En cuál estación celebramos el Día de Gracias?
  5. ¿En cuál estación celebramos el Año Nuevo?

## K.  LOS NÚMEROS

**(a)**  Repase usted las decenas, las centenas y los números ordinales en la Lección 19 y en el Apéndice (¶¶10 y 11).

**(b)**  Lea en voz alta (*Read aloud*) las frases siguientes según los ejemplos:

**1.** Ejemplo:  30 menos 10 son 20.
> Treinta menos diez son veinte.

1. 100 menos 10 son 90.
2. 80 menos 10 son 70.
3. 60 menos 10 son 50.
4. 70 menos 30 son 40.
5. 50 menos 20 son 30.
6. 100 por (*times*) 2 son 200.
7. 300 por 2 son 600.
8. 400 por 2 son 800.
9. 300 por 3 son 900.
10. 450 por 3 son 1350.

**2.** Ejemplo:  Carlos V fue emperador.
> Carlos Quinto fue emperador.

1. Felipe II sucedió (*succeeded*) a Carlos V.
2. Felipe II vivió en le siglo XVI.
3. Felipe IV fue un rey malo.
4. Felipe V nació en Versalles.
5. Alfonso XIII fue el último rey de España.

## L.  TRADUCCIÓN

**Traduzca usted al español:**

The four friends were returning to Mexico City from Toluca. They saw a restaurant and decided to go in (to enter). The two young ladies ordered (**pidieron**) cookies and hot tea because they were cold. The young men were thirsty, and ordered soft drinks (**refrescos**). They chatted about Toluca, the market, the baskets that the Indians make, and the many people that gather (**se reúne**) there on Fridays.

Next day Anne went to (**a**) visit Fran. The latter was glad to see her and invited her to (**a**) eat lunch (**almorzar**). Anne wanted to meet Fran's family, but she was able to meet only her father and her grandmother. The others were not at home.

One afternoon Paul asked Charles if he would like to see the pyramids of Teotihuacán. Charles said yes (**dijo que sí**), for (**pues**) he had heard (**había oído decir**) a great deal (**mucho**) about them. Since (**Como**) Charles had a friend's car, they invited Anne and Fran to (**a**) go with them next morning. They accepted with pleasure.

They liked the archaeological zone very much, especially (**especialmente**) the Pyramid of the Sun, whose (**cuya**) base is bigger than that of (**la de**) the main pyramid of Egypt. They ate lunch (they lunched) at the restaurant that is near the pyramids, and returned to Mexico City.

# ⚡ Lección 21

## A. DIÁLOGO PRELIMINAR

EL JOVEN: ¡Qué larga es esta avenida!

THE YOUNG MAN: *How long this avenue is!*

LA AMIGA: Sí, atraviesa toda la ciudad.

THE FRIEND: *Yes, it crosses the entire city.*

EL JOVEN: ¿Dices que quieres ir a esa famosa iglesia?

THE YOUNG MAN: *Do you say that you want to go to that famous church?*

LA AMIGA: Si puedes; si no, podemos ir otro día.

THE FRIEND: *If you can; otherwise, we can go some other day.*

EL JOVEN: Sí puedo, pero no entiendo por qué hay tanto tráfico.

THE YOUNG MAN: *I can, but I don't understand why there is so much traffic.*

LA AMIGA: ¿Por qué no sigues otra calle?

THE FRIEND: *Why don't you take (follow) another street?*

EL JOVEN: No sé si se puede ir por otra.

THE YOUNG MAN: *I don't know if you can go by another.*

LA AMIGA: ¿Por qué no pides informes?

THE FRIEND: *Why don't you ask for information?*

EL JOVEN: Bueno, pero se hace tarde.

THE YOUNG MAN: *All right, but it's getting late.*

LA AMIGA: ¡Es verdad! Y almuerzo a la una.

THE FRIEND: *So it is! And I eat lunch at one.*

EL JOVEN: ¿De veras? En casa almorzamos a las dos.

THE YOUNG MAN: *Really? At home we eat lunch at two.*

LA AMIGA: Prefiero ir después de almorzar. ¿Cuento contigo?

THE FRIEND: *I prefer to go after lunch. Can I count on you?*

EL JOVEN: ¡Claro! Vuelvo por ti como a las cuatro.

THE YOUNG MAN: *Of course! I'll come back for you at about four.*

## B. PRÁCTICA

(a)  Conteste usted con frases completas:

1. ¿Qué dice el joven de (*about*) la avenida?
2. La amiga no dice solamente "Sí". ¿Qué dice?
3. ¿Pregunta el joven "¿Dice usted que quiere ir?" o "¿Dices que quieres ir?"?
4. ¿Adónde quiere ir la amiga?
5. ¿Dice la amiga "Si es posible", o "Si puedes"?
6. ¿Cuándo pueden ir si no pueden ir esta vez?
7. ¿Dice el joven "Puedo" o "Sí, puedo"?
8. ¿Qué es lo que (*what*) el joven no entiende?
9. ¿Dice la amiga "Sigue otra calle" o "¿Por qué no sigues otra calle?"?
10. Repita usted "No sabe".
11. ¿Por qué no sigue el joven otra calle?
12. La amiga le aconseja (*advises*) pedir informes. ¿Qué dice?
13. ¿A qué hora almuerza la amiga?
14. ¿A qué hora almuerzan en casa del joven?
15. ¿Como a qué hora vuelve por ella el joven?

(b)  Hable usted con frases completas:

1. Repita usted esta exclamación "¡Qué larga es esta avenida!".
2. Exclame usted (*Exclaim*) que la avenida es bonita.
3. Exclame usted que su amiga es guapa.
4. Pregúntele a su amigo si la avenida atraviesa la ciudad.
5. Repita usted "Dices que quieres ir", "Dice usted que quiere ir".
6. Pregúntele a su amiga si dice que quiere ir a la iglesia.
7. Pregúntele a una señorita si dice que quiere ir a la iglesia.
8. Repita usted "Quiero ir si tú puedes", "Quiero ir si ustedes pueden".
9. Dígale a su amigo que usted quiere ir si él puede ir también.
10. Dígales a sus amigos que usted quiere ir si ellos pueden ir también.
11. Repita usted "¿Entiendes por qué?"
12. Pregúntele a su amigo si entiende por qué hay tanto tráfico.
13. Pregúnteles a sus amigos por qué no piden informes.
14. Dígale a su amigo que usted almuerza a las doce.

15. Pregúntele a su amigo a qué hora almuerza.
16. Dígale a su amigo que usted prefiere ir después.
17. Repita usted "contar contigo".
18. Pregúntele a su amigo si usted puede contar con él.


## C.  CAMBIOS DE LA RAÍZ
*Radical Changes*


I. A number of Spanish verbs change **-e-** and **-o-** of the stem to **-ie-** and **-ue-**, respectively, when the stem is stressed. This change occurs only in the present tense.

| QUERER | PODER |
|---|---|
| quiero | puedo |
| quieres | puedes |
| quiere | puede |
| queremos | podemos |
| queréis | podéis |
| quieren | pueden |

**(a)** Repita usted haciendo los cambios necesarios:

**1.** Ejemplo:   Quiero hacerlo, pero no puedo.
          [nosotros] Queremos hacerlo, pero no podemos.

  1. él   2. [tú]   3. usted   4. [vosotros]   5. ellos

**2.** Ejemplo:   Te acuestas (*go to bed*) temprano y te despiertas (*wake up*) tarde.
          [vosotros] Os acostáis temprano y os despertáis tarde.

  1. [yo]   2. ustedes   3. ella   4. [nosotros]   5. ellos

**3.** Ejemplo:   ¿Atravesamos ahora, o volvemos después?
          (ellos) ¿Atraviesan ellos ahora, o vuelven después?

  1. [tú]   2. [yo]   3. usted   4. ellas   5. [vosotros]

**(b)** Cambie usted las frases del singular al plural:

Ejemplos:  Me acuerdo de eso.
Nos acordamos de eso.
¿Entiendes la lección?
¿Entendéis las lecciones?

1. Vuelvo a tiempo.
2. Atravieso la calle aquí.
3. ¿Recomiendas al criado?
4. Me despierto temprano.
5. ¿Cuánto cuesta la habitación?
6. Almuerzo en casa.
7. Me siento (*sit down*) en este asiento.
8. Se acuesta tarde.
9. ¿Te acuestas temprano?
10. ¿Cuándo vuelve el mesero?

**(c)** Conteste usted según los ejemplos:

Ejemplos:  ¿Calientan ustedes el té?
Sí, lo calentamos.
¿Te despiertas temprano?
Sí, me despierto temprano.

1. ¿Quieres la lista?
2. ¿Pueden ustedes hacerlo?
3. ¿Atraviesa usted la avenida?
4. ¿Atraviesan ustedes el paseo?
5. ¿Almuerza Ana en el hotel?
6. ¿Recomiendan ustedes el restaurante?
7. ¿Te acuerdas (*remember*) de ella?
8. ¿Te acuerdas de mí?
9. ¿Tienen ustedes dinero?
10. ¿Os sentáis aquí?

II. A number of **–ir** verbs that change the **–e–** of the stem to **–ie–** when the stem is stressed also change the **–e–** to **–i–** in the present participle, the third person singular and plural of the preterit, and in certain forms of the subjunctive. (See Lesson 22 and ¶ 37 of the APPENDIX for the subjunctive forms.) The verbs **dormir** and **morir** which change the **–o–** to **–ue–** when the stem is stressed, change **–o–** to **–u–** in the same situations where **–e–** changes to **–i–** in the **–e–** stem verbs.

INFINITIVE: SENTIR DORMIR

PRES. PART.: sintiendo durmiendo

| Present Indicative | | Preterit | |
|---|---|---|---|
| siento | duermo | sentí | dormí |
| sientes | duermes | sentiste | dormiste |
| siente | duerme | sintió | durmió |
| sentimos | dormimos | sentimos | dormimos |
| sentís | dormís | sentisteis | dormisteis |
| sienten | duermen | sintieron | durmieron |

**(d)** Conteste usted según los ejemplos:

Ejemplos: ¿Durmió usted mucho?
Sí, dormí mucho.
¿Se divirtieron ustedes anoche?
Sí, nos divertimos anoche.

1. ¿Sintió usted el frío?
2. ¿Durmieron ustedes en la clase?
3. ¿Sugirió (*suggest*) usted un buen vino?
4. ¿Se refirieron (*refer*) ustedes a Ana?
5. Casi murieron ustedes de susto, ¿verdad?
6. ¿Te divertiste en el baile?
7. ¿Prefirieron ustedes el coche?
8. ¿Se durmió usted a las ocho?

**(e)** Cambie usted del tiempo presente al pretérito:

Ejemplos: Me acuerdo de ellos.
Me acordé de ellos.
Ella siente el frío.
Ella sintió el frío.

1. Prefieren la comida mexicana.
2. Se mueren de hambre.
3. No cuesta mucho.
4. Duermen ocho horas.
5. Vuelven hoy.
6. Me divierto mucho.

7. ¿Te diviertes mucho?
8. ¿Se divierte usted mucho?
9. Se siente enfermo.
10. Se acuestan tarde.

III. Some **-ir** verbs change the **-e-** of the stem to **-i-** when the stem is stressed and in the present participle, the third person singular and plural of the preterit, and in certain forms of the subjunctive. (See Lesson 22 and ¶37 of the Appendix for the subjunctive forms.)

```
          INFINITIVE: PEDIR

    PRES. PART.: pidiendo

    Present        Preterit
    Indicative
    pido           pedí
    pides          pediste
    pide           pidió
    pedimos        pedimos
    pedís          pedisteis
    piden          pidieron
```

**(f)** Repita usted, haciendo los cambios necesarios:

**1.** Ejemplo:   Sirvo café con el postre.
            [nosotros] Servimos café con el postre.

   1. ella   2. ustedes   3. Carlos   4. [vosotros]   5. [¿tú?]

**2.** Ejemplo:   ¿Cuánto pides por la cesta?
            (Ana) ¿Cuánto pide Ana por la cesta?

   1. ellos   2. ustedes   3. [vosotros]   4. [nosotros]   5. ella

**3.** Ejemplo:   Sigo vistiéndome.
            [nosotros] Seguimos vistiéndonos.

   1. [tú]   2. ellos   3. usted   4. ella   5. [vosotros]

**(g)** Conteste usted según el ejemplo:

   Ejemplo:   ¿Repiten ustedes las frases?
            No, no las repetimos.

   1. ¿Sirven ustedes platos mexicanos?

2. ¿Piden ustedes aperitivos?
3. ¿Siguen ustedes la avenida?
4. ¿Visten ustedes a los niños?
5. ¿Despiden (*dismiss*) ustedes a los criados?

# D. DIÁLOGO

PAQUITA: Ya estamos otra vez en la Avenida de los Insurgentes.

ANA: ¿Es la misma que atraviesa el Paseo de la Reforma cerca del hotel?

PAQUITA: La misma. Es una de las avenidas más largas del mundo.

PABLO: Siguiéndola, se atraviesa la ciudad entera.

ANA: ¿De quién es la estatua en aquella glorieta?

PABLO: De Cuauhtémoc, el último cacique o emperador de los aztecas.

ANA: Ahora me acuerdo. Fue el sucesor de Moctezuma.

CARLOS: No entiendo por qué lo honran con una estatua. ¿No fue enemigo de los españoles?

PABLO: Sí, lo fue, y ellos le quitaron su imperio, pero rendimos homenaje a su heroísmo.

PAQUITA: Tenemos una doble tradición cultural y sentimos orgullo tanto por la indígena como por la española.

CARLOS: ¿No está por aquí cerca la famosa iglesia de Guadalupe?

PABLO: No está muy lejos de aquí. ¿Quieren ustedes verla?

CARLOS: Me gustaría mucho.

PABLO: Pues, puedes dar la vuelta en la próxima encrucijada, volver atrás unas veinte cuadras y luego tornar a la derecha.

PAQUITA: La Basílica de Guadalupe es quizás la iglesia más famosa de México.

ANA: He oído hablar de una leyenda, pero no la recuerdo.

PAQUITA: Dice la leyenda que había allí un templo de una diosa azteca, el cual fue destruido poco después de la conquista de México.

PABLO: Un día la Virgen de Guadalupe se le apareció al indio Juan Diego.

PAQUITA: Y lo envió al obispo con una petición de construir una iglesia en el mismo sitio.

PABLO: El obispo no lo creyó al principio, pero al fin se convenció, gracias a un milagro.

ANA: ¡Qué interesante! Nosotros tenemos una gran ventaja sobre los turistas al tener a tan buenos amigos por guías.

## You Can Turn Around

FRAN: We are back again on Insurgents' Avenue.

ANN: Is it the same one that crosses Reform Boulevard near the hotel?

FRAN: The same. It is one of the longest avenues in the world.

PAUL: Following it, you cross (one crosses) the whole city.

ANN: Whose is the statue in that traffic circle?

PAUL: Cuauhtémoc's, the last chieftain or emperor of the Aztecs.

ANN: Now I remember. He was Moctezuma's successor.

CHARLES: I don't understand why they honor him with a statue. Wasn't he an enemy of the Spaniards?

PAUL: Yes, he was (it), and they took his empire away from him, but we pay (render) homage to his heroism.

FRAN: We have a double cultural tradition and we are as proud of the native as of the Spanish (we feel pride as much for the native as for the Spanish).

CHARLES: Isn't the famous Guadalupe Church close around here?

PAUL: It's not very far away. Do you want to see it?

CHARLES: I should very much like to.

PAUL: Well, you can turn around in the next intersection, go (return) back about twenty blocks and then turn to the right.

FRAN: The Guadalupe Basilica is perhaps the most famous church in Mexico.

ANN: I have heard (talk) of a legend, but I don't remember it.

FRAN: The legend says that there used to be there the temple of an Aztec goddess which was destroyed soon after the conquest of Mexico.

PAUL: One day the Virgin of Guadalupe appeared to the Indian Juan Diego.

FRAN: And sent him to the bishop with a petition to build a church on the same site.

PAUL: The bishop didn't believe it at first, but he finally became convinced, thanks to a miracle.

ANN: How interesting! We have a big advantage over tourists in having such good friends for guides.

# E.   CUESTIONARIO

Conteste usted en español con frases completas:

1. ¿En qué avenida están los amigos?   2. ¿Qué paseo atraviesa la avenida?
3. ¿Dónde lo atraviesa?   4. ¿Qué hay en la glorieta?   5. ¿Quién fue Cuauhtémoc?   6. ¿Qué le quitaron los españoles a Cuauhtémoc?
7. ¿Qué tradición tienen los mexicanos?   8. ¿Por qué iglesia preguntó Carlos?   9. ¿Cuántas cuadras tendrían que volver atrás?   10. ¿En qué dirección tendrían que tornar?

# F.  TRADUCCIÓN

The four friends are on Insurgents' Avenue returning to Mexico City. That avenue is one of the longest in the world. There is a traffic circle with a statue of an Aztec chieftain whose name was Cuauhtémoc, the successor of Moctezuma. Mexicans have a double cultural tradition, the Spanish and the indigenous.

The young people turned around and went back some blocks in order to visit the famous church of Guadalupe. The cathedral is larger than the church, but it is not so rich in art and tradition.

# ✴ Lección 22

## A.  DIÁLOGO PRELIMINAR

LA JOVEN: Buenos días, Manuela.

THE YOUNG LADY: *Good morning, Manuela.*

LA CRIADA: Buenos días, señorita. Pase usted.

THE MAID: *Good morning, miss. Come in.*

LA JOVEN: Llame a mi amiga, por favor.

THE YOUNG LADY: *Call my friend, please.*

LA CRIADA: Con mucho gusto. Siéntese usted.

THE MAID: *With much pleasure. Sit down.*

LA JOVEN: Gracias. Dígale que la espero.

THE YOUNG LADY: *Thanks. Tell her that I am waiting for her.*

LA CRIADA: La puerta de su alcoba está cerrada.

THE MAID: *The door of her bedroom is closed.*

LA JOVEN: Pues ábrala y despiértela.

THE YOUNG LADY: *Well, open it and wake her.*

LA CRIADA: No, porque se enojaría conmigo.

THE MAID: *No, because she would get mad at me.*

LA JOVEN: Creo que no. Explíquele que soy yo quien la llamo.

THE YOUNG LADY: *I don't think so. Explain to her that it is I who is calling her.*

LA CRIADA: Espere usted un momento.

THE MAID: *Wait a moment.*

LA JOVEN: Muy bien, pero ya se hace tarde.

THE YOUNG LADY: *Very well, but it is getting late already.*

★ ★ ★

★ ★ ★

LA CRIADA: La señorita la espera en el comedor.

THE MAID: *The young lady is waiting for you in the dining room.*

LA JOVEN: Pero yo ya me desayuné.

THE YOUNG LADY: *But I've already had breakfast.*

LA CRIADA: No importa. Tome usted algo.

THE MAID: *It doesn't matter. Eat something.*

202

# B. PRÁCTICA

**(a)** Conteste usted con frases completas:

1. ¿Con qué palabras saluda la joven a la criada?
2. ¿Cómo se llama la criada?
3. La criada no dice sólo "Buenos días, señorita". ¿Qué más (*what else*) dice?
4. ¿Dice la joven "Llame a mi amiga" o "Llame a mi amiga, por favor"?
5. La criada no dice sólo "Con mucho gusto". ¿Qué más dice?
6. ¿Dice la joven "La espero" o "Dígale que la espero"?
7. ¿Cómo está la puerta de la alcoba?
8. ¿Dice la joven "Ábrala" o "Ábrala y despiértela"?
9. Repita usted "Se enojaría con ella".
10. ¿Por qué no quiere la criada abrir la puerta?
11. Repita usted "Es la joven quien la llama".
12. ¿Qué debe explicar la criada?
13. La criada no dice sólo "Espere". ¿Qué dice?
14. Repita usted "Ya se desayunó".
15. ¿Por qué no quiere comer la señorita?

**(b)** Hable usted con frases completas:

1. Repita usted "Pase usted", "Pasen ustedes".
2. La criada le dice a una joven "Pase usted". ¿Qué les dice a dos jóvenes?
3. Repita usted "Llame", "Llamen".
4. A una criada usted le dice "Llame a mi amiga". ¿Qué les dice a dos criadas?
5. Repita usted "Siéntese usted", "Siéntense ustedes".
6. A una joven la criada le dice "Siéntese usted". ¿Qué les dice a dos jóvenes?
7. Repita usted "Dígale que la espero", "Díganle que la espero".
8. A una criada le dice usted "Dígale que la espero". ¿Qué les dice a dos criadas?
9. Repita usted "Ábrala", "Ábranla".
10. Si la criada debe abrir la puerta, ¿qué le dice usted?
11. Si las criadas deben abrirla, ¿qué les dice usted?
12. Repita usted "Despiértela", "Despiértenla".

13. Si la criada debe despertar a la joven, ¿qué le dice usted?
14. Si las criadas deben despertarla, ¿qué les dice usted?
15. A una joven la criada le dice "Espere usted un momento". ¿Qué les dice a dos jóvenes?
16. Repita usted "Ya me desayuné", "Ya nos desayunamos".
17. Una joven dice "Ya me desayuné". ¿Qué dicen dos jóvenes?
18. A una joven la criada le dice "Tome usted algo". ¿Qué les dice a dos jóvenes?

## C. MANDATOS CON PRESENTE DE SUBJUNTIVO

**(a)** Estudie usted en el Apéndice los usos del subjuntivo para dar mandatos (¶33A 1 a,b,c), y la formación del presente de subjuntivo de los verbos regulares (¶33B), de los que tienen cambios radicales (¶37), de los que tienen cambios ortográficos (¶38), y de los irregulares (¶39).

| HABLAR | COMER | VIVIR |
|---|---|---|
| hable | coma | viva |
| hables | comas | vivas |
| hable | coma | viva |
| hablemos | comamos | vivamos |
| habléis | comáis | viváis |
| hablen | coman | vivan |

El subjuntivo se usa para dar mandatos con **usted, ustedes.**

**(b)** Repita usted, cambiando según los ejemplos:

**1.** Ejemplo:   (llamar) Llame usted al guía.

1. esperar   2. saludar   3. creer   4. escribir   5. recibir

**2.** Ejemplo:   (gritar) No grite usted tanto.

1. hablar   2. estudiar   3. comprar   4. comer   5. escribir

**3.** Ejemplo:   (pasar) Pasen ustedes, señores.

1. entrar   2. llamar   3. esperar   4. mandar   5. mirar

**4.** Ejemplo:   (leer) Lean ustedes esto.

I. ver   **2.** creer   **3.** comer   **4.** comprender   **5.** escribir

(Nota: En mandatos negativos los pronombres objetos preceden al verbo)

**5.** Ejemplo:   (llamar) No nos llamen ustedes de esa manera.

I. mirar   **2.** saludar   **3.** gritar   **4.** hablar   **5.** molestar   **6.** escribir

**6.** Ejemplo:   (quedarse con) No se quede con ella.

I. pasearse con   **2.** casarse con   **3.** olvidarse de   **4.** enamorarse de   **5.** quejarse de   **6.** preocuparse por

En mandatos afirmativos los pronombres objetos siguen y se ligan (*are joined*) al verbo. Cuando un pronombre se liga a un mandato de más de una sílaba, es necesario poner un acento sobre la vocal tónica del verbo.

**(c)**   Cambie los mandatos a la forma afirmativa según los ejemplos:

Ejemplos:   No lo compre usted, señor.
            Cómprelo usted, señor.
            No los esperen en el mercado.
            Espérenlos en el mercado.

I. No la mire usted.
2. No los venda usted.
3. No lo coma usted.
4. No se olviden ustedes.
5. No nos salude usted.
6. No las cambien ustedes.
7. No me griten ustedes.
8. No nos manden la carta.
9. No lo entiendan de esa manera.
10. No se queden ustedes.

Los cambios radicales occurren en los mandatos lo mismo que en el presente de indicativo

**(d)**   Cambie usted las frases al plural como en el ejemplo:

Ejemplo:   Atraviese usted con cuidado, señor.
           Atraviesen ustedes con cuidado, señores.

I. Siéntese usted en la sala.
2. Recuerde usted el recado.

3. Entienda usted la lección.
4. Diviértase usted en el baile.
5. Acuéstese usted temprano.
6. Repita usted la dirección.
7. Almuerce usted conmigo. (-za-, -ce-)
8. Sírvanos usted el café.

**(e)** Haga usted frases afirmativas y negativas según los ejemplos:

Ejemplos: (recordármelo) Recuérdemelo, por favor.
             No me lo recuerde, por favor.

1. contármelo  2. devolvérmelo  3. sugerírmelo  4. repetírmelo
5. servírmelo  6. pedírmelo

NOTA: El subjuntivo de muchos verbos irregulares se forma con la raíz (*stem*) de la primera persona del presente de indicativo.

| INFINITIVO | INDICATIVO | SUBJUNTIVO | |
|---|---|---|---|
| caber | quepo | **quep-** | |
| caer | caigo | **caig-** | |
| conocer | conozco | **conozc-** | |
| decir | digo | **dig-** | **a** |
| hacer | hago | **hag-** | **as** |
| oír | oigo | **oig-** | **a** |
| poner | pongo | **pong-** | |
| salir | salgo | **salg-** | **amos** |
| tener | tengo | **teng-** | **áis** |
| traer | traigo | **traig-** | **an** |
| valer | valgo | **valg-** | |
| venir | vengo | **veng-** | |
| ver | veo | **ve-** | |

**(f)** Cambie usted a la forma negativa:

Ejemplos: Tráigamelo, por favor.
             No me lo traiga, por favor.
             Hágalo usted esta tarde.
             No lo haga esta tarde.

1. Dígamelo, por favor.

2. Hágamelo, por favor.
3. Óigamelo, por favor.
4. Póngamelo, por favor.
5. Téngamelo, por favor.
6. Póngalo usted en la mesa.
7. Salga usted con nosotros.
8. Venga usted conmigo.
9. Háganos este favor.
10. Dígales la verdad

**(g)** Cambie usted al plural:

Ejemplo:   Haga el favor de traérmelo.
            Hagan el favor de traérmelo.

1. Tenga usted la bondad (*kindness*) de traérmelo.
2. Tráigamelo, por favor.
3. Tráigamelo, si me hace el favor.
4. Sírvase traérmelo.
5. Hágame el favor de traérmelo.
6. Haga el favor de venir.
7. Tenga la bondad de tomar asiento.
8. Entre usted, por favor.
9. Sírvase ayudarme.
10. Llame un taxi, si me hace el favor.

**(h)** Cambie usted a la forma afirmativa:

Ejemplo:   No se levante usted ahora.
            Levántese ahora.

1. No se quede usted en el coche.
2. No las cambie usted.
3. No nos llame usted temprano.
4. No la atraviese usted aquí.
5. No se lo diga usted a ella.
6. No se siente usted allí.
7. No le sirva usted el vino.
8. No nos lo traiga, por favor.
9. No se case con ella.
10. No las venda por menos.

**(i)**    Conteste usted según el ejemplo:

Ejemplo:    ¿Lo hará usted?
                 Yo no. Hágalo usted.

1. ¿Les escribirá usted?
2. ¿Las comprará usted?
3. ¿Se sentará usted?
4. ¿Se la dirá usted?
5. ¿Se lo pagará usted?
6. ¿Lo llenará usted?
7. ¿Los seguirá usted?
8. ¿Se lo explicará usted?
9. ¿La pondrá usted?
10. ¿Los servirá usted?

## D.   DIÁLOGO

### *¡Levántese usted!*

*Eran las ocho menos diez de la mañana. Carlos llegó a la casa de Pablo y llamó a la puerta. Una criada le abrió la puerta.*

MANUELA: Buenos días, señor Martín.

CARLOS: Buenos días, Manuela. ¿Se ha levantado Pablo?

MANUELA: No, señor. Todavía está durmiendo.

CARLOS: Pues, despiértelo usted, por favor, y dígale que estoy esperándolo para ir por las señoritas.

MANUELA: Muy bien. Pase usted, señor, y siéntese.

CARLOS: Espere usted, Manuela. Déjeme ir a su alcoba para despertarlo yo mismo. Podremos hablar mientras él está vistiéndose.

*Manuela lo conduce a la alcoba de Pablo.*

CARLOS: ¿Qué te pasa? ¿No estás levantado todavía? ¿Estás enfermo?

PABLO: ¿Qué te pasa a ti? ¿No te has acostado todavía? Deben de ser las dos de la madrugada.

CARLOS: ¡Hombre! Hoy es domingo y ya son las ocho.

PABLO: ¿Qué importa? Ayer fue sábado y mañana será lunes. Los domingos no me levanto antes de las diez.

CARLOS: Pero prometimos ir por las muchachas a las ocho y media.

PABLO: ¿Prometimos eso? ¡Parece increíble! ¿No sabes que las promesas de la noche del sábado no valen nada el domingo por la mañana?

CARLOS: Pues, como tengo que devolver el coche mañana o pasado mañana . . .

PABLO: Nada. Te pido perdón. Es que siempre me es difícil despertar. ¿Qué hora es?

CARLOS: Son las ocho menos cinco.

PABLO: Pues, a las ocho y diez estaré vestido. Tu tomarás el desayuno conmigo, ¿verdad?

CARLOS: Gracias. Me desayuné en casa, pero . . .

PABLO: Nada. (*Gritando*) Manuela, prepare desayuno para dos.


## Get Up!

*It was ten minutes to eight in the morning. Charles arrived at Paul's house and knocked at the door. A maid opened the door for him.*

MANUELA: Good morning, Mr. Martin.

CHARLES: Good morning, Manuela. Has Paul got up yet?

MANUELA: No, sir. He is still sleeping.

CHARLES: Well, wake him up, please, and tell him that I am waiting for him in order to go for the young ladies.

MANUELA: Very well. Come in, sir, and have a seat.

CHARLES: Wait, Manuela. Let me go to his room (in order) to awaken him myself. We'll be able to talk while he's dressing.

*Manuela takes him to Paul's bedroom.*

CHARLES: What's the matter? Aren't you up yet? Are you ill?

PAUL: What's the matter with you? Haven't you gone to bed yet? It must be two o'clock in the (early) morning.

CHARLES: Man! Today is Sunday and it's already eight o'clock.

PAUL: What does it matter? Yesterday was Saturday and tomorrow will be Monday. On Sundays I don't get up before ten.

CHARLES: But we promised to go for the girls at 8:30.

PAUL: Did we promise that? It seems incredible! Don't you know that Saturday night's promises are worth nothing on Sunday morning?

CHARLES: Well, since I have to return the car tomorrow or the day after tomorrow . . .

PAUL: Forget it (Nothing). I ask your pardon. It's just that it's always difficult for me to wake up. What time is it?

CHARLES: It's five minutes to eight.

PAUL: Well, at 8:10 I'll be dressed. You will have breakfast with me, won't you?

CHARLES: Thanks. I had breakfast at home, but . . .

PAUL: No matter. (*Shouting.*) Manuela, prepare breakfast for two.

## E.  CUESTIONARIO

Conteste usted en español con frases completas:

1. ¿A qué hora llegó Carlos a la casa de Pablo?  **2.** ¿Quién le abrió la puerta?  **3.** ¿Qué dijo la criada que Pablo estaba haciendo?  **4.** ¿Qué mandato le da Carlos a la criada?  **5.** ¿Qué le dijo la criada a Carlos para invitarlo a entrar?  **6.** ¿Qué dijo Carlos para pedir permiso de ir a la alcoba de Pablo?  **7.** ¿Qué podrán hacer mientras Pablo está vistiéndose?  **8.** ¿A qué hora habían prometido ir por las señoritas?  **9.** ¿Cuándo tenía Carlos que devolver el coche?  **10.** ¿A qué hora dijo Pablo que estaría vestido?  **11.** ¿Dónde había tomado Carlos el desayuno?  **12.** ¿Qué le grita Pablo a la criada?

## F.  TRADUCCIÓN

Traduzca al español:

Charles came to Paul's house at ten minutes to eight in the morning and knocked at the door. When the maid opened the door, Charles asked if Paul had gotten up. "No, he is still sleeping," she answered. "Well, wake him up, please, and tell him that I am waiting for him," said Charles. "Wait a minute. I myself will wake him." It seemed incredible to Paul, but they had promised to get up early on Sunday morning, and he said that he would be dressed at ten after eight. "Prepare breakfast for two," he shouted to the maid.

# ✦ Lección 23

## A. DIÁLOGO PRELIMINAR

LA AMIGA: ¡Mira qué bonita mantilla! | THE GIRL FRIEND: *Look what a pretty mantilla!*

EL AMIGO: ¡Muy bonita! Pregunta el precio. | THE BOY FRIEND: *Very pretty! Inquire about the price.*

LA AMIGA: Es muy cara. No la compres. | THE GIRL FRIEND: *It's very expensive. Don't buy it.*

EL AMIGO: No importa. Tómala. | THE BOY FRIEND: *It doesn't matter. Take it.*

LA AMIGA: Ve el precio de ese anillo de plata. | THE GIRL FRIEND: *See the price of that silver ring.*

AL AMIGO: Parece ser treinta pesos. | THE BOY FRIEND: *It seems to be thirty pesos.*

LA AMIGA: No es muy bonito. Déjalo ahí. | THE GIRL FRIEND: *It isn't very pretty. Leave it there.*

EL AMIGO: ¿Te gusta esta bolsa? | THE BOY FRIEND: *Do you like this purse?*

LA AMIGA: Es de buena calidad. Ábrela. | THE GIRL FRIEND: *It's of good quality. Open it.*

EL AMIGO: Está muy apretada. | THE BOY FRIEND: *It's very tight.*

LA AMIGA: Pues no la abras. Puedes romperla. | THE GIRL FRIEND: *Then don't open it. You may (can) break it.*

EL AMIGO: Ya cierran la tienda. Vámonos. | THE BOY FRIEND: *They're closing the store now. Let's go.*

LA AMIGA: Llama un taxi. | THE GIRL FRIEND: *Call a taxi.*

EL AMIGO: Ahí viene el autobús. | THE BOY FRIEND: *There comes the bus.*

LA AMIGA: Pues, no lo llames. ¡Corre! | THE GIRL FRIEND: *Well, don't call it. Run!*

**211**

## B.  PRÁCTICA

**(a)**  Conteste usted con frases completas:

1. ¿Qué exclama la amiga al ver la mantilla?
2. ¿Dice el amigo "Pregunte usted el precio" o "Pregunta el precio"?
3. ¿Es muy barata la mantilla, o es muy cara?
4. La amiga no dice "Cómprala". ¿Qué dice?
5. El amigo dice "No importa". ¿Qué más dice?
6. ¿De qué es el anillo?
7. ¿Dice la amiga "Vea usted el precio" o "Ve el precio"?
8. ¿Qué precio parece ser?
9. ¿Cómo es el anillo, según la amiga?
10. ¿Dice la amiga "Déjelo usted ahí" o "Déjalo ahí"?
11. ¿Qué le pregunta el amigo?
12. ¿De qué calidad es la bolsa?
13. La amiga quiere ver el interior (*the inside*). ¿Qué le dice al amigo?
14. ¿Por qué no la abre el amigo?
15. La amiga quiere un taxi. ¿Qué le dice al amigo?

**(b)**  Hable usted con frases completas:

1. Repita usted "Mira", "Miren ustedes".
2. Si su amiga debe (*should*) mirar la mantilla, ¿qué le dice usted?
3. Si sus amigas deben mirar las mantillas, ¿qué les dice usted?
4. Si su amiga debe preguntar el precio, ¿qué le dice usted?
5. Si sus amigas deben preguntar el precio, ¿qué les dice usted?
6. Repita usted "Tómala", "Tómenlas".
7. Si su amiga debe tomarla, ¿qué le dice usted?
8. Si sus amigas deben tomarlas, ¿qué les dice usted?
9. Repita usted "No la tomes", "No la tomen".
10. Si su amiga no debe tomarla, ¿dice usted "No la tomen", o "No la tomes"?
11. Si sus amigas no deben tomarla, ¿qué les dice usted?
12. Si su amigo debe llamar un taxi, ¿le dice usted "Llame usted un taxi" o "Llama un taxi"?
13. Si sus amigos deben llamar un taxi, ¿qué les dice usted?
14. Repita usted "No lo llames", "No lo llamen ustedes".
15. Si su amigo no debe llamar el taxi, ¿qué le dice usted?
16. Si sus amigos no deben llamarlo, ¿qué les dice usted?

# C.  LOS MANDATOS CON EL IMPERATIVO

There are two basic ways of giving commands in Spanish: (1) The *imperative* forms, given below, which are used to give familiar commands (with **tú** and **vosotros**) in the affirmative, but which are not used with **usted**, **ustedes** and are not used in the negative; and (2) the subjunctive forms (see LESSON 22 and APPENDIX ¶¶33AI, 33B, 37, 38, 39), which are used to give negative commands with **tú** and **vosotros**, affirmative and negative commands with **usted**, **ustedes**, and first and third person commands.

**(a)**  Estudie usted el imperativo (APÉNDICE ¶36)

| HABLAR | COMER | VIVIR |
|---|---|---|
| (tú) habla | come | vive |
| (vosotros) hablad | comed | vivid |

The singular imperative is the same in form as the third person singular of the present indicative for regular and radical changing verbs. The plural imperative of all verbs is formed by changing the **-r** of the infinitive to **-d**.

NOTE: In Spanish America, the plural of the subjunctive with **ustedes** is generally used instead of the imperative with **vosotros**.

**(b)**  Cambie Vd. los mandatos a la forma negativa según los ejemplos. Note usted que los cambios radicales ocurren en el singular del imperativo pero nunca (*never*) en el plural.

**I.** Ejemplos:  Ana, compra las flores.
        Ana, no compres las flores.

        Luis, lee la lección.
        Luis, no leas la lección.

1. Ana, mira las cestas.
2. Muchacho, guarda el coche.
3. Chico, toma la propina.
4. Niña, saluda al dependiente.
5. Niño, habla conmigo.
6. Paca, come el helado.
7. Juanito, vende tu brazalete.
8. Luisita, sube al segundo piso.

9. Amigo, cree lo que te dicen.
10. Mozo, vive alegremente.

2. Ejemplos: Amigos, venid conmigo.
     Amigos, no vengáis conmigo.

     Miren ustedes las flores.
     No miren ustedes las flores.

1. Amigos, entrad conmigo.
2. Amigos, tocad conmigo. (-ca-, -que-)
3. Amigos, volved conmigo.
4. Amigos, salid conmigo.
5. Amigos, cantad conmigo.
6. Coman Vds. en el hotel.
7. Escriban Vds. la lección.
8. Vuelvan Vds. conmigo.
9. Compren Vds. la casa.
10. Tomen Vds. una copa de vino.

3. Ejemplos: Siéntate.
     No te sientes.

     Sentaos (sentad + os)
     No os sentéis.

1. Levántate.
2. Acuérdate.
3. Alégrate.
4. Vístete.
5. Duérmete.
6. Levantaos.
7. Acordaos.
8. Alegraos.
9. Vestíos.
10. Dormíos.

(c) Cambie usted los mandatos a la forma afirmativa según los ejemplos:

1. Ejemplo: Ana, no tomes estas flores.
    Ana, toma estas flores.

1. No escuches lo que digo.
2. No saludes a la señora.
3. No hables con el vendedor.

    4. No alquiles (*rent*) esa canoa.

    5. No compres ese rebozo de seda (*silk*).

    6. No pases por aquí.

**2.** Ejemplo: No subas a lo alto, Carlos.
                Sube a lo alto, Carlos.

    1. No vivas en un hotel.

    2. No bebas este aperitivo.

    3. No vendas la casa.

    4. No creas lo que oyes.

    5. No escribas a Carlos.

    6. No comas las galletas.

**3.** Ejemplo: No paguéis a la señora.
                Pagad a la señora.

    1. No cantéis esa canción.

    2. No toquéis las guitarras.

    3. No toméis el postre.

    4. No viváis contentos.

    5. No bebáis el té.

    6. No creáis lo que digo.

**4.** Ejemplo: No me des las flores.
                Dame las flores.

    1. No te levantes a las ocho.

    2. No te sientes aquí.

    3. No te acuestes temprano.

    4. No las comas ahora.

    5. No les escribas una carta.

    6. No se las vendas a ese precio.

**5.** Ejemplo: Señorita, no tome usted este rebozo.
                Tómelo usted.

    1. No compre usted este rebozo.

    2. No mire usted al vendedor.

    3. No pare usted el coche.

    4. No acompañe usted al guitarrista.

    5. No pague usted los cinco pesos.

    6. No tome usted los claveles (*carnations*).

**6.** Ejemplo: Señores, no vendan ustedes la casa.
         Véndanla ustedes.

   1. No crean ustedes la noticia.
   2. No coman ustedes la paella.
   3. No beban ustedes el agua (*fem.*).
   4. No vean ustedes las cestas.
   5. No escriban ustedes las cartas.
   6. No sirvan ustedes las enchiladas.

# D.  LOS IMPERATIVOS IRREGULARES

**(a)** Estudie usted los imperativos irregulares (APÉNDICE, ¶36B).

(NOTA: Los imperativos irregulares lo son solamente en el singular. El plural es regular.)

| INFINITIVO | SINGULAR | PLURAL |
|---|---|---|
| decir | **di** | decid |
| hacer | **haz** | haced |
| ir | **ve** | id |
| oír | **oye** | oíd |
| poner | **pon** | poned |
| salir | **sal** | salid |
| ser | **sé** | sed |
| tener | **ten** | tened |
| valer | **val** | valed |
| venir | **ven** | venid |

**(b)** Repita usted cambiando las palabras subrayadas como se indica:

   1. Oye, ponte el saco y ven conmigo.
        sal, ve, baja, sube, anda
   2. Sé bueno y haz lo que te digo.
        dije, pido, pedí, ruego, rogué
   3. Ve pronto y dile a Juan la noticia.
       Luis, Inés, Pepe, Lupe, Lola

4. Anita, sal ahora, pero ten cuidado.
   <u>Lola</u>, Lupe, Toña, Pepe, Paco

**(c)** Repita Vd., haciendo negativas las frases:

Ejemplo: Sube, Ana; y usted, señor, suba también
         No subas, Ana; y usted, señor, no suba tampoco.

1. Entra, Ana; y usted, señor, entre también.
2. Vcn, Ana; y usted, señor, venga también.
3. Sé buena, Ana; y usted, señor, sea bueno también.
4. Ve, Ana; y usted, señor, vaya también.
5. Oye, Ana; y usted, señor, oiga también.
6. Sal, Ana; y usted, señor, salga también.

# E.  DIÁLOGO

## Quédate con ellas

*En Xochimilco los cuatro amigos se acercan al canal principal entre una muche-*
*dumbre de vendedores.*

UN VENDEDOR: Señorita, ¿no quiere usted comprar un sarape?

PAQUITA: Creo que no.

VENDEDOR: Mire usted los colores de éstc. ¡Vaya! Tómelo usted, señorita.

UNA VENDEDORA: Señores, compren ustedes flores para las señoritas.

CARLOS: Déjeme verlas, señora.

VENDEDORA: Un ramo de claveles para la morena, y uno de rosas para la rubia.

ANA: ¿Cuánto valen?

VENDEDORA: Sólo seis pesos. Téngalas, señorita. Quédese con ellas.

PABLO: Quédate con ellas, Ana. Aquí tiene los seis pesos, señora.

OTRA VENDEDORA: Sortijas de oro y plata, señores.

PABLO: No nos interesan, señora.

VENDEDORA: ¡Mire qué preciosas! Y las vendo muy baratas.

OTRO VENDEDOR: Un rebozo de seda para la simpática americana.

OTRO: ¿Esta bolsa, señorita? ¿Un portamonedas, señor?

ANA: ¡Socorro! ¡Ayudame, Pablo! No puedo escaparme.

PABLO: No te detengas a hablar con ellos; si no, estás perdida.

PAQUITA: Ven por aquí, Ana. Pablo, alquílanos una canoa.

ANA: ¡Qué lindas son las canoas! Todas están adornadas de flores.

BARQUERO: ¿Una canoa, señores? Entren ustedes.

PAQUITA: Pablo, llama a aquellos guitarristas. Que nos den una serenata.

PABLO: Oigan, señores, toquen y canten unas canciones mexicanas.


### Keep them

*In Xochimilco the four friends approach the main canal through a mob of vendors.*

A MAN VENDOR: Miss, don't you want to buy a serape?

FRAN: I don't think so.

VENDOR: Look at the colors of this one. Come on! Take it, miss.

A WOMAN VENDOR: Gentlemen, buy some flowers for the young ladies.

CHARLES: Let me see them, ma'am.

VENDOR: A bouquet of carnations for the brunette and one of roses for the blonde.

ANNE: How much are they?

VENDOR: Only six pesos. Take (Have) them, miss. Keep them.

PAUL: Keep them, Anne. Here are the six pesos, ma'am.

ANOTHER WOMAN VENDOR: Gold and silver rings, gentlemen.

PAUL: We're not interested, ma'am.

VENDOR: Look how charming! And I'm selling them very cheap.

ANOTHER MAN VENDOR: A silk shawl for the charming American girl.

ANOTHER: This purse, lady? A coin purse, sir?

ANNE: Help! Help me, Paul! I can't get away.

PAUL: Don't stop to talk with them; otherwise (if you do) you are lost.

FRAN: Come this way, Anne. Paul, rent us a boat.

ANNE: How pretty the boats are! They are all decorated with flowers.

BOATMAN: A boat, gentlemen? Get in.

FRAN: Paul, call those guitar players. Let them give us a serenade.

PAUL: Listen, *señores*, play and sing some Mexican songs.


## F.   CUESTIONARIO

### Conteste usted en español con frases completas:

1. ¿Dónde están ahora los cuatro amigos?   2. ¿Qué personas hay cerca del canal principal?   3. ¿Qué pregunta el vendedor a Paquita?   4. ¿Qué flores son para la rubia?   5. ¿Cuánto paga Pablo por las rosas?   6. ¿Son caras las sortijas de oro, según la vendedora?   7. ¿Qué sugiere otro vendedor para la americana?   8. ¿Por qué pide socorro Ana?   9. ¿Qué

le pasará a Ana si les contesta a los vendedores?   10. ¿Qué quiere Paquita que Pablo alquile?   11. ¿Qué dice Ana de las canoas?   12. ¿Qué dice Pablo a los guitarristas?


## G.   TRADUCCIÓN

**Traduzca usted al español:**

The four friends are in Xochimilco. There are many vendors near the main canal who wish to sell serapes, rings of silver and gold, flowers and many other things. Paul pays a woman six pesos for (**por**) a bunch of roses for (**para**) Anne. Finally they escape from the vendors and rent a boat in order to go riding through (**pasearse por**) the canals. Paul calls to two guitar players and says, "Play and sing some Mexican songs."

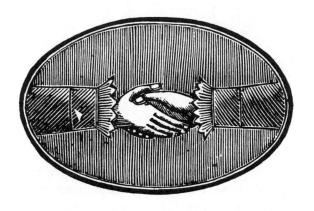

# ᛉ Lección 24

## A. DIÁLOGO PRELIMINAR

EL JOVEN: ¡Hola! No esperaba verte por aquí.

EL AMIGO: ¡Hombre, qué coincidencia! ¿Sales o llegas?

EL JOVEN: Salgo. Sólo vine a visitar a mis padres.

EL AMIGO: ¿A qué hora sale tu avión?

EL JOVEN: A la una y veinte. ¿Qué hora es?

THE YOUNG MAN: *Hello! I didn't expect to see you here.*

THE FRIEND: *Man, what a coincidence! Are you leaving or arriving?*

THE YOUNG MAN: *I'm leaving. I just came to visit my parents.*

THE FRIEND: *What time does your plane leave?*

THE YOUNG MAN: *At 1:20. What time is it?*

| | |
|---|---|
| EL AMIGO: Son las doce y quince. | THE FRIEND: *It's 12:15.* |
| EL JOVEN: ¡Qué servicio! No viene la mesera. | THE YOUNG MAN: *What service? The waitress won't come.* |
| EL AMIGO: Esperemos un momento. | THE FRIEND: *Let's wait a moment.* |
| EL JOVEN: Llamémosla, o perderé el avión. | THE YOUNG MAN: *Let's call her, or I'll miss the plane.* |
| EL AMIGO: Veamos la lista. ¿Vienes con frecuencia? | THE FRIEND: *Let's see the menu. Do you come often?* |
| EL JOVEN: En mis vacaciones de agosto, de noviembre y de diciembre. | THE YOUNG MAN: *On my vacations in August, November, and December.* |
| EL AMIGO: Tus cursos empiezan en septiembre, ¿verdad? | THE FRIEND: *Your school (courses) begins in September, doesn't it?* |
| EL JOVEN: Sí y terminan en junio. | THE YOUNG MAN: *Yes, and it ends in June.* |
| EL AMIGO: Ya llegó tu avión. Corramos. | THE FRIEND: *Your plane has already arrived. Let's run.* |

## B. PRÁCTICA

**(a)** Conteste usted con frases completas:

1. El joven, al ver a su amigo, dice "¡Hola!". ¿Qué más dice?
2. ¿Qué exclama el amigo?
3. ¿Qué le pregunta al joven?
4. ¿Sale el joven, o llega?
5. ¿Dice el joven "Sólo vengo a visitar" o "Sólo vine a visitar"?
6. ¿A quiénes vino a visitar el joven?
7. ¿Pregunta el amigo "¿Cuándo sale tu avión?" o "¿A qué hora sale tu avión?"?
8. ¿A qué hora sale su avión?
9. El joven quiere saber la hora. ¿Qué pregunta?
10. ¿Qué contesta el amigo?
11. El joven exclama "¡Qué servicio!" ¿Qué más dice?
12. El amigo quiere esperar. ¿Qué dice?
13. El joven quiere llamar a la mesera. ¿Qué dice?
14. ¿Qué perderá el joven?
15. El amigo quiere ver la lista. ¿Qué dice?
16. ¿En qué meses viene el joven?

**(b)** Hable usted con frases completas:

1. Repita usted "verte", "verlos".
2. Dígale usted a su amigo que no esperaba verlo.
3. Dígales a sus amigos que no esperaba verlos.
4. Pregúntele a su amigo si sale o llega.
5. Pregúnteles a sus amigos si salen o llegan.
6. Pregúntele a su amigo a qué hora sale su avión.
7. Pregúnteles a sus amigos a qué hora salen sus aviones.
8. Repita usted "viniste".
9. Pregúntele a su amigo a quién (*whom*) vino a visitar.
10. Repita usted "¡Qué servicio!".
11. Si a usted no le gusta la mesera, ¿qué dice?
12. Repita usted "Esperemos".
13. Si usted y su amigo quieren esperar diez minutos, ¿qué dicen?
14. Repita usted "Llamemos".
15. Si usted y su amigo quieren llamar a la mesera, ¿qué dicen?
16. Si usted y su amigo quieren ver a Paquita, ¿qué dicen?

## C.  LAS HORAS DEL DÍA

**(a)** Estudie los números de 1 a 60 (APÉNDICE, ¶10) y las horas del día (APÉNDICE, ¶12).

**(b)** Repita usted, haciendo los cambios apropiados:

1. ¿Qué hora es?
   Son las <u>ocho y media</u> de la mañana.
       7:15, 7:20, 7:25, 7:30, 8:40

2. ¿Qué hora es?
   Son las <u>cinco</u> de la tarde.
       6:00, 4:00, 3:00, 3:05, 6:30

3. ¿Qué hora es?
   Es <u>la una.</u>
       mediodía (*noon*), medianoche (*midnight*), hora de comer, hora de acostarse, la una y media

4. ¿Qué hora era cuando llegó?
   Eran las diez de la noche.
        9:00, 9:15, 10:10, 10:20, 11:00

5. ¿Qué hora era cuando saliste?
   Eran las seis menos cinco.
        10, 15, 20, 25, 6

6. ¿A qué hora llegaron ustedes?
   Llegamos a las dos en punto.
        11, 3, 10, 4, 9

## D. LAS FECHAS

Estudie las decenas (*tens*) y las centenas (*hundreds*) (APÉNDICE, ¶10); los meses y las estaciones (*seasons*) (APÉNDICE, ¶9); y las fechas (APÉNDICE, ¶13). Conteste usted dando las fechas en español:

**1.** ¿Qué fecha es hoy?
Es el dos de mayo.

   May 3, June 3, June 4, July 4, July 5, August 5, August 6, September 6, September 7, October 7, October 8, November 8, November 9, December 9, December 10

**2.** ¿En qué fecha llegaste?
Llegué el 10 (diez) de diciembre.

   January 10, January 11, February 11, February 12, March 12, March 13, April 13, April 14, May 14, May 15, June 15, June 16, July 16, July 17, August 17

## E. LOS AÑOS

Repita usted:

1. Los Estados Unidos tomaron parte en la segunda Guerra Mundial (*World War*) durante los años 1941 (mil novecientos cuarenta y uno), 1942, 1943, 1944 y 1945.

2. Los años de la primera Guerra Mundial fueron 1914, 1915, 1916, 1917 y 1918.

3. Cristóbal Colón descubrió América el 12 de octubre de 1492.

4. Guillermo Shakespeare y Miguel de Cervantes murieron en la misma fecha, el 23 de abril de 1616.

## F. CONVERSACIÓN

**(a)** Haga el papel (*Play the role*) de A o de B en esta conversación entre el profesor y dos alumnos:

PROFESOR (*al Alumno A*): ¿Cuántos años tiene usted?
ALUMNO A (*al Profesor*): Tengo ____ años.
PROFESOR (*al Alumno A*): Pregunte usted a "B" cuántos años tiene.
ALUMNO A (*al Alumno B*): ¿Cuántos años tiene usted?
ALUMNO B (*al Alumno A*): Tengo ____ años.
ALUMNO A (*al Profesor*): "B" tiene ____ años.

**(b)** Siguiendo este ejemplo haga usted el papel de A o de B en otras conversaciones con el profesor:

**1.** PROFESOR (*a A*): ¿En qué mes nació usted?
A (*al Profesor*): Nací en el mes de ____.
PROFESOR (*a A*): Pregunte a B en qué mes nació . . . Etc.

**2.** PROFESOR (*a A*): ¿En qué día del mes nació usted? Etc.

**3.** PROFESOR (*a A*): ¿En qué año nació usted? Etc.

## G. LOS MANDATOS DE PRIMERA Y TERCERA PERSONAS

Hemos notado que el subjuntivo se usa para dar mandatos con **usted**, y **ustedes** y mandatos negativos con **tú**, y **vosotros**. También el subjuntivo se usa para dar mandatos de primera y tercera personas [en inglés: "*Let's . . .*" o "*Let him (her, them) . . .*"]

**(a)** Cambie usted **vamos a** + infinitivo al subjuntivo según los ejemplos:

**1.** Ejemplos: Vamos a poner la mesa.
Pongamos la mesa.

Vamos a hacerlo.
Hagámoslo.

Vamos a sentarnos.
Sentémonos.

1. Vamos a comer.
2. Vamos a entrar.
3. Vamos a subir.
4. Vamos a comprarlo.
5. Vamos a venderlas.
6. Vamos a decírselo.
7. Vamos a levantarnos.
8. Vamos a acostarnos.

**2.** Ejemplos: Vamos a hacerlo.
No, no lo hagamos.

Vamos a sentarnos.
No, no nos sentemos.

1. Vamos a comprarlo.
2. Vamos a comerlas.
3. Vamos a dársela.
4. Vamos a pedirlos.
5. Vamos a acostarnos.
6. Vamos a ponerla.
7. Vamos a acostarnos.
8. Vamos a escribírselo.

**(b)** Conteste Vd. según los ejemplos:

Ejemplos: ¿Quieres alquilar una canoa?
No, que la alquile Luis.

¿Quieres llamar un taxi?
No, que lo llame Luis.

1. ¿Quieres traer las flores?
2. ¿Quieres pedir los aperitivos?
3. ¿Quieres servir el vino?

4. ¿Quieres escribir la carta?
5. ¿Quieres pagar el taxi?
6. ¿Quieres vender las cestas?

**(c)**   Responda Vd. según los ejemplos:

Ejemplos:  Haz la comida, por favor.
                  Yo no; hágala Paco.

                  Lava (*wash*) el coche, por favor.
                  Yo no; lávelo Paco.

1. Llena el tanque, por favor.
2. Limpia el parabrisas, por favor.
3. Escribe el recado, por favor.
4. Dile la noticia, por favor.
5. Pon la mesa, por favor.
6. Sirve el café, por favor.
7. Trae las rosas, por favor.
8. Llama al guitarrista, por favor.

**(d)**   Repita, cambiando según se indica:

Ejemplos:  (hacer) No me importa; hagan lo que quieran.
                  (comprar) No me importa; compren lo que quieran.

1. decir   2. comer   3. escribir   4. traer   5. pedir   6. servir

## H.   DIÁLOGO

### *Olvidemos lo pasado*

*Los cuatro amigos están paseándose en canoa por los canales de Xochimilco.*
*Carlos y Paquita van en la parte delantera de la canoa, "practicando el español".*
*Ana y Pablo están en la parte de atrás.*

ANA: ¡Qué vida tan agradable! No hace calor, ni frío tampoco.

PABLO: Sí, este lugar es muy ameno; hoy más que nunca.

ANA: ¿Has estado aquí antes?

PABLO: Muchas veces, pero nunca me ha gustado tanto como hoy.

ANA: ¿Venías aquí con tu novia?

PABLO: Sí, y con mi amigo y su prima.

ANA: Por eso estás triste, ¿verdad?

PABLO: Que se olvide lo pasado.

ANA: Sí, olvidémoslo.

PABLO: Ahora me entristezco por lo futuro.

ANA: ¿Por qué, Pablo?

PABLO: Porque empiezo a quererte mucho, siendo Carlos mi amigo.

ANA: No te preocupes. Él y Paquita parecen tan contentos como nosotros.

PABLO: También hay otra razón.

ANA: ¿Cuál?

PABLO: Tengo que partir el quince de septiembre.

ANA: ¿De veras? ¿Adónde vas?

PABLO: A Madrid para terminar mis estudios de derecho.

ANA: ¿Has estado en España antes?

PABLO: Yo, nunca; pero mi padre estuvo allá hace varios años.

ANA: Pues lo siento por mí, pero me alegro por ti. Ojalá que yo pueda ir algún día a España.

PABLO: ¡Ojalá! pero dejemos aparte lo futuro.

ANA: Y pensemos en lo presente.


### Let's Forget the Past

*The four friends are riding in a boat through the canals in Xochimilco. Charles and Fran are in the front part of the boat, "practicing Spanish." Anne and Paul are in the back part.*

ANNE: What a pleasant life! It's not warm, nor cold, either.

PAUL: Yes, this place is very pleasant; today more than ever.

ANNE: Have you been here before?

PAUL: Many times, but I've never liked it so much as today.

ANNE: Did you come here with your sweetheart?

PAUL: Yes, and with my friend and his cousin.

ANNE: That's why you are sad, isn't it?

PAUL: Let the past be forgotten.

ANNE: Yes, let's forget it.

PAUL: Now I'm sad about the future.

ANNE: Why, Paul?

PAUL: Because, Charles being my friend, I'm beginning to like you (too) much.

ANNE: Don't worry. He and Fran seem as happy as we.

PAUL: There's another reason, also.

ANNE: What?

PAUL: I have to leave the fifteenth of September.
ANNE: Really? Where are you going?
PAUL: To Madrid to finish my law studies.
ANNE: Have you been in Spain before?
PAUL: I, never, but my father was there several years ago.
ANNE: Well, I'm sorry for my part, but I'm glad for you. I hope I can go to Spain someday.
PAUL: I hope so! but let's leave the future aside.
ANNE: And think of the present.

## I. CUESTIONARIO

Conteste usted en español con frases completas:

1. ¿Están paseándose los amigos en el coche?   2. ¿Dónde están paseándose?
3. ¿En qué parte de la canoa van Carlos y Paquita?   4. ¿Qué están
haciendo?   5. ¿Hace calor?   6. Si no hace calor, ¿hace frío?   7. ¿Con
quiénes venía Pablo antes a Xochimilco?   8. ¿En qué fecha tiene que
partir Pablo?   9. ¿Para qué va a Madrid?   10. ¿Cuánto tiempo hace que
el padre de Pablo estuvo en España?   11. ¿Se alegra Ana de que Pablo
se vaya?   12. ¿Espera Ana ir algún día a España?

## J. TRADUCCIÓN

Traduzca usted al español:

Anne and her friends were riding in a boat in Xochimilco. Paquita and
Carlos were in the front part of the boat and Anne and Paul were in the
back part. It was very pleasant because it was not warm nor cold either.
Anne thought that Paul was sad because he was remembering (**recordaba**)
his sweetheart who had married his friend. Paul said he was sad because
he would have to leave on the fifteenth of September in order to study
at the University of Madrid. "I hope I can go to Spain some day!" said
Anne. "Let's forget the future and think about the present," said Paul.

# ✦ Lección 25

*Repaso Quinto*

## A. LECTURA

Los cuatro amigos iban por la Avenida de los Insurgentes, y Ana le preguntó a Pablo si la avenida era muy larga. Él le contestó que era una de las más largas del mundo. "No pienses recorrerla a pie, pues se te acabarían los zapatos (*shoes*)", le dijo riendo. Al pasar al lado de una glorieta vieron en el centro una estatua. Paquita les dijo a los jóvenes americanos que era la estatua del último emperador azteca. "¿Podríamos ir a ver la Basílica de Guadalupe? Tengo muchas ganas de conocerla", dijo Ana. "Por supuesto", contestó Pablo, y dieron vuelta en la primera encrucijada. Mientras Pablo manejaba, Francisca les contaba a Carlos y a Ana la leyenda de Juan Diego.

Carlos llegó a la casa de Pablo el domingo por la mañana. Llamó a la puerta, vino la criada, y él le dijo que quería ver a Pablo. La criada le dijo que todavía estaba durmiendo, y lo condujo a la alcoba de Pablo. "¡Hombre, levántate! Ya son las ocho", le dijo Carlos. A Pablo le pareció que eran las dos de la madrugada porque los domingos no se levantaba antes de las diez, pero como les habían prometido a Ana y a Francisca llevarlas a Xochimilco, se levantó y se vistió. Invitó a Carlos a desayunarse, y aunque éste dijo que ya se había desayunado, Pablo le pidió a Manuela desayuno para dos. Se desayunaron y partieron.

Cuando llegaron a Xochimilco, estacionaron el coche y se acercaron al canal principal entre una muchedumbre de vendedores. Vendían sarapes y flores de muchos colores, sortijas de oro y de plata, rebozos de seda, bolsas, portamonedas y muchas cosas más. Pablo compró un ramo de rosas para Ana, y Carlos compró uno de claveles para Francisca. Luego alquilaron una canoa y unos guitarristas les tocaron unas canciones mejicanas.

Carlos y Francisca iban en la parte delantera de la canoa, y Pablo y Ana iban en la parte de atrás. Ana sabía que Pablo había estado allí muchas veces con su novia, y le preguntó si estaba triste. Él contestó que ya había olvidado lo pasado, y que ahora estaba alegre y triste a la vez; alegre, porque la quería a ella, y triste, porque Carlos era su amigo. "Pues no te preocupes", le dijo Ana. "¿No ves que él y tu prima están tan contentos como nosotros?" Pablo le dijo también que tenía que partir a España el quince de septiembre a continuar sus estudios de derecho. "¡Lo siento mucho!", exclamó Ana. "¡Ojalá pueda ir yo también algún día!"

## B.   PRÁCTICA DE EXPRESIONES

Substituya usted las palabras subrayadas según se indica y haga otros cambios necesarios:

(a)  1. Ahora me acuerdo de eso.  (*we*)
     2. Siguiéndola, puedes atravesar la ciudad.  (*we*)
     3. He oído hablar de una leyenda.  (*he*)
     4. Rendimos homenaje a su heroísmo.  (*they*)
     5. El templo fue destruido poco después.  (*the church*)
     6. El obispo no quiere creerlo.  (*didn't want to*)

(b)  1. Despiértelo usted, por favor.  (*tú*)
     2. Pablo ya está vistiéndose.  (*dressed*)
     3. Los domingos me levanto a las diez.  (*we*)
     4. Tengo que devolver el coche pasado mañana.  (*going to*)
     5. ¿Qué hora es?—Son las siete.  (7:15)
     6. Gracias. Me desayuné en casa.  (*we*)

(c)  1. Quédese usted con ellas, señora.  (*ladies*)
     2. Amigos, mirad aquellos colores.  (*don't look*)
     3. Oiga, señor, tóqueme una canción.  (*us*)
     4. Oye, Pablo, alquílanos esa canoa.  (*don't rent for us*)
     5. Se acercan al canal.  (*approached*)
     6. No te detengas a hablar con ellos.  (*I stopped*)

(d) 1. Los amigos están paseándose en canoa.   (*I*)
    2. No hace ni frío ni calor.   (*hasn't been*)
    3. Dejemos aparte lo futuro.   (*the past*)
    4. Que lo hagan, si quieren.   (*can*)
    5. ¡Ojalá que yo pueda ir!   (*we*)
    6. Acostémonos temprano.   (*get up*)


## C.   VERBOS QUE CAMBIAN LA RAÍZ


(a)   Estudie usted los verbos que cambian la raíz (Apéndice, ¶37 y la Lección 21).

(b)   Cambie usted según los ejemplos:

**1.** Ejemplo:   Me despierto tarde los domingos.
                 Me despertaba tarde los domingos.

    1. Me divierto mucho en el parque.
    2. Se acuestan a las diez.
    3. Almuerzas temprano, ¿verdad?
    4. A veces no nos entienden.
    5. Con frecuencia recuerdan lo pasado.

**2.** Ejemplo:   ¿Le pediste a Carlos el coche?
                 ¿Le pidió a Carlos el coche?

    1. ¿Le serviste a la señora el té?
    2. ¿Seguiste al guía a lo más alto?
    3. ¿Dormiste bien anoche?
    4. ¿Te divertiste en el parque?
    5. ¿Sentiste mucho el frío?

**3.** Ejemplo:   ¿Siempre despiertan ustedes temprano?
                 Sí, siempre despertamos temprano.

    1. ¿Siempre se acuestan ustedes tarde?
    2. ¿Siempre se sientan ustedes atrás?
    3. ¿Siempre duermen ustedes tarde?
    4. ¿Siempre vuelven ustedes a esta hora?
    5. ¿Siempre piden ustedes comida mexicana?

**4.** Ejemplo:   Dormí mucho ayer.
                  Sí, pero Carlos durmió más.

  1. Me divertí mucho anoche.
  2. Serví muchos refrescos a los amigos.
  3. Repetí muchas frases esta tarde.
  4. Sentí mucha felicidad en el baile.
  5. Le pedí muchas galletas al mesero.

# D. MANDATOS CON "USTED" Y "USTEDES"

Repase usted estos mandatos en la Lección 22 y cambie usted según los ejemplos:

**1.** Ejemplo:   El señor no llamó a la puerta.
                  Señor, llame usted a la puerta.

  1. La señora no preparó el desayuno.
  2. El señor no me llamó a tiempo.
  3. La señorita no abrió la puerta.
  4. La señora no bebió té.
  5. El señor no escribió el recado.

**2.** Ejemplo:   La señorita no quiere almorzar.
                  Señorita, almuerce usted.

  1. El señor no quiere volver temprano.
  2. La señorita no quiere pedir el desayuno.
  3. Las señoritas no quieren divertirse.
  4. Los señores no quieren acostarse aquí.
  5. La señora no quiere seguir bailando.

**3.** Ejemplo:   Señorita, ¿quiere usted venir con nosotros?
                  Señorita, venga usted con nosotros.

  1. Señor, ¿quiere usted salir con nosotros?
  2. Señorita, ¿quiere usted decirnos su dirección?
  3. Señora, ¿quiere usted hacernos el favor de cantar?
  4. Señora, ¿quiere traernos unos refrescos?
  5. Señor, ¿quiere usted marcar (*to dial*) este número?

# E.  MANDATOS CON "TÚ"

Repase usted estos mandatos en la Lección 23 y cambie usted según los ejemplos:

**(a)**  Verbos regulares

Ejemplo:   Carlos, ¿quieres comprarme esas rosas?
　　　　　　Carlos, cómprame esas rosas.

1. Anita, ¿quieres venderme tu sarape?
2. Pablo, ¿quieres mirar los colores de estas flores?
3. Anita, ¿quieres recibir este ramo de flores?
4. Carlos, ¿quieres acudir a nuestros bailes?
5. Pablo, ¿quieres alquilarnos una canoa?

**(b)**  Verbos que cambian la raíz

Ejemplo:   Carlos, ¿por qué no atraviesas la calle?
　　　　　　Carlos, atraviesa la calle.

1. Anita, ¿por qué no te sientas aquí?
2. Anita, ¿por qué no te diviertes en el baile?
3. Pablo, ¿por qué no te acuestas temprano?
4. Lola, ¿por qué no te vistes pronto?
5. Enrique, ¿por qué no pides una comida mexicana?

**(c)**  Verbos irregulares

Ejemplo:   Señora, ponga usted la mesa.
　　　　　　Antonia, pon la mesa.

1. Señora, vaya usted a la tienda.
2. Señora, dígame usted el número de la casa.
3. Señora, salga usted a las ocho.
4. Señora, tenga la bondad de ayudarme.
5. Señora, venga usted mañana por la tarde.

**(d)**  La forma negativa

Ejemplo:   Antonia, pon la mesa ahora.
　　　　　　Antonia, no pongas la mesa ahora.

1. Carlos, oye lo que te dice Paquita.

2. Pablo, haz lo que te dice Anita.
3. Lola, llámame mañana por teléfono.
4. Carlos, escríbeme siempre en inglés.
5. Anita, ven a estudiar conmigo mañana.

## F. MANDATOS DE PRIMERA Y TERCERA PERSONAS

Repase usted estos mandatos en la Lección 24 y cambie usted según los ejemplos:

**1.** Ejemplo:   Nunca comemos en este restaurante.
                 Comamos hoy en este restaurante.

1. Nunca bebemos jugo de naranja.
2. Nunca bailamos con estas señoritas.
3. Nunca escribimos nuestras cartas en español.
4. Nunca vamos por esta avenida. (**vayamos** *or shortened form* **vamos**).
5. Nunca somos amables con los amigos.

**2.** Ejemplo:   Pablo quiere alquilar una canoa.
                 ¡Bueno, que la alquile!

1. Anita quiere comprar una sortija.
2. Lola quiere cantar canciones mejicanas.
3. Carlos quiere comprar unos sarapes.
4. Pablo quiere traer a sus primas.
5. Anita quiere poner la mesa.

**3.** Ejemplo:   Los amigos quieren despedirse.
                 Bueno, que se despidan.

1. Los jóvenes quieren entrar.
2. Los novios quieren salir.
3. Los vecinos quieren venir.
4. Los guitarristas quieren volver.
5. Los muchachos quieren bailar.

# G. TRADUCCIÓN

Traduzca usted al español:

On Saturday the four friends went to Teotihuacán to see the pyramids and the archeological museum. They also visited the famous church of the Virgin of Guadalupe. In spite of being (= to *be*) very tired, they went to bed late. Paul was used to sleep until ten o'clock on Sundays, but Charles called him early and said, "Man, get up! it's already eight o'clock." Paul got up, dressed (*himself*) and had breakfast. Then he and Charles took Anne and Fran to Xochimilco. After buying (= *to buy*) some flowers and other things, they went boat-riding on the canals and had a good time. Anne became (**se puso**) a little sad because Paul told her he would have to go to Spain in less than a month in order to study in the University of Madrid. "I hope I can go to Spain some day," said Anne, "but let's forget about the future and think about the present".

# Lección 26

## A. DIÁLOGO PRELIMINAR

EL JOVEN ¡Hombre! ¿Qué tal?

EL AMIGO: Bien, gracias. ¿Qué haces por aquí?

EL JOVEN: Busco un teléfono para hacer una llamada.

EL AMIGO: Ahí hay un teléfono público.

EL JOVEN: Sí, pero no hay guía telefónica.

EL AMIGO: Pues pídele a la empleada que te preste la suya.

EL JOVEN: Pídesela tú. Ella ya te conoce.

EL AMIGO: Bueno. ¿Quieres que también busque el número?

EL JOVEN: Sí, si me haces favor.

EL AMIGO: ¿A quién quieres llamar?

EL JOVEN: A la señorita Julia Silva, de la calle de Monterrey.

EL AMIGO: Aquí está: trece–veinte y cuatro–cero cinco. ¿Quieres que lo marque?

EL JOVEN: No te molestes. Yo lo marco. . . . No contestan. Vámonos.

THE YOUNG MAN: *Man! How goes it?*

THE FRIEND: *Fine, thanks. What are you doing around here?*

THE YOUNG MAN: *I'm looking for a phone to make a call.*

THE FRIEND: *There is a public phone there.*

THE YOUNG MAN: *Yes, but there is no phone directory.*

THE FRIEND: *Then ask the clerk to lend you hers.*

THE YOUNG MAN: *You ask her (for it). She already knows you.*

THE FRIEND: *All right. Do you also want me to look up the number?*

THE YOUNG MAN: *Yes, if you please.*

THE FRIEND: *Whom do you want to call?*

THE YOUNG MAN: *Miss Julia Silva, on Monterrey Street.*

THE FRIEND: *Here it is: 13–24–05. Do you want me to dial it?*

THE YOUNG MAN: *Don't bother. I'll dial it . . . They don't answer. Let's go.*

# B.  PRÁCTICA

**(a)**  Conteste usted con frases completas:

1. ¿Qué dice el joven al ver a su amigo?
2. ¿Dice el amigo "Estoy muy bien, muchas gracias" o dice sólo "Bien, gracias"?
3. El amigo quiere saber qué hace el joven por aquí. ¿Qué le pregunta?
4. ¿Para qué busca el joven un teléfono?
5. ¿Qué le dice su amigo?
6. ¿Por qué no usa el joven el teléfono público?
7. ¿Dice el amigo "Pídale usted a la empleada" o "Pídele a la empleada"?
8. ¿Dice el amigo "Que le preste a usted la suya" o "Que te preste la suya"?
9. El joven no dice "Pídasela usted", ¿verdad? ¿Qué dice?
10. ¿Por qué quiere que su amigo se la pida?
11. El amigo ofrece buscar el número. ¿Qué dice?
12. ¿Qué contesta el joven?
13. ¿A quién quiere llamar el joven?
14. ¿Cuál es el número del teléfono?
15. ¿Dice el amigo "¿Quieres marcarlo?" o "¿Quieres que lo marque?"?
16. El joven no habla con la señorita. ¿Por qué?

**(b)**  Hable usted con frases completas:

1. ¿Qué dice el joven para saludar a su amigo?
2. Repita usted "¿Qué haces por aquí?", "¿Qué hacen ustedes por aquí?"
3. Pregúntele a su amigo qué hace por aquí.
4. Pregúnteles a sus amigos qué hacen por aquí.
5. Repita usted "¿Buscas?", "¿Busca usted?"
6. Pregúntele a su amigo si busca un teléfono.
7. Pregúntele a una señorita si busca un teléfono.
8. Pregúntele a una señorita si busca una guía telefónica.
9. Repita usted "Pídele", "Pídanle".
10. Dígale a su amigo que le pida la guía a la empleada.
11. Dígales a sus amigos que le pidan la guía a la empleada.

12. Repita usted "Le ruego" (*I beg you*).
13. Ruéguele a una señorita que le preste su guía telefónica.
14. Ruéguele a la señorita que le busque un número de teléfono.
15. Repita usted "Te ruego".
16. Ruéguele a su amigo que le marque el número.

## C. EL PRESENTE DE SUBJUNTIVO EN CLÁUSULAS DE VOLUNTAD

As the name indicates (subjunctive = subjoined), the subjunctive was initially the mood of dependent clauses. It may be useful to think of subjunctive commands as surviving dependent clauses of sentences in which the principal, or "governing", verb is implied, but usually not expressed in present usage: (*Quiero que*) *haga usted esto;* (*Ruego que*) *no se lo digas;* (*Sugiero que*) *leamos la carta;* (*Es mejor*) *que lo haga él;* etc.

A useful principle is the following: In dependent clauses the indicative is used to state an accepted fact; the subjunctive is used to postulate a happening or condition which from the point of view of the governing verb is doubtful or not verified. For example: *I know* that it's true = Sé que **es** verdad; *I hope* it's (that it may be) true = Espero que **sea** verdad.

In current English usage an infinitive (or a verb form ending in *-ing*) is customarily used after verbs of volition: He wants me *to go*; We beg you *to come*; He forbids *my smoking*; They tell us *to leave*. In Spanish a dependent verb in the subjunctive is customarily used in such cases: Quiere que **yo vaya**; Te rogamos que **vengas**; Prohibe que **yo fume**; Nos dicen que **salgamos**. However, if the dependent verb has the same subject, expressed or implied, as the governing verb, a dependent infinitive is used in Spanish as in English: He wants *to go* = Quiere **ir**; They hope *to visit us* = Esperan **visitarnos**.

(a) Estudie usted el presente de subjuntivo de los verbos regulares (en la Lección 22 y el APÉNDICE: ¶33B) y repita, cambiando según los ejemplos:

1. Ejemplos:   (Llamar) Ana quiere que yo la llame.
              (esperar) Ana quiere que yo la espere.

   1. llevar   2. acompañar   3. presentar   4. enseñar   5. visitar

2. Ejemplos:   (hablar) No quiero que me hables.
              (mirar) No quiero que me mires.

I. ayudar   2. llevar   3. llamar   4. acompañar   5. esperar

3. **Ejemplos:**   (acabar) Papá desea que acabemos pronto.
                      (subir) Papá desea que subamos pronto.

I. regresar (*to return*)   2. estudiar   3. entrar   4. comer   5. comprender   6. abrir   7. partir   8. bajar   9. escribir   10. volver

4. **Ejemplos:**   (te, comer) Te digo que comas ahora.
                      (les, entrar) Les digo que entren ahora.
                      (le, escribir) Le digo que escriba ahora.

I. te, ver   2. te, llamar   3. te, partir   4. te, estudiar   5. les, subir   6. les, bajar   7. les, hablar   8. les, beber   9. le, acabar   10. le, comprender   11. le, abrir   12. le, entrar

**(b)** Estudie el presente de subjuntivo de los verbos que cambian la raíz (¶37 del APÉNDICE) y cambie usted al plural según los ejemplos:

I. **Ejemplo:**   Espero que usted se divierta.
                      Espero que ustedes se diviertan.

   1. Espero que usted vuelva temprano.
   2. No quiero que usted se siente aquí.
   3. No quiero que usted se despida ahora.
   4. Quiero que usted pida la comida.
   5. Espero que usted siga divirtiéndose.

2. **Ejemplo:**   Ella me ruega que se lo recuerde.
                      Ellas nos ruegan que se lo recordemos.

   1. Ella espera que yo lo entienda.
   2. Él me manda que despierte.
   3. Él me pide que me siente.
   4. Él me dice que los cuente.
   5. Ella espera que yo la recomiende.

**(c)** Estudie usted el presente de subjuntivo de los verbos irregulares (¶39 del APÉNDICE) y cambie al plural según el ejemplo:

**Ejemplo:**   Le digo al mesero que venga pronto.
                  Les digo a los meseros que vengan pronto.

   1. Le ruego a la chica que esté lista.
   2. Le pido al dependiente que diga el precio.

3. Le digo al empleado que oiga la noticia.
4. Le pido al mesero que traiga el vino.
5. Le digo al niño que no se caiga.

**(d)** Estudie usted el presente de subjuntivo de los verbos de cambios ortográficos (¶38 del Apéndice) y cambie según el ejemplo:

Ejemplo:  Carlos busca un taxi.
Quiero que Carlos busque un taxi.

I. Anita busca la dirección.
2. La empleada marca el número.
3. Paquita practica el inglés.
4. Los amigos llegan temprano al baile.
5. La empleada descuelga el teléfono.
6. Mi prima almuerza con nosotros.
7. Los alumnos empiezan la lección.

**D.**  DIÁLOGO

## *Espero que hayan llegado cartas*

*Ana bajó del coche y se despidió de Carlos y Paquita. Pablo bajó también y la acompañó a la entrada del hotel.*

ANA: Ha sido un día muy agradable, Pablo. Te doy las gracias.

PABLO: Al contrario. Yo te lo agradezco a ti.

ANA: Eres simpático, Pablo.

PABLO: Es que vuelvo a estar feliz. ¿Y tú, estás contenta?

ANA: Contentísima.

PABLO: Me alegro mucho.

ANA: Hasta mañana.

*Ana entró en el salón y habló con la empleada.*

EMPLEADA: Buenas noches, señorita. ¿Se divirtió usted en Xochimilco?

ANA: ¡Sí, señora, divinamente!

EMPLEADA: Me alegro de que le haya gustado.

ANA: Espero que hayan llegado cartas de mi familia.

EMPLEADA: Sí, señorita, llegaron dos cartas para usted.

ANA: ¿Dónde están?

EMPLEADA: Acabo de decirle a la criada que las lleve a su cuarto.

ANA: Gracias. Subo en seguida.

*A los quince minutos sonó el teléfono. La empleada descolgó el receptor.*

EMPLEADA: Bueno. Mande usted.

ANA: Señora, le ruego que me ayude, por favor. Quiero llamar a Carlos y no doy con su número.

EMPLEADA: ¿Sabe usted con quién vive?

ANA: Sí, vive en casa del señor Oscar Latorre y Calvo, pero no hay ningún Oscar Calvo en la guía.

EMPLEADA: Si se llama Oscar Latorre y Calvo, su apellido es Latorre y no Calvo.

ANA: ¿Quiere decir que debo buscar su nombre en la letra L en vez de la letra C?

EMPLEADA: Sí, señorita. Espere un momento, si usted quiere que yo se lo busque.

ANA: Gracias, señora. Vive en la calle de Lerma.

EMPLEADA: El número es 34–63–09 (treinta y cuatro–sesenta y tres–cero nueve).

*Ana marcó el número.*


### I Hope Some Letters Have Arrived

*Anne got out of the car and took leave of Charles and Fran. Paul got out too and accompanied her to the entrance of the hotel.*

ANNE: It's been a very pleasant day, Paul. Thank you.

PAUL: On the contrary. I am grateful to you for it.

ANNE: You are nice, Paul.

PAUL: It's because I am happy again. And you, are you content?

ANNE: Very.

PAUL: I'm very glad.

ANNE: Until tomorrow.

*Anne entered the lobby and spoke to the clerk (woman employee).*

CLERK: Good evening, miss. Did you enjoy yourself in Xochimilco?

ANNE: Yes, ma'am, marvelously!

CLERK: I am glad that you have liked it.

ANNE: I hope some letters from my family have arrived.

CLERK: Yes, miss, two letters for you arrived.

ANNE: Where are they?

CLERK: I have just told the maid to take them to your room.

ANNE: Thanks. I'm going up right away.

*In fifteen minutes the telephone rang. The clerk picked up the receiver.*

CLERK: Hello.

ANNE: Please ma'am, I beg you to help me. I want to call Charles and I don't find the number.

CLERK: Do you know whom he lives with?

ANNE: Yes, he lives at the home of Mr. Oscar Latorre y Calvo, but there's no Oscar Calvo in the directory.

CLERK: If his name is Oscar Latorre y Calvo, his surname is Latorre and not Calvo.

ANNE: Do you mean I ought to look for his name under the letter L instead of under the letter C?

CLERK: Yes, miss. Wait a moment, if you want me to look it up for you.

ANNE: Thanks, ma'am. He lives on Lerma Street.

CLERK: The number is 34–63–09.

*Anne dialed the number.*

# E.  CUESTIONARIO

Conteste usted en español con frases completas:

1. ¿Qué hizo Ana cuando bajó del coche?  2. ¿Adónde la acompañó Pablo?  3. ¿Qué le preguntó la empleada?  4. ¿De quién esperaba Ana recibir cartas?  5. ¿Cuántas cartas habían llegado?  6. ¿Adónde las ha llevado la criada?  7. ¿Cuándo sonó el teléfono?  8. ¿Quién descolgó el receptor?  9. ¿Quién llamó a la empleada?  10. ¿Por qué necesitaba ayuda Ana?  11. ¿Cómo se llamaba el señor?  12. ¿En qué letra buscó Ana el apellido?  13. ¿En qué letra debió buscarlo?  14. ¿En qué calle vive Carlos?  15. ¿Qué número marcó Ana?

# F.  TRADUCCIÓN

Traduzca usted al español:

Anne takes leave of her friends and gets out of the car. She enters the lobby of the hotel. The clerk asks her if she had a good time; she tells her also that there are two letters for her. She has just told the maid to take them to Anne's room. "I hope they have good news," she says. Fifteen minutes later the telephone rings. Anne wants the clerk to help her. She cannot find Charles' phone number in the directory. The clerk finds it and tells Anne to dial 34–63–09.

# ·Ⅸ· Lección 27

## A. DIÁLOGO PRELIMINAR

PEPE DESCUELGA EL RECEPTOR Y MARCA UN NÚMERO.

JOE TAKES THE RECEIVER AND DIALS A NUMBER.

VOZ FEMENINA: Diga

FEMININE VOICE: *Hello.*

PEPE: ¿Es el número 16–44–27 (diez y seis–cuarenta y cuatro–veinte y siete)?

JOE: *Is this number 16–44–27?*

VOZ FEMENINA: No. Es el 15–44–17 (quince–cuarenta y cuatro–diez y siete).

FEMININE VOICE: *No. It's number 15–44–17.*

PEPE: Ruego que me perdone. Ha sido un error. (VUELVE A MARCAR).

JOE: *(I beg you to) pardon me. It was an error.* (DIALS AGAIN.)

PEPE: Felipe, ¿eres tú?

JOE: *Phillip, is that you?*

FELIPE: ¡Pepe! Sí, soy yo. ¿Qué te pasa?

PHIL: *Joe! Yes, it's I. What's the matter?*

PEPE: Necesito que me ayudes.

JOE: *I need you to help me.*

FELIPE: ¡Otra vez! Pues, dime de qué se trata.

PHIL: *Again! Well, tell me what it's about.*

PEPE: Te acuerdas de Enriqueta, ¿verdad?

JOE: *You remember Henrietta, don't you?*

FELIPE: ¿Cómo crees que yo la olvide?

PHIL: *How do you think I can forget her?*

PEPE: Pues, recibió una beca de estudios y va a pasar un año en Madrid.

JOE: *Well, she received a study grant and is going to spend a year in Madrid.*

FELIPE: ¡No me digas! ¿Y qué quieres que yo haga?

PHIL: *Don't tell me! And what do you want me to do?*

PEPE: Quiero que convenzas a papá . . .

JOE: *I want you to convince papa . . .*

FELIPE: Que te mande a estudiar a España, ¿verdad?

PHIL: *To send you to study in Spain, right?*

243

# B.  PRÁCTICA

**(a)**  Conteste usted con frases completas:

1. ¿Qué hace Pepe antes de marcar un número?
2. ¿Le contestó una voz masculina o una voz femenina?
3. ¿Qué dijo la voz para contestar?
4. ¿Qué número marcó Pepe?
5. ¿Qué número debió marcar?
6. ¿Qué dijo para pedir perdón?
7. ¿Preguntó Pepe "¿Es usted?" o "¿Eres tú?"?
8. ¿Contestó Felipe "Yo soy" o "Soy yo"?
9. ¿Qué necesita Pepe?
10. Repita usted "Dime de qué se trata".
11. ¿Qué manda Felipe que Pepe le diga?
12. ¿Se acuerda Felipe de Enriqueta?
13. ¿Qué dice para indicar que se acuerda de ella?
14. ¿Cuánto tiempo va a pasar Enriqueta en Madrid?
15. ¿Qué quiere Pepe que Felipe haga?
16. ¿Adónde quiere Pepe que su padre lo mande?

**(b)**  Hable usted con frases completas:

1. Mande usted a su hermano que descuelgue el receptor.
2. Mande usted a un señor que descuelgue el receptor.
3. Repita usted "Le ruego a usted que descuelgue el receptor".
4. Ruegue usted a un señor que descuelgue el receptor.
5. Ruegue usted a su hermano que descuelgue el receptor.
6. Diga usted a un señor que marque el número.
7. Mande usted a su hermano que marque el número.
8. Diga usted a un señor que usted necesita que lo ayude.
9. Diga usted a su amigo que usted necesita que lo ayude.
10. Mande usted a un amigo que le diga de qué se trata.
11. Mande usted a un señor que le diga de qué se trata.
12. Pregunte usted a un amigo si se acuerda de Enriqueta.
13. Pregunte a un señor si se acuerda de usted.
14. Diga a un señor que se acuerda de él.

# C.  PRESENTE DE SUBJUNTIVO (Continuación)

Con expresiones de voluntad

**(a)**  Complete las frases según los ejemplos:

Ejemplos:   (llamar) Quiero que me llamen.
            (hablar) Espero que me hablen.

1. (ayudar) Quiero que me _____.
2. (acompañar) Espero que me _____.
3. (escuchar) Quiero que me _____.
4. (pagar) Deseo que me _____ (-ga-, -gue-).
5. (divertir) Espero que me _____.
6. (despertar) Deseo que me _____.

**(b)**  Haga usted frases según los ejemplos:

Ejemplos:   (mandarles, saber) Les mandamos que sepan esto.
            (aconsejarles, tomar) Les aconsejamos que tomen esto.
            (prohibirles, decir) Les prohibimos que digan esto.

1. rogarles, aprender   2. recomendarles, traer   3. dejarles, oír
4. decirles, estudiar   5. permitirles, pagar   6. pedirles, leer   7. escribirles, hacer   8. sugerirles, obtener

Con expresiones de emoción o sentimiento

**(c)**  Complete usted según los ejemplos:

Ejemplos:   (ir) Sienten que vayamos con ellos.
            (viajar) Les gusta que viajemos con ellos.

1. (salir) Están contentos de que _____ con ellos.
2. (estudiar) Se alegran de que _____ con ellos.
3. (hablar) Esperan que _____ con ellos.
4. (quedarse) Les encanta que _____ con ellos
5. (comer) Lamentan que no _____ con ellos.
6. (sufrir) Les disgusta que _____ con ellos.

Con expresiones de duda o negación

**(d)** Complete según los ejemplos, notando que se usa el subjuntivo en los
números 1-4, y el indicativo en los números 5-8:

> **1.** Ejemplos:   (venir) Duda que venga el guardia.
> (ser) Niega que sea verdad.
>
> > 1. (llegar) No cree que ellos _____ a tiempo.
> > 2. (estar) No piensa que ella _____ en casa.
> > 3. (ganar) No acepta que [nosotros] _____.
> > 4. (ir) No se ha convencido de que [tú] _____.
>
> **2.** Ejemplos:   (venir) No duda que vendrá el guardia.
> (ser) No niega que es verdad.
>
> > 1. (llegar) Cree que ellos _____ a tiempo.
> > 2. (estar) Piensa que ella _____ en casa.
> > 3. (ganar) Acepta que [nosotros] _____.
> > 4. (ir) Se ha convencido de que [tú].

Con expresiones impersonales

**(e)** Complete según los ejemplos (note que se usa el indicativo si se expresa
algo cierto):

> Ejemplos:   (ir) Es posible que yo vaya.
> (salir) Hace falta que salgamos.
> (estar) Es sabido que estuve allí ayer.
> (venir) Es verdad que él vendrá mañana.
>
> 1. (saber) Es probable que ellos lo _____.
> 2. (hacer) Es imposible que [tú] lo _____.
> 3. (casar) Es lástima que ellos no se _____.
> 4. (volver) Es muy probable que ella _____.
> 5. (aprender) Es difícil que [nosotros] lo _____.
> 6. (salir) Es cierto que ellos _____ esta noche.
> 7. (ayudar) Es seguro que [yo] te _____ mañana.
> 8. (partir) Se sabe que ellos ya _____.

**(f)** Complete según los ejemplos (note usted que en los verbos que terminan en **-car, -gar** y **-zar** las letras **-c-, -g-** y **-z-** se escriben **-qu-, -gu-** y **-c-** en el subjuntivo):

**1.** Ejemplos: (platicar) El doctor quiere que platiquemos con él.
(pagar) El chofer quiere que ellos le paguen el viaje.
(almorzar) Mi mamá insiste en que almuerces con nosotros.

1. (sacar) No es probable que ellos _____ buenas fotos.
2. (marcar) Dudo que ella _____ el número correcto.
3. (llegar) Esperamos que [tú] _____ a tiempo.
4. (descolgar) El timbre ha sonado; _____ usted el receptor.
5. (avanzar) El guardia no quiere que ellos _____ tanto.
6. (comenzar) Les decimos a los criados que no _____ hasta mañana.

**2.** Ejemplos: Me pongo este saco; quiero que usted se _____ ése.
Me pongo este saco; quiero que usted se ponga ése.

Si apenas quepo yo, es imposible que [nosotros] _____ los dos.
Si apenas quepo yo, es imposible que quepamos los dos..

1. Ya hago la comida; quiero que ella _____ la cena.
2. Yo tengo poco dinero; espero que usted _____ más.
3. Yo la conozco y quiero que tú la _____ también.
4. Digo la verdad; ¡ojalá que ellos la _____ también!
5. Vengo temprano. Espero que él _____ a tiempo.
6. Salgo a las ocho. Quiero que vosotros _____ a la misma hora.
7. Me detengo allí, pero no quiero que todos nos _____.
8. No oigo muy bien. Espero que tú _____ mejor.
9. Dudan que yo _____ mucho, pero valgo tanto como ellos.
10. Yo los veo, pero no quiero que ellos me _____.

**3.** Ejemplos: Almorcemos ahora; _____.
Almorcemos ahora; que ellos almuercen después.

Leamos la carta ahora; _____.
Leamos la carta ahora; que ellos la lean después.

1. Comamos ahora; _____.
2. Estudiemos la lección ahora; _____.
3. Salgamos ahora; _____.

4. Toquemos la canción ahora; _____.
5. Paguemos ahora; _____.

**4. Ejemplos:**   ¿Lo tiene Carlos? _____.
                   ¿Lo tiene Carlos? Dudo que lo tenga.

                   ¿La pagará Luis? _____.
                   ¿La pagará Luis? No creo que la pague.

1. ¿Los conoce Pablo? Dudo _____.
2. ¿Los seguirá el guía? No creo _____.
3. ¿Lo harán ellos? No pienso _____.
4. ¿La pondrá el mesero? No me imagino _____.
5. ¿Lo sabrán los gemelos? Niego _____.

## D.   EL PRESENTE PERFECTO DE SUBJUNTIVO

**(a)**   Estudie usted el presente de subjuntivo de **haber** (Apéndice, ¶39).

**(b)**   Repita usted cambiando como se indica:

1. Anita no cree que yo haya <u>pagado</u>.
      1. estudiado  2. bailado  3. practicado  4. cantado  5. paseado
2. Luis duda que hayas <u>comido</u> mucho.
      1. bebido  2. servido  3. aprendido  4. comprendido  5. corrido
3. Mi tía siente que hayamos <u>salido</u>.
      1. partido   2. venido   3. ido   4. cedido (ceder: *to yield*)
      5. perdido
4. Espero que hayan <u>abierto</u> el banco.
      1. devuelto el coche  2. escrito la carta  3. hecho su deber (*duty*)
      5. puesto atención  4. visto el museo

**(c)**   Conteste usted según el ejemplo:

**Ejemplo:**   ¿Han llamado al mozo?
               No creo que lo hayan llamado.

1. ¿Han abierto las maletas (*suitcases*)?
2. ¿Han devuelto los pasaportes (*passports*)?
3. ¿Han visto a los agentes?
4. ¿Han dicho sus nombres?
5. ¿Han escrito sus direcciones?

## E.  DIÁLOGO

### *Quiero que tú se lo digas*

*Ana acaba de marcar el número 34–63–09 (treinta y cuatro—sesenta y tres—cero nueve).*

VOZ: Bueno. Mande usted.

ANA: ¿Con quién hablo, por favor?

VOZ: Habla con Oscar Latorre, para servir a usted.

ANA: Gracias, señor Latorre. Le ruego que llame al teléfono al señor Carlos Martín, si no es molestia.

LATORRE: Con mucho gusto, y ¿de parte de quién?

ANA: De parte de Ana West.

★     ★     ★

CARLOS: Bueno. ¿Qué hay, Ana?

ANA: Acabo de recibir una carta de mi padre . . .

CARLOS: Espero que no traiga malas noticias.

ANA: Al contrario. ¿Sabes que yo había solicitado una beca para estudiar en España?

CARLOS: Sí, y te la otorgaron, ¿verdad? ¡Felicitaciones!

ANA: Te las agradezco Carlos, y necesito que me ayudes.

CARLOS: Haré lo que pueda.

ANA: Pues, supe esta tarde que Pablo irá a Madrid dentro de dos meses, y no quiero que él crea . . .

CARLOS: . . . que tú vayas porque él va, ¿no es eso?

ANA: Eso es. ¿Qué me aconsejas que le diga?

CARLOS: Dile la verdad.

ANA: No puedo. Quiero que tú se lo digas.

CARLOS: Bueno. Se lo diré, si quieres.

ANA: Es lástima que tú no vayas también a España.

CARLOS: Me gustaría, pero es imposible. Tengo que seguir estudiando aquí. Además, es muy probable que . . .

ANA: . . . que des clases de inglés en el Instituto, ¿verdad?

### I Want You to Tell Him

*Anne has just dialed number 34–63–09.*

VOICE: Hello. What can I do for you?

ANNE: With whom am I speaking, please?

VOICE: You're speaking with Oscar Latorre, at your service.

ANNE: Thanks, Mr. Latorre. Please (I beg you to) call Mr. Charles Martin to the telephone, if it's no trouble.

LATORRE: Gladly. Who's calling (on behalf of whom)?

ANNE: (On behalf of) Anne West.

★      ★      ★

CHARLES: Hello. What's the matter, Anne?

ANNE: I have just received a letter from my father.

CHARLES: I hope it doesn't bring bad news.

ANNE: On the contrary. You know that I had applied for a scholarship in order to study in Spain?

CHARLES: Yes, and they awarded it to you, didn't they? Congratulations!

ANNE: Thank you for them (the congratulations), Charles, and I need you to help me (that you help me).

CHARLES: I'll do whatever I can.

ANNE: Well, I learned this afternoon that Paul is going to Madrid within two months, and I don't want him to think . . .

CHARLES: . . . that you're going because he's going, is that it?

ANNE: That's it. What do you advise me to tell him?

CHARLES: Tell him the truth.

ANNE: I can't. I want you to tell him (it).

CHARLES: All right. I'll tell him, if you wish.

ANNE: It's a pity that you're not going to Spain also.

CHARLES: I would like to, but it's impossible. I have to keep on studying here. Besides it's very probable that . . .

ANNE: . . . that you will teach (give) some classes at the Institute, right?

## F.  CUESTIONARIO

Conteste usted en español con frases completas:

1. ¿Qué número marca Ana?   2. ¿Qué dice la voz cuando contesta?
3. ¿De quién es la voz?   4. ¿Qué ruega Ana que haga el señor Latorre?
5. ¿Qué es lo que Ana acaba de recibir?   6. ¿Qué noticias espera Carlos que la carta no traiga?   7. ¿Qué había solicitado Ana?   8. ¿Cuándo supo Ana que Pablo iría a Madrid?   9. ¿Qué no quiere Ana que Pablo crea?   10. ¿Qué aconseja Carlos que Ana diga a Pablo?   11. ¿Qué quiere Ana que Carlos haga?   12. ¿Dónde es probable que Carlos dé clases de inglés?

## G.  TRADUCCIÓN

**Traduzca usted al español:**

Anne dials a number and Mr. Latorre answers the telephone. Anne asks him to call Charles. When Charles answers, she tells him that she has just received a letter from her father. The letter brings good news. She had applied for a scholarship and they awarded it to her. She does not want to tell (it to) Paul; she wants Charles to tell (it to) him. It's a pity that Charles isn't going to Spain also, but he has to keep on studying in Mexico.

# ·**Lección 28**

## A. DIÁLOGO PRELIMINAR

LA SEÑORITA: ¡Por fin llegamos!

YOUNG LADY: *We finally arrived!*

EL SEÑOR: Voy a preguntar qué tenemos que hacer.

GENTLEMAN: *I'm going to ask what we have to do.*

LA SEÑORITA: Yo le cuidaré el equipaje.

YOUNG LADY: *I'll watch the baggage for you.*

EL SEÑOR: Es usted muy amable, pero no quisiera que se molestara.

GENTLEMAN: *You're very kind, but I wouldn't want you to bother.*

LA SEÑORITA: Vaya, no es molestia. Esperaré hasta que vuelva.

YOUNG LADY: *Go on, it's no bother. I'll wait until you get back.*

EL SEÑOR (AL VOLVER): Pues, le pedí al agente que me explicara lo que tenemos que hacer.

GENTLEMAN (RETURNING): *Well, I asked the agent to explain to me what we must do.*

LA SEÑORITA: ¿Qué le dijo que hiciéramos?

YOUNG LADY: *What did he say we should do?*

EL SEÑOR: Que lleváramos las maletas a esa sala.

GENTLEMAN: *(That we should) Carry the suitcases to that room.*

LA SEÑORITA: Sin duda para que las puedan examinar.

YOUNG LADY: *No doubt so that they can examine them.*

EL SEÑOR: También me dijo que presentáramos los pasaportes.

GENTLEMAN: *He also told me that we should present our passports.*

LA SEÑORITA: Ya tengo listo el mío. Y ¿qué más?

YOUNG LADY: *I have mine ready now. What else?*

EL SEÑOR: Nos aconsejó que cambiáramos dinero.

GENTLEMAN: *He advised us to change some money.*

# B. PRÁCTICA

**(a)** Conteste usted con frases completas:

1. La señorita no dice "¡Ya llegamos!" ¿Qué dice?
2. ¿Dice el señor "Iré a preguntar" o "Voy a preguntar"?
3. ¿Dice el señor "¿Qué tendremos que hacer?" o "¿Qué tenemos que hacer?"?
4. ¿Dice la señorita "Yo cuidaré su equipaje" o "Yo le cuidaré el equipaje"?
5. El señor no dice "No quiero que se moleste". ¿Qué dice?
6. El señor no dice "Le pido al agente que me explique". ¿Qué dice?
7. ¿Para qué llevan las maletas a la sala?
8. El señor no dice "Me dice que presentemos los pasaportes". ¿Qué dice?
9. La señorita no dice "El mío está listo". ¿Qué dice?
10. ¿Qué les aconsejó el agente?

**(b)** Hable usted con frases completas:

1. Un grupo de personas dice "¡Por fin llegamos!" ¿Qué dice una sola persona?
2. Un grupo de personas dice "¿Qué tenemos que hacer?" ¿Qué dice una sola persona?
3. Una persona dice "No quisiera que usted se molestara". ¿Qué dice un grupo de personas?
4. A un amigo le digo "Esperaré hasta que vuelvas". ¿Qué les digo a dos amigos?
5. Una persona dice "Le pedí que me explicara". ¿Qué dicen dos personas?
6. Repita usted "¿Qué le dijo que hiciéramos?"
7. ¿Qué diría usted hablando en tiempo presente?
8. A un amigo le digo "Te pedí que llevaras las maletas". ¿Qué les digo a dos amigos?
9. A un amigo le digo "Te aconsejé que cambiaras dinero". ¿Qué le digo a un señor?
10. Una persona dice "Ya tengo listo el mío". ¿Qué dice un grupo de personas?

## C.  EL PASADO DE SUBJUNTIVO

**(a)**  Estudie usted el pasado de subjuntivo de los verbos regulares (Apéndice, ¶34).

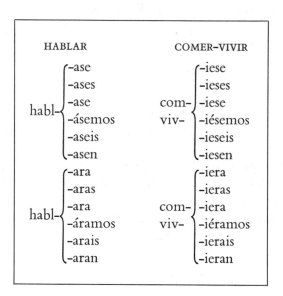

| HABLAR | | COMER–VIVIR | |
|---|---|---|---|
| habl- | -ase<br>-ases<br>-ase<br>-ásemos<br>-aseis<br>-asen | com-<br>viv- | -iese<br>-ieses<br>-iese<br>-iésemos<br>-ieseis<br>-iesen |
| habl- | -ara<br>-aras<br>-ara<br>-áramos<br>-arais<br>-aran | com-<br>viv- | -iera<br>-ieras<br>-iera<br>-iéramos<br>-ierais<br>-ieran |

**(b)**  Repita usted cambiando según se indica:

**1.** Ejemplo:  (bajar) El agente me dijo que bajara en seguida.

  1. pasar   2. entrar   3. contestar   4. llamar   5. terminar   6. acabar

**2.** Ejemplo:  (ir) Era necesario que fuéramos en el tren.

  1. partir   2. volver   3. escribir   4. salir   5. comer   6. dormir

**(c)**  Repita usted, haciendo los cambios necesarios:

Ejemplos:  (yo) El agente me dijo que abriera las maletas.
    (ellos) El agente les dijo que abrieran las maletas.

  1. tú   2. nosotros   3. Ana   4. él   5. vosotros   6. ellas

**(d)**  Complete usted según los ejemplos:

**1.** Ejemplos:  (enseñar el pasaporte) Recomendó que ustedes enseñasen el pasaporte.
    (llenar la tarjeta) Recomendó que ustedes llenasen la tarjeta.

I. abrir la maleta   2. subir al tren   3. buscar un mozo   4. comer en
el tren   5. cambiar un cheque   6. pasar a la aduana (*custom house*)

2. **Ejemplos:**   (cerrar) Insistieron en que [tú] cerrases la puerta.
(partir) Insistieron en que [tú] partieses con ellos.

I. llevar el equipaje   2. subir al tren   3. abrir la maleta   4. pagar al
guía   5. volver a tiempo   6. escribir a Madrid

## D.   CORRESPONDENCIA DE TIEMPOS
### Sequence of Tenses

Generally, the verb of a dependent clause should be in a tense appropriate
to the meaning:

Dudo que Ana **llegue** ahora.
Dudo que Ana **llegue** mañana. (*There is no future subjunctive in current*
Dudo que Ana ya **haya llegado**.                              *Spanish usage.*)
Dudo que Ana **llegara** ayer.

In cases where verbs are normally expressed in English by a dependent
infinitive, the appropriate tense for the dependent clause may not always be
apparent. The following should be a helpful guide to the proper sequence of
tenses.

| MAIN VERB | DEPENDENT VERB | EXAMPLE | |
|---|---|---|---|
| Imperative | | Dile a Ana | |
| Present (indic. or subj.) | Present subjunctive | Le dice a Ana | |
| | | Ojalá diga a Ana | que |
| Present perfect | | Dirá a Ana | venga. |
| Future | | Le ha dicho a Ana | |
| Future perfect | | Le habrá dicho a Ana | |
| Imperfect | | Le decía a Ana | |
| Preterit | | Le dijo a Ana | |
| Conditional | | Le diría a Ana | |
| Past perfect | Past subjunctive | Le había dicho a Ana | que |
| Conditional perfect | | Le habría dicho a Ana | viniera. |
| Past subjunctive | | Esperaba que le dijera a Ana | |
| Past perfect subj. | | Ojalá que le hubiera dicho a Ana | |

**(a)**   Cambie las frases siguientes según los ejemplos:

**I.** Ejemplo:   José quiere que te pasees con él.
                  José siempre ha querido que te pasees con él.

    I. Carlos quiere que bailes con él.
    2. Ana desea que la llames Anita.
    3. Te mando que no abras esa puerta.
    4. Te aconsejo que no comas en ese restaurante.
    5. Lola se alegra de que vayas con ella.

**2.** Ejemplo:   ¿Llevó el mozo las maletas?
                  No, pero le diré que las lleve.

    I. ¿Bajó el mozo las maletas?
    2. ¿Presentó Ana el pasaporte?
    3. ¿Cambió Ana los dólares?
    4. ¿Escribió Ana la dirección?
    5. ¿Abrió el mozo las maletas?

**3.** Ejemplo:   El agente ha dicho que pasemos a la Aduana.
                  El agente habrá dicho (*has probably said*) que pasemos a la
                  Aduana.

    I. El agente ha mandado que abramos las maletas.
    2. El mozo ha dicho que comamos en el tren.
    3. El policía ha indicado que escribamos las direcciones.
    4. El mozo nos ha indicado que subamos al tren.
    5. El agente nos ha dicho que llenemos las tarjetas.

**4.** Ejemplo:   Quiero que me escribas de Madrid.
                  Quería que me escribieras de Madrid.

    I. Quiero que me escribas de España.
    2. Anita quiere que el mozo lleve las maletas.
    3. El mozo desea que Anita le pague.
    4. Anita quiere que el mozo la lleve a la aduana.
    5. La señorita quiere que el empleado le cambie unos dólares.

**5.** Ejemplo:   Te pido que me cambies este cheque.
                  Te pedí que me cambiaras este cheque.

    I. Te pido que me cambies estos francos (*francs*).
    2. Te pedimos que nos cambies estos dólares.

3. El mozo nos indica que subamos al tren.
4. Mis padres me piden que les escriba al llegar.
5. El agente manda que te acerques.

6. **Ejemplo:**  Te pedí que me cambiaras este cheque.
Te había pedido que me cambiaras este cheque.

1. Anita me pidió que cuidara el equipaje.
2. El agente nos dijo que abriéramos las maletas.
3. El mozo me recomendó que comiera en el tren.
4. El policía me dijo que entrara en la aduana.
5. El mozo me pidió que le pagara.

## E.  DIÁLOGO

### Le mandó que abriera las maletas

*A las ocho de la mañana Ana bajó de un coche-cama del tren "Expreso del Sur"
en Irún, pueblo español de la frontera de Francia, y pidió a un mozo que le
llevara el equipaje.*

MOZO: Muy bien, señorita. ¿Cuántos bultos tiene usted?

ANA: Dos maletas grandes y ésta pequeña, que yo misma llevaré.

MOZO: Entre usted por la puerta con el letrero que dice "Aduana".

ANA: ¿No sería mejor que yo acompañara el equipaje?

MOZO: No se preocupe. Yo lo llevaré. Soy el número diez y seis.

*Dentro de la aduana, Ana se pone en una cola.*

ANA: ¿Qué dijo el agente?

MOZO: Mandó que abriera las maletas. Deme usted las llaves.

AGENTE: ¿Es usted francesa?

ANA: No, señor. Soy norteamericana.

AGENTE: Pues, pase usted.

ANA: ¿No quería usted que abriera las maletas?

AGENTE: No, señorita. Usted puede pasar.

MOZO: Ahora tiene que presentar el pasaporte al agente de inmigración.

ANA: ¿En aquella taquilla?

MOZO: Sí, y depués vaya al agente de policía.

ANA: ¿Para qué?

MOZO: Para llenar una tarjeta con su nombre, el número de su pasaporte y su dirección en España.

ANA: A propósito, quisiera cambiar dinero, si es posible.

MOZO: Pase por aquella puerta a la caja de cambio, pero deme antes su billete por favor.

ANA: Aquí lo tiene.

MOZO: Llevaré su equipaje y la esperaré a la entrada del vagón número dos.

ANA (al cajero): ¿A cuánto está la peseta?

CAJERO: Damos sesenta y nueve pesetas por un dólar.

ANA: Quisiera que me cambiara este cheque de viajero.

CAJERO: Son mil trescientas ochenta pesetas.

### He Ordered Her to Open the Suitcases

*At eight o'clock in the morning Anne got off a sleeping car of the "Southern Express" train at Irún, a Spanish town on the French border, and asked a porter to carry her baggage.*

PORTER: Very well, miss. How many pieces (of baggage) do you have?

ANNE: Two large suitcases and this small one, which I will carry myself.

PORTER: Go in that door with the sign that says "Customs."

ANNE: Wouldn't it be better for me to go with the baggage?

PORTER: Don't worry. I'll carry it. I am number sixteen.

*Inside the customhouse Anne gets in a line.*

ANNE: What did the agent say?

PORTER: He ordered you to open your suitcases. Give me the keys.

AGENT: Are you French?

ANNE: No, sir. I'm (North) American.

AGENT: Well, go ahead.

ANNE: Didn't you want me to open the suitcases?

AGENT: No, miss. You can go ahead.

PORTER: Now you have to present your passport to the immigration agent.

ANNE: In that little window?

PORTER: Yes, and afterwards go to the police agent.

ANNE: For what?

PORTER: In order to fill out a card with your name, the number of your passport, and your address in Spain.

ANNE: By the way, I should like to change some money, if it's possible.

PORTER: Go through that door to the exchange bank, but first give me your ticket, please.

ANNE: Here (you have it).

PORTER: I will carry your baggage and wait for you at the entrance to car number two.

ANNE: (to the cashier): At how much is the peseta?

CASHIER: We're giving sixty-nine pesetas for a dollar.

ANNE: I should like you to change this traveler's check for me.

CASHIER: That's one thousand three hundred and eighty pesetas.

## F.  CUESTIONARIO

Conteste usted en español con frases completas:

I. ¿En qué tren viajaba Ana?   **2.** ¿Dónde está Irún?   **3.** ¿Qué le pidió
Ana al mozo?   **4.** ¿Cuántas maletas tenía Ana?   **5.** ¿Qué maleta quería
llevar ella?   **6.** ¿Qué hizo Ana al entrar en la Aduana?   **7.** ¿Qué le mandó
el agente?   **8.** ¿Por qué no quiso el agente que ella abriera sus maletas?
**9.** ¿A quién tuvo que presentar su pasaporte?   **10.** ¿Qué escribió Ana en
la tarjeta?   **11.** ¿Dónde dijo el mozo que la esperaría?   **12.** ¿A cuánto
estaba la peseta?   **13.** ¿Cuántas pesetas recibió Ana?

## G.  TRADUCCIÓN

Traduzca usted al español:

The "Southern Express" train arrived at Irún at eight o'clock in the
morning. Anne got off a sleeping car and told a porter to carry her suitcases. He took them, and he and Anne went to the custom house. Anne
got in line, and the agent told her to open her suitcases and to present her
passport. He examined them, and then he told her to fill out a card. She
did it and then went to the exchange bank to change some dollars. Afterwards she and the porter went to her (train) car, which was car number
two.

# Lección 29

## A. DIÁLOGO PRELIMINAR

INÉS (SUBIENDO AL TALGO): ¡Elena! ¡Cuánto me alegro de verte!

ELENA: Igualmente. Si vas a Madrid, viajaremos juntos.

INÉS: Encantada.

ELENA: Hiciste un viaje a París, ¿verdad?

INÉS: Sí, y me habría quedado otro mes allí si no empezaran tan pronto las clases.

ELENA: ¡Ojalá que yo pudiera ir a París!

INÉS: ¿Dónde vas a vivir este año?

ELENA: En casa de una tía. ¿Y tú?

INÉS: En el Colegio Santa María.

ELENA: Yo también viviría allí, si me lo permitiesen mis padres.

INÉS: Diles que viviremos juntas si te lo permiten.

ELENA: No valdría la pena. Me tratan como si fuese una niña.

INEZ (GETTING ON THE TALGO): *Helen! How glad I am se see you!*

HELEN: *Me too. If you are going to Madrid, we'll travel together.*

INEZ: *Delighted.*

HELEN: *You took a trip to Paris, didn't you?*

INEZ: *Yes, and I would have stayed there another month if classes weren't starting so soon.*

HELEN: *I wish I could go to Paris!*

INEZ: *Where are you going to live this year?*

HELEN: *At the home of an aunt. And you?*

INEZ: *At the Santa Maria College (dormitory).*

HELEN: *I would live there too, if my parents would let me.*

INEZ: *Tell them that we'll live together if they will allow you.*

HELEN: *It wouldn't do any good (it wouldn't be worth the trouble). They treat me as if I were a child.*

260

# B. PRÁCTICA

**(a)** Conteste usted con frases completas:

1. ¿Qué dice Inés cuando ve a Elena?
2. ¿Qué dice Elena para indicar que ella también se alegra?
3. Si Inés va a Madrid, ¿qué harán las dos?
4. ¿Qué dice Inés para indicar que le gustaría viajar con Elena?
5. ¿Adónde había viajado Inés?
6. ¿Cuánto tiempo más se habría quedado en París si no empezaran las clases?
7. ¿Qué dice Elena para indicar que le gustaría ir a París?
8. ¿Dónde va a vivir Elena?
9. ¿Dónde vivirá Inés?
10. ¿Dónde viviría Elena si se lo permitieran sus padres?
11. ¿Qué quiere Inés que Elena diga a sus padres?
12. Según Elena, ¿cómo la tratan sus padres?

**(b)** Hable usted con frases completas:

1. Repita usted "Si vas a Madrid, viajaremos juntas".
2. Cuando Elena dice eso, ¿cree que Inés va a Madrid?
3. Repita usted "Si fueras a Madrid, viajaríamos juntas."
4. Si Elena cree que Inés no va a Madrid, ¿qué dirá?
5. Repita usted "Me quedaré otro mes si no empiezan las clases".
6. Si Inés no sabe cuándo empiezan las clases, ¿qué dirá?
7. Repita usted "Me quedaría otro mes si fuera posible".
8. Si Inés no puede quedarse en París, ¿qué dirá?
9. Repita usted "Me habría quedado otro mes si hubiera sido posible".
10. Si Inés ya salió de París, no dirá "me quedaría si fuera posible". ¿Qué dirá?
11. Repita usted "¡Ojalá que yo pueda ir a París!"
12. Si Elena cree que es posible que vaya a París, ¿qué dirá?
13. Repita usted "¡Ojalá que yo pudiera ir a París!"
14. Si Elena cree que no es posible que vaya a París, ¿qué dirá?

## C.  EL PASADO DE SUBJUNTIVO DE VERBOS IRREGULARES

Sin ninguna excepción las dos formas del pasado de subjuntivo se basan en la tercera persona del plural del pretérito, omitiendo (*dropping*) **-ron** y añadiendo (*adding*) **-se, -ses, -se, -semos, -seis, -sen;** o **-ra, -ras, -ra, -ramos, -rais, -ran.**

| INFINITIVO | 3ra PERSONA PLURAL, PRETERITO | PASADO DE SUBJUNTIVO | | |
|---|---|---|---|---|
| hablar | habla-ron | habla- | -ra | -se |
| comer | comie-ron | comie- | | |
| sentir | sintie-ron | sintie- | -ras | -ses |
| pedir | pidie-ron | pidie- | | |
| | | | -ra | -se |
| ser | fue-ron | fue- | | |
| decir | dije-ron | dije- | -ramos | -semos |
| dar | die-ron | die- | | |
| saber | supie-ron | supie- | -rais | -seis |
| hacer | hicie-ron | hicie- | | |
| poner | pusie-ron | pusie- | -ran | -sen |

**(a)**   Llene usted los espacios según los ejemplos:

Ejemplos:   (dar) El agente nos dijo que le diésemos nuestro boleto (*ticket*).
(ir) El agente nos dijo que fuésemos a la aduana.

1. (poner) El agente nos dijo que nos _____ en la cola.
2. (detener) El agente nos dijo que nos _____ en la puerta.
3. (abrir) El agente nos dijo que _____ las maletas.
4. (traer) El agente nos dijo que _____ el pasaporte.
5. (ser) El agente nos dijo que _____ más corteses.
6. (tener) El agente nos dijo que _____ paciencia.

**(b)**   Repita usted, cambiando según se indica:

Ejemplos:   (venir) Fue lástima que no vinieses con Ana.
(entrar) Fue lástima que no entrases con Ana.

1. ir   2. estar   3. esperar   4. volver   5. andar   6. salir

**(c)** Llene usted los espacios (*blanks*) según los ejemplos:

Ejemplos:  (pasar) El mozo quería que Ana pasara a la aduana.
(detener) El mozo quería que Ana se detuviera en el
salón.

1. (dar) El mozo quería que Ana le _____ su boleto.
2. (poner) El mozo quería que Ana se _____ en la cola.
3. (traer) El mozo quería que Ana _____ sus llaves.
4. (ir) El mozo quería que Ana _____ a la caja.
5. (venir) El mozo quería que Ana _____ con él.
6. (abrir) El mozo quería que Ana _____ la maleta.

**(d)** Cambie usted los verbos al pretérito y al pasado de subjuntivo según los
ejemplos:

Ejemplos:  No es posible que venga.
No fue posible que viniera.

Sentirá que no vayas.
Sintió que no fueras.

1. Le manda que abra la maleta.
2. Le dice que se ponga en la cola.
3. Nos dicen que salgamos.
4. Dudamos que puedan hacerlo.
5. El lástima que no lo sepan.
6. No creen que tengamos dinero.
7. Pediremos que vengas a tiempo.
8. Me alegro de que seas mi amigo.
9. No es necesario que usted lo traiga.
10. Niegan que sea verdad.

# D.   FRASES CONDICIONALES

In simple conditions that are not contrary to fact or highly improbable,
appropriate tenses of the indicative are used, except that the future is not
used in the if-clause.

**(a)** Cambie usted los verbos del singular al plural según el ejemplo:

Ejemplo:  Si tengo tiempo iré al cine.
Si tenemos tiempo iremos al cine.

1. Si tú puedes, lo traerás, ¿verdad?

2. Si ella fue al mercado, volvió antes del mediodía.
3. Si está en casa, estará durmiendo.
4. Si lo prometí, lo haré.

In conditions that are contrary to fact or highly improbable the past subjunctive is used in the if-clause and the conditional in the conclusion. Nota: Algunas veces se usa la forma **-ra** del pasado de subjuntivo en la conclusion en vez del tiempo condicional.

(b)    Repita, cambiando como se indica.

    I. Si tuviésemos dinero <u>haríamos el viaje.</u>

        I. iríamos con usted   2. viajaríamos por avión   3. compraríamos un coche   4. viviríamos en el hotel   5. dejaríamos de trabajar

    2. Si yo fuera usted <u>estudiaría la lección.</u>

        I. me levantaría temprano   2. tomaría el tren   3. practicaría más   4. diría la verdad   5. comería en casa.

    3. Ellos le escribirían si <u>tuviesen tiempo.</u>

        I. tuviesen la gana   2. estuviesen aquí   3. no estuviesen ocupados   4. supiesen dónde vive   5. supiesen su dirección

    4. <u>Saliéramos</u> mañana si fuese posible.

        I. Volviéramos   2. Lo hiciéramos   3. Lo acabáramos   4. Lo trajéramos   5. Lo tradujéramos

The past perfect subjunctive and conditional perfect are used in past contrary-to-fact conditions.

(c)    Cambie usted las frases al tiempo pasado según el ejemplo:

Ejemplo:    Si estuviese aquí, nos lo diría.
            Si hubiese estado aquí, nos lo habría dicho.

    I. Si no lloviese, iríamos al mercado.
    2. Si estuviesen aquí, nos ayudarían.
    3. Eso me gustaría, si supiera de una buena casa.
    4. Si no solicitases la beca, no la recibirías.
    5. Si la conociésemos, la saludáramos.

The conditional (or the **-ra** form of the past subjunctive) is used for the sake of courtesy instead of the present or future in expressions of willing or requesting. This use should not be identified or confused with the usage in contrary-to–fact conditions.

**(d)**   Cambie usted según los ejemplos:

**I.** Ejemplos:   Quiero leerle a usted la carta.
Quisiera leerle a usted la carta.

¿Puede usted dármelo?
¿Pudiera usted dármelo?

1. Quiero ir con ellas.
2. Queremos usar el coche.
3. Quiero obtener una beca.
4. ¿Pueden ustedes ayudarnos?
5. ¿Puede usted prestarme cien pesetas?

**2.** Ejemplo:   Quisiera leer la carta.
Quisiera que usted leyese la carta.

1. Quisiera ir con ellas.
2. Quisiéramos usar el coche.
3. Quisiera estudiar en España.
4. Quisiera viajar por tren.
5. Quisiéramos vivir en el colegio.

**3.** Ejemplo:   Quisiera que usted leyese la carta.
Me gustaría que usted leyese la carta.

1. Quisiera que usted fuese con ellas.
2. Quisiéramos que usted usase el coche.
3. Quisiera que usted obtuviese una beca.
4. Quisiera que usted viajase por tren.
5. Quisiéramos que usted viviese en el colegio.

# E.   DIÁLOGO

## *Si lo practicase más...*

*A bordo del expreso Talgo, Ana está platicando con un matrimonio.*
ANA: Siempre había tenido ganas de estudiar en España.
DON MIGUEL: Espero que le guste nuestro país.

ANA: Si no hubiera recibido la beca, no habría podido venir.

DON MIGUEL: Usted habla español perfectamente, sin acento extranjero.

ANA: Es un favor que me hace usted.

DON MIGUEL: Ojalá que yo supiera hablar inglés así.

ANA: Usted lo habla muy bien.

DON MIGUEL: Creo que lo hablaría mejor si lo practicase más.

DOÑA ROSARIO: ¿Dónde va a vivir en Madrid?

ANA: No sé todavía. Si hubiese sabido con anticipación, habría escrito para reservar alojamiento.

DOÑA ROSARIO: Sin duda habrá habitaciones libres en los "colegios mayores".

ANA: ¡Ojalá!

DOÑA ROSARIO: Si no las hay, podrá obtener pensión en una casa particular.

ANA: Eso me gustaría más, si supiera de una buena casa.

DOÑA ROSARIO: Tengo una vecina que es viuda y vive sola con su hija.

DON MIGUEL: ¿Doña Teodora?

DOÑA ROSARIO: Sí. Le sobra una alcoba y es posible que la alquile.

DON MIGUEL: Es posible. Sé también que su hija quiere aprender inglés.

ANA: Me gustaría hablar con su vecina, pero no quiero molestarlos.

DON MIGUEL: No es ninguna molestia.

DOÑA ROSARIO: Si usted quiere iremos a verla cuando lleguemos a Madrid.

ANA: Muchísimas gracias. Son ustedes muy amables.


### If I Were to Practice It More

*On board the Talgo Express Anne is chatting with a married couple.*

ANNE: I had always had a desire to study in Spain.

DON MIGUEL: I hope you like our country.

ANNE: If I had not received the scholarship, I would not have been able to come.

DON MIGUEL: You speak Spanish perfectly, without a foreign accent.

ANNE: You are just being kind (It's a favor you're doing me).

DON MIGUEL: I wish I could speak English that way.

ANNE: You speak it very well.

DON MIGUEL: I believe that I would speak it better if I were to practice it more.

DOÑA ROSARIO: Where are you going to live in Madrid?

ANNE: I don't know yet. If I had known in advance, I would have written to reserve lodging.

DOÑA ROSARIO: No doubt there will be vacant rooms in the university residence halls.

ANNE: I hope so.

DOÑA ROSARIO: If there aren't any, you will be able to get board and room in a private home.

ANNE: I would like that better, if I knew of a good home.

DOÑA ROSARIO: I have a neighbor who is a widow and who lives alone with her daughter.
DON MIGUEL: Doña Teodora?
DOÑA ROSARIO: Yes. She has an extra bedroom, and it's possible that she may rent it.
DON MIGUEL: It's possible. I know also that her daughter wants to learn English.
ANNE: I would like to talk with your neighbor, but I don't want to trouble you.
DON MIGUEL: It's no trouble at all.
DOÑA ROSARIO: If you wish we will go to see her when we get to Madrid.
ANNE: Thank you very, very much. You are very kind.

## F.  CUESTIONARIO

Conteste usted en español según el diálogo:

1. ¿Cómo se llama el tren expreso en que Ana viaja?   2. ¿Con quién
está platicando Ana?   3. Si Ana no hubiese recibido la beca, ¿qué no
habría podido hacer?   4. ¿Cómo hablaría don Miguel el inglés, si lo
practicase más?   5. ¿Por qué no escribió Ana para reservar alojamiento?
6. ¿Dónde habrá habitaciones libres?   7. Si no hay habitaciones libres en
los colegios mayores, ¿dónde podrá Ana obtener pensión?   8. ¿Con quién
vive la vecina de doña Rosario?   9. ¿Vive el esposo de doña Teodora?
10. Si Ana quiere, ¿cuándo irán a ver a la viuda?

## G.  TRADUCCIÓN

Traduzca usted al español:

Anne was chatting with a Spanish married couple on board the express
train Talgo. She told them that she would not have come to Spain if she
had not received a scholarship. She said she did not know where she was
going to live. She would have reserved lodging if she had known in
advance. Doña Rosario said that she had a neighbor who was a widow
and who lived alone with her daughter. She had an extra bedroom and
it was possible that she might rent it.

# ·❦· Lección 30

*Repaso Sexto*

## A. LECTURA

Los cuatro amigos volvieron de Xochimilco por la noche. Ana se despidió de Paquita y de Carlos, y bajó del coche. Pablo la acompañó al salón del hotel y se despidieron con cariño (*affection*). La empleada la saludó y le preguntó si se divirtió en Xochimilco. "Sí, señora, me divertí divinamente", le contestó Ana, y le preguntó si había cartas para ella. La empleada le dijo que habían llegado dos y que la criada las había llevado al cuarto. Ana subió inmediatamente, y pocos minutos después le rogó a la empleada que le buscara el número del teléfono de Carlos. Lo encontró y se lo dijo a Ana.

Ana marcó el número, y el señor Oscar Latorre contestó. "Tenga usted la bondad de llamar al señor Martín", le dijo Ana. "¿De parte de quién?", preguntó él. "De parte de Ana West", contestó ella. "Con mucho gusto". dijo el señor, y llamó a Carlos. Ana le dio la agradabilísima noticia de que le habían otorgado la beca que había solicitado para estudiar en España. "¡Te felicito muy sinceramente!" exclamó Carlos. Ana le dio las gracias y le rogó que le pasara la noticia a Pablo. "¿Por qué no se la das tú misma?" le preguntó Carlos. "Porque sé que él va a España, y no quiero que crea que voy sólo porque él va", le contestó. Carlos prometió hacerlo.

Ana llegó a Irún en el tren "Expreso del Sur". Bajó de un coche-cama, y le dijo a un mozo que le llevara el equipaje. Él lo tomó y pasaron a la aduana, donde ya había una cola muy larga. El agente de inmigración le preguntó si era francesa; respondió que era norteamericana, y entonces él, sin examinar las maletas, le dijo que pasara. El mozo la llevó a una taquilla para presentar su pasaporte y llenar una tarjeta. De ahí pasaron a la caja de cambio. Ana cambió veinte dólares por pesetas, y luego se dirigieron al vagón número dos.

A bordo del tren Ana se puso a charlar con un matrimonio español. El señor, don Miguel, le dijo que esperaba que le gustara España. "Siempre me ha gustado, y siempre he tenido ganas de estudiar aquí", dijo ella. Él le dijo también que hablaba muy bien el español. "Muchas gracias; es favor que me hace", le dijo ella. Don Miguel hablaba un poco el inglés. Lo hablaría mejor si lo practicase más. Ana pensaba vivir en un colegio, pero doña Rosario le dijo que podría vivir con una vecina suya que quería alquilar una alcoba. Esto le gustó mucho a Ana.

## B.  PRÁCTICA DE EXPRESIONES

Substituya usted las palabras subrayadas y haga otros cambios necesarios:

**(a)** 1. Veo que Alberto baja del coche.  (*I want*)
2. Creo que Pablo la acompaña a la puerta.  (*I hope*)
3. Saben que Ana quiere llamar a Carlos.  (*they doubt*)
4. La empleada dice que la criada subirá las cartas.  (*tells = commands*)
5. Carlos nota que Ana se despide de Pablo.  (*recommends*)
6. La empleada imagina que ellos se han divertido.  (*is glad*)

**(b)** 1. Esperan que la carta no traiga malas noticias.  (*they know*)
2. Le ruego que llame a Carlos.  (*I begged*)
3. Es lástima que no vayas tú también.  (*it was*)
4. Siento que no vengan.  (*have come*)
5. Sienten que no los hayamos presentado.  (*were sorry*)
6. Le dice a Ana que marque el número.  (*told*)

**(c)** 1. Me mandó que abriera las maletas.  (*us*)
2. El mozo me pregunta cuántos bultos tengo.  (*asked*)
3. Es mejor que yo acompañe el equipaje.  (*it was*)
4. Le pidió a un mozo que le llevara las maletas.  (*she asks*)
5. El mozo le dice a Ana que se ponga en la cola.  (*told*)
6. Quiero que me cambie este cheque.  (*I should like*)

**(d)** I. Si recibo la beca, podré ir a España.   (*were to receive*)

    2. Si ella recibiera la beca, podría ir a España.   (*had received*)

    3. Lo hablaré mejor si lo practico más.   (*would speak*)

    4. Ana está platicando con un matrimonio español.   (*was chatting*)

    5. ¡Ojalá que yo pueda ir a España!   (*could*)

    6. ¡Ojalá que pudiéramos ir a España.   (*had been able*)


## C.  EL SUBJUNTIVO

Repase usted el uso del subjuntivo y el tiempo presente (APÉNDICE, ¶33, y en la Lección 26) y cambie las frases siguientes según los ejemplos:

**(a)** Verbos regulares

Ejemplo:   Pablo acompaña a Ana.
               Quiero que Pablo acompañe a Ana.

  I. Ana baja del coche.

  2. Los jóvenes entran en el salón.

  3. La señorita recibe muchas cartas.

  4. La criada sube al segundo piso.

  5. Mi amigo vive en una casa particular.

**(b)** Verbos de cambios ortográficos

Ejemplo:   Los guitarristas tocan muy bien.
               No creo que los guitarristas toquen muy bien.

  I. Ana marca bien el número.

  2. Los jóvenes llegan cansados.

  3. Las señoritas pagan a los meseros.

  4. Los amigos se dirigen al Zócalo.

  5. Ana empieza a enamorarse de Pablo.

**(c)** Verbos que cambian la raíz

Ejemplo:   Carlos se sienta en el salón.
               Le digo a Carlos que se siente en el salón.

  I. Pablo despierta temprano.

2. Mis amigos cuentan conmigo.
3. Los novios se divierten en Xochimilco.
4. Ana le pide las cartas a la empleada.
5. Los guitarristas siguen tocando serenatas.

**(d)** Verbos irregulares

Ejemplo:   Pablo hará lo que digo.
           Le pido a Pablo que haga lo que digo.

1. Lola me dará su dirección.
2. Anita saldrá pronto para España.
3. Mis padres tendrán el pasaporte listo.
4. Mis primos vendrán a visitarme.
5. Ustedes irán a Madrid en septiembre.

# D.   EL PASADO DE SUBJUNTIVO

Repase usted el pasado de subjuntivo (APÉNDICE, ¶34, y en la Lección 28) y
cambie las frases siguientes según los ejemplos:

**(a)** Verbos regulares

Ejemplo:   Te aconsejo que llames a Carlos.
           Te aconsejé que llamaras a Carlos.

1. Te recomiendo que ayudes a Anita.
2. Le mando a la criada que lleve las cartas.
3. Le digo a Pablo que suba al coche.
4. Me alegro de que usted reciba buenas noticias.
5. Siento que ustedes no coman conmigo.

**(b)** Verbos que cambian la raíz

Ejemplo:   Me alegro de que sigas bailando.
           Me alegré de que siguieras bailando.

1. Me alegro de que pidas la beca.
2. Nos alegramos de que ustedes se diviertan.
3. Paquita se alegra de que no nos despidamos.
4. Me alegro de que ustedes duerman bien.
5. Me alegro de que te sientas bien.

**(c)** Verbos irregulares

Ejemplo:   Dudo que tengas mucho dinero.
           Dudaba que tuvieras mucho dinero.

1. Dudo que la señorita sea francesa.
2. Dudamos que Ana traiga muchas maletas.
3. El agente duda que yo sepa la dirección.
4. Dudo que la caja de cambio esté abierta.
5. Carlos duda que Ana vaya a España.

**(d)** Expresiones impersonales

Ejemplo:   Es probable que me digan la dirección.
           Era probable que me dijeran la dirección.

1. Es posible que el tren llegue a tiempo.
2. Es necesario que cambiemos los cheques.
3. Es conveniente que llenemos la tarjeta.
4. Es triste que Carlos no venga.
5. Es lástima que Anita se sienta mal.

# E.   CORRESPONDENCIA DE TIEMPOS

**(a)**   Repase usted la correspondencia de tiempos en la Lección 28, y repase también los pretéritos irregulares en la Lección 9.

**(b)**   Cambie usted las frases siguientes según los ejemplos:

**1.** Ejemplo:   Deseo que me otorguen la beca.
                  Deseaba que me otorgaran la beca.

   1. Anita quiere que le toquen una serenata.
   2. Lola quiere que vengamos a visitarla.
   3. Carlos desea que Paquita tenga ciudado.
   4. No quiero que le digas la noticia.
   5. Paquita desea que traigamos el coche.

**2.** Ejemplo:   Te aconsejé que llenaras la tarjeta.
                  Te había aconsejado que llenaras la tarjeta.

   1. Le mandé al mozo que viniera pronto.

2. Le pedí al empleado que me diera el cheque.
3. Me aconsejaron que fuera a la aduana.
4. Te dijeron que te pusieras en la cola.
5. Le indiqué a Ana que tuviera cuidado.


## F.  EL CONDICIONAL

**(a)**  Repase usted el condicional (APÉNDICE, ¶32, y en la Lección 29).

**(b)**  Cambie las frases siguientes según los ejemplos:

**1.** Ejemplo:   Iré a Madrid si me otorgan la beca.
                  Iría a Madrid si me otorgaran la beca.

1. Anita irá a Madrid si Carlos va también.
2. Iremos en avión si tenemos dinero.
3. Paquita nos dirá el número si lo sabe.
4. Cuidaré las maletas si las pones aquí.
5. Anita visitará a la viuda si sabe su dirección.

**2.** Ejemplo:   Yo iría a España si recibiera la beca.
                  Yo habría ido a España si hubiera recibido la beca.

1. Antonia llegaría a tiempo si anduviera aprisa (*quickly*).
2. Obtendríamos alojamiento si escribiéramos a tiempo.
3. Os divertiríais mucho si fuerais con nosotros.
4. Viajaríamos en este tren si tuviera coche-comedor (*dining car*).
5. La señorita escribiría la dirección si la supiera.


## G.  TRADUCCIÓN

Traduzca usted al español:

When Anne returned from Xochimilco she found out (**supo**) that she had been awarded (**se le había otorgado**) a scholarship to (in order to) study in Spain. She asked (*use* **rogar**) the clerk to look up (*use* **buscar**) Charles's number for her. She called Charles and told him to come to the hotel at once. She told him she had received a scholarship and asked him to tell (it to) Paul.

About two weeks (some fifteen days) later, Anne got off a sleeping car in Irún and looked for a porter. "I want you to take my suitcases to the customs (house). After they have been examined, I should like for you to take them to the train for me."

"If you give me your ticket I'll take your bags to your seat," said the porter.

When the immigration agent had examined and stamped her passport, Anne went to the exchange bank and said to the cashier, "I should like for you to change some dollars for pesetas, please." On the Talgo Anne met a nice Spanish couple. The wife said to her, "If you have not already reserved lodging, we can introduce you to a neighbor who is a widow and who has an extra bedroom. It is possible that she will rent it to you."

## •ʒ Lección 31

## A. DIÁLOGO PRELIMINAR

ARTURO: ¡Iris! (AL BAJAR ELLA DEL TREN EN LA ESTACIÓN DEL NORTE) ¡Iris! Por aquí.

ARTHUR: *Iris!* (AS SHE GETS OFF THE TRAIN IN NORTH STATION) *Iris! Over here.*

IRIS: ¡Arturo! ¿Viniste a esperarme? Eres bonísimo. (*bueno + ísimo = bonísimo*)

IRIS: *Arthur! You came to meet me? You're wonderful!*

ARTURO: Siendo por ti, no hay nadie que no haga lo mismo.

ARTHUR: *Being for you, there's nobody who won't do the same.*

IRIS: Gracias. ¡Qué simpático eres!

IRIS: *Thanks. How nice you are!*

ARTURO: ¿No vino tu mamá?

ARTHUR: *Your mama didn't come?*

IRIS: No, porque mi hermana Hortensia se casa el mes que viene.

IRIS: *No, because my sister Hortense is getting married next month.*

ARTURO: ¿De veras? ¡Ojalá que el novio sea riquísimo!

ARTHUR: *Really? I hope the groom is rich as can be!*

IRIS: No es muy rico, pero tiene un empleo bonísimo.

IRIS: *He's not very rich, but he has an excellent job.*

ARTURO: Menos mal. Es mejor que tenga que trabajar.

ARTHUR: *That's not so bad. It's better that he have to work.*

IRIS: Oiga, mozo, tome estos talones y traiga mi equipaje.

IRIS: *Oh, porter, take these checks and bring my baggage.*

ARTURO: Yo llamaré un taxi.

ARTHUR: *I'll call a taxi.*

IRIS: Busca uno en que quepan mis maletas.

IRIS: *Look for one that'll hold my bags.*

ARTURO: Allí está uno en que caben, por muchas que sean.

ARTHUR: *There's one that will hold them, however many they may be.*

# B. PRÁCTICA

**(a)** Conteste usted con frases completas:

1. Repita usted "Al bajar ella del tren".
2. Eso quiere decir "Cuando ella baja del tren", ¿verdad? Ahora diga usted de la misma manera "Cuando él baja del tren".
3. Cuando Iris supo que Arturo había venido a esperarla, ¿qué le dijo?
4. De la misma manera diga usted a una amiga que ella es muy buena.
5. De la misma manera, ¿cómo se dice que el tren es muy malo?
6. ¿Tiene otra hija la mamá de Iris?
7. ¿Cómo se llama la otra hija?
8. ¿Cuándo se casa Hortensia?
9. ¿Es riquísimo su novio?
10. ¿Es muy bueno el empleo que tiene el novio?
11. ¿Qué le da Iris al mozo?
12. ¿Para qué le da al mozo los talones?
13. ¿Llamará Arturo un taxi cualquiera o uno en que quepan las maletas?
14. ¿Cabrán las maletas en el taxi que Arturo llama?

**(b)** Hable usted con frases completas:

1. Repita usted "No hay nadie que no haga lo mismo".
2. Eso quiere decir que todo el mundo haría lo mismo, ¿verdad? Pues, ¿qué quiere decir "No hay nadie que no diga lo mismo"?
3. Cuando Arturo dice "¡Ojalá que el novio sea riquísimo!" ¿sabe si es rico o no?
4. Repita usted "¡Ojalá que fuera rico!"
5. Si Arturo hubiese sabido que el novio no era rico, ¿qué habría dicho?
6. ¿Dice Iris "Allí está un taxi en que caben las maletas" o "Busca un taxi en que quepan las maletas"?
7. ¿Dice Arturo "Buscaré uno en que quepan" o "Allí está uno en que caben"?
8. Repita usted "Necesito un coche en que quepan las maletas".
9. Repita usted "Tengo un coche en que caben las maletas".

10. De la misma manera, ¿cómo diría usted que necesita un coche que sea bastante grande para cuatro personas?

11. De la misma manera, ¿cómo diría usted que tiene un coche que es bastante grande para cuatro personas?

12. Repita usted "Por muchas que sean".

13. ¿Cómo dice Arturo que no importa cuántas sean las maletas?

14. ¿Cómo diría de la misma manera que no importa cuánto pesen las maletas?

# C.   EL SUPERLATIVO

(a)   Estudie usted el superlativo absoluto (APÉNDICE, ¶21C).

(b)   Cambie usted según los ejemplos:

1.  Ejemplo:   No es la casa más grande de la ciudad.
                      No es la casa más grande de la ciudad, pero es grandísima.

   1. No es el museo más famoso del mundo . . .
   2. No es la señorita más guapa de Madrid . . .
   3. No son las montañas más altas de Europa . . .
   4. No son los zapatos más caros de la tienda . . .
   5. No es la lección más difícil de libro . . .

2.  Ejemplo:   Esta paella está muy rica.
                      Esta paella está riquísima.

   1. El mozo gana muy poco.
   2. Ana cree que José es muy simpático.
   3. Esta avenida es muy larga.
   4. Este restaurante es muy bueno.
   5. Doña Teodora es muy amable.

3.  Ejemplo:   ¡Qué muchacho tan malo!
                      Sí, es malísimo.

   1. ¡Qué casa tan grande!
   2. ¡Qué coche tan caro!
   3. ¡Qué avenida tan larga!
   4. ¡Qué hombre tan viejo! (vejísimo)
   5. ¡Qué comida tan buena!

## D. EL SUBJUNTIVO EN CLÁUSULAS DE RELATIVO

An adjective, or relative, clause is one initiated by a relative pronoun (*who, that, which,* etc.) that relates to an antecedent. If the applicability of the antecedent is narrowed or restricted by the clause, then the verb of the clause is in the subjunctive: *Necesito un guía que* **hable español** (not any guide whatever, but one who speaks Spanish), but *Tengo un guía que* **habla** *español.* In the second example the antecedent is a specific individual and is therefore not limited by the clause; hence the indicative is used.

**(a)** Estudie usted los usos del subjuntivo (APÉNDICE, ¶¶33AI y IIb).

**(b)** Cambie usted las frases según los ejemplos:

**1.** Ejemplos:   No sé quién es, pero no quiero decírselo.
No quiero decírselo, quienquiera que sea.

No sé cómo lo hará, pero no quiero pagárselo.
No quiero pagárselo, comoquiera que lo haga.

No sé si es barato, pero no quiero comprárselo.
No quiero comprárselo, por barato que sea.

1. No sé quién es, pero no quiero traérselo.
2. No sé dónde está, pero no quiero enviárselo.
3. No sé si pagará mucho, pero no quiero vendérselo.
4. No sé cuándo vendrá, pero no quiero pedírselo.
5. No sé cómo lo explicará, pero no quiero perdonárselo.

**2.** Ejemplos:   Es posible que alguien lo sepa, pero no lo conocemos.
No conocemos a nadie que lo sepa.

Es posible que alguien lo prometa, pero no lo conocemos.
No conocemos a nadie que lo prometa.

1. Es posible que alguien lo haga, pero no lo conocemos.
2. Es posible que alguien lo tenga, pero no lo conocemos.
3. Es posible que alguien lo compre, pero no lo conocemos.
4. Es posible que alguien se enamore de él, pero no la conocemos.
5. Es posible que alguien se case con ella, pero no lo conocemos.

**3.** Ejemplos:   Es el mejor tren del mundo.
No hay otro tren que sea tan bueno.
Esta ciudad tiene más médicos (*physicians*) que ninguna
otra (*any other*).
No hay otra ciudad que tenga tantos médicos.

1. Es el hombre más rico del mundo.
2. Es el guía más popular de todos.
3. Este coche cuesta más que ningún otro.
4. Es el museo más famoso del mundo.
5. Este dependiente vende más que ningún otro.

**4.** Ejemplo:   Busco un mozo que me sirva bien.   (tener)
Tengo un mozo que me sirve bien.

1. Busco un criado que hable inglés.   (tener)
2. Busco una viuda a quien le sobre una alcoba.   (conocer)
3. Necesito un taxi en que quepan las maletas.   (aquí está)
4. Quiero comprar un coche que no use mucha gasolina.   (acabar
de comprar)
5. Necesito un empleado que sepa hacerlo.   (encontrar)
6. No hay ningún tren que sea cómodo (*comfortable*).   (El Talgo
es un tren)
7. No hay nadie que quiera acompañarnos. (Aquí está alguien)
8. No hay restaurante en que se sirvan buenas comidas.   (Este es un
restaurante)

**5.** Ejemplo:   Iré contigo adondequiera (*wherever*) que vayas.
Dije que iría contigo adondequiera que fueras.

1. Haré el trabajo comoquiera (*however*) que lo desee usted.
2. Te daré el dinero cuandoquiera (*whenever*) que lo necesites.
3. No lo ayudaré quienquiera (*whoever*) que sea.
4. No compraré libro que no sea interesante.
5. Iré con él adondequiera que vaya.
6. No haré nada que le guste.

**6.** Ejemplo:   Por mucho que viajemos . . .
Por mucho que viajemos, ellos viajarán más.

1. Por mucho que estudiemos . . .
2. Por mucho que paguemos . . .
3. Por mucho que ofrezcamos . . .

4. Por mucho que tardemos . . .
5. Por mucho que traigamos . . .
6. Por mucho que tengamos . . .


## E.  DIÁLOGO

### *Una cena bonísima*

*El tren se para en la Estación del Norte en Madrid. Bajan juntos Ana y los señores Icaza.*

DOÑA ROSARIO: Allí está Pepe. ¡Pepe! Por aquí.

JOSÉ: ¿Cómo estáis, mamá, papá? (*Se abrazan.*)

DOÑA ROSARIO: ¿Qué tal, hijo? ¿Estás bien? ¿Nos echaste de menos?

JOSÉ: ¡Cómo no! Os eché mucho de menos.

DON MIGUEL: Aquí le presento a nuestro hijo, José. Pepe, te presento a la señorita West.

JOSÉ: Encantado de conocerla, señorita.

ANA: Gracias, José. El gusto es mío.

DOÑA ROSARIO: Su compañía nos agradó muchísimo durante el viaje.

DON MIGUEL: Habla castellano como si fuese española.

JOSÉ: ¿Qué tal le gusta España?

ANA: Gracias a sus padres, mi primera impresión es bonísima.

DOÑA ROSARIO: Oye, Pepe, ¿trajiste el coche?

JOSÉ: Sí. Oiga, mozo, lleve el equipaje al coche.

DON MIGUEL: Aquí tiene los talones. Dele los suyos también, señorita.

ANA: Gracias, pero tomaré un taxi e iré a un hotel.

DON MIGUEL: De ninguna manera. La llevaremos en el coche.

ANA: ¿Cabremos todos?

JOSÉ: Sí, cabemos nosotros, pero no cabrá el equipaje. Lo mandaremos por taxi.

DOÑA ROSARIO: Usted cenará con nosotros y después iremos a ver a doña Teodora, si le parece bien.

ANA: ¿No sería mejor que yo fuera directamente a un hotel? Ya es muy tarde.

JOSÉ: ¡Ca! Ni mucho menos.

DON MIGUEL: Los madrileños dormimos la siesta cuando hace más calor . . .

DOÑA ROSARIO: . . . y no cenamos antes de las nueve y media o las diez.

JOSÉ: Y después empezamos a vivir.

ANA: A mí me gustaría, pero . . .

JOSÉ: Más vale ceder, señorita. Cuando mamá decide una cosa no hay pero que valga.

DON MIGUEL: No cabe duda de eso.


### A Splendid Supper

*The train stops in North Station in Madrid. Anne and Mr. and Mrs. Icaza get off together.*

DOÑA ROSARIO: There's Joe. Joe! Over here.

JOSEPH: How are you, Mama, Papa? (*They embrace.*)

DOÑA ROSARIO: How goes it, son? Are you well? Did you miss us?

JOSEPH: Of course I did. I missed you a lot.

DON MIGUEL: Here I present to you our son, Joseph. Joe, I present you to Miss West.

JOSEPH: Delighted to know you, miss.

ANNE: Thanks, Joseph. The pleasure is mine.

DOÑA ROSARIO: Her company gave us a lot of pleasure during the trip.

DON MIGUEL: She speaks Castilian (Spanish) as if she were a Spaniard.

JOSEPH: How do you like Spain?

ANNE: Thanks to your parents, my first impression is extremely good.

DOÑA ROSARIO: Listen, Joe, did you bring the car?

JOSEPH: Yes. Oh, porter, take the baggage to the car.

DON MIGUEL: Here are the (baggage) checks. Give him yours too, miss.

ANNE: Thanks, but I'll take a taxi and go to a hotel.

DON MIGUEL: By no means. We'll take you in the car.

ANNE: Is there room for all of us (Do we all fit in)?

JOSEPH: Yes, there's room for us, but there's no room for the baggage. We'll send it by taxi.

DOÑA ROSARIO: You will eat supper with us and afterwards we'll go see Doña Teodora, if you like.

ANNE: Wouldn't it be better for me to go directly to a hotel? It's already late.

JOSEPH: Not at all. Far from it.

DON MIGUEL: We Madrilenes sleep the siesta when it's the hottest (part of the day) . . .

DOÑA ROSARIO: . . . and we don't eat supper before 9:30 or ten.

JOSEPH: And afterwards we begin to live.

ANNE: I would like to, but . . .

JOSEPH: Better give in, miss. When Mama decides something there's no use arguing (there is no "but" that avails).

DON MIGUEL: There is no doubt about that.

## F.  CUESTIONARIO

Conteste usted en español con frases completas:

1. ¿En qué estación se paró el tren?   2. ¿Qué hicieron Ana y los señores
Icaza cuando se paró el tren?   3. ¿Qué gritó doña Rosario cuando vió a
su hijo?   4. ¿Qué les preguntó José a sus padres cuando los abrazó?
5. ¿Qué le preguntó a José doña Rosario?   6. ¿Qué dijo doña Rosario
de la compañía de Ana?   7. ¿Cómo fue la primera impresión que Ana
tuvo de España?   8. ¿Cómo hablaba Ana el español?   9. ¿Qué le dijo
José al mozo?   10. ¿Qué quería el señor que Ana hiciese con los talones?
11. ¿Por qué tuvieron que mandar las maletas por taxi?   12. ¿A qué
invitó a Ana la señora?   13. ¿Adónde irían después de cenar?   14. ¿A qué
hora cenan los madrileños?

## G.  TRADUCCIÓN

Traduzca usted al español:

Joe was waiting at (**en**) the station when the train stopped. Mr. and Mrs.
Icaza and Anne got off together. Joe greeted his parents, and Mr. Icaza
introduced him to Anne. "I am very pleased to meet you," said Joe.
"The pleasure is mine," answered Anne, whose first impression of Madrid
was wonderful. Since Joe had brought the car, Mr. Icaza invited Anne to
go with them. Mrs. Icaza invited her to eat supper with them. The lady
also promised to take her to her friend's house after supper. She wanted
to ask her if she wished to rent a bedroom. Anne accepted, but she thought
that it would be better to wait until the following day.

# Lección 32

## A. DIÁLOGO PRELIMINAR

EL SEÑOR: ¿Se puede entrar ya en el museo?

THE GENTLEMAN: *Can people enter the museum now?*

EL GUARDIA: Todavía no. Hoy se abre a las diez.

THE GUARD: *Not yet. It opens (is opened) at ten today.*

EL SEÑOR: Me había olvidado. Y me apresuré tanto que vine sin desayunarme.

GENTLEMAN: *I had forgotten. And I hurried so much that I came without eating breakfast.*

EL GUARDIA: No se preocupe. Puede desayunarse en aquel café.

THE GUARD: *Don't worry. You can eat breakfast at that café.*

EL SEÑOR: Gracias. Se dice que la exhibición de hoy es muy importante.

THE GENTLEMAN: *Thanks. It is said that today's exhibition is very important.*

EL GUARDIA: Sí, señor. Se exhibirán obras nacionales contemporáneas.

THE GUARD: *Yes, sir. Contemporary national works will be exhibited.*

EL SEÑOR: ¡Cuánto me alegro! Ojalá pueda ver a los artistas mismos.

THE GENTLEMAN: *I'm so glad! I hope I can see the artists themselves.*

EL GUARDIA: Sólo dos van a presentarse hoy.

THE GUARD: *Only two are going to be present today.*

EL SEÑOR: Ojalá vea a los otros cuando visite a Madrid otra vez.

THE GENTLEMAN: *I hope I will see the others when I visit Madrid again.*

EL GUARDIA: Ojalá, y que se desayune bien.

THE GUARD: *I hope so, and I hope you have a good breakfast.*

EL SEÑOR: Muchas gracias. Volveré a las diez.

THE GENTLEMAN: *Thanks. I'll be back at ten.*

# B.  PRÁCTICA

**(a)**  Conteste usted con frases completas:

1. Repita usted "Si se puede".
2. ¿Qué pregunta el señor?
3. ¿Contesta el guardia "No" o "Todavía no"?
4. ¿Por qué no se puede entrar todavía?
5. Repita usted "Se había olvidado".
6. Si el señor lo sabía, ¿por qué llegó tan temprano?
7. Repita usted "se vino", "desayunarse".
8. Probablemente el señor tiene hambre. ¿Por qué?
9. ¿Por qué no debe preocuparse el señor?
10. ¿Qué se dice de la exhibición de hoy?
11. ¿Dice el guardia "Exhibirán" o "Se exhibirán"?
12. ¿Qué obras se exhibirán hoy?
13. ¿Dice el señor "Me alegro mucho" o "¡Cuánto me alegro!"?
14. ¿Por qué sólo podrá ver a dos artistas?
15. ¿Dice el guardia "Desayúnese bien" o "Que se desayune bien"?

**(b)**  Hable usted con frases completas:

1. El señor quiere entrar en el museo, ¿verdad? ¿Qué pregunta?
2. ¿Qué pregunta usted si quiere entrar en el teatro?
3. ¿Qué pregunta usted si quiere entrar en el cine?
4. ¿A qué hora se abre hoy el museo?
5. Pregunte usted a qué hora se cierra el museo.
6. Dígale a su compañero que usted se vino sin desayunarse.
7. Repita usted "Te viniste sin desayunarte".
8. Pregúntele a su compañero si se vino sin desayunarse.
9. Repita usted "Puedes desayunarte", "Puede usted desayunarse".
10. Dígale a su compañero que puede desayunarse en un café.
11. Dígame dónde puedo desayunarme yo.
12. Pregúntele a su compañero si se exhibirán obras nacionales en el museo.
13. Exclame usted "¡Cuánto me alegro!"
14. Exclame usted que se alegra de ver a los artistas.
15. Exclame usted que se alegra de ver a Madrid otra vez.

# C.  EL REFLEXIVO ESPAÑOL: VISTA GENERAL

En español, como en inglés, se usa el pronombre reflexivo cuando el sujeto del verbo es también el objeto del verbo. Repase usted los pronombres reflexivos (APÉNDICE, ¶24, y en la Lección 12).

**(a)** Cambie usted según el ejemplo:

Ejemplo:   A veces encuentro dinero (*Sometimes I find money*).
A veces me encuentro sin dinero (*Sometimes I find myself without money*).

1. A veces encuentro tiempo.
2. A veces encuentras amigos.
3. A veces usted encuentra empleo.
4. A veces encontramos trabajo.
5. A veces encontráis criadas.
6. A veces ellos encuentran guías.

El español generalmente emplea el pronombre reflexivo cuando el ebjeto del verbo es una parte del cuerpo (*body*) o una prenda de ropa (*article of clothing*) del sujeto. En este caso el inglés usa el posesivo.

**(b)** Cambie usted las frases siguientes según el ejemplo:

Ejemplo:   Creo que nos cortamos (*I believe we cut ourselves*).
Creo que nos cortamos la cara (*I believe we cut our faces*).

1. Creo que me corté.
2. Creo que te cortaste.
3. Creo que se cortó.
4. Creo que nos cortamos.
5. Creo que os cortasteis.
6. Creo que se cortaron.

Los pronombres reflexivos se usan también como recíprocos, y corresponden a los pronombres ingleses *each other* y *one another*.

**(c)** Cambie usted las frases siguientes según el ejemplo:

Ejemplo:   La señorita y tú escriben raras veces (*The young lady and you seldom write*).
La señorita y tú se escriben raras veces (*The young lady and you seldom write to each other*).

1. La señorita y tú hablan español.

2. El señor y usted ayudan mucho.
3. Tú y yo visitamos algunas veces.
4. Usted y yo saludamos cortésmente.
5. Enrique y Dolores invitan poco.
6. Los estudiantes siempre explican la lección.

Hay muchos verbos intransitivos en inglés a los cuales corresponden verbos reflexivos en español.

**(d)** Cambie usted al pretérito según el ejemplo:

Ejemplo: Me voy sin pagar la comida.
Me fui sin pagar la comida.

1. Me acerco al guardia del museo.
2. No te apresuras a salir.
3. El joven se acuerda de la dirección.
4. La señora se olvida de ver la *Dama de Elche*.
5. Ana se alegra de ir con José.
6. La señorita no se atreve (*dare*) a invitarlo.
7. ¿Por qué no os desayunáis temprano?
8. ¿Se divierten ustedes mucho en el Prado?
9. Tú te quedas en casa, ¿verdad?

# D. EL PRONOMBRE "SE"

Algunas veces este pronombre no es reflexivo, sino que desempeña otros papeles (*plays other roles*) en la frase:

(1) Se usa **se** en vez de (*instead of*) **le** o **les** cuando estos pronombres preceden a los pronombres **lo, los, la,** o **las.**

**(a)** Cambie usted los nombres objetos por pronombres según el ejemplo:

Ejemplo: El guardia les indica la sala.
El guardia se la indica.

1. El guardia le da la hora.
2. El señor le da las gracias.
3. La señorita le pide permiso.

4. Su amigo le enseña las salas.
5. El guardia les enseña la *Dama de Elche*.
6. El guardia les explica las exhibiciones.

(2) Se usa **se** como signo (*sign*) de voz pasiva en las frases que no tienen agente expreso, según se explicó en la Lección 19.

**(b)** Cambie usted según los ejemplos:

I. Ejemplo:  Dicen (*They say*) que este museo es el mejor.
  Se dice (*It is said*) que este museo es el mejor.

  1. Dicen que el museo está cerrado.
  2. Creen que la estatua es muy antigua (*ancient*).
  3. Suponen (*suppose*) que es obra prehistórica.
  4. Esperan que vengan muchos turistas.
  5. Temen que no haga buen tiempo.

2. Ejemplo:  La puerta se cierra a la una (*The door is closed at one*).
  Las puertas se cierran a la una (*The doors are closed at one*).

  1. El museo se abre a las nueve.
  2. El cuadro (*picture*) se ve desde aquí.
  3. Esa lengua (*language*) no se habla aquí.
  4. Ese libro no se vende aquí.
  5. Esta palabra no se escribe (*is not spelled*) así.

The pronoun **se** is often used as the indefinite subject of a singular active verb (Cf. English *one* in *One never knows*). This construction is frequently used where the **se**-passive might be misunderstood, as in: The newly-weds were invited = **Se invitó** *a los recién casados* (*not:* **Se invitaron** *los recién casados*, which could mean they invited themselves).

**(c)** Cambie usted según el ejemplo:

Ejemplo:  Alguien vio a las señoritas entrar en el museo.
  Se las vio entrar en el museo.

  1. Alguien enseñó a hablar francés a las criadas.
  2. Alguien ayudó a Carlos a manejar el coche.
  3. Alguien recomendó los muchachos al jefe (*chief*).
  4. Los presentaron al obispo.
  5. Oyen cantar a los gitanos (*gypsies*).

# E.  LA PREPOSICIÓN "A" CON OBJETOS DIRECTOS

Cuándo el objeto directo del verbo es un nombre (*noun*) que representa una persona determinada (*definite*), se requiere la preposición **a** antes del nombre objeto.

**(a)**  Cambie usted según el ejemplo:

Ejemplo:  Llame usted un mesero.
Llame usted al mesero que habla inglés.

1. Llame usted un guía.
2. Necesito un chofer.
3. ¿Busca usted una criada?
4. El policía interrogó una señorita.
5. Buscamos un dependiente.
6. Ahí veo unos señores.

La preposición **a** debe usarse también antes de los nombres propios (*proper nouns*) de personas, de animales y de lugares. Sin embargo (*nevertheless*), cuando el nombre de lugar requiere el artículo, se omite la preposición. (NOTA: **Visité a** Lima, pero **Visité el** Perú).

**(b)**  Cambie usted las frases siguientes según los ejemplos:

**1.** Ejemplo:  Conozco a Carlos y a Dolores.
Ayer conocí a Carlos y a Dolores.

1. Conozco a Enrique y a María.
2. Veo a la señorita Hernández.
3. Invito a don José Torres.
4. Visito al señor Sánchez y a su esposa (*wife*).
5. Llamo a Daniel por teléfono.

**2.** Ejemplo:  ¿Crees que Madrid es bonito?
Todavía no he visto a Madrid.

1. ¿Crees que Monterrey es bonito?
2. ¿Crees que México es pintoresco?
3. ¿Crees que España es interesante?
4. ¿Crees que Sevilla es alegre?
5. ¿Crees que Toledo es antiguo?

## F.  DIÁLOGO

### Se cierra a la una

*Ana y José están en el museo del Prado.*

GUARDIA: Perdón, señores, pero se acerca la hora de cerrar.

JOSÉ: Se me había olvidado. Se cierra a la una, ¿verdad?

GUARDIA: Sí, señor, pero se abre otra vez a las tres y media.

*Ana y José se miran y se encogen de hombros.*

JOSÉ: Bueno, nos iremos en seguida.

GUARDIA: No se apresuren ustedes. Todavía faltan diez minutos.

ANA: En ese caso, ¿podemos ver la *Dama de Elche* antes de irnos?

GUARDIA: Si se dan prisa, sí, señorita.

ANA: ¿Dónde se encuentra la *Dama de Elche*?*

GUARDIA: En la sala setenta y dos.

JOSÉ: ¿Y por dónde se va para llegar a esa sala?

GUARDIA: Se va derecho por estas salas hasta donde se ve el letrero "Buffet".

JOSÉ: Ahora me acuerdo. Se baja la escalera allí y se entra a la izquierda,
  ¿verdad?

GUARDIA: Sí, señor. No se olviden de que se cierra dentro de diez minutos.

JOSÉ: Descuide usted.

ANA: ¡Cuánto me ha gustado esta visita al Prado!

JOSÉ: Me alegro de que le haya gustado.

ANA: Me alegro de que usted me haya acompañado. No me atreví a rogárselo,
  pero nada me habría gustado más. Se lo agradezco sinceramente.


### It Closes at One

*Anne and Joseph are in the Prado Museum.*

GUARD: (I beg your) pardon, but it's getting close to closing time.

JOSEPH: I had forgotten. It closes at one, doesn't it?

GUARD: Yes, sir, but it opens again at 3:30.

*Anne and Joseph look at each other and shrug their shoulders.*

---

* La Dama de Elche is the name commonly given to a famous pre-Roman sculpture which
was discovered at Elche near Alicante.

JOSEPH: All right, we'll leave at once.

GUARD: Don't rush (don't hurry). There's still ten minutes.

ANNE: In that case, can we see the *Lady of Elche* before leaving?

GUARD: If you hurry, yes, miss.

ANNE: Where is (found) the *Lady of Elche*?

GUARD: In salon seventy-two.

JOSEPH: And how does one go to get to that salon?

GUARD: You go straight through these salons to where you see the sign "Buffet."

JOSEPH: Now I remember. You go down the stairs there and turn to the left, don't you?

GUARD: Yes, sir. Don't forget that it closes in ten minutes.

JOSEPH: Don't worry.

ANNE: How much I have enjoyed this visit to the Prado!

JOSEPH: I'm glad you've enjoyed it.

ANNE: I'm glad that you've accompanied me. I didn't dare ask it of you, but nothing would have pleased me more. I'm sincerely grateful to you (for it).

## G.  CUESTIONARIO

Conteste usted en español con frases completas:

I. ¿Dónde se encuentran Ana y José?  2. ¿Quién dice que se acerca la hora de cerrar?  3. ¿A qué hora se cierra el museo del Prado?  4. ¿A qué hora se abre otra vez?  5. ¿Cuándo se irán Ana y José?  6. ¿Por qué les dice el guardia que no se apresuren?  7. ¿Qué podrán hacer si se dan prisa? 8. ¿Dónde se encuentra la *Dama de Elche*?  9. ¿Hasta dónde se debe ir por las salas?  10. ¿De qué se acuerda José ahora?  11. ¿De qué les dice el guardia que no se olviden?  12. ¿De qué se alegra José?  13. ¿Y de qué se alegra Ana?  14. ¿A qué no se atrevió Ana?

## H.  TRADUCCIÓN

Traduzca usted al español:

Anne and Joseph were (*imperfect*) in the Prado Museum when the guard told them that it was getting close to closing time. Joseph had forgotten that it closed (*imperfect*) at one o'clock. The two friends looked at each other and said that they would leave at once. But the guard said that, if they hurried, they could see the *Lady of Elche*. It was in (the) salon seventy-two. They went through (**por**) some salons, [they went] down some stairs, and turned to the left. Anne liked the *Lady* very much, but she liked still (**aun**) more that Joseph should have (*past subjunctive of* **haber**) accompanied her.

# ☩ Lección 33

## A. DIÁLOGO PRELIMINAR

RAÚL: ¡Oye, Víctor! ¿Para dónde vas?

RAUL: *Hey, Victor! Where are you going?*

VÍCTOR: ¡Hola, Raúl! Voy al almacén ahí en la otra calle.

VICTOR: *Hello, Raul. I'm going to the (department) store there on the next street.*

RAÚL: Para hacer unas compras, ¿eh?

RAUL: *To make some purchases, eh?*

VÍCTOR: Nuestra vecina está enferma.

VICTOR: *Our neighbor is sick.*

RAÚL: Y vas al almacén por ella ¿verdad?

RAUL: *And you're going to the store for her?*

VÍCTOR: Sí. Y tú, ¿por qué andas por aquí?

VICTOR: *Yes. And you, why are you walking around here?*

RAÚL: Voy a ATESA* para comprar billetes para una excursión.

RAUL: *I'm going to ATESA to buy tickets for an excursion.*

VÍCTOR: ¿Tienes interés por la excursión o por la secretaria que trabaja allí?

VICTOR: *Are you interested in the excursion or in the secretary who works there?*

RAÚL: Por ambas cosas. ¿Por qué no vienes conmigo?

RAUL: *In both. Why don't you come with me?*

VÍCTOR: No hay tiempo para eso. Tengo que estar de vuelta para las seis.

VICTOR: *There's no time for that. I have to be back by six o'clock.*

RAÚL: Será por sólo cinco minutos. Las reservaciones ya fueron hechas por mi padre.

RAUL: *It will only be for five minutes. The reservations were already made by my father.*

VÍCTOR: Bien, pero con la condición de que vayas conmigo al almacén.

VICTOR: *Okay, but with the condition that you go with me to the store.*

---

* ATESA: Autotransporte Turístico Español, Sociedad Anónima. (*Spanish Touring Bus Service, Inc.*).

# B.  PRÁCTICA

**(a)**  Conteste usted con frases completas:

  1.  ¿Qué pregunta Raúl a Víctor?
  2.  ¿Adónde va Víctor?
  3.  ¿Dónde está el almacén?
  4.  ¿Para qué va al almacén?
  5.  ¿Por quién va al almacén?
  6.  ¿Por qué va a hacer las compras por ella?
  7.  ¿Adónde va Raúl para comprar billetes?
  8.  ¿Para qué son los billetes?
  9.  ¿Está interesado Raúl por la excursión o por la secretaria?
 10.  ¿Para qué hora tiene Víctor que estar de vuelta?
 11.  ¿Por quién fueron hechas las reservaciones?
 12.  Repita usted "Que vaya al almacén".
 13.  ¿Adónde quiere Víctor que Raúl vaya con él?

**(b)**  Hable usted con frases completas:

  1.  Pregúntele usted a un señor para qué va al almacén.
  2.  Dígale usted al señor que usted va al almacén para hacer compras.
  3.  Pregúntele al señor por qué va al almacén.
  4.  Dígale al señor que usted va al almacén porque la vecina está enferma.
  5.  ¿Cómo pregunta Víctor si Raúl está interesado por la excursión?
  6.  ¿Qué dice Raúl para indicar que tiene interés por las dos cosas?
  7.  Si tuviese interés por tres cosas, ¿diría "Por ambas cosas" o "Por las tres cosas"?
  8.  Pregunte usted a un amigo por qué no va con usted.
  9.  Diga que usted y su amigo tienen que estar de vuelta para las cinco.
 10.  ¿Quién hizo las reservaciones?
 11.  ¿Por quién serán comprados los billetes?
 12.  ¿Con qué condición irá Víctor a ATESA con Raúl?

## C.  LAS PREPOSICIONES "PARA" Y "POR"

English does not provide an accurate guide for distinguishing between the uses of **para** and **por**. Generally, **para** may be associated with the idea of purpose or destination. Notice the following:

| | |
|---|---|
| Estudian **para** aprender. | They study *in order to* learn. |
| Las compré **para** usted. | I bought them *for* you. |
| Salió **para** Segovia. | He left *for* Segovia. |
| Llegarán **para** las cinco. | They will arrive *by* five o'clock. |
| Sabe mucho **para** ser joven. | He knows a lot *for* (being) a young man. |
| Estamos **para** comer. | We're *ready* (just about) to eat. |
| ¿**Para** qué vino usted? | *Why* (*For what purpose*) did you come? |

Generally, **por** is used where English uses *through, by* (+ agent of a passive voice construction), *by way of, on account of, because of, for the sake of, in exchange for, instead of, by means of, on behalf of, per, around* (= *in the vicinity of*), *in favor of, in quest of.*

Notice the following:

| | |
|---|---|
| La casa fue vendida **por** el agente. | The house was sold *by* the agent. |
| Fueron **por** el Escorial. | They went *by way of* El Escorial. |
| Entré **por** la ventana. | I entered *through* the window. |
| **Por** la lluvia, no haremos el viaje hoy. | *On account of* the rain, we shall not take the trip today. |
| Pagaron diez mil pesetas **por** el coche. | They paid 10,000 pesetas *for* the car. |
| Estamos **por** comer. | We are *in favor of* eating. |
| Envió **por** el médico. | He sent *for* the doctor. |
| Si está ocupado, yo los compraré **por** usted. | If you're busy, I'll buy them *for* you. |
| ¡Apresúrate, **por** Dios! | *For* heaven's sake, hurry up! |
| ¿**Por qué** vino usted? | *Why* (*For what reason*) did you come? |
| **Por** rico que sea, no podrá comprar la felicidad. | *However* rich he may be, he will not be able to buy happiness. |
| Llegarán **por** las cinco. | They will arrive *around* five o'clock. |

| Saldrán mañana **por** la mañana. | They will leave tomorrow (*in* the) morning. |
| **Por poco** me caí. | I *almost* fell. |
| Le dieron sólo cincuenta **por ciento** del valor. | They gave him only 50 *per cent* of the value. |
| Se paseaban **por** los jardines. | They were strolling *through* the gardens. |
| Lo tomaron **por** un loco. | They took him *for* a madman. |
| **Por favor,** señores, no nos interrumpan. | *Please,* gentlemen, don't interrupt us. |

**(a)**   Repita usted, cambiando los verbos al tiempo pretérito:

Ejemplo:   Vienen muchas cartas para ti.
Vinieron muchas cartas para ti.

1. Alquilaremos un coche para ir a Toledo.
2. ¿Vuelven ellos para las cinco?
3. Saldremos el lunes para Madrid.
4. Se da prisa porque el tren está para salir.
5. Para ser turista, Roberto habla bien el español.
6. El mesero trae el té para nosotros.
7. Estudiarán para los exámenes.
8. Compra flores para su novia.

**(b)**   Cambie los verbos al plural, haciendo otros cambios necesarios:

Ejemplo:   ¿Quieres pasearte por la avenida?
¿Queréis pasearos por la avenida?

1. ¿Por cuánto se alquila el coche?
2. Le di al mozo veinte pesetas por llevar el equipaje.
3. ¿Cuánto pagó usted por las entradas?
4. Aunque no es de su gusto, lo hará por su amigo.
5. Por haber tardado en vestirse, ella perdió el tren.
6. Es probable que llegues mañana por la mañana.
7. La maleta fue abierta por el viajero.
8. ¡Por Dios, date prisa!
9. El pájaro (*bird*) voló (*flew*) por la ventana.
10. Estoy por almorzar antes de irme.
11. Fui en seguida por el médico.
12. Por eso se fue enojado.

**(c)** Complete usted las frases con **para** o **por**, según se necesite:

1. _____ ser americano, él habla bien el español.
2. El equipaje fue llevado _____ el mozo.
3. Partieron hoy _____ Sevilla.
4. Fueron a Sevilla _____ Toledo.
5. Pagaron 300 pesetas _____ los billetes.
6. Entre usted _____ la otra puerta.
7. _____ mucho que tenga,
8. no será bastante _____ pagármelo.
9. ¡Apresúrate! El tren está _____ salir.
10. Estoy _____ invitarla, pero los otros no lo quieren.
11. _____ haber tardado, perdí el avión.
12. Andábamos _____ las calles.
13. _____ favor, lleve los bultos _____ mí.
14. ¡_____ Dios, hombre! Vaya usted _____ el médico.

## D. EL SUBJUNTIVO EN CLÁUSULAS ADVERBIALES

En las cláusulas que modifican el verbo principal se usa el subjuntivo si la cláusula no expresa una acción o condición ya hecha. Siempre se usa el subjuntivo en las cláusulas que empiezan con las siguientes conjunciones adverbiales:

| | |
|---|---|
| **antes (de) que** | *before* |
| **a fin de que** | *in order that* |
| **a menos que** | *unless* |
| **como si** | *as if* (always with past or past perfect subjunctive) |
| **con tal (de) que** | *provided that* |
| **para que** | *in order that* |
| **sin que** | *without* |

**(a)** Repita usted, cambiando como se indica:

1. He traído el coche para que vayas conmigo.
   1. me acompañes  2. puedas ir también  3. puedas llevar los bultos
   4. no tengas que esperar  5. no tengas que ir en taxi

2. Ella salió de la estación sin que el mozo la viese.

    1. el agente   2. el guía   3. el cajero   4. el policía   5. el guardia.

3. Compraré los billetes antes que hagas el viaje.

    1. antes de que  2. a fin de que  3. con tal que  4. a menos que no
    5. para que

**(b)**  Cambie usted según el ejemplo:

Ejemplo:  Ana abre la maleta para que le agente la examine.
               Ana abrió la maleta para que el agente la examinase.

    1. Ana presenta el pasaporte para que el agente lo selle.
    2. El mozo lleva el equipaje antes que Ana cambie el dinero.
    3. Le sirven la comida sin que ella la pida.
    4. Promete alquilar un coche con tal que no cueste mucho.
    5. Salen del museo sin que el guardia los vea.

**(c)**  Complete usted según los ejemplos:

Ejemplos:  No tienen prisa, pero se apresuran . . .
             No tienen prisa, pero se apresuran como si la tuviesen.

             No es española, pero habla castellano . . .
             No es española, pero habla castellano como si lo fuese.

    1. No tienen sed, pero beben . . .
    2. No están casados, pero se riñen (*quarrel*) . . .
    3. El coche no es de ellos, pero lo usan . . .
    4. No están enojados, pero se gritan . . .
    5. No somos amigos, pero nos hablábamos . . .

# E.  DIÁLOGO

## Para Segovia por el Escorial

*Ana y José acaban de entrar en la oficina de ATESA.*

SECRETARIA: ¿En qué puedo servirlos?

ANA: Quisiera saber si hay cartas para Ana West, por favor.

SECRETARIA: A ver . . . Sí, señorita, aquí están varias cartas para usted.

ANA: Muchas gracias. Hay una de Pablo, por fortuna.

JOSÉ: Pues mientras usted la lee, yo preguntaré a la señorita sobre las excursiones arregladas por ATESA.

SECRETARIA: ¿Escursiones por Madrid y sus alrededores o a otras ciudades de España?

JOSÉ: A otras ciudades cercanas como Segovia o Toledo, por ejemplo.

SECRETARIA: ¿Prefieren viajar por tren o autobús?

JOSÉ: No sé. Es más económico por tren, ¿verdad?

SECRETARIA: Pero por autobús es mucho más cómodo.

JOSÉ: ¿A cuánto se alquila un auto pequeño en que quepan cuatro personas?

SECRETARIA: Se alquila a 350 (trescientas cincuenta) pesetas por día.

JOSÉ: Gracias, ¿y tienen excursiones por autobús para Segovia?

SECRETARIA: Sí, señor. Todos los domingos sale de aquí mismo un autobús nuestro para Segovia por el Escorial.

JOSÉ: ¿Y para cuándo tiene uno que estar aquí para tomar el autobús?

SECRETARIA: Para las ocho y media.

JOSÉ: ¿Se almuerza en el Escorial?

SECRETARIA: No, señor. Se detiene allí dos horas para ver el monasterio, pero se almuerza en Segovia.

JOSÉ: ¿Hay tiempo para visitar el acueducto y el alcázar?

SECRETARIA: Sí, señor, y la catedral.

JOSÉ: ¿Y se vuelve a Madrid por el mismo camino?

SECRETARIA: No señor. Se vuelve por la Granja para que los turistas vean el palacio y los jardines con sus famosísimos surtidores.

JOSÉ: ¿Y para qué hora, más o menos, se llega aquí otra vez?

SECRETARIA: Entre las seis y las siete. De todos modos será antes de que anochezca.


### To Segovia via El Escorial

*Anne and Joseph have just entered the ATESA office.*

SECRETARY: What can I do for you?

ANNE: I should like to know if there are any letters for Anne West, please.

SECRETARY: Let's see . . . Yes, miss, here are several letters for you.

ANNE: Many thanks. There's one from Paul, fortunately.

JOSEPH: Well, while you read it, I'll ask the young lady about excursions arranged by ATESA.

SECRETARY: Excursions through Madrid and its surroundings or to other cities of Spain?

JOSEPH: To other nearby cities like Segovia or Toledo, for example.

SECRETARY: Do you prefer to travel by train or bus?

JOSEPH: I don't know. It's more economical by train, isn't it?

SECRETARY: But by bus it's much more comfortable.

JOSEPH: For how much do you rent a small car that will hold four persons?

SECRETARY: It rents at 350 pesetas per day.

JOSEPH: Thanks, and do you have bus excursions for Segovia?

SECRETARY: Yes, sir. Every Sunday one of our buses leaves from right here for Segovia by way of (via) El Escorial.

JOSEPH: And what time must one be here in order to take the bus?

SECRETARY: By 8:30.

JOSEPH: Do they eat lunch at El Escorial?

SECRETARY: No, sir. They stop there two hours to see the monastery, but lunch is (eaten) in Segovia.

JOSEPH: Is there time to visit the aqueduct and the castle?

SECRETARY: Yes, sir, and the cathedral.

JOSEPH: Do they return to Madrid by the same route?

SECRETARY: No, sir. The return is by La Granja so that the tourists (can) see the palace and the gardens with their very famous fountains.

JOSEPH: And by what time, more or less, does it get back here again?

SECRETARY: Between six and seven o'clock. At any rate, it will be before it gets dark.

## F.  CUESTIONARIO

Conteste usted en español con frases completas:

1. ¿Dónde acaban de entrar Ana y José?  2. ¿Qué les pregunta la secretaria?
3. ¿Qué quería saber Ana?  4. ¿Qué preguntó José mientras Ana leía la carta?  5. ¿Qué ciudades quería visitar?  6. ¿Cuál es más económico, el tren o el autobús?  7. ¿Cuál es más cómodo?  8. ¿Por cuánto se alquila un coche pequeño?  9. ¿Para qué ciudad sale el autobús los domingos?
10. ¿Por dónde pasa el autobús antes de llegar a Segovia?  11. ¿Para qué hora se tiene que estar para tomar el autobús?  12. ¿Para qué vuelve la excursión por la Granja?

## G.  TRADUCCIÓN

Traduzca usted al español:

Joseph went with Anne to ATESA in order that she pick up (*use past subjunctive of* **recoger**) the letters that might have arrived (*use past perfect subjunctive*) for her. The secretary gave her several letters, among which (**entre las cuales**) there was one from Paul. Joseph told her to read it while he was asking about excursions to nearby cities. The secretary told him that every Sunday morning a bus left for Segovia, that it went by way of El Escorial and returned by La Granja in order that they could see the palace and the fountains. Joseph decided to rent a car, provided it did not cost too much. The secretary told him the bus would be back before it got dark (**antes que anocheciera**).

## A. DIÁLOGO PRELIMINAR

JOVEN: No hay lugar donde estacionar.

AMIGO: Esperemos aquí hasta que venga el avión.

JOVEN: Está bien. Cuando llegue el avión, tu irás por las muchachas.

AMIGO: ¡Mira, aquel coche está para salir!

JOVEN: Buena suerte. Tomaremos el lugar luego que salga.

AMIGO: Estaciona de modo que puedas salir fácilmente.

JOVEN: Ya está. Vamos al café a tomar algo.

AMIGO: ¿Y si el avión viene a tiempo?

JOVEN: Podemos tomar un café aunque venga a tiempo.

★ ★ ★

AMIGO: Bueno, vamos a sentarnos a esa mesa.

JOVEN: Te van a gustar las muchachas, sobre todo Anita.

AMIGO: Sin duda. ¡Mira qué guapa meserita viene!

YOUNG MAN: *There is no place to park.*

FRIEND: *Let's wait here till the plane comes.*

YOUNG MAN: *All right. When the plane arrives, you'll go for the girls.*

FRIEND: *Look, that car is about to leave!*

YOUNG MAN: *Good luck. We'll take the place as soon as it leaves.*

FRIEND: *Park so you can get out easily.*

YOUNG MAN: *It's done. Let's go to the café to have something.*

FRIEND: *And (what) if the plane comes on time?*

YOUNG MAN: *We can have coffee even if it does come on time.*

★ ★ ★

FRIEND: *All right, let's sit down at that table.*

YOUNG MAN: *You are going to like the girls, especially (above all) Annie.*

FRIEND: *No doubt. Look what a pretty little waitress is coming!*

# B.  PRÁCTICA

**(a)**  Conteste usted con frases completas:

1. El joven no puede estacionar. ¿Por qué?
2. ¿Dice el amigo "Esperaremos" o "Esperemos"?
3. ¿Hasta cuándo van a esperar?
4. ¿Dice el joven "Usted irá por las muchachas" o "Tú irás por las muchachas"?
5. ¿Cuándo irá por las muchachas?
6. ¿Dice el amigo "Aquel coche va a salir" o "Aquel coche está para salir"?
7. ¿Cuándo tomarán el lugar?
8. ¿Cómo quiere el amigo que estacione el joven?
9. El joven quiere tomar algo. ¿Qué le dice al amigo?
10. El amigo no dice "El avión viene a tiempo". ¿Qué dice?
11. ¿Pueden tomar café sólo si viene a tiempo, o aunque venga a tiempo?
12. El amigo acepta. ¿Qué dice?
13. ¿Qué dice el joven acerca de (*about*) las muchachas?
14. ¿Cuál de las muchachas le gustará al amigo sobre todo?
15. ¿Qué dice el amigo al ver a la mesera?

**(b)**  Hable usted con frases completas:

1. Dígale a su amigo que no hay lugar donde estacionar.
2. Pregúntele a su amigo si hay lugar donde comer.
3. Repita usted "Espera", "Esperen ustedes".
4. Dígale a su amigo que espere hasta que venga el avión.
5. Dígales a sus amigos que esperen hasta que venga el avión.
6. Dígale a su amigo que él irá por las muchachas.
7. Dígales a sus amigos que ellos irán por las muchachas.
8. Repita usted "iré", "tomaré".
9. Dígale a su amigo que usted irá cuando llegue el avión.
10. Dígale a su amigo que usted tomará el lugar luego que salga el coche.
11. Repita usted "estaciona de modo que puedas", "estacione usted de modo que pueda".
12. Dígale a su amigo que estacione de modo que pueda salir.

13. Dígale a una señorita que estacione de modo que pueda salir.
14. Dígale a su amigo que él puede tomar un café.
15. Dígale que puede tomarlo aunque el avión venga a tiempo.


## C.  EL SUBJUNTIVO EN CLÁUSULAS ADVERBIALES

Una cláusula adverbial empieza con una conjunción adverbial. Hay conjunciones que son seguidas del indicativo si se refieren a algo ya hecho o verificado (Fuimos al parque **aunque estaba** lloviendo), pero que requieren el subjuntivo si se refieren a algo futuro o no verificado (Iremos al parque mañana **aunque llueva**).

Tales conjunciones son:

| | |
|---|---|
| **así que** | *as soon as* |
| **aunque** | *although* |
| **como** | *as, in however way* |
| **cuando** | *when* |
| **después (de) que** | *after* |
| **de manera que** | *so that* |
| **de modo que** | *so that* |
| **en cuanto** | *as soon as* |
| **hasta que** | *until* |
| **luego que** | *as soon as* |
| **por más que** | *no matter how much* |
| **tan pronto como** | *as soon as* |

**(a)**  Cambie usted el verbo principal al tiempo pretérito según los ejemplos:

Ejemplos:   Iremos al Prado aunque llueva.
            Fuimos al Prado aunque llovía (*or* llovió)

            Contestaré así que reciba tu carta.
            Contesté así que recibí tu carta.

            Hazlo como puedas.
            Lo hiciste como pudiste.

1. Esperaremos hasta que llegue Pablo.
2. Salgamos del museo de modo que no nos vean.

3. Le daré el dinero tan pronto como me lo pida.
4. Bajaremos después que te hayas vestido.
5. ¿Vas a manejar con cuidado de manera que no tengan un susto?
6. Cierre usted la puerta luego que terminen ellos.
7. Lo haré como quiera.
8. Cuando venga el guardia, se lo preguntaremos.

**(b)** Cambie usted el verbo principal al tiempo futuro según los ejemplos:

Ejemplos:    Invité a José al baile cuando lo vi.
            Invitaré a José al baile cuando lo vea.

            Pasamos al restaurante tan pronto como partió el avión.
            Pasaremos al restaurante tan pronto como parta el avión.

1. Te presenté a Pablo cuando llegaste.
2. Llamé a Ana en cuanto vino el avión.
3. Le di a José la invitación luego que volvió.
4. Fuimos al aeropuerto aunque llovía mucho.
5. Salí de casa de modo que no me oyeron.
6. Te esperé hasta que me cansé.
7. No me llevaste por más que te rogué.
8. Llamé a José luego que llegué al aeropuerto.
9. Me acosté así que se fueron los amigos.
10. Pasamos al restaurante tan pronto como partió el avión.

Note usted que aunque el verbo principal de las frases siguientes está en el pretérito, el verbo de la cláusula subordinada está en el pasado de subjuntivo. La razón es que el verbo subordinado tiene una relación de futuro con el verbo principal.

**(c)** Cambie las frases siguientes según el ejemplo:

Ejemplo:    Te prometo llevarte cuando vuelvas.
            Te prometí llevarte cuando volvieras.

1. Te prometo mi ayuda cuando la necesites.
2. Te prometo llamarte luego que llegues.
3. Carlos promete visitarme aunque llueva.
4. Ustedes ofrecen venir en cuanto los llame yo.
5. Pienso esperar a José hasta que él vuelva.
6. Decido quedarme aquí después que salga el avión.

## D. LOS DIMINUTIVOS

Diminutives occur very frequently in Spanish and may express emotional attitudes (affection, scorn, etc.) as well as smallness of size. Thus, **hermanito** may mean *little brother* or *dear* (*little* or *big*) *brother;* **empleadillo** means *insignificant employee;* **una casita** is usually *an attractive cottage,* while **una casilla** is *a shack* or *cabin.*

There are many diminutive suffixes in Spanish, but the most common are: **-ito, -ico, -illo.** Normally the diminutive suffix replaces the final vowel of a word or is added to the word if it ends with a consonant, but there are numerous exceptions. Diminutives occur most commonly with nouns, but may be used with adjectives or adverbs, as in Está **cerquita, Toditos** los días, ¡Qué **grandecita** eres!

**(a)**   Cambie usted los nombres a la forma diminutiva según los ejemplos:

**1.** Ejemplo:   Ana, ¿por qué tardaste tanto?
                Anita, ¿por qué tardaste tanto?

   1. Juana, ¿estás muy cansada?
   2. Isabel, hace mucho que te esperamos.
   3. Daniel, ¡cuánto me alegro de verte!
   4. Pablo, no comas tantas almendras.
   5. Niña, no te sientes ahí.

**2.** Ejemplo:   Queremos una <u>mesa</u> en el patio.
                Queremos una mesita en el patio.

   1. Tráiganos dos <u>copas</u> de jerez.
   2. Yo prefiero un <u>vaso</u> de jugo de naranja.
   3. Me gusta mucho esta <u>sala</u>.
   4. No se siente usted en esa <u>silla</u>.
   5. Tráigame un <u>plato</u> de almendras.
   6. Señores, esperen ustedes un <u>momento</u>.

## E.  LOS AUMENTATIVOS

Augmentative suffixes occur less frequently in Spanish than diminutives. They express bigness and often imply ugliness or scorn as well. The most common augmentative suffixes are **-ote (-ota)** and **-ón (-ona).**

Cambie usted según el ejemplo:

Ejemplo:   Este hombre come poco.
            Este hombrote come mucho.

1. Ese muchacho bebe poco.
2. Esta maleta pesa poco.
3. Ese vaso tiene poco jugo.
4. Esa casa vale poco.
5. Este libro cuesta poco.
6. Esa muchacha duerme poco.

## F.  DIÁLOGO

## *Un poquito de retraso*

*En el salón de espera del aeropuerto Ana, José e Isabel, hija de doña Teodora, están esperando la llegada de Pablo.*

ANA: Le estoy muy agradecida por el uso del coche.

JOSÉ: No hay de qué. Mis padres están encantados.

ANA: También le agradezco los servicios de tan simpático chofer, José.

JOSÉ: Gracias. Es un placer. Pero llámame Pepe; es menos ceremonioso. Con tu permiso, voy a llamarte Anita.

ANA: Eso me gustaría, Pepe.

JOSÉ: Perdóname un momentito, voy a preguntar si el avión llega a tiempo.

ANA: Bien, Pepe. Isabel, me alegro de que hayas venido con nosotros. Quiero que conozcas a Pablo.

ISABEL: Te agradezco la oportunidad, pues tengo muchas ganas de conocer a nuestro Pablito.

JOSÉ (*volviendo*): El avión viene con un poquito de retraso. Va a llegar en veinte minutos.

ISABEL: Sentémonos a aquella mesa cerquita del patio.

JOSÉ: Camarero, tráiganos tres copitas de jerez y un platillo de almendras, por favor.

CAMARERO: En seguidita, señor.

JOSÉ: Bueno, ¿se hace la excursioncita a Segovia el domingo?

ANA: Creo que no. Isabel quiere hacer una visita a su prima en Granada.

ISABEL: Y Ana tiene muchas ganas de ver el sur de España antes de que empiecen las clases.

JOSÉ: Os gustará Andalucía.


## A Slight Delay


*In the waiting room of the airport Anne, Joseph, and Isabel, Doña Teodora's daughter, are awaiting Paul's arrival.*

ANNE: I'm very grateful to you for the use of the car.

JOSEPH: Not at all. My parents are delighted.

ANNE: And I am grateful for the services of such a likable driver, Joseph.

JOSEPH: Thanks. It's a pleasure. But call me Joe; it's less formal. With your permission, I'm going to call you Annie.

ANNE: I'd like that, Joe.

JOSEPH: Excuse me a little moment, I'm going to ask if the plane gets in on time.

ANNE: Fine, Joe. Isabel, I'm glad that you have come with us. I want you to meet Paul.

ISABEL: I thank you for the opportunity, since I want very much (I am eager) to meet our little Paul.

JOSEPH (*returning*): The plane is behind schedule a little bit. It's going to arrive in twenty minutes.

ISABEL: Let's sit down at that table right near the patio.

JOSEPH: Waiter, bring us three (little) glasses of sherry and a (little) dish of almonds, please.

WAITER: Right away, sir.

JOSEPH: Well, does one make the little excursion to Segovia on Sunday?

ANNE: I don't think so. Isabel wants to make a visit to her cousin in Granada.

ISABEL: And Anne is eager to see the south of Spain before classes begin.

JOSEPH: You'll like Andalusia.

## G. CUESTIONARIO

Conteste usted en español con frases completas:

1. ¿Qué esperan Ana, José e Isabel? 2. ¿Por qué está Ana muy agradecida? 3. ¿Cómo se llama el "simpático chofer"? 4. ¿Por qué quiere José que Ana lo llame Pepe? 5. ¿Cómo va él a llamar a Ana? 6. ¿Qué va a preguntar José? 7. ¿Por qué se alegra Ana de que Isabel haya venido? 8. ¿De qué tiene ganas Isabel? 9. ¿Cuándo va a llegar el avión? 10. ¿Dónde van a sentarse? 11. ¿Qué le pide José al camarero? 12. ¿Por qué es probable que no se haga la excursioncita a Segovia? 13. ¿Cuándo quiere Ana ver el sur de España? 14. ¿Qué les dice José de (*about*) Andalucía?

## H. TRADUCCIÓN

Traduzca usted al español:

Anne, Isabel and Joseph were waiting for Paul's arrival. Anne told Joseph that she was grateful to him and to his parents for the use of the car. Joseph answered that it was a pleasure. He told her that he wanted her to call (*past subjunctive*) him Joe, because he wanted to call her Annie. Since the plane was a little behind schedule, they went to the café, and sat at a table right near the window. Joseph asked (*use* **pedir**) the waiter to bring three small glasses of sherry. He also asked him to bring a little dish of almonds. Then they began to talk about a little excursion to Granada.

# Lección 35

*Repaso séptimo*

## A. LECTURA

Después de un viaje de casi todo el día, el tren se paró en la Estación del Norte en Madrid. Ana estaba cansada pero contentísima de haber tenido la oportunidad de hablar con un matrimonio tan simpático como lo eran los señores Icaza. Cuando bajó, vio que el hijo de éstos, quien se llamaba José, estaba esperándolos allí con el coche. Después de abrazar a sus padres, José fue presentado a Ana, quien dijo que su primera impresión de España era bonísima. Ana quiso tomar un taxi para ir a un hotel, pero los Icaza la invitaron a cenar con ellos. Como no cabrían todas las maletas en el coche, don Miguel le dijo a un mozo que llamara un taxi para que éste llevara el equipaje a su casa. Le prometieron a Ana que, si ella lo quería, la llevarían después de la cena a hablar con doña Teodora, una vecina que era viuda y a quien le sobraba una alcoba. Dijeron que doña Teodora tenía una hija llamada Isabel que quería aprender a hablar inglés. "Es muy probable," dijo doña Rosario, "que le alquile a usted una alcoba a condición de que practique inglés con Isabel".

Al otro día Ana tuvo ganas de visitar el conocidísimo Museo del Prado y José la acompañó. Mientras estaban en la sala de Velázquez el guardia se acercó para recordarles que se cerraba el museo a la una. Se les había olvidado eso, pero como todavía faltaban diez minutos decidieron ver la *Dama de Elche* antes de irse. Preguntaron al guardia dónde estaba ésta, y él les dijo que fueran por las salas hasta el letrero "buffet," que bajaran la escalera allí, y que entraran a la izquierda.

Por la tarde fueron a ATESA, la agencia de viajes que Ana había dado como su dirección en España hasta que pudiese obtener alojamiento. Se le dieron varias cartas, entre las cuales había una de Pablo. Mientras Ana leía sus cartas, José habló con la secretaria sobre las excursiones que la agencia ofrecía—excursiones no sólo por Madrid sino (*but*) también a las ciudades cercanas. Supo que los domingos salía un autobús para Segovia que pasaba por el Escorial, deteniéndose allí dos o tres horas para que los excursionistas visitaran el famosísimo monasterio que Felipe II (Segundo) mandó que se construyera allí. Le dijo la secretaria que no se almorzaba en el Escorial sino en Segovia, donde se quedaría bastante tiempo para que los excursionistas vieran la catedral, el alcázar tan famoso y pintoresco y el acueducto, el cual es uno de los monumentos históricos más notables de España. Dijo además que se regresaba por la Granja donde se podría ver el palacio con sus jardines y los famosos surtidores.

Pablo había escrito a Ana la fecha de su llegada a Madrid y naturalmente ella quería ir a esperarlo en el aeropuerto. José le pidió a su padre que le prestara el coche para llevarla. Los acompañó Isabel. Tuvieron que esperar un ratito en el aeropuerto porque el avión estaba atrasado (*late*) un poquito. Se sentaron a una mesa y José pidió unas copitas de jerez y un platillo de almendras. Mientras esperaban hablaron de una excursión al sur de España. Isabel tenía una prima en Granada a quien quería visitar, y Ana tenía ganas de conocer a Andalucía antes de que empezaran las clases.

# B.  PRÁCTICA DE EXPRESIONES

Substituya usted las palabras subrayadas y haga otros cambios necesarios:

**(a)** 1. Os echamos mucho de menos.  (*I missed*)
2. Dije que no cabía duda de eso.  (*he says*)
3. Pregunta si cabremos todos.  (*he asked*)
4. Buscaré uno en que quepan las maletas.  (*I found*)
5. El viaje fue interesante.  (*most interesting*)
6. Ellos están cansados.  (*very tired*)

**(b)** 1. Me alegro de que le haya gustado.  (*we are glad*)
    2. Hoy el museo se cierra a la una.  (*yesterday*)
    3. Se me había olvidado.  (*we had forgotten*)
    4. ¡Ojalá que vengan los artistas!  (*had come*)
    5. ¿Por dónde se sale del museo?  (*enter*)
    6. Se sube la escalera aquí.  (*you go down*)

**(c)** 1. Quisiera saber si hay cartas para mí.  (*we should like*)
    2. No me atreví a rogárselo.  (*I don't dare*)
    3. Tendremos que estar aquí para las dos.  (*we had*)
    4. Estarán de vuelta para las ocho.  (*around*)
    5. ¿A cuánto se alquila la alcoba?  (*the car*)
    6. ¿Prefiere usted viajar por tren?  (*that we travel*)

**(d)** 1. Yo le agradezco mucho el coche.  (*we*)
    2. Perdóneme usted un momento.  (*little moment*)
    3. Tráigame un plato de almendras, por favor.  (*little dish*)
    4. Salgamos antes que lleguen.  (*we left*)
    5. Siéntese cerquita de la ventana.  (*let's sit*)
    6. Compraré el billete para que hagas el viaje.  (*I bought*)

## C.  EL SUBJUNTIVO

Cambie usted según los ejemplos:

**(a)** Cláusulas de relativo

Ejemplo:   Busca un criado que trabaje bien.
            Dijo que buscaba un criado que trabajara bien.

   1. Busca un criado que sepa hacerlo.
   2. Necesita un mozo que pueda llevarlas.
   3. No hay nadie (*There isn't anyone*) que nos lo dé.
   4. No va a dárselo, quienquiera que sea.
   5. Lo comprará a cualquier (*any*) precio que pidas.

**(b)** Cláusulas adverbiales

**1.** Ejemplo:   Compró los billetes para ir al cine.
                 Compró los billetes para que ustedes fueran al cine.

   1. Los compró sin saber el precio.
   2. Fuimos a ATESA antes de visitar el museo.
   3. Tomaremos refrescos después de llegar al aeropuerto.
   4. Vendimos la casa a fin de poder hacer el viaje.
   5. Seguiré estudiando hasta terminar la lectura.

**2.** Ejemplo:   Iremos aunque llueva.
                 Fuimos aunque llovía.

   1. Invitaré a Pablo cuando lo vea.
   2. Saldrán de la casa de manera que no los oigas.
   3. Esperaremos hasta que llegue el avión.
   4. Nos avisarán en cuanto se abra el museo.
   5. Después que leas la carta, hablaremos de la excursión.

## D.   EL SUPERLATIVO

Cambie usted según el ejemplo:

Ejemplo:   Este tren es muy rápido.
           Este tren es rapidísimo.

   1. Las maletas son muy pesadas.
   2. Tenemos muy poco dinero.
   3. Aquél es un hombre muy rico.
   4. Este hotel es muy bueno.
   5. El museo es muy famoso.

## E.   EL PRONOMBRE "SE"

Cambie usted según los ejemplos:

**1.** Ejemplo:   Fue sellado (*stamped*) el pasaporte.
                 Se selló el pasaporte.

   1. ¿Cuándo fue escrita la carta?

2. El museo es cerrado a la una.
3. Uno sigue derecho hasta el letrero.
4. Abren el museo a las tres y media.
5. ¿Podemos entrar?

**2. Ejemplo:**   ¿Te encuentras sin empleo?
                 ¿Os encontráis sin empleo?

I. No te apresures.

2. Me corté la mano.
3. No se atreve a pedirlo.
4. Voy a quedarme en casa.
5. ¿No se ha divertido usted?

# F.   LAS PREPOSICIONES "PARA" Y "POR"

Complete usted las frases con **para** o **por**, según se necesite:

I. Salieron ayer _____ Toledo.
2. Enrique pagó treinta mil pesetas _____ una sortija.
3. La compró _____ su novia.
4. Apenas tenía bastante dinero _____ pagarla.
5. Piensa presentársela mañana _____ la noche.
6. Pasamos _____ su casa, pero no estaba.
7. América fue descubierta _____ Cristóbal Colón.
8. Entren ustedes _____ la segunda puerta.
9. Estaban paseándose _____ los alrededores de la ciudad.
10. Estará aquí de visita _____ unos tres o cuatro días.

# G.   LOS DIMINUTIVOS

Cambie usted los nombres a la forma diminutiva:

Ejemplo:   Espéreme usted un momento.
           Espéreme usted un momentito.

I. ¿Dónde estará mi hermano?

2. ¡Qué casa tan cómoda!
3. Debieras ver mi libro.
4. Ella les mandó una nota.
5. ¡Qué lindos son tus zapatos!

## H. TRADUCCIÓN

Traduzca usted al español:

On the first day after she arrived (= *to arrive*) in Madrid, Anne decided to visit the Prado Museum and she hoped that José would offer to go with her, which (**lo cual**) he did. She wanted to see the *Dama de Elche* and José wanted her to see the Velázquez room. They asked the guard how one went to get to the "Buffet." He said, "You continue straight ahead (**Se sigue derecho**) this way (**por aquí**) until you arrive at the stairway. You go down the stairs and enter the room to the left." They had a *very* good time (**Se divirtieron muchísimo**), and Anne said that she was glad they had gone.

## Lección 36

## A.  DIÁLOGO PRELIMINAR

SEÑORITA: Vamos a entrar en este restaurante.

YOUNG LADY: *Let's go in this restaurant.*

AMIGA: Te sientes mal, ¿verdad? Te recomiendo que vuelvas al hotel.

FRIEND: *You feel bad, don't you? I recommend that you go back to the hotel.*

SEÑORITA: Me siento bien. Sólo estoy un poco cansada.

YOUNG LADY: *I feel all right. I'm only a little tired.*

AMIGA: Pues, sentémonos a esta mesa. ¿Qué quieres que pida?

FRIEND: *Well, let's sit at this table. What do you want me to order?*

SEÑORITA: No sé. ¿Qué me sugieres que tome?

YOUNG LADY: *I don't know. What do you suggest that I have?*

AMIGA: ¿Le digo al camarero que nos traiga gazpacho?

FRIEND: *Shall I tell the waiter to bring us some gazpacho?*

SEÑORITA: No, espera; prefiero que me traiga un bocadillo. ¿Y tú?

YOUNG LADY: *No, wait; I prefer for him to bring me a sandwich. And you?*

AMIGA: Pues, le diré que nos sirva las dos cosas.

FRIEND: *Well, I'll tell him to serve us both things.*

SEÑORITA: Y ruégale que se apresure. Me muero de hambre.

YOUNG LADY: *And ask him to hurry. I'm starving.*

AMIGA: ¡Ojalá que estuviera aquí Luis! ¿Dónde estará?

FRIEND: *I wish Louis were here. I wonder where he is?*

SEÑORITA: Su jefe le mandó que se encargara de un negocio.

YOUNG LADY: *His boss ordered him to take charge of a business matter.*

# B.  PRÁCTICA

**(a)**  Conteste usted con frases completas:

1. La señorita quiere entrar en el restaurante. ¿Qué le dice a su amiga?
2. ¿Cómo se siente la señorita según la amiga?
3. La amiga no dice "Vuelve al hotel". ¿Qué dice?
4. ¿Cómo dice la señorita que se siente?
5. La señorita no dice "Sólo estoy cansada". ¿Qué dice?
6. La amiga quiere que se sienten a la mesa. ¿Qué dice?
7. ¿Dice la amiga "¿Qué quieres pedir"? o "¿Qué quieres que pida?"?
8. ¿Qué sugiere la amiga que el camarero les traiga?
9. La señorita no dice solamente "Prefiero un bocadillo". ¿Qué dice?
10. ¿Qué le dirá la amiga al camarero?
11. ¿Qué dice la señorita para indicar que tiene hambre?
12. ¿Dice la amiga "Quisiera que Luis estuviera aquí" u (*or*) "¡Ojalá que estuviera Luis aquí!"?
13. ¿Por qué no vino Luis?

**(b)**  Hable usted con frases completas:

1. La señorita dice "Vamos a entrar en este restaurante". ¿Qué diría si quisiera salir del restaurante?
2. Repita usted "Te sientes", "Se siente".
3. Pregúntele a su amiga si no se siente bien.
4. Pregúntele a una señorita si no se siente bien.
5. Repita usted "Te recomiendo", "Le recomiendo a usted".
6. Recomiéndele usted a su amiga que vuelva al hotel.
7. Recomiéndele a un señor que vuelva al hotel.
8. Repita usted "Siéntate", "Siéntese usted".
9. Dígale a su amiga que se siente a la mesa.
10. Dígale a una señora que se siente a la mesa.
11. Repita usted "Entremos", "Sentémonos".
12. Sugiera usted a su amiga que usted y ella entren y se sienten.
13. Repita usted "Entrad", "Sentaos".
14. Mande usted a dos niños que entren y se sienten.

15. Dígale al camarero que le traiga un bocadillo a la señorita.
16. Repita usted "A mí tráigame".
17. Dígale al camarero que le traiga a usted gazpacho.

## C.  LOS VERBOS QUE CAMBIAN LA RADICAL

**(a)**  Repase usted los cambios de estos verbos (APÉNDICE, ¶37, y en la Lección 26).

Verbos terminados (*ending*) en **-ar** y **-er**

**(b)**  Cambie usted según los ejemplos:

Presente de indicativo

**1.** Ejemplo:   Despierto a Lola.
                José cree que despierto a Lola.

1. Despierto a Isabel.
2. Cierras la ventana.
3. Pablo pierde el avión.
4. Recordamos la dirección.
5. Devolvéis pronto el coche.
6. Ustedes encuentran el alcázar.

Imperativo y presente de subjuntivo

**2.** Ejemplo:   Ana, despierta a Lola.
                Ana, quiero que despiertes a Lola.

1. José, despierta a Pablo.
2. Antonia, cierra la puerta.
3. Lola, almuerza con nosotros.
4. María, cuenta el dinero.
5. Enrique, vuelve temprano.
6. Luis, pierde cuidado (*don't worry*).

Verbos terminados en **-ir** que tienen dos cambios en la radical
(**e** a **ie, i**; **o** a **ue, u**)

**(c)**   Cambie usted según los ejemplos:

Presente de indicativo y de subjuntivo

**1.** Ejemplo:   Ana se divierte.
                    Él espera que Ana se divierta.

   1. Me divierto mucho.
   2. Refieres lo que pasó.
   3. Ana prefiere ir a Granada.
   4. Sugerimos otra excursión.
   5. No os sentís cansados.
   6. Ustedes duermen bien.

Pretérito de indicativo y pasado de subjuntivo

**2.** Ejemplo:   Me divertí en Toledo.
                    El esperaba que me divirtiera en Toledo.

   1. No dormí tanto.
   2. Sugeriste otro café.
   3. Ana prefirió quedarse.
   4. Isabel durmió bien.
   5. Referimos la leyenda.
   6. Ustedes se sintieron alegres.

Verbos terminados en **-ir** que tienen sólo un cambio en la radical (**e** a **i**).

**(d)**   Cambie usted según los ejemplos:

Presente de indicativo y presente de subjuntivo.

**1.** Ejemplo:   Pido la lista.
                    Ana quiere que yo pida la lista.

   1. Me despido del grupo.
   2. Te ríes en voz baja.
   3. Usted riñe al camarero.
   4. Repetimos la visita.
   5. Seguís a los turistas.
   6. Nos sirven bocadillos.

Pretérito de indicativo y pasado de subjuntivo

**2.** Ejemplo:   Pedí la lista.
               Él duda que yo pidiera la lista.

   1. Serví el chocolate.
   2. Seguiste al guía.
   3. Usted repitió la falta (*error*).
   4. Ella se rio del guía.
   5. Nos despedimos temprano.
   6. Ustedes pidieron jerez.

## D.  EL SUBJUNTIVO DESPUÉS DE LOS VERBOS DE VOLUNTAD
*The Subjunctive after Verbs of Volition*

Se usa el subjuntivo del verbo en una cláusula subordinada que depende de un verbo que expresa voluntad (*volition*) si los dos verbos tienen diferentes sujetos. Si tienen el mismo sujeto, se usa el infinitivo del verbo subordinado (**Quiero ir; Quiero que ellos vayan**).

Los verbos de voluntad más comunes son:

| | | |
|---|---|---|
| aconsejar | mandar | querer |
| decir | pedir | recomendar |
| desear | permitir | rogar |
| esperar | prohibir | sugerir |

Con todos los verbos de voluntad excepto **esperar, querer** y **desear**, se expresa el sujeto del verbo subordinado como objeto indirecto del verbo principal (**Quiero que usted haga esto; Le sugiero a usted que haga esto**).

Cambie usted las frases según los ejemplos:

**1.** Ejemplo:   Quiero divertirme en Toledo.
               Quiero que usted se divierta en Toledo.

   1. Quiero sentarme a esa mesa.
   2. Quiero volver al hotel.
   3. Quiero seguir con el grupo.

4. No queremos perder la visita.
5. Queremos ver el alcázar.
6. Queremos almorzar a las doce.

**2. Ejemplo:**  Te aconsejo que te acuestes temprano.
Te he aconsejado que te acuestes temprano.

I. Te aconsejo que te despiertes temprano.
2. Le aconsejo a usted que no se ría.
3. Le aconsejo a Ana que descanse.
4. Le aconsejamos a Isabel que tome chocolate.
5. El guía me aconseja que almuerce.
6. El guía nos aconseja que lo sigamos.

**3. Ejemplo:**  Le ruego a Pepe que venga.
Le rogaré a Pepe que venga.

I. Le ruego a Anita que se desayune.
2. Ana le ruega a Pepe que la acompañe.
3. Pepe le ruega a Isabel que vuelva.
4. Le rogamos al guía que nos lleve.
5. Les rogamos a los turistas que se detengan.
6. Le ruego al camarero que nos sirva.

**4. Ejemplo:**  Le digo a Pepe que espere.
Le dije a Pepe que esperara (esperase).

I. Le digo a Anita que se siente.
2. Lola me dice que la espere.
3. Isabel te dice que te desayunes.
4. Le decimos a Isabel que coma.
5. Le decimos al guía que vuelva.
6. Me dicen que no me despida.

**5. Ejemplo:**  Le mando al camarero que venga.
Le mandé al camarero que viniera.

I. Le mando al mozo que vaya al alcázar.
2. Le mandamos a Antonia que ponga la mesa.
3. Nos mandan que nos demos prisa.
4. Papá te manda que te levantes.
5. El policía nos manda que nos detengamos.
6. Le mandan al mozo que cierre el alcázar.

**6.** Ejemplo:   Te pedí que me despertaras.
                 Te había pedido que me despertaras.

   1. Te pedí que me acompañaras.
   2. Le pedimos al guía que nos condujera.
   3. Les pedimos a los turistas que esperaran.
   4. Le pediste al camarero que corriera.
   5. Te pidieron que sirvieras pronto.
   6. Nos pidieron que no nos fuéramos.

NOTA: Se puede usar el infinitivo en lugar del subjuntivo después de algunos verbos de voluntad aun cuando haya diferentes sujetos.

**7.** Ejemplo:   Les dejaré que fumen.
                 Les dejaré fumar.

   1. Les permito a los niños que jueguen.
   2. Nos prohiben que fumemos.
   3. Nos manda que salgamos temprano.
   4. Os haré que me lo deis.
   5. Le aconsejé que esperase.
   6. No les dejes que se escapen.

# E.   DIÁLOGO

## Ruega al camarero que nos sirva

*Al pasar el grupo de turistas por la plaza de Zocodover de Toledo, Ana se separa de ellos y se sienta a una mesa delante de un restaurante. José la sigue y se sienta con ella.*

JOSÉ: ¿Qué te pasa? ¿No estás divirtiéndote? ¿Estás enferma?

ANA: No estoy enferma y me divierto mucho, pero no puedo más.

JOSÉ: Si no estás bien, es mejor que vuelvas al hotel. Yo te acompañaré.

ANA: Me siento bien. Sigue tú con el grupo.

JOSÉ: De ningún modo. Me quedo contigo.

ANA: No quiero que pierdas la visita al alcázar, y dicen que se cierra a la una.

JOSÉ: No quiero ver el alcázar. Ya lo vi el año pasado, pero ¿qué tienes?

ANA: Estoy muriéndome de hambre. ¿A qué hora se almuerza?

JOSÉ: Almorzamos a las dos.

ANA: Dile al camarero que nos sirva algo.

JOSÉ: ¡Camarero! . . . ¿No tienes más que hambre?

ANA: Te confieso que no me he desayunado.

JOSÉ: ¿Pero por qué?

ANA: Generalmente despierto temprano; pero anoche Isabel y yo estuvimos hablando y riendo hasta la madrugada.

JOSÉ: ¿Pero no te sirvieron el desayuno?

ANA: Sí, me lo sirvieron; pero volví a dormirme.

JOSÉ: ¿No te despertaron?

ANA: Sí, pero ya no había tiempo para desayunarme.

JOSÉ: ¡Pobrecita! No sólo tienes hambre sino sueño también.

CAMARERO: A sus órdenes.

JOSÉ: Camarero, tráiganos dos tazas de chocolate y unos bocadillos.

CAMARERO: ¿Bocadillos de jamón o de queso?

ANA: Prefiero el jamón.

JOSÉ: Un bocadillo de jamón y uno de queso, por favor.


### Ask the Waiter to Serve Us

*When the group of tourists passes through Zocodover Square in Toledo, Anne leaves them and sits down at a table in front of a restaurant. Joseph follows her and sits down with her.*

JOSEPH: What's the matter with you? Aren't you having a good time? Are you ill?

ANNE: I'm not sick and I'm having a good time, but I can't (stand) any more.

JOSEPH: If you're not well, it's better that you go back to the hotel. I'll go with you.

ANNE: I feel all right. You go on with the group.

JOSEPH: No indeed. I'm staying with you.

ANNE: I don't want you to miss the visit to the alcazar, and they say that it closes at one o'clock.

JOSEPH: I don't want to see the alcazar. I already saw it last year, but what's the matter with you?

ANNE: I'm starved (dying of hunger). What time is lunch?

JOSEPH: We have lunch at two o'clock.

ANNE: Tell the waiter to serve us something.

JOSEPH: Waiter! . . . You're just hungry? (You don't have more than hunger?)

ANNE: I'll confess to you that I haven't had breakfast.

JOSEPH: But why?

ANNE: I usually wake up early; but last night Isabel and I were talking and laughing until the early morning.

JOSEPH: But didn't they serve you breakfast?

ANNE: Yes, they served it to me; but I fell asleep again.

JOSEPH: Didn't they wake you up?
ANNE: Yes, but then there was not time (for me) to eat breakfast.
JOSEPH: Poor girl! You're not only hungry but sleepy too.
WAITER: At your service.
JOSEPH: Waiter, bring us two cups of chocolate and some sandwiches.
WAITER: Ham or cheese sandwiches?
ANNE: I prefer ham.
JOSEPH: One ham sandwich and one (of) cheese, please.

# F.  CUESTIONARIO

Conteste usted en español con frases completas:

1. ¿Qué hace Ana después de separarse del grupo?  2. ¿Qué hace José?
3. ¿Qué le pregunta José a su amiga?  4. ¿Adónde es mejor que vuelva
Ana?  5. ¿Por qué quiere Ana que José siga con el grupo?  6. ¿Cómo
está Ana?  7. ¿A qué hora se almuerza?  8. ¿Qué le confiesa Ana a José?

9. ¿Cuándo se despierta Ana generalmente?   10. ¿Hasta qué hora estuvieron charlando Ana e Isabel?   11. ¿Por qué no se desayunó Ana?   12. Ana no tiene sueño solamente. ¿Qué otra cosa tiene?   13. ¿Qué le pide José al camarero?   14. ¿Qué bocadillos prefiere Ana?

# G. TRADUCCIÓN

**Traduzca usted al español:**

Anne could not continue walking, and she and Joseph sat at a table in (**de**) a restaurant. She wanted him to go on with the tourists. But he was afraid (*to be afraid* = **temer**) that she was (*past subjunctive of* **estar**) sick, and he decided to stay. She said to him that she was fine (**bien**), but that she was hungry and sleepy. The night before (**anterior**) she and Isabel chatted and laughed until early morning. When they woke up, it was too late to eat breakfast. "Poor girl!", said Joseph, and he ordered (**pedir**) two cups of chocolate and two ham sandwiches.

# ⚜ Lección 37

## A.  DIÁLOGO PRELIMINAR

BERNARDO: ¡Jorge! ¡Al fin decidiste venir a Sevilla! ¿Cuándo llegaste?

BERNARD: *George! You finally decided to come to Seville. When did you arrive?*

JORGE: Esta mañana misma. Ayer terminé los exámenes.

GEORGE: *This very morning. I finished the exams yesterday.*

BERNARDO: Yo dudaba que vinieras.

BERNARD: *I doubted you would come.*

JORGE: Pues con lo que me has dicho de Sevilla, no hay quien pueda resistir.

GEORGE. *Well, with what you have told me of Seville, there's no one who can resist.*

BERNARDO: ¡Qué calor!

BERNARD: *How hot (it is)!*

JORGE: Vamos a un restaurante que esté fresco.

GEORGE: *Let's go to a restaurant that's cool.*

BERNARDO: Y en que sirvan bebidas frías.

BERNARD: *And where they serve cold drinks.*

JORGE: Y luego me servirás de guía.

GEORGE: *And then you will be my guide.*

BERNARDO: ¿Has visto ya la catedral y el alcázar?

BERNARD: *Have you already seen the cathedral and the alcazar?*

JORGE: La catedral, sí, y subí las mil y una gradas de la Giralda.*

GEORGE: *The cathedral, yes, and I climbed the thousand and one ramps of the Giralda.*

BERNARDO: Con lo cual estarás cansado, ¿verdad?

BERNARD: *So (with which) you are probably tired, right?*

JORGE: Cansadísimo. Debiera haber ascensores.

GEORGE: *Very tired. There ought to be elevators.*

BERNARDO: Un buen gazpacho te refrescará.

BERNARD: *A good gazpacho will refresh you.*

JORGE: ¿Te parece que demos un paseo en uno de esos coches de caballo?

GEORGE: *How would you like for us to take a ride in one of those horse carriages?*

BERNARDO: De acuerdo.

BERNARD: *Agreed.*

---

*Weather vane atop the 300-foot Moorish tower adjacent to the Cathedral.

# B. PRÁCTICA

**(a)** Conteste usted con frases completas:

1. ¿Qué decidió Jorge?
2. ¿Llegó ayer por la mañana u hoy por la mañana?
3. ¿Terminó Jorge los exámenes ayer o anteayer?
4. ¿Qué dudaba Bernardo?
5. ¿Hay alguien a quien no le guste Sevilla?
6. ¿Puede resistir a Sevilla quien haya escuchado lo que Bernardo dice de ella?
7. ¿Sugiere Jorge que vayan a un restaurante que esté fresco porque tiene hambre, o porque hace calor?
8. ¿Quién le servirá a Jorge de guía?
9. ¿Por qué está cansadísimo Jorge?
10. Jorge habla de las "mil y una" gradas. ¿Cree usted que realmente eran mil y una gradas, o sólo que le parecían muchísimas?
11. ¿Qué sugiere Bernardo que tome para refrescarse?
12. ¿Qué dice Jorge para sugerir que den un paseo?
13. ¿Van a pasearse en automóvil, o en coche de caballo?

**(b)** Hable usted con frases completas:

1. ¿Cómo se llama la ciudad a la cual Jorge acaba de llegar?
2. ¿Creía Bernardo que Jorge venía, o dudaba que viniera?
3. Dígale a un señor que usted duda que él vaya.
4. Dígale a un señor que usted no duda que él irá.
5. Dígale que usted cree que él irá.
6. Pregunte usted a su amigo si él sabe de un restaurante que esté fresco.
7. Dígale que usted conoce uno que está fresco.
8. Pregúntele si él duda que esté fresco.
9. Dígale que usted no duda que está fresco.
10. ¿Cree usted que cuanto dice Jorge sea verdad?
11. Dígale a un amigo que usted niega que cuanto dice sea verdad.
12. Dígale a su amigo que usted duda que le guste el gazpacho.
13. Repita usted "De acuerdo".
14. Dígale a un amigo que usted piensa igual que él.

## C.  EL SUBJUNTIVO

Generalmente se usa el subjuntivo en cláusulas que expresan duda o negación, si el sujeto del verbo es diferente del sujeto del verbo principal.

**(a)**  Cambie usted las frases según el ejemplo:

Ejemplo:   No creen poder hacerlo
           No creo que puedan hacerlo.

 1. No creen tener bastante dinero.
 2. No piensan llegar a las cuatro.
 3. Dudan poder divertirse en Toledo.
 4. Niegan haberse desayunado.
 5. No recuerdan habérselo escrito.

**(b)**  Conteste las preguntas negativa y afirmativamente, según el ejemplo:

Ejemplo:   ¿Cree usted que vienen  temprano?
           No, no creo que vengan temprano.
           Sí, creo que vendrán temprano.

 1. ¿Crees que les gusta el gazpacho?
 2. ¿Piensan ustedes que llegan a tiempo?
 3. ¿Es cierto que nos invitan?
 4. ¿Estás seguro de que nos ayudan?
 5. ¿Supone usted que vuelven temprano?

**(c)**  Cambie usted las frases a la forma negativa, según el ejemplo:

Ejemplo:   Niegan que sea verdad.
           No niegan que es verdad.

 1. Negamos que puedas hacerlo.
 2. Dudo que sea posible.
 3. Hay duda de que lo hayan hecho.
 4. Ana duda que yo lo sepa.
 5. El camarero niega que yo le pagara la comida.

# D.   LOS PRONOMBRES RELATIVOS

The relative pronoun that occurs most frequently in Spanish is **que**. It is used for persons or things, singular or plural, as subject or object of a verb. It may be used as the object of a short preposition to refer to things, but not to refer to persons. (English: *who, whom, which, that*).

The relative pronoun **quien** (*pl.* **quienes**) refers only to persons. It is used:
  (a)  as the object of a preposition;
  (b)  without an expressed antecedent, in which case it means *he who;*
  (c)  as the subject of a verb (or **a quien** as the object of a verb) in non-restrictive or nonidentifying clauses. (English: *who, whom, he who, those who.* **A quien** expresses *whom* as the object of a verb.)

The relative pronoun **el (la) cual, los (las) cuales** refers to persons or things and is used after prepositions or in nonidentifying clauses. (English: *who, whom, which.*) **Lo cual** is used if the antecedent is a general statement or idea rather than a specific noun.

**El (lo, la, los, las) que** is used to refer to persons or things:
  (a)  as a substitute for **el cual;**
  (b)  to combine a demonstrative pronoun antecedent with the relative pronoun. (English: *the one that, he who, those which,* etc. **Lo que** is used where English uses *what* = *that which*.)

**Cuanto (-a, os, -as)** is the equivalent of **todo (-a, -os, -as) el (lo, la, los, las) que.** (English: *all that which, all those that.*)

**Cuyo (-a, -os, -as)** is a possessive relative adjective. It follows the possessor and precedes the object possessed. It has the same gender and number as the object possessed. (English: *whose.*)

  **(a)**   Cambie usted al plural, según el ejemplo:

  Ejemplo:   Este es el camarero que nos sirvió.
                       Estos son los camareros que nos sirvieron.

  1.  Di las gracias al mozo que llevó las maletas.
  2.  Estoy buscando al guardia que vi en el museo.
  3.  Esa es la maleta que contiene mis vestidos.
  4.  ¿Dónde está el bocadillo que pedimos?
  5.  Me gustaría ver la casa en que viven.

**(b)**  Cambie usted los verbos al pretérito según el ejemplo:

Ejemplo:   Quien dice eso no dice la verdad.
Quien dijo eso no dijo la verdad.

1. Don Miguel es quien nos invita.
2. No, doña Rosario es la que nos invita.
3. Hoy veremos a Pablo, quien llegará al mediodía.
4. Esta tarde José conocerá a Ana, la cual llegará en el Talgo.
5. Veremos los cuadros de Velázquez, los cuales nos gustan muchísimo.
6. La señora a quien saludamos no nos ve.
7. El artista cuyos cuadros me gustan más es Goya.
8. Me ofrece cuanto dinero gana.
9. Almuerzan en Segovia cuantos van en la excursión.
10. Eso es lo que me dicen.
11. Subirá las gradas de la Giralda, lo cual lo cansará.

**(c)**  Complete usted las frases con el pronombre apropiado:

1. ¿Te gustan los surtidores _____ están en ese patio?   (*that*)
2. Me gustó mucho la señora _____ visitamos.  (*whom*)
3. Vi a la señorita _____ padre llegó ayer.  (*whose*)
4. Éste es el barrio _____ calles me encantan.  (*whose*)
5. Preséntame a la señorita con _____ viniste.  (*whom*)
6. Te presento al señor Torres, _____ es médico.  (*who*)
7. _____ quieren pueden ir.  (*all those who*)
8. Vimos muchos patios dentro de _____ había flores lindísimas. (*which*)
9. No creo _____ leo en los periódicos (*newspapers*).  (*what*)
10. Se levantó muy tarde, por _____ no pudo desayunarse.  (*which*)

# E.  DIÁLOGO

## *"Quien no ha visto a Sevilla no ha visto maravilla"*

*Ana, Isabel, José y Pablo, quienes pasaron el día recorriendo a Sevilla, están sentados a una mesa en la calle de las Sierpes.*

ISABEL: Estando en Andalucía, debemos tomar gazpacho,* ¿verdad?

JOSÉ: No estoy seguro de que le guste a Ana.

---

**\* Gazpacho:** A soup made of olive oil, vinegar, garlic, and water or tomato juice, served iced with diced green peppers, tomatoes, etc., and cubes of bread. Popular in southern Spain.

ANA: Me gustaría probarlo, a lo menos.

JOSÉ: Camarero, tráiganos gazpacho para los cuatro, por favor.

CAMARERO: Muy bien, señor.

PABLO: Bueno, ya hemos dado la primera ojeada a Sevilla.

ANA: Vamos a ver qué es lo que ha impresionado más a cada uno. ¿Isabel?

ISABEL: El barrio de Santa Cruz, cuyas estrechísimas calles son tan pintorescas.

ANA: A mí me encantaron las casas con sus rejas y cancelas por las cuales se ven los patios.

ISABEL: ¿Notaste que dentro de ellos existe todo el encanto de la vida andaluza?

ANA: ¡Por supuesto!

JOSÉ: A mí me impresionó el alcázar, el cual trae a la fantasía visiones de las *Mil y una noches,* de sultanes y odaliscas.

ISABEL: Ya se ve que te hubiera gustado vivir en un harén.

JOSÉ: Sólo a condición de que fuera yo el sultán.

ANA: También me impresionó la catedral, cuyas proporciones gigantescas son increíbles.

PABLO: ¿Te gustó la vista de Sevilla desde la Giralda?

ANA: Sí, pero lo que más me gustó fue el parque de María Luisa.

PABLO: Pues, yo en las orillas del Guadalquivir me sentí en presencia de mis antepasados, quienes salieron de Sevilla en carabelas para conquistar el Nuevo Mundo.

JOSÉ: Es interesante también la Torre del Oro dentro de la cual depositaban los tesoros traídos de América.

## *"He Who Hasn't Seen Seville Has not Seen a Marvel"*

*Anne, Isabel, Joseph, and Paul, who spent the day sightseeing in (running over) Seville, are seated at a table on Serpent Street.*

ISABEL: Being in Andalusia, we should have gazpacho, shouldn't we?

JOSEPH: I'm not sure Anne will like it.

ANNE: I'd like to try it, at least.

JOSEPH: Waiter, bring gazpacho for the four (of us), please.

WAITER: Very well, sir.

PAUL: Well, we've already had our first look at Seville.

ANNE: Let's see what is it that has impressed each one of us most. Isabel?

ISABEL: The Santa Cruz quarter, whose very narrow streets are so picturesque.

ANNE: I was enchanted by the houses (The houses enchanted me) with their *rejas* and *cancelas* (wrought-iron grill work covering windows and doors) through which you can see (are seen) the patios.

ISABEL: Did you notice that within them exists all the charm of Andalusian life?

ANNE: Of course!

JOSEPH: I was impressed by the alcazar (Moorish palace-castle), which brings to the imagination visions of the Arabian Nights, of sultans and odalisks (harem girls).

ISABEL: Now one sees that you would have liked to live in a harem.

JOSEPH: Only on condition that I were the sultan.

ANNE: I was also impressed by the cathedral, whose gigantic proportions are incredible.

PAUL: Did you like the view of Seville from the Giralda?

ANNE: Yes, but what I liked most was the María Luisa Park.

PAUL: Well, on the banks of the Guadalquivir River I felt myself in the presence of my ancestors, who left Seville in caravels to conquer the New World.

JOSEPH: The Tower of Gold is also interesting, where (within which) they used to deposit the treasures brought from America.

# F.  CUESTIONARIO

Conteste usted en español con frases completas:

1. ¿Dónde pasaron el día los cuatro jóvenes?   2. ¿Qué le gustaría a Ana probar?   3. ¿Qué le dijo José al camarero?   4. ¿Qué han hecho ya los cuatro amigos?   5. ¿Qué dijo Isabel de las calles de Santa Cruz?   6. ¿Qué dijo Ana de las rejas y las cancelas?   7. ¿Qué existe en los patios según Isabel?   8. ¿En qué pensó José al ver el alcázar?   9. ¿Con qué condición le gustaría a José vivir en un harén?   10. ¿Qué sintió Pablo en las orillas del Guadalquivir?   11. ¿Para qué salieron de Sevilla los antepasados de Pablo?   12. ¿Por qué es famosa la Torre del Oro?

# G.  TRADUCCIÓN

Traduzca usted al español:

The four friends, who were tired of walking, sat at a table of a café. They ordered gazpacho, although (**aunque**) Joseph wasn't sure that Anne would like it. While they were waiting, they talked of what had most impressed each one. Isabel liked the Santa Cruz quarter, whose very narrow streets seemed to her so picturesque. Anne was enchanted by the patios, within which there were so many flowers. On the banks of the

Guadalquivir Paul felt himself in the presence of his ancestors, who had left from Seville in order to conquer the New World. They also visited the Tower of Gold, in which used to be deposited the treasures brought from America.

# Lección 38

## A. DIÁLOGO PRELIMINAR

EL AMIGO: ¡Hombre, me alegro de que estés aquí!

EL JOVEN: ¡Qué coincidencia! Yo esperaba que vinieras.

EL AMIGO: Pues aquí me tienes.

EL JOVEN: ¡Ojalá que Fernando venga también!

EL AMIGO: Temo que no pueda. Ya se acabaron sus vacaciones.

EL JOVEN: Lo siento, pues quería llevarlos a los dos.

EL AMIGO: ¡Encantado! ¿Adónde?

EL JOVEN: Al espectáculo flamenco de esta noche.

EL AMIGO: ¡Claro, vamos! Esos gitanos son maravillosos.

EL JOVEN: La música flamenca es fascinadora.

EL AMIGO: Y también lo es el baile gitano.

EL JOVEN: Es lástima que Fernando no vaya también.

---

THE FRIEND: *Man, I'm glad you're here!*

THE YOUNG MAN: *What a coincidence! I was hoping you would come.*

THE FRIEND: *Well, here I am.*

THE YOUNG MAN: *I hope Ferdinand will come also!*

THE FRIEND: *I'm afraid he can't. His vacation has already ended.*

THE YOUNG MAN: *I'm sorry, because I wanted to take you both.*

THE FRIEND: *Delighted! Where?*

THE YOUNG MAN: *To tonight's Flamenco floor show.*

THE FRIEND: *Of course, let's go! Those gypsies are marvelous.*

THE YOUNG MAN: *Flamenco music is fascinating.*

THE FRIEND: *And so is gypsy dancing.*

THE YOUNG MAN: *It's a pity that Ferdinand is not going, too.*

## B.   PRÁCTICA

(a)   Conteste usted con frases completas:

1. ¿Dice el amigo "Me alegro de que usted esté aquí" o "Me alegro de que estés aquí"?
2. Repita usted "Que el amigo viniera".
3. ¿Qué esperaba el joven?
4. El amigo no dice "Pues aquí estoy". ¿Qué dice?
5. El joven no dice "Espero que venga Fernando". ¿Qué dice?
6. ¿Qué teme el amigo?
7. ¿Por qué no puede venir Fernando?
8. ¿Adónde quería llevarlos el joven?
9. Repita usted "Dice que son maravillosos".
10. ¿Qué dice de los gitanos el amigo?
11. ¿Qué dice el joven de la música flamenca?
12. Repita usted "Es fascinador".
13. ¿Cómo es el baile gitano?
14. El joven no dice "Siento que Fernando no vaya". ¿Qué dice?

(b)   Hable usted con frases completas:

1. Dígale a su amigo que usted se alegra de que él esté aquí.
2. Repita usted "De que usted esté aquí".
3. Dígale a una señorita que usted se alegra de que ella esté aquí.
4. Dígales a sus amigos que se alegra de que estén aquí.
5. Repita usted "Espero que vengas", "Esperaba que vinieras".
6. Dígale a su amigo que usted espera que él venga.
7. Dígale a su amigo que usted esperaba que él viniera.
8. Dígales a sus amigos que esperaba que vinieran.
9. Repita usted "Temo no poder ir", "Temo que Fernando no pueda ir".
10. Dígale a su amigo que usted teme no poder ir.
11. Dígale a su amigo que usted teme que Fernando no pueda ir.
12. Repita usted "Siento no poder venir", "Siento que no puedas venir".
13. Dígale a su amigo que usted siente no poder venir.
14. Dígale que usted siente que él no pueda venir.
15. Dígale a su amigo que es lástima que él no vaya.

## C. EL SUBJUNTIVO DESPUÉS DE VERBOS Y EXPRESIONES DE EMOCIÓN

Cuando el verbo o la expresión de emoción tiene una cláusula subordinada (*dependent clause*), el verbo de esta cláusula debe estar en subjuntivo. Los verbos y las expresiones de emoción más comunes son:

| | |
|---|---|
| ojalá | temer |
| esperar | sentir |
| alegrarse | lamentar |
| ser un placer | deplorar |
| gustar | ser lástima |

Repita usted las frases siguientes según los ejemplos:

**I. Ejemplo:**   ¿Estará usted aquí temprano?
¡Ojalá (que) esté usted aquí temprano!
Espero que esté usted aquí temprano

1. ¿Llegará usted a tiempo?
2. ¿Bailará usted conmigo?
3. ¿Le gustará a Isabel el espectáculo?
4. ¿Comerán ustedes con nosotros?
5. ¿Verán ustedes el espectáculo?
6. ¿Seguirán bailando los gitanos?

NOTE: When the subject of the two verbs is identical, the dependent infinitive is used.

**2. Ejemplo:**   Me alegro de conocer a Pepe.
Me alegro de que conozcas a Pepe.

1. Me alegro de conocer a Lola.
2. Me alegro de parecer español.
3. Me alegro de ofrecer el coche.
4. Nos alegramos de reconocerlos.
5. Nos alegramos de ofrecer ayuda.
6. Nos alegramos de merecer la beca.

**3. Ejemplo:**   Pablo teme llegar tarde.
Pablo teme que yo llegue tarde.

1. Pablo teme no llegar a tiempo.

2. Pablo teme pagar mucho.
3. Pablo teme tocar esas flores.
4. Ana teme buscar la dirección.
5. Ana teme coger la lista.
6. El gitano teme coger la propina.

**4. Ejemplo:**   Me gusta seguir bailando.
            Me gusta que sigas bailando.

1. Me gusta seguir cantando.
2. Me gusta pedir refrescos.
3. Me gusta volver temprano.
4. Nos gusta poder ir al baile.
5. Nos gusta sentarnos en el patio.
6. Nos gusta divertirnos con frecuencia.

**5. Ejemplo:**   José siente no venir.
            Siento que José no venga.

1. José siente decir tal cosa.
2. Isabel siente no hacer el viaje.
3. Lola siente no oír el "cante jondo".
4. Carlos siente salir del espectáculo.
5. El mesero siente no traer los bocadillos.
6. Ana siente no venir con nosotros.

**6. Ejemplo:**   Es lástima que no estés aquí.
            Fue lástima que no estuvieras aquí.

1. Es lástima que usted esté enfermo.
2. Es lástima que Isabel no vaya a Toledo.
3. Es lástima que Lola no quiera cantar.
4. Es lástima que yo no sepa bailar.
5. Es lástima que no tengamos más tiempo.
6. Es lástima que se diga eso.

# D.   PRONOMBRES PLEONÁSTICOS
*Redundant Pronouns*

When there is an indirect object noun in the Spanish sentence, it is customary to add the corresponding indirect object pronoun. This is done whether the indirect object noun follows the verb or precedes it. When there is a direct object noun in the Spanish sentence, no redundant direct object pronoun is added unless the direct object noun is placed before the verb.

Cambie usted las frases siguientes según los ejemplos:

**1.** Ejemplo:    Expliqué a Isabel el espectáculo.
              Le expliqué a Isabel el espectáculo.

   1. Expliqué a Ana el "cante jondo".
   2. Expliqué a Luis el baile gitano.
   3. Di al camarero la propina.
   4. Pedimos a los camareros unos bocadillos.
   5. Dije al gitano que cantara.
   6. Dijimos a las gitanas que bailaran.

**2.** Ejemplo:    Vi a los amigos en el café.
              A los amigos los vi en el café.

   1. Vi a los amigos en el teatro.
   2. Oímos cantar a los gitanos.
   3. Vimos bailar a las gitanas.
   4. Conociste a Pablo en Madrid.
   5. Llevé a la señorita al teatro.
   6. Invitamos a Isabel anoche.

Camaleon

## E.   ADJETIVOS

Descriptive adjectives are usually placed after the nouns they describe, but they can be placed before either for emphasis or when they are naturally associated with the nouns. The **-o** of the masculine singular form·of the following adjectives is dropped when they are placed before their nouns: **bueno, malo, alguno, (algún), ninguno (ningún), primero, tercero,** and **postrero** (*last*). The singular form **grande,** masculine or feminine, becomes **gran** when placed before its noun.

Cambie usted según el ejemplo:

Ejemplo:    Conocí a una señorita guapa.
          Conocí a una guapa señorita.

   1. Bailé con un joven simpático.

2. Esa gitana es una bailarina buena.
3. José es un amigo excelente.
4. Anita es una compañera amable.
5. Ese es un camarero bueno.
6. Esa montaña grande me encanta.
7. Este es el día postrero del año.
8. Este invierno frío me entristece.

# F. LOS NÚMEROS ORDINALES

Ordinals can be placed either before or after the nouns they modify, and the meaning is not affected. It is not customary to use ordinals for titles beyond tenth (**Alfonso décimo**, but **Juan doce**). In stating dates, only the first day of a month is expressed with an ordinal.

Cambie usted según los ejemplos:

**1.** Ejemplo: El ejercicio primero me parece fácil.
El primer ejercicio me parece fácil.

1. Este es el espectáculo primero que he visto.
2. La gitana segunda me parece guapa.
3. El asiento tercero es incómodo.
4. Vamos a sentarnos a la mesa cuarta.
5. ¿Conoces a los jóvenes de la mesa sexta?

**2.** Ejemplos: ¿Es hoy el primero de abril?
Ayer fue el primero de abril.

¿Es hoy el tres de noviembre?
Ayer fue el tres de noviembre.

1. ¿Es hoy el primero de mayo?
2. ¿Es hoy el dos de abril?
3. ¿Es hoy el doce de julio?
4. ¿Es hoy el veinte y uno de agosto?
5. ¿Es hoy el treinta y uno de diciembre?

## G.  DIÁLOGO

### ¿Qué te parecieron los bailes?

*En un café cantante de Sevilla*

ANA: ¿De modo que ésta es la verdadera música flamenca, de la cual he oído hablar tanto?

JOSÉ: ¿Qué te parece el "cante jondo"?

ANA: Cuanto más lo escucho tanto más me gusta y tanto menos lo comprendo.

PABLO: ¿Bailamos, Isabel?

ISABEL: Encantada.

ANA: Los artistas del espectáculo parecen tan espontáneos que tienen aire de estar improvisando.

JOSÉ: Se dice que cuanto hacen los andaluces es espontáneo.

ANA: ¿Son andaluzas todas estas bailarinas?

JOSÉ: Todas. La mayoría de ellas son gitanas.

ANA: ¿Dónde aprendieron a bailar así?

JOSÉ: Sus madres las enseñaron desde pequeñitas a bailar y tocar las castañuelas.

ANA: Lo cual quiere decir que realmente su arte no es tan espontánea.

JOSÉ: Es el resultado de mucho estudio y práctica. ¿Te fijaste en sus manos?

ANA: El movimiento de las manos y los brazos es lo que más me fascina.

JOSÉ: En los bailes flamencos es muy importante el movimiento rítmico y simbólico de las manos, los brazos, el talle, la cabeza y los hombros.

ANA: Me admiro también de la expresión intensamente absorta del rostro de los bailarines.

JOSÉ: Parece que se olvidan por completo de los espectadores.

ANA: Y que bailan a impulso de un anhelo personal, al que se rinden completamente. El verlos lo hace a uno pensar en diosas paganas.

JOSÉ: Y pone fuego en la sangre. ¿Te gustaría bailar?

ANA: Muchísimo.

### What Did You Think of the Dances

*In a night club in Seville.*

ANNE: So this is the true Flamenco (gypsy) music I have heard so much about?

JOSEPH: What do you think of the "*cante jondo*"?

ANNE: The more I listen to it, the more I like it and the less I understand it.

PAUL: Shall we dance, Isabel?

ISABEL: Delighted.

ANNE: The artists (performers) in the floor show seem so spontaneous that they seem to be (have the air of) improvising.

JOSEPH: It is said that everything the Andalusians do is spontaneous.

ANNE: Are all these women dancers Andalusians?

JOSEPH: All (of them). The majority of them are gypsies.

ANNE: Where did they learn to dance that way?

JOSEPH: Their mothers taught them since (they were) small children to dance and play the castanets.

ANNE: Which means that really their art is not so spontaneous.

JOSEPH: It's the result of a lot of study and practice. Did you notice their hands?

ANNE: The movement of the hands and arms is what fascinates me most.

JOSEPH: In Flamenco dances the rhythmic and symbolic movement of the hands, arms, body, head, and shoulders is very important.

ANNE: I'm amazed also by the intensely absorbed facial expression of the dancers.

JOSEPH: It looks like they forget the spectators completely.

ANNE: And dance under the impulse of some personal yearning to which they surrender entirely. Seeing them makes one think of pagan goddesses.

JOSEPH: And puts fire in the blood. Would you like to dance?

ANNE: Very much.

## H.   CUESTIONARIO

Conteste usted en español con frases completas:

1. ¿Dónde están los cuatro amigos?   2. ¿Qué música escuchan?   3. ¿De qué ha oído hablar Ana?   4. ¿Por qué dice Isabel "Encantada"?   5. ¿Qué aire tienen los artistas?   6. ¿Qué se dice de los andaluces?   7. ¿De qué raza son las bailarinas?   8. ¿Cómo aprendieron a bailar y a tocar las castañuelas?   9. ¿Su arte es el resultado de qué?   10. ¿Qué movimiento es muy importante en el baile flamenco?   11. ¿Qué expresión tiene el rostro de los bailarines?   12. ¿Qué parece impulsarlos a bailar?   13. ¿De qué parecen olvidarse?   14. ¿En qué hace pensar el baile?   15. ¿Qué le pregunta José a Ana.

# I. TRADUCCIÓN

### Traduzca al español:

The four young people are listening to Flamenco music, of which Anne has heard a great deal. The majority of the artists are gypsies, whose mothers teach them from (the time they are) little children to sing and dance. The more Anne listens to the music the more she likes it, and the less she understands it. The movement of the hands and (the) arms is what fascinates her. The rhythms seems to be symbolic, which makes her think of pagan goddesses. Paul invites Isabel to dance, but Anne and Joe remain seated at the table talking about the gypsies and (the) Andalusian music.

# ✶ Lección 39

## A. DIÁLOGO PRELIMINAR

AL SENTARSE FRANCO Y ALICIA.

GITANO: ¿Le limpio los zapatos, señor?

FRANCO: Muy bien.

GITANO (AL PONERSE A LIMPIÁRSELOS): ¿Son ustedes americanos, patrón?

FRANCO: Sí, lo somos.

GITANO: ¿Han visto ya la Alhambra?

FRANCO: Al salir del hotel fuimos en seguida a verla.

GITANO: Les será interesante asistir a una zambra.

WHEN FRANK AND ALICE SIT DOWN.

GYPSY: *Shine your shoes, sir?*

FRANK: *All right.*

GYPSY (ON STARTING TO SHINE THEM): *Are you Americans, boss?*

FRANK: *Yes, we are.*

GYPSY: *Have you seen the Alhambra yet?*

FRANK: *On leaving the hotel we went immediately to see it.*

GYPSY: *It'll be interesting for you to attend a zambra (gypsy "jam session").*

| | |
|---|---|
| FRANCO: Es probable que vayamos al Albaicín. ¿Nos será posible asistir a una? | FRANK: *We'll probably go to the Albaicín. Will it be possible for us to attend one?* |
| GITANO: Será muy fácil, pero será mejor que tengan un guía. | GYPSY: *It will be very easy, but it will be better to have a guide.* |
| FRANCO: ¿Es necesario? | FRANK: *Is it necessary?* |
| GITANO: No, pero es mejor que lo tengan. Yo los llevo si quieren. | GYPSY: *No, but it's better to have one. I'll take you if you wish.* |
| FRANCO: ¿Esta noche? | FRANK: *Tonight?* |
| GITANO: Sí, patrón. ¿A qué hora van a comer? | GYPSY: *Yes, boss. What time do you eat dinner?* |
| FRANCO: A eso de las nueve. | FRANK: *At about nine o'clock.* |
| GITANO: Pues, terminada la comida, yo los aguardo enfrente del hotel. | GYPSY: *Well, when you have finished dinner, I'll be waiting for you in front of the hotel.* |

# B. PRÁCTICA

(a)   Conteste usted con frases completas:

1. El texto no dice "Cuando Franco y Alicia se sientan". ¿Qué dice?
2. El gitano no dice "¿Le gustaría que le limpiase los zapatos?" ¿Qué dice?
3. El texto no dice "Cuando se pone a limpiárselos". ¿Qué dice?
4. Franco no dice "Cuando salimos del hotel". ¿Qué dice?
5. Diga usted de la misma manera que cuando entró en el hotel vio a su amigo.
6. El gitano no dice "Será interesante que ustedes asistan a una zambra". ¿Qué dice?
7. ¿Adónde es probable que vayan?
8. Repita usted "Nos será posible asistir", "Será posible que asistamos".
9. Pregunte usted de dos maneras si ustedes pueden asistir a una zambra.
10. ¿Cómo dice Franco que van a comer a las nueve, más o menos?
11. El gitano no dice "Después que terminen ustedes la comida". ¿Qué dice?

**(b)** Hable usted con frases completas:

1. En vez de decir "Al sentarse Franco y Alicia" se puede decir "Cuando Franco y Alicia se sientan", ¿verdad? Pues, diga usted de la misma manera "Al acercarse un gitano".
2. Diga usted de la misma manera "Al ponerse él a limpiarle los zapatos".
3. Diga usted de la misma manera "Al acabar él de limpiarle los zapatos".
4. Diga usted de la misma manera "Al salir ellos del hotel".
5. ¿Dice el gitano "Será interesante que asistan a una zambra" o "Les será interesante asistir a una zambra"?
6. Diga usted de la misma manera "Será posible que asistamos a una zambra".
7. Diga usted de la misma manera "Será muy fácil que asistan a una zambra".
8. Diga de la misma manera "Será mejor que tengan un guía".
9. ¿Dice el gitano "Cuando ustedes hayan terminado la comida" o dice "Terminada la comida"?
10. Diga usted de la misma manera "Cuando hayan terminado el almuerzo".
11. Diga usted de la misma manera "Cuando se hubieron limpiado los zapatos".
12. Diga usted de la misma manera "Cuando hubieron visto la zambra".

## C.  EL INFINITIVO CON EXPRESIONES IMPERSONALES

(1) Hemos notado que se usa el subjuntivo en cláusulas después de expresiones que no indican algo cierto o ya hecho. Sin embargo, se usa el infinitivo en vez de una cláusula si no hay sujeto determinado para el segundo verbo.

**(a)** Cambie usted el infinitivo por una cláusula, usando el sujeto indicado:

Ejemplo:   Es posible alquilar un auto.  (Jorge)
            Es posible que Jorge alquile un auto.

1. Es necesario despertarse temprano.  (Isabel)

2. Hace falta llegar a las nueve.  (nosotros)
3. Es conveniente sugerir (ie) otra cosa.  (ustedes)
4. Sería una lástima no reservar alojamiento.  (Ana)
5. Era importante preguntar sobre las excursiones.  (José)
6. Cabe duda de poder hacerlo.  (tú)

(2) Se puede usar el infinitivo aun cuando haya un sujeto determinado para el segundo verbo. En este caso, se indica el sujeto por medio de un objeto indirecto del verbo impersonal.

**(b)**  Cambie usted las cláusulas por infinitivos según el ejemplo:

Ejemplo:    Es difícil que yo aprenda eso.
            Me es difícil aprender eso.

1. Es fácil que hagamos reservaciones.
2. Sería interesante que ellos visitaran la Alhambra.
3. Será imposible que vayas a la zambra.
4. Importaba que yo viera lo más posible.
5. Será necesario que ustedes compren billetes.
6. Hacía falta que practicásemos más.


# D.  EL INFINITIVO CON VERBOS DE VOLUNTAD

Con ciertos verbos (**mandar, dejar, permitir, hacer,** etc.) se puede usar el infinitivo en vez de una cláusula con subjuntivo. En este caso se indica el sujeto del segundo verbo por medio de un objeto del verbo principal.

Cambie usted las cláusulas por infinitivos según el ejemplo:

Ejemplo:    Manda que lo hagamos en seguida.
            Nos manda hacerlo en seguida.

1. Mando que ustedes vuelvan mañana.
2. ¿Por qué no permiten que salgas hoy mismo?
3. ¿No dejarán que usted visite el alcázar?
4. El profesor hace que yo estudie demasiado.
5. El guardia prohibe que entremos en el museo.
6. Aconsejo que vengas lo más pronto posible.

# E.  EL INFINITIVO CON SUJETO

Se ha notado ya que *upon entering* se dice en español **al entrar.** Note usted que en español se puede usar el infinitivo con sujeto: **Al entrar Ana** (*When Anne entered*), la secretaria le dió dos cartas.

### Cambie usted las frases según los ejemplos:

**I.** Ejemplo:   Cuando Ana entró vio que no había mesas.
               Al entrar Ana, vio que no había mesas.

1. Cuando José entró, vio que había muchos turistas.
2. Cuando los jóvenes se sentaron, llamaron al camarero.
3. Cuando Isabel se despertó, notó que Ana ya estaba vestida.
4. Cuando subí al tren, me acordé de la invitación.
5. Cuando encontramos a los turistas, nos fuimos por otra calle.

**2.** Ejemplo:   Cuando se paró el tren, Ana bajó con sus amigos.
               Al pararse el tren, Ana bajó con sus amigos.

1. Cuando bajó doña Rosario, Isabel corrió a abrazarla.
2. Cuando vino el camarero, le pedí unos bocadillos.
3. Cuando Anita se sentó, José le preguntó qué tenía.
4. Cuando pasaban los turistas, les pregunté adónde iban.
5. Cuando llamé al camarero, éste se fue a otra mesa.

**3.** Ejemplo:   Al llegar el mozo con las maletas, subimos al taxi.
               Cuando el mozo llegó con las maletas, subimos al taxi.

1. Al acercarme yo, ellos dejaron de hablar.
2. Al ponerse el sol, los turistas volvieron al hotel.
3. Al recibir Ana las cartas, se puso a leerlas.
4. Al bajar sus padres del tren, José los abrazó.
5. Al pararse el avión, bajaron Pablo y un amigo suyo.
6. Al terminar ellos la comida, el camarero les sirvió el postre.

# F.  EL PARTICIPIO PASADO

Se ha notado ya que los participios pasados se usan (1) en los tiempos compuestos (El agente **había examinado** las maletas); (2) en la voz pasiva (Las maletas **fueron examinadas** por el agente); o (3) como adjetivos (Si las maletas **examinadas** no están **cerradas,** el mozo no puede llevarlas). Note usted que los participios pasados se usan también con nombres sin verbos auxiliares.

Cambie usted según los ejemplos:

Ejemplos:   Cuando hubimos hecho el trabajo, volvimos a casa.
Hecho el trabajo, volvimos a casa.

Después que las cartas fueron leídas, José y Ana fueron al cine.
Leídas las cartas, José y Ana fueron al cine.

1. Cuando hubimos comprado los billetes, fuimos a la corrida de toros (*bullfight*).
2. Cuando se hubo cerrado el museo, el guardia se fue a su casa.
3. Después que fueron examinadas las maletas, Ana subió al tren.
4. Cuando terminaron el baile, los gitanos tomaron refrescos.
5. Habiendo recorrido la ciudad, los amigos se sentaron a una mesa.

## G.  DIÁLOGO

### *"Quien no ha visto a Granada no ha visto nada"*

ANA: Estos jardines del Generalife me encantan más que los de la Alhambra.

JOSÉ: Sí, que son menos formales.

ISABEL: Y más lindos y alegres.

PABLO: Los reyes musulmanes acertaron al hacer construir aquí sus palacios.

JOSÉ: Debieran verse estos jardines en la primavera.

ISABEL: Son maravillosos. Yo estuve aquí hace dos años en el mes de mayo, pero hasta hoy no había estado a esta hora de la puesta del sol.

JOSÉ: Ved lo cerca que está el Albaicín allá al otro lado del valle.

PABLO: Es allí adonde hemos de ir esta noche con Alicia y Fernando, ¿verdad?

JOSÉ: Sí, Isabel le ha rogado a su cuñado que nos lleve a ver una verdadera zambra gitana, y para que veamos lo cómodos que viven los gitanos en sus cuevas.

PABLO: Mirad la ciudad allá abajo. Ya está en plena noche.

JOSÉ: Y mirad allá arriba la nieve de la Sierra Nevada, cuya altura la deja todavía en pleno sol.

ISABEL: ¡Fijaos! Las demás personas se han ido, llevándose sus preocupaciones y sus ruidos.

PABLO: Lo cual nos deja sin más rumores que el canto de las fuentes y el susurro de la brisa entre los cedros.

ISABEL: Un dulce sosiego penetra el espíritu con esta paz y esta calma.

JOSÉ (*yéndose en pos de Ana, la cual se ha apartado un poco de los otros*): ¿Por qué tan callada, mi alma? ¿Estás muy cansada?

ANA: No mucho, no. Ojalá que no hubiéramos prometido ir a la zambra esta noche.

JOSÉ: ¿No te gustan los gitanos?

ANA: No es eso; que sí me gustan, pero . . . Pues, es que me gustaría más quedarme aquí a solas contigo.

*Pablo e Isabel ya se iban caminando por una vereda entre los cipreses. José y Ana los siguieron lentamente, murmurando algo en voz baja, muy baja.*

### *"He Who Hasn't Seen Granada Hasn't Seen Anything."*

ANNE: These gardens of the Generalife delight me even more than those of the Alhambra.

JOSEPH: Yes, they are less formal.

ISABEL: And more attractive and gay.

PAUL: The Moslem kings were right in having their palaces built here.

JOSEPH: You ought to see these gardens in the springtime.

ISABEL: They are marvelous. I was here two years ago in the month of May, but until today I had not been here at (this hour of) sunset.

JOSEPH: Look how close the Albaicín is there on the other side of the valley.

PAUL: It's there that we are to go tonight with Alice and Ferdinand, isn't it?

JOSEPH: Yes; Isabel has asked her brother-in-law to take us to see a real gypsy "jam session," and for us to see how comfortably the gypsies live in their cave (houses).

PAUL: Look at the city down there. It's already in complete darkness.

JOSEPH: And look up there at the snow of the Sierra Nevada, so high that it's still in bright sunshine (whose height leaves it still in full sun).

ISABEL: Look! The other people have gone, taking their worries and their noises with them.

PAUL: Which leaves us without any other noises than the singing of the fountains and the murmuring of the breeze in the cedar trees.

ISABEL: A gentle tranquility penetrates the spirit with this peace and calm.

JOSEPH (*following after Anne, who has withdrawn a little from the others*): Why so quiet, dear? Are you very tired?

ANNE: Not much, no. I wish we had not promised to go to the zambra tonight.

JOSEPH: Don't you like gypsies?

ANNE: It isn't that, for I do like them, but . . . Well, it's just that I'd rather stay here alone with you.

*Paul and Isabel were already walking along a path between (rows of) cypresses. Joseph and Anne followed them slowly, murmuring something in a soft (low) voice, very soft.*

## H.  CUESTIONARIO

Conteste usted en español con frases completas:

1. ¿En qué ciudad están la Alhambra y el Generalife?   2. ¿Por qué son más encantadores los jardines del Generalife?   3. ¿Quiénes hicieron construir esos jardines y palacios?   4. ¿Cuántos años hace que Isabel estuvo allí antes?   5. ¿Dónde está el Albaicín?   6. ¿A quién rogó Isabel que los llevara a una zambra aquella noche?   7. ¿Qué llevaron consigo las demás personas cuando se fueron?   8. Al partir la gente, ¿qué rumores se oían?   9. ¿Cuál es el efecto de la paz y la calma de la hora de la puesta del sol?   10. En vez de ir a la zambra, ¿qué le gustaría más a Ana?   11. ¿Por dónde iban caminando Pablo e Isabel?   12. En la opinión de usted, ¿qué se decían José y Ana uno a otro?

## I.  TRADUCCIÓN

Traduzca usted al español:

The four friends are walking through the gardens of the Generalife, which are less formal than those of the Alhambra. The two palaces and the gardens were built by the Moslem kings. Isabel had been there once before, but she had never been there at (the hour of) sunset. They saw the gypsies' caves on the other side of the valley and could see the city of Granada down below, where night had already fallen. Then they looked upward (**para arriba**) at the snows of the Sierra Nevada, which were still in full sunlight. Isabel and Paul went walking along a path between the cypresses. Anne and Joseph followed them talking to each other in a low voice.

## ·J·L· Lección 40

*Repaso octavo*

## A. LECTURA

Al pasar por la plaza de Zocodover de Toledo, Ana se separó de los turistas y entró en un restaurante. José la siguió y le preguntó si estaba enferma. Ella le contestó que se sentía bien, pero no podía seguir andando. Se sentaron a una mesa. Ana quería que José siguiera con los turistas. El alcázar se cerraba a la una, y ella no quería que él perdiera la visita. Pero José insistió en quedarse con ella. Entonces Ana le confesó que no se había desayunado porque se había levantado muy tarde, y estaba muriéndose de hambre. José le pidió al camarero que trajera chocolate y bocadillos de jamón, y él y Ana se pusieron a charlar sobre un viaje a Sevilla.

El viaje fue muy agradable. Después de recorrer a Sevilla, Ana, José, Isabel y Pablo se sentaron a la mesa de un café de la calle de las Sierpes. Le pidieron al camarero que les sirviera gazpacho, y mientras lo tomaban hablaban de lo que más los había impresionado. A Isabel la habían encantado las estrechas calles y los pintorescos patios de las casas. A José lo impresionó más el alcázar porque lo hizo pensar en odaliscas. Lo que más le gustó a Ana fue el parque de María Luisa; y Pablo, mirando el Guadalquivir, se sintió en presencia de sus antepasados.

En Sevilla, Ana pudo escuchar la famosa música flamenca, la cual le gustó muchísimo. Las bailarinas del espectáculo le parecieron completamente espontáneas, pues sus madres las enseñaban desde niñas a bailar. Los movimientos de las manos, los brazos y el talle la fascinaron.

De Sevilla pasaron a Granada. Ahí visitaron la Alhambra y los jardines del Generalife. Éstos les parecieron más lindos y más alegres que los de la Alhambra. Isabel los había visto antes en la primavera, pero le parecieron más hermosos a esa hora de la puesta del sol. La noche cubría ya la ciudad, pero en las nieves de la Sierra Nevada todavía brillaba el sol. Una agradable calma había bajado sobre los jardines, y sólo se oían el correr del agua de las fuentes y el susurro de la brisa entre los cedros. El cuñado de Isabel iba a llevarlos a una zambra gitana esa noche. Pablo e Isabel ya se iban caminando entre los cipreses, y Ana y José los siguieron.

## B.  PRÁCTICA DE EXPRESIONES

Substituya usted las palabras subrayadas y haga otros cambios necesarios:

**(a)** 1. José la sigue y se sienta con ella.  (*followed*)
   2. Ana está muriéndose de hambre.  (*we*)
   3. Es mejor que vuelvas al hotel.  (*it would be*)
   4. Ruega al camarero que nos sirva algo.  (*we begged*)
   5. Todavía no me he desayunado.  (*I had not*)
   6. ¿No estás divirtiéndote?  (*aren't they*)

**(b)** 1. Lo que más me gustó fue el parque.  (*the streets*)
   2. Tráiganos gazpacho para cuatro personas.  (*I told him to bring us*)
   3. Pasaron el día recorriendo a Sevilla.  (*I spent*)
   4. Ya habían dado la primera ojeada a la ciudad.  (*we had*)
   5. A mí me impresionó el alcázar.  (*gardens*)
   6. Nos encantó cuanto vimos.  (*have seen*)

**(c)** 1. ¿Te fijaste en sus manos?  (*their faces*)
   2. Cuanto más los escucho, tanto menos me gustan.  (*more*)
   3. Se dice que cuanto hacen es espontáneo.  (*it has been said*)
   4. Parece que se olvidan de nosotros.  (*the spectators*)
   5. ¿Qué te parece el cante jondo?  (*Flamenco dances*)
   6. El mirarlo lo arrebata a uno del presente.  (*me*)

**(d)** 1. Acertaron al construir aquí el alcázar.  (*these palaces*)
   2. Es allí donde hemos de ir esta noche.  (*evening*)

3. ¡Ojalá que no hubiéramos prometido ir!   (*they had not*)
4. ¿No les gustan a ellas los bailes?   (*you*)
5. Estuve aquí hace dos años.   (*they were*)
6. Le he rogado que los lleve a una zambra.   (*us*)

## C.  EL SUBJUNTIVO

Repase usted los usos del subjuntivo en las Lecciones 36, 37, 38 y 39. Repase también la correspondencia de tiempos en la Lección 28, y cambie usted las frases siguientes al tiempo pasado según los ejemplos:

**(a)** Verbos de voluntad

Ejemplo:   José le dice a Ana que se siente.
            José le dijo a Ana que se sentara (sentase).

1. José le manda al camarero que sirva algo.
2. El guardia nos prohibe que entremos.
3. No nos permiten que bailemos.
4. El guía nos aconseja que veamos el alcázar.
5. Les recomiendan a los turistas que almuercen.
6. José le pide al camarero que traiga chocolate.
7. Ana le ruega a José que la lleve al museo.
8. El guía no quiere que salgamos.

**(b)** Verbos de duda y de negación

1. Ejemplo:   Ana quiere recorrer a Sevilla.
              Dudo que Ana quiera recorrer a Sevilla.

   1. Ana quiere recorrer el parque.
   2. Isabel prefiere comer ahora.
   3. José pide gazpacho para todos.
   4. Van al barrio de Santa Cruz esta tarde.
   5. A Pablo lo encanta el Guadalquivir.

2. Ejemplo:   ¿Cree usted que subirán a la Giralda?
              No creo que suban a la Giralda.

   1. ¿Cree usted que hay tesoros en esa torre?
   2. ¿Cree usted que las calles son muy estrechas?
   3. ¿Cree usted que el Guadalquivir es muy hondo?
   4. ¿Cree usted que nos permitirán entrar en la Torre del Oro?
   5. ¿Cree usted que los turistas volverán temprano?

**(c)** Verbos y expresiones de emoción

1. Ejemplo:   Espero que la Giralda esté abierta.
              Esperaba que la Giralda estuviera abierta.

   1. Espero que usted escuche la música flamenca.

2. Espero que ustedes vean el baile gitano.
3. Espero que Isabel baile conmigo.
4. Temo que Lola no se divierta.
5. Temo que no le guste a José el espectáculo.

**2. Ejemplo:**   Me alegro de que te guste Sevilla.
              Me alegré de que te gustara Sevilla.

  1. Me alegro de que vayas a Sevilla.
  2. Es un placer que usted nos visite.
  3. Me gusta que usted baile conmigo.
  4. Siento que Ana esté enferma.
  5. Es una lástima que pierdas (*miss*) el espectáculo.


## D.   LOS PRONOMBRES RELATIVOS

Repase usted estos pronombres en la Lección 37.

Cambie las frases siguientes al plural según los ejemplos:

**(a)** Sujeto

   Ejemplo:   El guía que nos lleva es guapo.
           Los guías que nos llevan son guapos.

  1. La gitana que canta es bonita.
  2. Este mesero, quien habla inglés, es amable.
  3. El coche que nos trajo era cómodo.
  4. Este barrio, el cual tiene un encanto especial, es muy antiguo.
  5. Esta gitana, quien es de Granada, baila muy bien.
  6. Llama a ese camarero, el cual ya nos conoce.

**(b)** Objeto directo

   Ejemplo:   El joven que conocí es sevillano.
           Los jóvenes que conocí son sevillanos.

  1. La joven que conocí es sevillana.
  2. El guardia que ves ahí es cortés.
  3. El patio que vimos es muy lindo.
  4. El amigo a quien invité no vino.
  5. Este guía, a quien conozco bien, nos llevará al alcázar.
  6. Esta canción, la cual ya hemos oído antes, no es flamenca.

**(c)** Objeto de preposición

NOTA: Se usa **quien** o **el cual** (**la cual,** etc.) refiriéndose a personas. Refiriéndose a animales o a cosas, se usa generalmente **el cual,** pero se puede usar **que** si la preposición es **a, de, en** o **con.**

> Ejemplo:  Ése es el joven con quien bailé.
> Ésos son los jóvenes con quienes bailé.

1. ¿Cómo se llama la señorita con quien te vi ayer?
2. Aquél es el joven con el cual me paseé.
3. No conozco al guía de quien hablas.
4. Éste es el espectáculo por el cual me intereso.
5. Aquél es el avión en que volveremos.

# E.  EL INFINITIVO

Cambie usted las frases según los ejemplos:

1. Ejemplo:  Cuando ella se pone a cantar, la escuchamos atentamente.
   Al ponerse ella a cantar, la escuchamos atentamente.

1. Cuando el mozo trajo las maletas, subimos al tren.
2. Cuando el agente le selló el pasaporte, ella fue a la caja de cambio.
3. Cuando me acerqué, ellos dejaron de hablar.
4. Cuando Ana se despertó, ya se había servido el desayuno.
5. Cuando se sentaron a la mesa, el camarero les sirvió aperitivos.
6. Cuando se paró el avión, Luis bajó con un amigo.

2. Ejemplo:  Será imposible que visites el museo mañana.
   Te será imposible visitar el museo mañana.

1. Es necesario que paguemos con anticipación.
2. Hacía falta que me levantara temprano.
3. No dejarán que entremos en el alcázar.
4. Recomendamos que estudies más.
5. El guardia mandó que saliéramos en seguida.
6. ¿Se permite que ellos fumen aquí?

## F.  TRADUCCIÓN

Traduzca usted al español:

Anne and her friends spent (passed) several days in Seville before going to Granada. In Seville they went to a night club where there were gypsy dancers and Flamenco music. They would have liked to remain longer (more time) there, but it was not possible for them to do so (it). Anne was very glad (*use* **alegrarse mucho**) to be able to spend some days in Andalusia before classes began at the university, because she had been told that Andalusia was the most picturesque and romantic part of Spain. What she saw on the trip enchanted her and she remembered the popular sayings (**dichos populares**) about the two extremely interesting cities: "Whoever has not seen Seville has not seen a marvel" and "Whoever has not seen Granada has not seen anything."

# Appendix

# Spanish Grammar, Syntax, Paradigms

## 1. SYLLABICATION

Spanish words are divided into syllables by allowing a single consonant, and any group of consonants that can be pronounced at the beginning of a word, to go with the following vowel.

Any group of consonants that cannot be pronounced at the beginning of a word must be divided. The letter **s** plus a consonant cannot begin a word in Spanish, hence **s** must be separated from the following consonant.

**se-ño-ri-ta** *miss*     **es-cu-chó** *he listened*     **com-prar** *to buy*

## 2. NEGATION

Statements are made negative in Spanish by placing **no** or some other negative word before the verb. The auxiliary verb *do* is not used in Spanish.

Hablo español.  I speak Spanish.
**No hablo** español.  *I do not speak* Spanish.

If a negative pronoun, adjective or adverb other than **no** precedes the verb, **no** is usually omitted. However, **no** is used with other negatives that follow the verb.

**Nunca** estudia.  or  **No** estudia **nunca.**  He *never* studies.

## 3. INTERROGATION

In Spanish questions it is customary to place the subject after the verb. The auxiliary verb *do* is not used in Spanish.

Usted pronuncia las palabras.  You are pronouncing the words.
**¿Pronuncia usted** las palabras?  *Do you pronounce* the words?

## 4. PUNCTUATION

Inverted question marks and exclamation points are placed at the beginning of questions and exclamations. The dash (—) is used instead of quotation marks in transcribed dialogue.

> **—¡ Caramba!—dice mi amigo—¿por qué hace usted eso?**
> **—Porque me da la gana.**
> *"Gosh!" says my friend, "why are you doing that?"*
> *"Because I feel like it"*

Otherwise, punctuation in Spanish conforms generally to English usage.

## 5. CAPITALIZATION

Names of months and days of the week, adjectives of nationality, and the first-person pronoun are not capitalized in Spanish except at the beginning of sentences.

> El **inglés** llegó el **domingo**, dos de **julio**.
> The *Englishman* arrived on *Sunday*, the second of *July*.

## 6. CONTRACTIONS

The prepositions **a**, *to*, and **de**, *of, from*, combine with the masculine singular article **el** to form **al** and **del** respectively. There are no other contractions in Spanish.

> Voy **al** hotel.   I'm going *to the* hotel.
> Sale **del** parque.   He's leaving (going *out of*) *the* park.

## 7. POSSESSION

There is no possessive, or genitive, case (*'s, s'*) of nouns in Spanish. Possession is shown by using the preposition **de**, *of*.

> el coche **de mi amigo**   my *friend's* car
> la cueva **de los gitanos**   the *gypsies'* cave

## 8. DAYS

| | | | |
|---|---|---|---|
| **lunes** | *Monday* | **hoy** | *today* |
| **martes** | *Tuesday* | **ayer** | *yesterday* |
| **miércoles** | *Wednesday* | **mañana** | *tomorrow* |
| **jueves** | *Thursday* | **anteayer** | *day before yesterday* |

| **viernes** | *Friday* | **pasado mañana** | *day after tomorrow* |
|---|---|---|---|
| **sábado** | *Saturday* | **esta noche** | *tonight* |
| **domingo** | *Sunday* | **anoche** | *last night* |

Ordinarily, the article **el, los** is used where *on* is used in English before names of days of the week.

Venía **los lunes,** pero esta semana vino **el martes.**
He used to come *on Mondays*, but this week he came on *Tuesday*.

## 9. MONTHS AND SEASONS

| **enero** | *January* | **julio** | *July* |
|---|---|---|---|
| **febrero** | *February* | **agosto** | *August* |
| **marzo** | *March* | **septiembre** | *September* |
| **abril** | *April* | **octubre** | *October* |
| **mayo** | *May* | **noviembre** | *November* |
| **junio** | *June* | **diciembre** | *December* |
| **la primavera** | *spring* | **el otoño** | *autumn* |
| **el verano** | *summer* | **el invierno** | *winter* |

## 10. CARDINAL NUMBERS

| | | |
|---|---|---|
| 0 cero | 15 quince | 90 noventa |
| 1 un, uno, una | *16 diez y seis | 100 ciento (cien) |
| 2 dos | *17 diez y siete | 200 doscientos (-as) |
| 3 tres | *18 diez y ocho | 300 trescientos (-as) |
| 4 cuatro | *19 diez y nueve | 400 cuatrocientos (-as) |
| 5 cinco | 20 veinte | 500 quinientos (-as) |
| 6 seis | *21 veinte y uno, etc. | 600 seiscientos (-as) |
| 7 siete | 30 treinta | 700 setecientos (-as) |
| 8 ocho | 31 treinta y uno, etc. | 800 ochocientos (-as) |
| 9 nueve | 40 cuarenta | 900 novecientos (-as) |
| 10 diez | 42 cuarenta y dos | 1,000 mil |
| 11 once | 50 cincuenta | 1,000,000 un millón |
| 12 doce | 60 sesenta | 1,000,000,000 mil millones |
| 13 trece | 70 setenta | |
| 14 catorce | 80 ochenta | |

*NOTE: The numbers 16–19 and 21–29 are sometimes written as follows: **dieciséis, diecisiete, dieciocho, diecinueve, veintiuno, veintidós, veintitrés, veinticuatro, veinticinco, veintiséis, veintisiete, veintiocho, veintinueve.**

**Ciento** becomes **cien** when it is not followed by a smaller numeral.

> **ciento sesenta** libros   *a hundred and sixty* books
> **cien** dólares   *a hundred* dollars
> **cien mil** pesos   *a hundred thousand* pesos

**y** (*and*) is used only between tens and units, not between hundreds and tens nor between hundreds and units.

> ciento veinte **y** cinco   one hundred *and* twenty-five
> ciento tres   one hundred *and* three

## 11.   ORDINAL NUMBERS

| | | | | |
|---|---|---|---|---|
| **primero, -a** | *first* | | **sexto, -a** | *sixth* |
| **segundo, -a** | *second* | | **séptimo, -a** | *seventh* |
| **tercero, -a** | *third* | | **octavo, -a** | *eighth* |
| **cuarto, -a** | *fourth* | | **noveno, -a** | *ninth* |
| **quinto, -a** | *fifth* | | **décimo, -a** | *tenth* |

Except in fractions, the ordinals are not generally used beyond **décimo**.

> la lección **veinte**   the *twentieth* lesson

## 12.   TIME OF DAY

Hours of the day are expressed by **ser** (*to be*) and the feminine definite article plus the cardinal numeral. The verb and article are plural, except with **una**.

> **Es la una.**   *It's one o'clock.*
> **Son las dos.**   *It's two o'clock.*
> **Son las cinco.**   *It's five o'clock.*

Minutes after are expressed with **y**; minutes before, with **menos**.

> Son las seis **y** veinte.   It's *six-twenty*.
> Son las ocho **menos** diez.   It's *ten minutes to* eight.

Note the following:

> Son las siete **y media.**   It's seven-*thirty*.
> a las nueve **y (un) cuarto**   at a quarter past nine
>
> a las ocho **de la mañana**   at eight *a.m.*
> a las cinco **de la tarde**   at five *p.m.*

a las once **de la noche**   at eleven *p.m.*
**al mediodía** *or* **a mediodía**   *at noon*
**a la medianoche** *or* **a medianoche**   *at midnight*

## 13.   CALENDAR DATES

Except for **primero** (*first*) the cardinal numerals are used in giving days of the
month.

> **El 23** (veinte y tres) **de abril** de 1616 (mil seiscientos diez y seis)   *April 23,*
> *1616*
> **El 12 (doce) de octubre** de 1492 (mil cuatrocientos noventa y dos)   *October*
> *12,* 1492

## 14.   GENDER OF NOUNS

Nouns are either masculine or feminine. There are no neuter nouns in Spanish.

Most nouns that end in **-o, -l,** or **-r** are masculine.

> **el amigo**   *the friend*       **el hotel**   *the hotel*       **el calor**   *the heat*

Most nouns that end in **-a, -d,** or **-ión** are feminine.

> **la amiga**   *the friend*   **la verdad**   *the truth*   **la estación**   *the station,*
> *the season*

The genders of exceptions and of other nouns should be learned by associating
them with the proper form of the definite article (¶17).

## 15.   NUMBER OF NOUNS

Most nouns that end in a vowel add **-s** for the plural form; those that end in a
consonant add **-es.** Final **-z** of the singular becomes **-c-** in the plural. Nouns that
end in **-n** or **-s** and that have a written accent on the last syllable drop the accent
in the plural.

| SINGULAR | PLURAL |
|---|---|
| el amigo   the friend | los amigo**s**   the *friends* |
| la ciudad   the city | las ciudad**es**   the *cities* |
| el hotel   the hotel | los hotel**es**   the *hotels* |

| | |
|---|---|
| una vez   one time | muchas ve**ces**   many *times* |
| la estación   the station | las esta**ciones**   the *stations* |
| el inglés   the Englishman | los in**gleses**   the *Englishmen* |

Nouns that end in **-s** that are not stressed on the final syllable remain the same in the plural: **el lunes** (*Monday*)—**los lunes** (*Mondays*); **la tesis** (*thesis*)—**las tesis** (*theses*).

Normally, nouns that end in a stressed vowel, especially **-í**, add **-es** to form the plural: **el rubí** (*ruby*)—**los rubíes** (*rubíes*); **el maravedí** (*a Spanish coin*)—**los maravedíes**. However, some common nouns add **-s**: **el café**—**los cafés**; **el papá** —**los papás**; **la mamá**—**las mamás**; **el sofá**—**los sofás**.

## 16.　OBJECT NOUNS

The preposition **a** is regularly used before indirect nouns.

> Di una propina **al** mesero.　I gave a tip to the waiter.
> Di **al** mesero una propina.　I gave the waiter a tip.

The preposition **a** is used before a direct object noun if it is the name of a person or persons.

> Quiero visitar **a** Carlos.　I want to visit Charles.
> Amo **a** mis padres.　I love my parents.

The preposition **a** is regularly used before the name of a place when it is used as a direct object unless the article is part of the name.

> Quiero visitar **a** México.　I want to visit Mexico.
> Visité los Estados Unidos.　I visited the United States.

## 17.　THE DEFINITE ARTICLE

The definite article in Spanish has four forms:

| | SINGULAR | PLURAL | |
|---|---|---|---|
| Masculine | **el** | **los** | |
| Feminine | **la** | **las** | |
| | **el** coche   *the* car | **los** hoteles   *the* hotels | |
| | **la** verdad   *the* truth | **las** señoras   *the* ladies | |

The Spanish article has a neuter form also, **lo. Lo** has no plural. It is used with adjectives, past participles used as adjectives, or adverbs used as abstract nouns.

> Pablo me explicó **lo hermoso** del español.   Paul explained *the beautiful* (part, characteristic, etc.) of Spanish to me.
> **Lo** cerca de la pirámide nos permite observarla.   *The near*(ness) of the pyramid permits us to observe it.

## 18.   THE INDEFINITE ARTICLE

The forms of the indefinite article are:

|           | SINGULAR |        | PLURAL |          |
|-----------|----------|--------|--------|----------|
| Masculine | **un**   | *a, an* | **unos** | *some, any* |
| Feminine  | **una**  | *a, an* | **unas** | *some, any* |

**un** restaurante   *a* restaurant       **unos** amigos   *some* friends
**una** comida   *a* meal                  **unas** habitaciones   *some* rooms

## 19.   ADJECTIVES

### A.   Number

The plural of adjectives is formed in the same way as the plural of nouns (¶15).

### B.   Gender

Adjectives whose masculine form ends in **-o** change the **-o** to **-a** for the feminine.

> un hombre **rico**   *a rich* man          una mujer **rica**   *a rich* woman
> un jardín **bonito**   *a pretty* garden    una casa **bonita**   *a pretty* house

Many adjectives ending in **-or** and adjectives of nationality ending in a consonant add **-a** for the feminine.

> un español **hablador**   *a talkative* Spaniard     una española **habladora**   a *talkative* Spanish woman

Most other adjectives have the same form for the masculine and feminine genders.

> un niño **alegre**   *a happy* little boy       una niña **alegre**   *a happy* little girl
> un libro **fácil**   *an easy* book             una lección **fácil**   *an easy* lesson

## C.   Agreement

An adjective takes the gender and number of the noun it modifies.

un hombre **rico**   a *rich* man
unas viudas **ricas**   some *rich* widows
Este inglés no es **hablador.**   This Englishman is not *talkative.*
Algunas inglesas son muy **habladoras.**   Some Englishwomen are very
*talkative.*

An adjective that modifies a masculine and a feminine noun is masculine plural.

El patio y la sala son **atractivos.**   The patio and the living room are *attractive.*

Normally, limiting adjectives (articles, possessives, demonstratives, numerals, etc.) precede the nouns they modify. Descriptive adjectives ordinarily follow the nouns they modify.

su **único** amigo **íntimo**   his *only intimate* friend

## D.   Apocopated forms

The following adjectives drop the final **-o** of the masculine singular form when they precede their noun:

| | |
|---|---|
| **bueno** | good |
| **malo** | bad |
| **uno** | one |
| **alguno (algún)** | some |
| **ninguno (ningún)** | no, none |
| **primero** | first |
| **tercero** | third |
| **postrero** | last |

**Santo** (*saint, holy*) becomes **San** before masculine names, except those that begin with **Do-** or **To-**: **San** Francisco, **San** Juan, but: **Santo** Tomás, **Santa** María. **Grande** usually drops **-de** before any singular noun: un **gran** hombre (a *great* man), una **gran** ciudad (a *great* city).

## 20.   FORMATION OF ADVERBS

Generally adverbs can be formed by adding **-mente** (*-ly*) to the feminine singular form of adjectives.

bonito  nice                              bonita**mente**  nice*ly*
fácil  easy                               fácil**mente**  easi*ly*

## 21. COMPARISON OF ADJECTIVES AND ADVERBS

### A. Comparisons of Inequality

The comparative-superlative degree (there is no distinction between the two) of most adjectives and adverbs is formed by placing **más** (*more, most*) or **menos** (*less, least*) before the adjective or adverb.

A few common adjectives and adverbs change form instead of using **más** for the comparative-superlative degree:

| | | | |
|---|---|---|---|
| **bueno** *good* | **bien** *well* | | **mejor** *better, best* |
| **malo** *bad* | **mal** *badly* | | **peor** *worse, worst* |
| **grande** *large* | | | **más grande** *larger, largest* |
| | | or | **mayor** *older, oldest* |
| **pequeño** *small* | | | **más pequeño** *smaller, smallest* |
| | | or | **menor** *younger, youngest* |
| **mucho** *much* | | | **más** *more, most* |
| **poco** *little* | | | **menos** *less, least* |

*Than* is expressed by **que** regularly, but before numerals **de** is used. Likewise, **de** expresses **than** before **el (la, los, las, lo) que** plus a verb if a quantity or amount is implied in the comparison. The neuter **lo** is used when there is no specific noun to which it refers

The definite article is normally used with superlatives. If the superlative is an adverb, the neuter article **lo** is used.

Carlos es **más alto que** Pablo.   Charles is *taller than* Paul.
Usted aprende **más rápidamente que** yo.   You learn *more quickly than* I.
¿Tienes **más de** cincuenta pesos?   Do you have *more than* fifty pesos?
Gana **menos dinero del que** gasta.   He earns *less money than* he spends.
Estudia **más de lo que** crees.   He studies *more than* you think.
   **lo más pronto** posible   *the soonest* possible
   **el hombre más rico** de la ciudad   *the richest man* in town

### B. Comparisons of Equality

In comparisons of equality, **tan** (before an adjective or adverb, otherwise **tanto**) **. . . como** are used for *as . . . as.*

Ella es **tan bonita como** Elena.   She is *as pretty as* Helen.
Y habla **tanto como** María.   And she talks *as much as* Mary.
Tienen **tantas flores como** nosotros.   They have *as many flowers as* we.

### C. Superlative Absolute

The ending **-ísimo** may be added to adjectives or adverbs to express a very high degree of the quality indicated, but without making a comparison.

mucho, much**ísimo**   *very very* much
rápido, rapid**ísimo**   *extremely* rapid
rápidamente, rapid**ísima**mente   *very* rapidly

Note the following changes in spelling:

bueno, **bonísimo**   *extremely* good
largo, **larguísimo**   *very* long
rico, **riquísimo**   *extremely* rich
agradable, **agradabilísimo**   *very* pleasant

## 22.   DEMONSTRATIVES (Adjectives and Pronouns)

There are three demonstratives in Spanish, each of which has four forms.

### A.   Adjectives

| MASCULINE | | FEMININE | | |
|---|---|---|---|---|
| SINGULAR | PLURAL | SINGULAR | PLURAL | |
| **este** | **estos** | **esta** | **estas** | *this, these* |
| **ese** | **esos** | **esa** | **esas** | *that, those* (near the person addressed) |
| **aquel** | **aquellos** | **aquella** | **aquellas** | *that, those* (at a distance) |

**este** libro   *this* book        **aquellas** montañas  *those* mountains
**ese** sombrero   *that* hat (that you have)

### B.   Pronouns

Demonstrative pronouns are identical in form to demonstrative adjectives, except that the pronouns have a written accent: **éste, ésos, aquélla,** etc.

Mi botella es **ésta**; **ésa** es de usted.   My bottle is *this* (*one*); *that one* is yours.

There are no neuter demonstrative adjectives, but there are neuter pronouns (**esto, eso, aquello**), without written accents, which are used to represent objects of unknown gender, or ideas, or statements, rather than specific nouns.

¿Qué es **esto?**   What is *this?*

Está lloviendo y por **eso** no vamos.   It's raining and *therefore* (*for that*) we
are not going.

NOTE: When followed by the preposition **de** or the relative pronoun **que** the
regular demonstrative pronouns are replaced by **el, lo, los, la, las.**

**Los de** Juan y **los que** tengo yo son iguales.   *Those of* John and *the ones*
(*those which*) I have are equal.


## 23.  POSSESSIVES

|  | SHORT FORMS |  |
|---|---|---|
| mi | mis | *my* |
| tu | tus | *your* |
| su | sus | *your, his, her, its* |
| nuestro (-a) | nuestros (-as) | *our* |
| vuestro (-a) | vuestros (-as) | *your* |
| su | sus | *your, their* |
|  | LONG FORMS |  |
| mío (-a) | míos (-as) | *mine* |
| tuyo (-a) | tuyos (-as) | *yours* |
| suyo (-a) | suyos (-as) | *yours, his, hers, its* |
| nuestro (-a) | nuestros (-as) | *ours* |
| vuestro (-a) | vuestros (-as) | *yours* |
| suyo (-a) | suyos (-as) | *yours, theirs* |

The short forms of the possessives are used before nouns; the long forms are used
after nouns or as pronouns without accompanying nouns. Usually the appropriate
article is used with the long form of the possessive.

**un** amigo **suyo**   *a friend of his*
**su** libro y **el mío**   *your book and mine*
¿Esa casa es **tuya?**   That house is *yours?*

Because **su, suyo** have several meanings, **de** and the prepositional form of the
pronoun may be used in addition to, or instead of, the possessive for clarity or
for emphasis.

**su** libro **y el mío**
**su** libro **de usted** y **el mío**   } *your* book and *mine*
el libro **de usted** y **el mío**

Esta casa es **(la) suya.**  ⎫
Esta casa es **(la) de ellos.**  ⎬  This house is *theirs*.
⎭

Possessive adjectives and pronouns agree in gender and number with the object possessed, not with the possessor: **sus** libros, *his* books; una hermana **suya,** a sister *of his*; **nuestra** casa, *our* house.

## 24.   PERSONAL PRONOUNS

**A.**  Subject of Verbs          **B.**  Objects of Prepositions

| | | | |
|---|---|---|---|
| **yo** | *I* | (para) **mí** | (for) *me* |
| **tú** | *you*[1] | (para) **ti** | (for) *you*[1] |
| **usted** | *you*[1] | (para) **usted** | (for) *you*[1] |
| **él** | *he, it*[2] | (para) **él** | (for) *him, it*[2] |
| **ella** | *she, it*[2] | (para) **ella** | (for) *her, it*[2] |
| **ello** | *it*[2] | (para) **ello** | (for) *it* |
| | | (para) **sí** | (for) *himself, herself, yourself, itself*[3] |
| **nosotros (-as)** | *we* | | |
| **vosotros (-as)** | *you*[1] | (para) **nosotros (-as)** | (for) *us* |
| **ustedes** | *you*[1] | (para) **vosotros (-as)** | (for) *you*[1] |
| **ellos (-as)** | *they* | (para) **ustedes** | (for) *you*[1] |
| | | (para) **ellos (-as)** | (for) *them* |
| | | (para) **sí** | (for) *yourselves, themselves*[3] |

NOTE 1: The regular second person pronoun is **tú** (plural: **vosotros, -as**), but it is used only in addressing intimate friends, children, animal pets, and the deity. **Usted** (plural: **ustedes**) is the pronoun of more formal conversation with business, professional, or casual acquaintances. **Usted** is used with the third person of verbs, possessives, and personal object pronouns.

NOTE 2: **El** (masculine) or **ella** (feminine) is used for *it* when referring to specific masculine or feminine nouns. **Ello** translates *it* only when referring to a phrase or idea.

NOTE 3: **Sí** replaces any third-person pronoun object of a preposition when that object is the same as the subject of the preceding verb:

**Usted** lo hace para **sí.**   *You* are doing it for *yourself*.
**Ellos** hablan entre **sí.**   *They* are talking among *themselves*.

**Con** plus **mí, ti,** or **sí** becomes **conmigo, contigo,** or **consigo:**
Van **conmigo.**   They are going *with me*.
Lo llevan **consigo.**   They carry it *with them(selves)*.

## C.  Objects of Verbs

| REFLEXIVE | | INDIRECT | | DIRECT | |
|---|---|---|---|---|---|
| me | *myself* | me | *(to) me* | me | *me* |
| te | *yourself* | te | *(to) you* | te | *you* |
| se | *yourself, himself, herself, itself* | le (se)* | *(to) you, him, her, it* | lo | *you* (m.), *him, it* |
| | | | | la | *you* (f.), *her, it* |
| nos | *ourselves* | nos | *(to) us* | nos | *us* |
| os | *yourselves* | os | *(to) you* | os | *you* |
| se | *yourselves, themselves* | les (se)* | *(to) you, them* | los | *you, them* (m.) |
| | | | | las | *you, them* (f.) |

*NOTE: **Se** replaces **le** or **les** when these forms are followed by another pronoun that begins with **l-**:

**Les** dimos el dinero.  We gave them the money.
**Se** lo dimos.  We gave it *to them*.


## D.  Position of Object Pronouns

Object pronouns generally come before the verb:

**Nos** invitan a comer.  They invite *us* to dinner.
No **los** conocemos.  We don't know *them*.

Object pronouns come after and are attached to the infinitive, the present participle, and the affirmative command:

para hacer**lo**  in order to do *it*
Aceptándo**lo,** me dió las gracias.  Accepting *it*, he thanked me.
Hága**me** usted este favor.  Do *me* this favor.

NOTE: If an auxiliary verb accompanies the infinitive or present participle, the pronoun objects may precede the auxiliary.

Quiere hacer**lo.**
**Lo** quiere hacer. } He wants to do *it*.

Está hablándo**les.**
**Les** está hablando. } He is talking *to them*.

When two pronoun objects are used with the same verb, the indirect usually precedes the direct object. **Se** comes before any other pronoun:

> **Me lo** quiere dar. ⎫
> Quiere dár**melo.** ⎬ He wants to give *it to me.*
> **Se me** olvida.  I forget *it* (*It forgets itself to me*).

## E.  Redundant Constructions

Since **se, la, le, lo, las, les,** and **los** have two or more possible meanings, the prepositional form of the pronoun may be used in addition to these forms for greater clarity:

> Se lo dimos **a él (usted, ella, ustedes, ellos, ellas).**  We gave *it to him* (*you, her, you* [pl.], *them* [m], *them* [f.]).
> Les enseño **a ellas** la lección.  I teach *them* (*the girls*) the lesson.

Since pronoun objects of verbs are unstressed elements, the prepositional forms may also be used whenever it is necessary to give emphasis to the pronoun object:

> Ella me vio **a mí,** pero no lo vio **a él.**  She saw *me,* but didn't see *him.*

The redundant construction frequently combines a pronoun object of a verb with a noun object of a preposition:

> Le di **a Ana** su carta, pero **a Carlos** no le di la suya.  I gave *Anne* her letter, but I didn't give *Charles* his.

NOTE: The redundant construction is regularly used with indirect object nouns, but is used with direct object nouns only when the noun precedes the verb.

> **Se** lo dije a Paquita, pero a Pablo no **lo** vi.  I told (it to) Fran, but I didn't see Paul.

## 25.  INFINITIVES

All infinitives in Spanish end in **-ar, -er,** or **-ir:**

> **hablar**  *to speak*        **comer**  *to eat*        **vivir**  *to live*

In Spanish the infinitive is generally used the same way as the infinitive is used in English:

> Quieren **viajar.**  They want *to travel.*

The infinitive is used in Spanish for the English verb form in *-ing* after a preposition or as the subject of a verb:

**El estudiar** no es mi fuerte. *Studying* is not my strong point.
No podemos aprender **sin estudiar.** We cannot learn *without studying*.

## 26. PRESENT PARTICIPLES

### A. Uses

The present participle is used in certain participial phrases and also after **estar** (**ir, seguir,** etc.) in the formation of progressive tenses. The present participle is invariable, that is, it never changes form for gender or number:

**Pasando** por el parque, encontré a Ana. *Going* through the park I met Anne.

### B. Formation

The present participle is formed by replacing **-ar** of the infinitive with **-ando** and **-er** or **-ir** with **-iendo**:

**hablando** *speaking* **comiendo** *eating* **viviendo** *living*
Aunque estaba **lloviendo** seguimos **jugando.** Although it was *raining*, we kept on *playing*.

In the case of **-ir** radical changing verbs, the stem vowel changes from **-o-** to **-u-** or from **-e-** to **-i-** in the present participle:

dormir, durmiendo; sentir, sintiendo; pedir, pidiendo

If the stem of an **-er** or **-ir** verb ends in a vowel, the participial ending is **-yendo.**

caer, ca**yendo**; oír, o**yendo**; creer, creyendo

## 27. PAST PARTICIPLES

### A. Uses

The past participle is used after **haber** (¶39) in compound or perfect tenses (¶35). When it is used with **haber** the past participle does not change for gender or number:

No **han escrito** la carta.   They *have* not *written* the letter.

The past participle is used after **ser** (¶39) to form the passive voice. The past participle agrees in gender and number with the subject of **ser**:

Las cartas fueron **escritas** por el secretario.   The letters were *written* by the secretary.

The past participle is used as an adjective. If it is used as an adjective in the predicate, **estar** and not **ser** translates *to be*. When used as an adjective, the past participle agrees in gender and number with the noun it modifies:

La puerta estuvo **cerrada** todo el día.   The door was *closed* all day.

## B.   Formation

The past participle is formed by replacing **-ar** of the infinitive with **-ado** and **-er** or **-ir** with **-ido**.

**hablado**   *spoken*                  **comido**   *eaten*                  **vivido**   *lived*

If the stem of an **-er** or **-ir** verb ends in a vowel, a written accent is required on the **-i-** of **-ido**.

caer  to fall        **caído**  *fallen*        oír  to hear        **oído**  *heard*
**He comprado** varias cestas, pero ésta **fue comprada** por Pablo.   I *have bought* several baskets, but this one *was bought* by Paul.
La puerta **estaba cerrada** cuando llegué.   The door *was closed* when I arrived.

The following verbs have an irregular past participle: abrir, **abierto**; decir, **dicho**; devolver, **devuelto**; escribir, **escrito**; hacer, **hecho**; morir, **muerto**; poner, **puesto**; ver, **visto**; volver, **vuelto**.

## 28.   THE PRESENT INDICATIVE TENSE

### A.   Uses

The present indicative tense expresses any of the three aspects of the present tense in English:

Le **hablo** a él muchas veces.   I *speak* to him often.
No **como** tamales.   I *do* not *eat* tamales.
**Vivimos** en un hotel ahora.   *We are living* in a hotel now.

## B.  Formation

The present tense of regular verbs is formed by dropping the infinitive endings (-ar, -er, -ir) and adding the indicative endings (-o, -as, -a, -amos, -áis, -an; -o, -es, -e, emos, -éis, -en; -o, -es, -e, -imos, -ís, -en).

The present indicative of **hablar** (*to speak*), **comer** (*to eat*), and **vivir** (*to live*) is as follows:

| | | | |
|---|---|---|---|
| (yo) | **hablo** | como | vivo |
| (tú) | **hablas** | comes | vives |
| (usted) | **habla** | come | vive |
| (él) | **habla** | come | vive |
| (ella) | **habla** | come | vive |
| (nosotros, -as) | **hablamos** | comemos | vivimos |
| (vosotros, -as) | **habláis** | coméis | vivís |
| (ustedes) | **hablan** | comen | viven |
| (ellos) | **hablan** | comen | viven |
| (ellas) | **hablan** | comen | viven |

NOTE: Not all verbs follow this pattern exactly. For radical-changing verbs, see ¶37; for orthographic-changing verbs, see ¶38; for irregular verbs, see ¶39.

## 29.  THE PRETERIT TENSE

### A.  Uses

The preterit tense is the past tense of narration. It expresses a completed past action of definite duration and corresponds to the English simple past or past emphatic.

Colón **descubrió** a América.   Columbus *discovered* America.
¿**Compró** usted el libro?   *Did you buy* the book?
Sí, lo **compré**.   Yes, I *bought* (*did buy*) it.

### B.  Formation

| | | | |
|---|---|---|---|
| (yo) | **hablé** | comí | viví |
| (tú) | **hablaste** | comiste | viviste |
| (usted, él, ella) | **habló** | comió | vivió |
| (nosotros, -as) | **hablamos** | comimos | vivimos |
| (vosotros, -as) | **hablasteis** | comisteis | vivisteis |
| (ustedes, ellos, ellas) | **hablaron** | comieron | vivieron |

NOTE: See ¶37, ¶38, and ¶39 for radical-changing, orthographic-changing, and irregular verbs.

## 30.  THE IMPERFECT INDICATIVE TENSE

### A.  Uses

The imperfect tense is the regular past tense of description or of the narration of customary, continuing, or incomplete actions. It corresponds to the English simple past, past progressive, or past customary (*used to . . ., would . . .*).

> **Llovía.**  *It was raining.*
> **Íbamos** a esta escuela cuando **éramos** jóvenes.   We *used to go* to this school when we *were* young.
> Cada vez que él me **veía** me **saludaba.**   Every time he *saw* me he *would speak* to me.

### B.  Formation

| (yo) | hablaba | comía | vivía |
| --- | --- | --- | --- |
| (tú) | hablabas | comías | vivías |
| (usted, él, ella) | hablaba | comía | vivía |
| (nosotros, -as) | hablábamos | comíamos | vivíamos |
| (vosotros, -as) | hablabais | comíais | vivíais |
| (ustedes, ellos, ellas) | hablaban | comían | vivían |

There are no radical or orthographic changes, and only three verbs have any irregularity in the imperfect tense: **ser, ir,** and **ver** (¶39).

## 31.  THE FUTURE TENSE

### A.  Uses

The future tense expresses: (a) future time; (b) conjecture or probability in present time.

> Le **pagaré** a usted mañana.   I'll *pay* you tomorrow.
> ¿Dónde **estará** Carlos?   Where *can* Charles *be?* (*I wonder* where Charles *is?*)
> **Estará** en casa.   He *is probably* at home.

### B.  Formation

| (yo) | hablaré | comeré | viviré |
| --- | --- | --- | --- |
| (tú) | hablarás | comerás | vivirás |
| (usted, él, ella) | hablará | comerá | vivirá |

| (nosotros, -as) | **hablaremos** | **comeremos** | **viviremos** |
| (vosotros, -as) | **hablaréis** | **comeréis** | **viviréis** |
| (ustedes, ellos, ellas) | **hablarán** | **comerán** | **vivirán** |

All verbs in Spanish have the same endings in the future tense. These endings are added to the complete infinitive. There are no radical or orthographic changes in the future tense. Some common verbs use a modified form of the infinitive as a stem (¶39); otherwise there are no irregularities in the future tense.

NOTE: From here on the subject pronouns will not be included in the verb paradigms.

## 32. CONDITIONAL

### A.  Uses

There are three principal uses of the conditional tense-mood:

(a) To express the conclusion of a contrary-to-fact or an improbable condition:

Si yo fuese usted, yo **iría.**   If I were you, I *should go.*
Si lo hubiera sabido, le **habría escrito.**   If I had known it, I *would have written* him.

(b) As a "past future tense"—that is, to express a direct discourse future tense as indirect discourse after a past tense:

Dijo—Yo iré.   He said, "I shall go."
Dijo que **iría.**   He said he *would go.*

(c) To express conjecture or probability in past time just as the future is used in present time:

¿Por qué no vino? **¿Estaría** enfermo?   Why didn't he come? *Do you suppose he was* sick?

### B.  Formation

| **hablaría** | **comería** | **viviría** |
| **hablarías** | **comerías** | **vivirías** |
| **hablaría** | **comería** | **viviría** |
| **hablaríamos** | **comeríamos** | **viviríamos** |
| **hablaríais** | **comeríais** | **viviríais** |
| **hablarían** | **comerían** | **vivirían** |

All verbs in Spanish use the same endings in the conditional tense. The endings are added to the complete infinitive. There are no radical or orthographic changes in the conditional. Some common verbs use as a stem a modified form of the infinitive, exactly as in the future tense (¶39).

## 33. THE SUBJUNCTIVE

### A. Uses

**I.** The present subjunctive is used to give commands:

(a) Affirmative and negative commands with **usted** or **ustedes**:

> **Hable usted** español.  *Speak* Spanish.
> No **hablen ustedes** inglés.  Don't *speak* English.

(b) Negative commands with **tú** or **vosotros**:
> ¡ **No** me **digas**!  *Don't tell* me!

(c) Commands in the first and third persons:

> **Leamos** la carta.  *Let's read* the letter.
> Que lo **haga** Jorge. }
>    *or* **Hágalo** Jorge. }  *Let* George *do* it.

NOTE:  leamos + se + lo = leámoselo
         levantemos + nos = levantémonos

**II.** The subjunctive is also used in dependent clauses to make a doubtful, hypothetical, or postulated statement rather than a statement of accomplished fact:

**(a)** In noun clauses after verbs that express volition, emotion, or doubt or after impersonal expressions that do not indicate certainty:

> Le digo que **hable** español.  I tell him *to speak* (= that *he speak*) Spanish.
> Prohibe que **vayamos**.  He forbids *our going* (= that *we go*).
> Siento que **estés** enfermo.  I am sorry that *you are* ill.
> No creo que **sea** verdad.  I don't believe that *it's* true.
> Es posible que lo **acepte**.  It's possible that *he'll accept* it.

If the dependent verb has the same subject (expressed or implied) as the main verb, the infinitive is used, the same way as in English. If there is a change in subject, a dependent clause is required.

> Quiero **ir**.  I (myself) want *to go*.
> Quiero que ellos **vayan**.  I want *them to go* (I wish that *they go*).

**(b)** In adjective clauses after relative pronouns that restrict an otherwise indefinite or unlimited antecedent, or an antecedent modified by **cualquiera, quienquiera, dondequiera,** etc.:

> Busco un mecánico que **repare** el motor.   I'm looking for a mechanic who
> *can repair* the motor.
> No puedo recibirlo, quienquiera que **sea.**   I can't receive him, whoever he
> *may be.*
> No hay nadie que **sepa** hacerlo.   There is no one who *knows how* to do it.

**(c)** In adverbial clauses that do not state an accomplished fact. The following adverbial conjunctions are always followed by the subjunctive:

| | |
|---|---|
| **a fin de que**   *so that, in order that* | **como si**   *as if* (with past subjunctive) |
| **antes (de) que**   *before* | **a menos que**   *unless* |
| **con tal (de) que**   *provided that* | **sin que**   *without (that)* |
| **para que**   *in order that* | |

**(d)** The following adverbial conjunctions are followed by the subjunctive only if the clause does not state an accomplished fact:

| | |
|---|---|
| **así que**   *as soon as* | **después que**   *after* |
| **aunque**   *although, even though* | **hasta que**   *until* |
| **cuando**   *when* | **luego que**   *as soon as* |
| **de modo que, de manera que**   *in such a way that* | **mientras (que)**   *while* |

> Se portan **como si fueran** animales.   They are behaving *as if they were* animals.
> No lo vi cuando vino ayer, pero lo veré **cuando venga** mañana.   I didn't see him when he came yesterday, but I'll see him *when he comes* tomorrow.
> Saldré **antes que llegue.**   I shall leave *before he arrives.*
> Lo hace **sin que** yo se lo **diga.**   He does it *without my telling* him (*without that I tell* him).

## B.   Formation

The present subjunctive of **hablar, comer,** and **vivir** is as follows:

| | | | | | |
|---|---|---|---|---|---|
| hable | hablemos | coma | comamos | viva | vivamos |
| hables | habléis | comas | comáis | vivas | viváis |
| hable | hablen | coma | coman | viva | vivan |

For radical-changing, orthographic-changing, and irregular verbs, see ¶37, ¶38, and ¶39.

## 34. PAST (OR IMPERFECT) SUBJUNCTIVE

### A. Uses

The past (or past perfect) subjunctive is used in the if-clause of contrary-to-fact or improbable conditions:

> **Si** usted me **diera** mil dólares, compraría el coche.  *If* you *were to give* me a thousand dollars, I'd buy the car.

> Si lo **hubiese visto,** lo habría creído.  *If I had seen* it, I would have believed it.

The past instead of the present subjunctive is used in dependent clauses where the sense of the clause is past or if the preceding verb is in a past tense. (See ¶33, A, II, a, b, c.)

> Siento que **llegaras** tarde.  I'm sorry you *arrived* late.
> Le dije que **hablara** español.  I told him *to speak* Spanish.
> Salí antes que él **llegara.**  I left before he *arrived.*

The two forms of the past subjunctive are used interchangeably, with the sole exception that the form in **-ra** may be used as a substitute for the conditional.

> Si yo **fuese** (*or* **fuera**) usted, haría (*or* **hiciera**) el trabajo.  If I were you, I should do the work.

### B. Formation

| | | | |
|---|---|---|---|
| hablara *or* | hablase | comiera *or* | comiese |
| hablaras | hablases | comieras | comieses |
| hablara | hablase | comiera | comiese |
| habláramos | hablásemos | comiéramos | comiésemos |
| hablarais | hablaseis | comierais | comieseis |
| hablaran | hablasen | comieran | comiesen |

| | |
|---|---|
| viviera *or* | viviese |
| vivieras | vivieses |
| viviera | viviese |
| viviéramos | viviésemos |
| vivierais | vivieseis |
| vivieran | viviesen |

The past subjunctive of all verbs in Spanish, without exception, is formed from the third-person plural of the preterit (¶29, B) by dropping **-ron** and adding **-ra, -ras,** etc., or **-se, -ses,** etc. For example:

| PRETERIT | PAST SUBJUNCTIVE |
|---|---|
| hablar: hablaron | **hablara, hablase,** *etc.* |
| dormir: durmieron | **durmiera, durmiese,** *etc.* |
| ser: fueron | **fuera, fuese,** *etc.* |
| tener: tuvieron | **tuviera, tuviese,** *etc.* |

## 35. COMPOUND TENSES

### A. Uses

The perfect tenses in Spanish are used generally as they are in English. Normally, the preterit perfect is used only after conjunctive adverbs of time:

Cuando **hubo acabado,** se fué.   When he had *finished,* he left.

In Spanish the simple present is used to express an action or state that began in the past and is still in effect. Similarly, the imperfect expresses an action or state that continued up to a specific time in the past:

Hace tres meses que Carlos **está** en México.   Charles *has been* in Mexico three months. (It makes three months that Charles *is* in Mexico.)
Hacía tres meses que Carlos **estaba** en México cuando Ana llegó.   Charles *had been* in Mexico three months when Anne arrived.

### B. Formation

The compound (or perfect) tenses of verbs are formed by using the appropriate tenses of the auxiliary verb **haber** (¶39) followed by a past participle.

| | PRESENT PERFECT INDICATIVE | | | |
|---|---|---|---|---|
| **he** | **hablado,** | **comido,** | **vivido** | *I have spoken, eaten, lived* |
| **has** | **hablado,** | **comido,** | **vivido** | *you have spoken, etc.* |
| **ha** | **hablado,** | **comido,** | **vivido** | *you (he, she has) have spoken, etc.* |
| **hemos** | **hablado,** | **comido,** | **vivido** | *we have spoken, etc.* |
| **habéis** | **hablado,** | **comido,** | **vivido** | *you have spoken, etc.* |
| **han** | **hablado,** | **comido,** | **vivido** | *you (they) have spoken, etc.* |

PLUPERFECT
**había hablado,** etc.                          *I had spoken*, etc.

PRETERIT PERFECT
**hube hablado,** etc.                           *I had spoken*, etc.

FUTURE PERFECT
**habré hablado,** etc.                          *I shall have spoken*, etc.

CONDITIONAL PERFECT
**habría hablado,** etc.                         *I would have spoken*, etc.

PRESENT PERFECT SUBJUNCTIVE
**haya hablado,** etc.                           *(that) I have spoken*, etc.

PAST PERFECT SUBJUNCTIVE
**hubiera hablado,** etc.                        *(that) I had spoken*, etc.
**hubiese hablado,** etc.                        *(that) I had spoken*, etc.

## 36.  IMPERATIVE

### A.  Uses

The imperative is used to give commands, but only where **tú** or **vosotros** would be the appropriate pronouns and only in the affirmative. The present subjunctive is used to give commands with **usted** or **ustedes** and negative commands in familiar speech or writing:

**Ven** conmigo, pero no hagas ruido.   *Come* with me, but don't make (any) noise.
Dígame usted la verdad.   Tell me the truth.

### B.  Formation

| | | |
|---|---|---|
| **habla (tú)** | **come (tú)** | **vive (tú)** |
| **hablad (vosotros)** | **comed (vosotros)** | **vivid (vosotros)** |

The singular **(tú)** form of the imperative normally has the same form as the third person singular of the present indicative. The following verbs have irregular imperatives: decir, **di**; hacer, **haz**; ir, **ve**; poner, **pon**; salir, **sal**; ser, **sé**; tener, **ten**; valer, **val**; venir, **ven**.

The plural imperative, without exception, is formed by changing the final **-r** of the infinitive to **-d.**

poner, **poned**;   ir, **id**;   decir, **decid**

NOTE: The pronouns **tú** and **vosotros** are frequently omitted from commands.

## 37. RADICAL-CHANGING VERBS

In the course of evolution from Latin to Spanish, some Latin vowels developed in two or more ways. As a result the radical, or root, vowel (the last vowel before the infinitive ending) of certain Spanish verbs changes from **-o-** to **-ue-** or **-u-**, and from **-e-** to **-ie-** or **-i-**. Verbs that have these shifts are called radical-changing verbs. They are divided into three groups, according to the pattern of change. Most dictionaries identify radical-changing verbs by placing **(ie)**, **(ue)**, or **(i)** after the infinitive.

**Group I.** In **-ar** and **-er** radical-changing verbs the root vowel **-e-** becomes **-ie-** when it is stressed; stressed **-o-** becomes **-ue-**. These changes occur in all of the singular forms and in the third person plural forms of the present indicative and subjunctive and in the singular imperative:

### contar, *to count, relate*

| PRESENT INDICATIVE | | PRESENT SUBJUNCTIVE | |
|---|---|---|---|
| **cuento** | contamos | **cuente** | contemos |
| **cuentas** | contáis | **cuentes** | contéis |
| **cuenta** | **cuentan** | **cuente** | **cuenten** |

IMPERATIVE: **cuenta** (tú), contad (vosotros)

### sentar, *to seat, set*

| PRESENT INDICATIVE | | PRESENT SUBJUNCTIVE | |
|---|---|---|---|
| **siento** | sentamos | **siente** | sentemos |
| **sientas** | sentáis | **sientes** | sentéis |
| **sienta** | **sientan** | **siente** | **sienten** |

IMPERATIVE: **sienta** (tú), sentad (vosotros)

**Group II.** Some **-ir** verbs undergo the same changes as the verbs in Group I. In addition, they change **-e-** to **-i-** or **-o-** to **-u-** in the present participle, the first and second person plural of the present subjunctive, the third person singular and plural of the preterit, and in all of the past subjunctive:

### sentir, *to feel, regret*

| PRESENT INDICATIVE | PRESENT SUBJUNCTIVE | PRETERIT | PAST SUBJUNCTIVE | |
|---|---|---|---|---|
| **siento** | **sienta** | sentí | **sintiera** | **sintiese** |
| **sientes** | **sientas** | sentiste | **sintieras** | **sintieses** |
| **siente** | **sienta** | **sintió** | **sintiera** | **sintiese** |
| sentimos | **sintamos** | sentimos | **sintiéramos** | **sintiésemos** |
| sentís | **sintáis** | sentisteis | **sintierais** | **sintieseis** |
| **sienten** | **sientan** | **sintieron** | **sintieran** | **sintiesen** |

IMPERATIVE: **siente** (tú), sentid (vosotros)
PRESENT PARTICIPLE: **sintiendo**

**dormir,** *to sleep*

| PRESENT INDICATIVE | PRESENT SUBJUNCTIVE | PRETERIT | PAST SUBJUNCTIVE | |
|---|---|---|---|---|
| duermo | duerma | dormí | durmiera | durmiese |
| duermes | duermas | dormiste | durmieras | durmieses |
| duerme | duerma | durmió | durmiera | durmiese |
| dormimos | durmamos | dormimos | durmiéramos | durmiésemos |
| dormís | durmáis | dormisteis | durmierais | durmieseis |
| duermen | duerman | durmieron | durmieran | durmiesen |

IMPERATIVE: **duerme** (tú), dormid (vosotros)

PRESENT PARTICIPLE: **durmiendo**

**Group III.** Some verbs that end in **-ir** change **-e-** to **-i-** in the same forms that change in **dormir** and **sentir:**

**pedir,** *to ask for, request*

| PRESENT INDICATIVE | PRESENT SUBJUNCTIVE | PRETERIT | PAST SUBJUNCTIVE | |
|---|---|---|---|---|
| pido | pida | pedi | pidiera | pidiese |
| pides | pidas | pediste | pidieras | pidieses |
| pide | pida | pidió | pidiera | pidiese |
| pedimos | pidamos | pedimos | pidiéramos | pidiésemos |
| pedís | pidáis | pedisteis | pidierais | pidieseis |
| piden | pidan | pidieron | pidieran | pidiesen |

IMPERATIVE: **pide** (tú), pedid (vosotros)

PRESENT PARTICIPLE: **pidiendo**

## 38.  ORTHOGRAPHIC-CHANGING VERBS

I. Because some consonants sound one way before **-e** or **-i** and another way elsewhere, spelling changes occur in the first person singular of the preterit and in all of the present subjunctive forms of some **-ar** verbs. Spelling changes also take place in the first person singular of the present indicative and in all of the present subjunctive forms of some **-er** and **-ir** verbs.

| VERBS ENDING IN | CHANGE TO | |
|---|---|---|
| **-car** | **-que** | In the first person singular of the preterit and all of the present subjunctive forms. |
| **-zar** | **-ce** | |
| **-gar** | **-gue** | |
| **-guar** | **-güe** | |

consonant + $\begin{cases} \text{-cer} \\ \text{-cir} \end{cases}$    -zo, -za

vowel + $\begin{cases} \text{-cer} \\ \text{-cir} \end{cases}$    -zco, -zca

-ger, -gir    -jo, -ja
-guir    -go, -ga
-quir    -co, -ca

In the first person singular of the present indicative and all of the present subjunctive forms.

| **pagar** | **sacar** | **cazar** | **vencer** | **conocer** | **coger** |
|---|---|---|---|---|---|
| *to pay* | *to take out* | *to hunt* | *to conquer* | *to know* | *to catch* |
| PRETERIT | PRETERIT | PRETERIT | PRES. IND. | PRES. IND. | PRES. IND. |
| **pagué** | **saqué** | **cacé** | **venzo** | **conozco** | **cojo** |
| pagaste | sacaste | cazaste | vences | conoces | coges |
| pagó | sacó | cazó | vence | conoce | coge |
| pagamós | sacamos | cazamos | vencemos | conocemos | cogemos |
| pagasteis | sacasteis | cazasteis | vencéis | conocéis | cogéis |
| pagaron | sacaron | cazaron | vencen | conocen | cogen |
| PRES. SUBJ. | PRES. SUBJ. | PRES. SUBJ. | PRES. SUBJ. | PRES. SUBJ. | PRES. SUBJ. |
| **pague** | **saque** | **cace** | **venza** | **conozca** | **coja** |
| **pagues** | **saques** | **caces** | **venzas** | **conozcas** | **cojas** |
| **pague** | **saque** | **cace** | **venza** | **conozca** | **coja** |
| **paguemos** | **saquemos** | **cacemos** | **venzamos** | **conozcamos** | **cojamos** |
| **paguéis** | **saquéis** | **cacéis** | **venzáis** | **conozcáis** | **cojáis** |
| **paguen** | **saquen** | **cacen** | **venzan** | **conozcan** | **cojan** |

**II.** If the stem of an **-er** or **-ir** verb ends with a vowel and if the ending begins with **-i-**, the **-i-** has a written accent if it is stressed; it is written **-y-** if it is not stressed.

**leer,** *to read*

| PRETERIT | PAST SUBJ. (in **-ra**) | PAST SUBJ. (in **-se**) |
|---|---|---|
| **leí** | **leyera** | **leyese** |
| **leíste** | **leyeras** | **leyeses** |
| **leyó** | **leyera** | **leyese** |
| **leímos** | **leyéramos** | **leyésemos** |
| **leísteis** | **leyerais** | **leyeseis** |
| **leyeron** | **leyeran** | **leyesen** |

PRESENT PARTICIPLE: **leyendo**
PAST PARTICIPLE: **leído**

## 39. IRREGULAR VERBS

In addition to radical and orthographic changes, other irregularities occur in some verbs of common usage. The tenses or specific cases in which irregularities occur are given in bold-faced type.

### A. andar, to go, walk, run, stroll

| PRES. IND. | PRES. SUBJ. | PRET. | PAST SUBJ. | FUT. | COND. | IMPERF. IND. |
|---|---|---|---|---|---|---|
| ando | ande | **anduve** | **anduviera** | andaré | andaría | andaba |
| etc. | etc. | **anduviste** | etc. | etc. | etc. | etc. |
| | | **anduvo** | or | | | |
| | | **anduvimos** | **anduviese** | | | |
| | | **anduvisteis** | etc. | | | |
| | | **anduvieron** | | | | |

### B. caber, to fit into, have room for, be contained in

| PRES. IND. | PRES. SUBJ. | PRET. | PAST SUBJ. | FUT. | COND. | IMPERF. IND. |
|---|---|---|---|---|---|---|
| **quepo** | **quepa** | **cupe** | **cupiera** | **cabré** | **cabría** | cabía |
| **cabes** | **quepas** | **cupiste** | etc. | **cabrás** | **cabrías** | etc. |
| **cabe** | **quepa** | **cupo** | | **cabrá** | **cabría** | |
| **cabemos** | **quepamos** | **cupimos** | or | **cabremos** | **cabríamos** | |
| **cabéis** | **quepáis** | **cupisteis** | **cupiese** | **cabréis** | **cabríais** | |
| **caben** | **quepan** | **cupieron** | etc. | **cabrán** | **cabrían** | |

### C. caer, to fall

| | | | | | | |
|---|---|---|---|---|---|---|
| **caigo** | **caiga** | caí | **cayera** | caeré | caería | caía |
| caes | **caigas** | **caíste** | etc. | etc. | etc. | etc. |
| cae | **caiga** | **cayó** | | | | |
| caemos | **caigamos** | **caímos** | or | | | |
| caéis | **caigáis** | **caísteis** | **cayese** | | | |
| caen | **caigan** | **cayeron** | etc. | | | |

PRESENT PARTICIPLE: **cayendo**
PAST PARTICIPLE: **caído**

## D. **dar,** *to give*

| | | | | | | |
|---|---|---|---|---|---|---|
| **doy** | **dé** | **di** | **diera** | daré | daría | daba |
| das | des | **diste** | *etc.* | *etc.* | *etc.* | *etc.* |
| da | **dé** | **dio** | | | | |
| damos | demos | **dimos** | *or* | | | |
| dais | deis | **disteis** | **diese** | | | |
| dan | den | **dieron** | *etc.* | | | |

## E. **decir,** *to say, tell*

| | | | | | | |
|---|---|---|---|---|---|---|
| **digo** | **diga** | **dije** | **dijera** | **diré** | **diría** | decía |
| **dices** | **digas** | **dijiste** | *etc.* | **dirás** | **dirías** | *etc.* |
| **dice** | **diga** | **dijo** | | **dirá** | **diría** | |
| decimos | **digamos** | **dijimos** | *or* | **diremos** | **diríamos** | |
| decís | **digáis** | **dijisteis** | **dijese** | **diréis** | **diríais** | |
| **dicen** | **digan** | **dijeron** | *etc.* | **dirán** | **dirían** | |

IMPERATIVE: **di,** decid
PRESENT PARTICIPLE: **diciendo**
PAST PARTICIPLE: **dicho**

## F. **estar,** *to be*

| PRES. IND. | PRES. SUBJ. | PRET. | PAST SUBJ. | FUT. | COND. | IMPERF. IND. |
|---|---|---|---|---|---|---|
| **estoy** | **esté** | **estuve** | **estuviera** | estaré | estaría | estaba |
| **estás** | **estés** | **estuviste** | *etc.* | *etc.* | *etc.* | *etc.* |
| **está** | **esté** | **estuvo** | | | | |
| estamos | estemos | **estuvimos** | *or* | | | |
| estáis | estéis | **estuvisteis** | **estuviese** | | | |
| **están** | **estén** | **estuvieron** | *etc.* | | | |

## G. **haber,** *to have*

| | | | | | | |
|---|---|---|---|---|---|---|
| **he** | **haya** | **hube** | **hubiera** | **habré** | **habría** | había |
| **has** | **hayas** | **hubiste** | *etc.* | **habrás** | **habrías** | *etc.* |
| **ha** | **haya** | **hubo** | | **habrá** | **habría** | |
| **hemos** | **hayamos** | **hubimos** | *or* | **habremos** | **habríamos** | |
| habéis | **hayáis** | **hubisteis** | **hubiese** | **habréis** | **habríais** | |
| **han** | **hayan** | **hubieron** | *etc.* | **habrán** | **habrían** | |

## H. hacer, to do, make

| | | | | | | |
|---|---|---|---|---|---|---|
| hago | haga | hice | hiciera | haré | haría | hacía |
| haces | hagas | hiciste | *etc.* | harás | harías | *etc.* |
| hace | haga | hizo | | hará | haría | |
| hacemos | hagamos | hicimos | *or* | haremos | haríamos | |
| hacéis | hagáis | hicisteis | hiciese | haréis | haríais | |
| hacen | hagan | hicieron | *etc.* | harán | harían | |

IMPERATIVE: **haz,** haced
PAST PARTICIPLE: **hecho**

## I. ir, to go

| | | | | | | |
|---|---|---|---|---|---|---|
| voy | vaya | fui | fuera | iré | iría | iba |
| vas | vayas | fuiste | *etc.* | *etc.* | *etc.* | ibas |
| va | vaya | fue | | | | iba |
| vamos | vayamos | fuimos | *or* | | | íbamos |
| vais | vayáis | fuisteis | fuese | | | ibais |
| van | vayan | fueron | *etc.* | | | iban |

IMPERATIVE: **ve,** id
PRESENT PARTICIPLE: **yendo**
PAST PARTICIPLE: ido

## J. oír, to hear

| PRES. IND. | PRES. SUBJ. | PRET. | PAST SUBJ. | FUT. | COND. | IMPERF. IND. |
|---|---|---|---|---|---|---|
| oigo | oiga | oí | oyera | oiré | oiría | oía |
| oyes | oigas | oíste | *etc.* | *etc.* | *etc.* | *etc.* |
| oye | oiga | oyó | | | | |
| oímos | oigamos | oímos | *or* | | | |
| ois | oigáis | oísteis | oyese | | | |
| oyen | oigan | oyeron | *etc.* | | | |

IMPERATIVE: **oye, oíd**
PRESENT PARTICIPLE: **oyendo**
PAST PARTICIPLE: **oído**

## K. **poder,** *to be able, can*

| | | | | | | |
|---|---|---|---|---|---|---|
| puedo | pueda | pude | pudiera | podré | podría | podía |
| puedes | puedas | pudiste | *etc.* | podrás | podrías | *etc.* |
| puede | pueda | pudo | | podrá | podría | |
| podemos | podamos | pudimos | *or* | podremos | podríamos | |
| podéis | podáis | pudisteis | pudiese | podréis | podríais | |
| pueden | puedan | pudieron | *etc.* | podrán | podrían | |

PRESENT PARTICIPLE: **pudiendo**

## L. **poner,** *to put*

| | | | | | | |
|---|---|---|---|---|---|---|
| pongo | ponga | puse | pusiera | pondré | pondría | ponía |
| pones | pongas | pusiste | *etc.* | pondrás | pondrías | *etc.* |
| pone | ponga | puso | | pondrá | pondría | |
| ponemos | pongamos | pusimos | *or* | pondremos | pondríamos | |
| ponéis | pongáis | pusisteis | pusiese | pondréis | pondríais | |
| ponen | pongan | pusieron | *etc.* | pondrán | pondrían | |

IMPERATIVE: **pon,** poned
PAST PARTICIPLE: **puesto**

## M. **querer,** *to want, wish, love*

| | | | | | | |
|---|---|---|---|---|---|---|
| quiero | quiera | quise | quisiera | querré | querría | quería |
| quieres | quieras | quisiste | *etc.* | querrás | querrías | *etc.* |
| quiere | quiera | quiso | | querrá | querría | |
| queremos | queramos | quisimos | *or* | querremos | querríamos | |
| queréis | queráis | quisisteis | quisiese | querréis | querríais | |
| quieren | quieran | quisieron | *etc.* | querrán | querrían | |

IMPERATIVE: **quiere,** quered

## N. **reír,** *to laugh*

| PRES. IND. | PRES. SUBJ. | PRET. | PAST SUBJ. | FUT. | COND. | IMPERF. IND. |
|---|---|---|---|---|---|---|
| río | ría | reí | riera | reiré | reiría | reía |
| ríes | rías | reíste | *etc.* | *etc.* | *etc.* | *etc.* |
| ríe | ría | rio | | | | |

| reímos | riamos | reímos | or |
|---|---|---|---|
| reís | riais | reísteis | riese |
| ríen | rían | rieron | etc. |

IMPERATIVE: **ríe, reíd**
PRESENT PARTICIPLE: **riendo**
PAST PARTICIPLE: **reído**

---

## O. **saber,** to know

| sé | sepa | supe | supiera | sabré | sabría | sabía |
|---|---|---|---|---|---|---|
| sabes | sepas | supiste | etc. | sabrás | sabrías | etc. |
| sabe | sepa | supo | | sabrá | sabría | |
| sabemos | sepamos | supimos | or | sabremos | sabríamos | |
| sabéis | sepáis | supisteis | supiese | sabréis | sabríais | |
| saben | sepan | supieron | etc. | sabrán | sabrían | |

---

## P. **salir,** to go out, leave

| salgo | salga | salí | saliera | saldré | saldría | salía |
|---|---|---|---|---|---|---|
| sales | salgas | etc. | etc. | saldrás | saldrías | etc. |
| sale | salga | | | saldrá | saldría | |
| salimos | salgamos | | or | saldremos | saldríamos | |
| salís | salgáis | | saliese | saldréis | saldríais | |
| salen | salgan | | etc. | saldrán | saldrían | |

IMPERATIVE: **sal,** salid

---

## Q. **ser,** to be

| soy | sea | fui | fuera | seré | sería | era |
|---|---|---|---|---|---|---|
| eres | seas | fuiste | etc. | etc. | etc. | eras |
| es | sea | fue | | | | era |
| somos | seamos | fuimos | or | | | éramos |
| sois | seáis | fuisteis | fuese | | | erais |
| son | sean | fueron | etc. | | | eran |

IMPERATIVE **sé,** sed

## R. **tener,** *to have*

| PRES. IND. | PRES. SUBJ. | PRET. | PAST SUBJ. | FUT. | COND. | IMPERF. IND. |
|---|---|---|---|---|---|---|
| tengo | tenga | tuve | tuviera | tendré | tendría | tenía |
| tienes | tengas | tuviste | *etc.* | tendrás | tendrías | *etc,* |
| tiene | tenga | tuvo | | tendrá | tendría | |
| tenemos | tengamos | tuvimos | *or* | tendremos | tendríamos | |
| tenéis | tengáis | tuvisteis | tuviese | tendréis | tendríais | |
| tienen | tengan | tuvieron | *etc.* | tendrán | tendrían | |

IMPERATIVE: **ten,** tened

## S. **traer,** *to bring*

| | | | | | | |
|---|---|---|---|---|---|---|
| traigo | traiga | traje | trajera | traeré | traería | traía |
| traes | traigas | trajiste | *etc.* | *etc.* | *etc.* | *etc.* |
| trae | traiga | trajo | | | | |
| traemos | traigamos | trajimos | *or* | | | |
| traéis | traigáis | trajisteis | trajese | | | |
| traen | traigan | trajeron | *etc.* | | | |

PRESENT PARTICIPLE: **trayendo**
PAST PARTICIPLE: **traído**

## T. **valer,** *to be worth*

| | | | | | | |
|---|---|---|---|---|---|---|
| valgo | valga | valí | valiera | valdré | valdría | valía |
| vales | valgas | *etc.* | *etc.* | valdrás | valdrías | *etc.* |
| vale | valga | | | valdrá | valdría | |
| valemos | valgamos | | *or* | valdremos | valdríamos | |
| valéis | valgáis | | valiese | valdréis | valdríais | |
| valen | valgan | | *etc.* | valdrán | valdrían | |

IMPERATIVE: **val** *or* vale, valed

## U. **venir,** *to come*

| | | | | | | |
|---|---|---|---|---|---|---|
| **vengo** | **venga** | **vine** | **viniera** | **vendré** | **vendría** | venía |
| **vienes** | **vengas** | **viniste** | *etc.* | **vendrás** | **vendrías** | *etc.* |
| **viene** | **venga** | **vino** | | **vendrá** | **vendría** | |
| **venimos** | **vengamos** | **vinimos** | *or* | **vendremos** | **vendríamos** | |
| **venís** | **vengáis** | **vinisteis** | **viniese** | **vendréis** | **vendríais** | |
| **vienen** | **vengan** | **vinieron** | *etc.* | **vendrán** | **vendrían** | |

IMPERATIVE: **ven,** venid
PRESENT PARTICIPLE: **viniendo**

## V. **ver,** *to see*

| PRES. IND. | PRES. SUBJ. | PRET. | PAST SUBJ. | FUT. | COND. | IMPERF. IND. |
|---|---|---|---|---|---|---|
| **veo** | **vea** | vi | viera | veré | vería | **veía** |
| ves | **veas** | *etc.* | *etc.* | *etc.* | *etc.* | **veías** |
| ve | **vea** | | | | | **veía** |
| vemos | **veamos** | | *or* | | | **veíamos** |
| veis | **veáis** | | viese | | | **veíais** |
| ven | **vean** | | *etc.* | | | **veían** |

PAST PARTICIPLE: **visto**

# Vocabularies

# NOTES ON THE VOCABULARIES

Unless otherwise indicated, nouns that end in **-o** are masculine; those that end in **-a** are feminine. Radical-changing verbs are indicated by **(ie)**, **(ue)**, or **(i)**: **pensar (ie)** *to think*; **volver (ue)** *to return*; **servir (i)** *to serve.* Adjectives that end in **-o** change **-o** to **-a** for the feminine form. Other adjectives have the same form for masculine and feminine, unless there is an indication to the contrary: **francés, francesa** *French*: **encantador, -a** *charming.*

## ABBREVIATIONS

| | | | |
|---|---|---|---|
| *adv.* | adverb | *obj.* | objective |
| *aux.* | auxiliary | *pers.* | person |
| *cond.* | conditional | *pl.* | plural |
| *conj.* | conjunction | *poss.* | possessive |
| *contr.* | contraction | *p.p.* | past participle |
| *f.* | feminine | *prep.* | preposition |
| *fam.* | familiar | *pres.* | present |
| *fut.* | future | *pret.* | preterit |
| *imper.* | imperative | *pron.* | pronoun |
| *imperf.* | imperfect | *pr.p.* | present participle |
| *ind.* | indicative | *rel.* | relative |
| *interrog.* | interrogative | *s.* | singular |
| *m.* | masculine | *subj.* | subjunctive |
| *Mex.* | Mexican | *sup.* | superlative |
| *n.* | noun | | |

**a:** to; at; for; after
**abajo:** below; downstairs
**abandonar:** to abandon
**abierto** (*p.p. of* **abrir**): opened; open
**abracé** (*pret. of* **abrazar**)
**abrazar:** to embrace
**abrir:** to open
**absoluto:** absolute
**absorto:** absorbed
**abuela:** grandmother
**abuelita:** granny
**abuelo:** grandfather
**aburrir:** to bore
**acabar:** to finish; **acabar de:** to have just
**acabarse:** to wear out; be out of
**Acapulco:** *seaport and resort on the west coast of Mexico*
**aceite** (*m.*): oil
**acento:** accent
**aceptar:** to accept
**acerca de:** concerning
**acercar(se):** to approach
**acerque, me** (*pres. subj. of* **acercarse**)
**acerqué, me** (*pret. of* **acercarse**)
**acertar:** to be right
**acompañar:** to accompany
**aconsejar:** to advise
**acordar (ue):** to agree; to remember
**acordarse (ue):** to remember
**acostarse (ue):** to go to bed
**acostumbrar:** to be accustomed
**acto:** act
**acudir:** to come
**acueducto:** aqueduct
**acuérdate** (*imper. of* **acordarse**)
**acuerde, me** (*pres. subj. of* **acordarse**)
**acuerdo, me** (*pres. ind. of* **acordarse**); **de acuerdo:** agreed
**acuéstate** (*imper. of* **acostarse**)

**acueste, me** (*pres. subj. of* **acostarse**)
**acuesto, me** (*pres. ind. of* **acostarse**)
**además (de):** besides
**adiós:** goodby
**adjetivo:** adjective
**admirar:** to admire; **admirarse de:** to be amazed by
**adonde:** where; whither
**¿adónde?:** where?; whither?
**adondequiera:** wherever
**adornado:** adorned, decorated
**adornar:** to adorn, to decorate
**aduana:** customhouse
**adverbio:** adverb
**aeropuerto:** airport
**afeitar(se):** to shave
**afuera:** outside
**agente** (*m. and f.*): agent; **agente de policía:** police officer; **agente de aduana:** customs officer
**agradable:** pleasant
**agradar:** to please
**agradecer:** to be grateful
**agradecido:** grateful
**agradezca** (*pres. subj. of* **agradecer**)
**agradezco** (*pres. ind. of* **agradecer**)
**agua, el** (*f.*): water
**aguardar:** to wait
**ahí:** there
**ahora:** now
**ahorita:** right away
**aire** (*m.*): air
**ajedrez** (*m.*): chess
**al** (*contr. of* **a** *and* **el**): to the; **al salir:** on leaving
**Alameda:** *a central park in Mexico City*
**Albaicín:** *Moorish-gypsy quarter of Granada*
**alcázar** (*m.*): castle
**alcoba:** bedroom
**alegrarse (de):** to be glad

**alegre:** happy, gay
**alemán, alemana:** German
**alguien:** someone
**algo:** something; somewhat
**algún, alguno:** some; someone
**Alhambra:** *Moorish palace in Granada*
**alma, el** (*f.*): soul
**almacén** (*m.*): department store
**almendra:** almond
**almorcé** (*pret. of* **almorzar**)
**almorzar (ue):** to eat lunch
**almuerce** (*pres. subj. of* **almorzar**)
**almuerzo:** lunch
**almuerzo** (*pres. ind. of* **almorzar**)
**alojamiento:** lodging
**alojar:** to lodge
**alquilar:** to rent
**alquiler** (*m.*): rental price; **de alquiler:** for hire
**alrededor:** around; **alrededores** (*m. pl.*): surroundings
**alto:** high; **lo más alto:** the highest part; **¡alto!:** stop!
**altura:** altitude
**alumno:** student
**allá.** there, yonder; **allá fuera:** out there, outside
**allí:** there
**amable:** kind; lovable
**ambiente:** atmosphere, milieu; setting
**ambos:** both
**ameno:** pleasant
**americano:** American
**amigo:** friend
**amor** (*m.*): love
**Ana:** Anne
**anciano:** old (*said of a person*)
**ancho:** wide
**Andalucía** (*a southern province of Spain*): Andalusia
**andaluz, -a:** Andalusian
**andar:** to walk; to run (*said of an engine*); to go around

**anduve** (*pret. of* **andar**)
**anduviera, -se** (*past subj. of* **andar**)
**ángel** (*m.*): angel
**anhelo:** yearning
**anillo:** ring
**Anita** (*dim. of Ana*): *Annie*
**anoche:** last night
**anochecer:** to get dark
**anteayer:** day before yesterday
**antepasado:** ancestor
**anterior:** previous, preceding
**antes, antes de, antes que:** before
**anticipación** (*f.*): anticipation; **con anticipación:** in advance
**antiguamente:** formerly
**antigüedad** (*f.*): antiquity
**antiguo:** ancient; antique
**añadir:** to add
**año:** year
**aparecer(se):** to appear
**aparezco** (*pres. ind. of* **aparecer**)
**aparte:** aside
**apellido:** surname
**apenas:** hardly
**apéndice** (*m.*): appendix
**aperitivo:** appetizer
**apetito:** appetite
**aprender:** to learn
**apresurarse:** to hasten; to rush; to hurry
**apretado:** tight
**aprisa:** fast
**apropiado:** appropriate
**aprovechar(se):** to take advantage
**apuesta:** bet
**aquel (aquella, aquellos, -as):** that; *pl.* those; (*with accent*) that one; those; the former
**aquí:** here
**arpa, el** (*f.*): harp
**arqueológico:** archeological
**arrebatar:** to snatch; to carry away
**arreglar:** to arrange
**arreglo:** arrangement
**arriba:** up; above

**arte** (*m. and f.*): art
**artículo**: article
**artista** (*m. and f.*): artist
**artístico**: artistic
**ascensor** (*m.*): elevator
**asegurar**: to assure
**así**: thus; **así es que**: so; **así que**: as soon as
**asiento**: seat; **tome usted asiento**: be seated
**asustar**: to frighten
**atención** (*f.*): attention; **poner atención**: to pay attention
**atender (ie)**: to attend
**atienda** (*pres. subj. of* **atender**)
**atiende tú** (*imper. of* **atender**)
**atiendo** (*pres. ind. of* **atender**)
**atrás**: back; **volver atrás**: to go back; **la parte de atrás**: the back part
**atrasado**: late, behind schedule
**atravesar (ie)**: to cross
**atraviesa tú** (*imper. of* **atravesar**)
**atraviese** (*pres. subj. of* **atravesar**)
**atravieso** (*pres. ind. of* **atravesar**)
**atreverse**: to dare
**aumentativo**: augmentative
**aun**: even
**aún**: still
**aunque**: although
**auto**: car, auto
**autobús** (*m.*): bus
**automóvil** (*m.*): automobile
**avance** (*pres. subj. of* **avanzar**)
**avancé** (*pret. of* **avanzar**)
**avanzar**: to advance
**avenida**: avenue
**averiguar**: to find out, learn
**avión** (*m.*): airplane; **avioncito**: small plane
**ayer**: yesterday
**ayuda**: help
**ayudar**: to help
**azteca** (*m. and f.*): Aztec
**azul**: blue

# B

**bailar**: to dance
**bailarín, bailarina**: dancer
**baile** (*m.*): dance
**bajar**: to lower; to descend
**bajo**: low
**barato**: cheap
**barco**: boat
**barquero**: boatman
**barrio**: a city section, quarter
**base** (*f.*): base
**basílica**: basilica, shrine
**bastante**: enough
**bastardilla, letra bastardilla**: italic type
**beber**: to drink
**bebida**: drink
**beca**: scholarship
**biblioteca**: library
**bien**: well
**billete** (*m.*): ticket; bill
**blanco**: white; **en blanco**: blank (form)
**bocadillo**: tidbit; slices of ham in roll; sandwich
**boleto**: ticket
**bolsa**: purse
**bondad** (*f.*): kindness
**bonísimo** (*sup. of* **bueno**): very good, extremely good
**bonito**: pretty
**bordo**: ridge; **a bordo**: aboard
**bosque** (*m.*): woods, forest
**botella**: bottle
**brazalete** (*m.*): bracelet
**brazo**: arm
**brillar**: to shine
**brisa**: breeze
**bueno**: good
**bulto**: piece (*of baggage*)
**buscar**: to look for
**busque** (*pres. subj. of* **buscar**)
**busqué** (*pret. of* **buscar**)

# C

**caballo:** horse
**cabaret** (*m.*): cabaret, night club
**caber:** to have room; to be contained; **todos cabemos:** there is room for all of us; **no cabe duda:** there is no doubt
**cabeza:** head
**cabré** (*fut. of* **caber**)
**cabría** (*cond. of* **caber**)
**cacique:** chieftain
**cada:** each
**caer:** to fall; **¡ya caigo!:** now I get it!
**café** (*m.*): coffee, café
**caiga** (*pres. subj. of* **caer**)
**caigo** (*pres. ind. of* **caer**)
**caja:** box; **caja de cambio:** exchange bank
**cajero:** cashier
**calentar (ie):** to warm; **calentarse:** to get warm
**calidad** (*f.*): quality
**calienta tú** (*imper. of* **calentar**)
**caliente:** warm, hot
**caliente** (*pres. subj. of* **calentar**)
**caliento** (*pres. ind. of* **calentar**)
**calma:** calm
**calor** (*m.*): warmth, heat; **hace calor:** it is warm; **tengo calor:** I am warm
**callar:** to be quiet; to silence
**calle** (*f.*): street; **callecita:** (attractive) little street
**camarero:** waiter
**cambiar:** to change; to exchange
**cambio:** change; exchange; **en cambio:** on the other hand
**camino:** road
**canal** (*m.*): canal
**cancela:** grillwork partition
**canción** (*f.*): song
**canoa:** (*Mex.*) flat-bottomed boat; canoe
**cansar:** to tire; **cansado:** tired; **cansarse:** to get tired

**cantar:** to sing
**cante** (*m.*): (*gypsy for* **canto**) song; **cante jondo:** *Flamenco or gypsy song*
**cantidad** (*f.*): quantity
**cara:** face
**carabela:** caravel (small sailing ship)
**¡caramba!:** goodness!
**cardinal** (*m.*): cardinal
**cariño:** affection
**Carlos:** Charles
**carnaval** (*m.*): carnival
**caro:** expensive
**carta:** letter
**casa:** house; home; **en casa:** at home; **casita:** cottage; **caserón:** large house; **casucha:** hut, hovel
**casado:** married
**casarse (con):** to marry
**casi:** almost
**casilla:** hut, shack, cabin; post office box
**caso:** case
**castañuela:** castanet
**castellano:** Castilian; Spanish
**castillo:** castle
**catedral** (*f.*): cathedral
**católico:** Catholic
**catorce:** fourteen
**causa:** cause; **a causa de:** because of
**cayera, -se** (*past subj. of* **caer**)
**cayó:** (*3 pers. s. pret. of* **caer**)
**cazar:** to hunt
**ceder:** to yield
**cedro:** cedar
**celebrar:** to celebrate
**cena:** supper
**cenar:** to eat supper
**centavo:** cent (*of a peso*)
**centena:** group of a hundred
**central:** central
**centro:** center; downtown
**cerca (de):** near
**cercano:** nearby
**ceremonioso:** formal

**cero**: zero
**cerquita**: right near
**cerrar (ie)**: to close
**cerveza**: beer
**cesta**: basket; **cestita**: little basket
**cielo**: sky; heaven
**cien(to)**: one hundred
**cierra tú** (*imper. of* **cerrar**)
**cierre** (*pres. subj. of* **cerrar**)
**cierro** (*pres. ind. of* **cerrar**)
**cierto**: certain
**cinco**: five
**cincuenta**: fifty
**cine** (*m.*): show, movies
**ciprés** (*m.*): cypress
**cita**: appointment, engagement, date
**ciudad** (*f.*): city
**claro**: clear; of course
**clase** (*f.*): class, kind
**cláusula**: clause
**clavel** (*m.*): carnation
**cobrar**: to change
**coche** (*m.*): car; **cochecillo**: little car
**coche-cama** (*m.*): sleeping car
**coche-comedor** (*m.*): dining car
**coincidencia**: coincidence
**cola**: line (of people); tail; **póngase en esta cola**: get in this line
**colegial, -a**: pupil; student, collegian
**colegio**: school; college; college dormitory
**colonia**: city section, subdivision; colony
**color** (*m.*): color
**columna**: column
**combinar**: to combine
**comedor** (*m.*): dining room
**comer**: to eat
**comida**: meal
**como**: as, like; since; **como si**: as if
**cómo**: how
**comodidad** (*f.*): comfort
**cómodo**: comfortable
**comoquiera**: however

**compañero (a)**: companion, mate
**compañía**: company
**comparar**: to compare
**comparativo**: comparative
**complemento**: object (*of a verb*); complement
**completamente**: completely
**completar**: to complete
**completo**: complete; **por completo**: completely
**composición** (*f.*): composition
**compra**: purchase; **de compras**: shopping
**comprar**: to buy
**comprender**: to understand
**compromiso**: commitment
**compuesto**: compound
**común**: common
**con**: with
**Concepción**: *girl's name*
**concordancia**: agreement
**Concha, Conchita** (*diminutives of* **Concepción**)
**condición** (*f.*): condition; **a condición**: on condition
**condicional**: conditional
**conducir**: to conduct
**conduje** (*pret. of* **conducir**)
**condujera, -se** (*past subj. of* **conducir**)
**conduzca** (*pres. subj. of* **conducir**)
**conduzco** (*pres. ind. of* **conducir**)
**confesar (ie)**: to confess
**conjugación** (*f.*): conjugation
**conmigo**: with me
**conocer**: to know; to meet (*a person*)
**conozca** (*pres. subj. of* **conocer**)
**conozco** (*pres. ind. of* **conocer**)
**conquista**: conquest
**conquistador**: conqueror
**conquistar**: to conquer
**considerar**: to consider
**consigo** (**con + sí**): with himself, herself, yourself, themselves
**construir**: to build
**construya** (*pres. subj. of* **construir**)

**construye tú** (*imper. of* **construir**)

**construyendo** (*pr. p. of* **construir**)

**construyera, -se** (*past subj. of* **construir**)

**construyo** (*pres. ind. of* **construir**)

**construyó** (*3 pers. s. pret. of* **construir**)

**contar (ue):** to count, narrate; **contar con:** to count on

**contento:** happy

**contestar:** to answer

**contigo (con + ti):** with you, yourself

**continuo:** continuous

**contrario:** contrary; opposite; **al contrario:** on the contrary

**convencer:** to convince; **convencerse:** to be convinced

**conveniente:** convenient, suitable

**convenza** (*pres. subj. of* **convencer**)

**convenzo** (*pres. ind. of* **convencer**)

**conversación** (*f.*): conversation

**conversión** (*f.*): conversion

**copa:** stem glass; wine glass

**corazón:** heart

**correcto:** correct

**correr:** to run

**correspondencia:** correspondence, sequence

**corresponder:** to correspond

**corrida:** race; **corrida de toros:** bullfight

**cortar:** to cut; cut off

**cortés:** courteous

**cosa:** thing

**costar (ue):** to cost

**costumbre** (*f.*): custom

**creer:** to believe; **¡ya lo creo!:** indeed!; of course!

**creyendo** (*pr. p. of* **creer**)

**creyera, -se** (*past subj. of* **creer**)

**creyó** (*3 pers. s. pret. of* **creer**)

**criada:** maid; **criado:** servant

**cristianismo:** Christianity

**Cristo:** Christ

**cruz** (*f.*): cross

**cuadra** (*Mex.*): city block

**cuadro:** painting; picture

**cual, cuál:** which

**cualquier (-a):** any

**cuando, cuándo:** when

**cuandoquiera:** whenever

**cuanto:** all that; **en cuanto a:** as for; **cuanto más...:** the more...; **en cuanto:** as soon as

**cuánto:** how much; how long; **¿a cuánto?:** for (at) how much?

**cuantos:** all those that; **unos cuantos:** some, a few

**cuántos:** how many

**cuarenta:** forty

**cuarto:** room; fourth, quarter

**cuatro:** four

**Cuauhtémoc:** *the last Aztec king, captured by Cortés, who tortured him to force him to reveal where the royal treasure was hidden*

**cubrir:** to cover

**cuchara:** spoon

**cucharita:** teaspoon; little spoon

**cuchillo:** knife

**cuenta tú** (*imper. of* **contar**)

**cuente** (*pres. subj. of* **contar**)

**cuento** (*pres. ind. of* **contar**)

**Cuernavaca:** *a city near Mexico City*

**cuerpo:** body

**cuestionario:** questionnaire

**cueva:** cave

**cuidado:** care; worry; **tener cuidado:** to be careful

**cuidar:** to take care

**culto:** worship

**cultural:** cultural

**cuñado:** brother-in-law

**cuota:** quota, price

**cupe** (*pret. of* **caber**)

**cupiera, -se** (*past subj. of* **caber**)

**curiosidad** (*f.*): curiosity

**curso:** course

**curva:** curve

**cuyo:** whose

## Ch

**Chapultepec:** *a famous park in the western part of Mexico City*
**charlar:** to talk familiarly; to chat
**cheque** (*m.*): check
**chico:** boy, lad; **chicuelo** (*dim. of* **chico**); **chiquillo** (*dim. of* **chico**); **chiquito** (*dim. of* **chico**)
**chocolate** (*m.*): chocolate
**chofer:** driver

## D

**dar:** to give; **dar un paseo:** to take a walk, ride; **dar con:** to find; to hit upon
**de:** of; about; from; than
**dé** (*pres. subj. of* **dar**)
**deber:** ought, must; **deber de:** must (*expressing probability*)
**deber** (*m.*): duty
**decena:** group of ten
**decidir:** to decide
**decir:** say, tell; **se dice:** it is said
**declaración** (*f.*): declaration
**declarar:** to declare
**dedicar:** to dedicate
**dejar:** to leave; to let
**del** (*contr. of* **de** *and* **el**)
**delante de:** in front of
**delantero:** front; **parte delantera:** front part
**demás, lo(s) demás:** the rest
**demostrativo:** demonstrative
**dentro de:** within; in
**dependiente** (*m. and f.*): clerk
**deplorar:** to deplore
**depositar:** to deposit
**derecho:** right, straight
**derecho:** law
**desayunarse:** to eat breakfast
**desayuno:** breakfast
**descolgar** (ue): to take down

**descolgué** (*pret. of* **descolgar**)
**descubrir:** to discover
**descuelga tú** (*imper. of* **descolgar**)
**descuelgo** (*pres. ind. of* **descolgar**)
**descuelgue** (*pres. subj. of* **descolgar**)
**descuidar:** not to worry; **descuidarse:** to fail to watch
**desde:** from; since
**desear:** to desire
**desempeñar:** to fulfill; to redeem; **desempeñar un papel:** to play a role
**desgracia:** misfortune; **por desgracia:** unfortunately
**desinflado (a):** low, deflated
**despedir** (i): to dismiss; **despedirse:** to take leave
**despertar(se) (ie):** to wake
**despida** (*pres. subj. of* **despedir**)
**despide tú** (*imper. of* **despedir**)
**despidiendo** (*pr. p. of* **despedir**)
**despidiera, -se** (*past subj. of* **despedir**)
**despidió** (*3 pers. s. pret. of* **despedir**)
**despido** (*pres. ind. of* **despedir**)
**despierta tú** (*imper. of* **despertar**)
**despierte** (*pres. subj. of* **despertar**)
**despierto:** awake
**despierto** (*pres. ind. of* **despertar**)
**después:** afterwards; **después de, después que:** after
**destruir:** to destroy
**destruya** (*pres. subj. of* **destruir**)
**destruye tú** (*imper. of* **destruir**)
**destruyera, -se** (*past subj. of* **destruir**)
**destruyo** (*pres. ind. of* **destruir**)
**destruyó** (*3 pers. s. pret. of* **destruir**)
**detén tú** (*imper. of* **detener**)
**detendré** (*fut. of* **detener**)
**detendría** (*cond. of* **detener**)
**detener(se):** to stop
**detenga** (*pres. subj. of* **detener**)
**detengo** (*pres. ind. of* **detener**)
**detuve** (*pret. of* **detener**)
**detuviera, -se** (*past subj. of* **detener**)
**deuda:** debt

devolver (ue): to return something; to give back

devuelto (*p.p. of* devolver)

devuelva (*pres. subj. of* devolver)

devuelve tú (*imper. of* devolver)

devuelvo (*pres. ind. of* devolver)

di (*pret. of* dar)

dí (*imper. of* decir)

día (*m.*): day

diciendo (*pr. p. of* decir)

dicho (*p.p. of* decir): said; (*m.*) saying

diera, –se (*past subj. of* dar)

diez: ten

diferencia: difference

difícil: difficult

dificultad (*f.*): difficulty

diga (*pres. subj. of* decir)

digo (*pres. ind. of* decir)

dije (*pret. of* decir)

dijera, –se (*past subj. of* decir)

diminutivo: diminutive

dinero: money

diosa: goddess

diptongo: diphthong

diré (*fut. of* decir)

dirección (*f.*): direction; address

diría (*cond. of* decir)

distancia: distance

distinto: different; distinct

divertirse (ie): to enjoy oneself, to have a good time

divierta, me (*pres. subj. of* divertirse)

diviértete (*imper. of* divertirse)

divierto, me (*pres. ind. of* divertirse)

divinamente: marvelously; divinely

divino: divine

divirtiéndose (*pr. p. of* divertirse)

divirtiera, –se, me (*past subj. of* divertirse)

divirtió, se (*3 pers. s. pret. of* divertirse)

divisa: foreign exchange; declaración de divisas: foreign exchange declaration

doble: double

doce: twelve

docena: dozen

doctor, a: doctor

dólar (*m.*): dollar

domingo: Sunday

don: Mr. (*used only with first names*)

donde: where

¿dónde?: where?; ¿por dónde?: which way?

doña: Mrs. (*used only with first names*)

dormir (ue): to sleep; dormirse: to fall asleep; to go to sleep

dos: two

doscientos: two hundred

doy (*pres. ind. of* dar)

dramático: dramatic

duda: doubt

dudar: to doubt

dueño: owner

duerma (*pres. subj. of* dormir)

duerme tú (*imper. of* dormir)

duermo (*pres. ind. of* dormir)

duque: duke

duquesa: duchess

durante: during

durmiendo (*pr. p. of* dormir)

durmiera, –se (*past subj. of* dormir)

durmió (*3 pers. s. pret. of* dormir)


# E

e: and (*used instead of* y *before words beginning with* i *or* hi)

economía: economy

echar: to throw; echar de menos: to miss

edad (*f.*): age

edificio: building

efecto: effect; en efecto: in fact

Egipto: Egypt

ejemplar: exemplary

ejemplo: example

ejercicio: exercise

el: the

él: he

elegante: elegant
ella: she
ellas (f.): they
ellos (m.): they
embargo; sin embargo: nevertheless
empecé (pret. of empezar)
emperador: emperor
empezar (ie): to begin
empiece (pres. subj. of empezar)
empieza tú (imper. of empezar)
empiezo (pres. ind. of empezar)
empleado: employee; clerk
empleo: employment, job
en: in; at
enamorar: to woo; enamorarse de: to fall in love with
encantado: delighted; charmed; glad
encantador, -a: charming
encantar: to delight; to charm
encanto: charm
encargarse (de): to take charge of
encogerse: to shrink; encogerse de hombros: to shrug one's shoulders
encoja, me (pres. subj. of encogerse)
encojo, me (pres. ind. of encogerse)
encontrar (ue): to find; encontrarse con: to meet; se encuentra: is (found)
encrucijada: street intersection
encubrir: to cover up
encuentra tú (imper. of encontrar)
encuentre (pres. subj. of encontrar)
encuentro (pres. ind. of encontrar)
enchilada: a Mexican dish
enemigo: enemy
enfermo: sick
enfrente: in front, across
enojado (p.p. of enojar): angry
enojarse: to get angry
Enrique: Henry
enseñar: to teach; to show
entender (ie): to understand
entero: entire
entienda (pres. subj. of entender)
entiende tú (imper. of entender)

entiendo (pres. ind. of entender)
entonces: then
entrada: entrance; admission
entrar: to enter
entre: between; among; divided by
entristecerse: to become sad
enviar: to send
época: epoch
equipaje (m.): baggage
era (imperf. ind. of ser)
escalera: stairs
escalinata: stairs, stairway
escapar(se): to escape
escaparate (m.): show window
Escorial: famous monastery northwest of Madrid
escribir: to write
escrito (p.p. of escribir): written
escuchar: to listen; to listen to
escuela: school
ese, -a: that
eso: that; a eso de: at about; por eso: for that reason; ¡eso es!: that's it!, that's right!
esos, -as: those
espacio: space
España: Spain
español, -a: Spanish; Spaniard
especialista: specialist
espectáculo: show; floor show
espectador, -a: spectator
esperar: to hope; to wait; to wait for
espontáneo: spontaneous
esposa: wife
esposo: husband
esquina: corner
estación (f.): station; season (of the year)
estacionar: to park
estado: state; los Estados Unidos: the United States
estante (m.): bookcase; bookshelf
estar: to be
estatua: statue
este, -a: this; éste, -a: the latter

**esto:** this
**estos, -as:** these
**estrecho:** narrow
**estudiante** (*m. and f.*): student, pupil
**estudiar:** to study
**estudio:** study
**exactamente:** exactly
**exactitud** (*f.*): exactitude; **con exactitud:** exactly
**examinar:** to examine
**excelente:** excellent
**excepción** (*f.*): exception
**exceso:** excess
**excitar:** to excite
**exclamación** (*f.*): exclamation
**exclamar:** to exclaim
**excursión** (*f.*): excursion; **excursioncita:** little excursion
**excursionista** (*m. and f.*): excursionist
**exhibición** (*f.*): exhibit
**exhibir:** to exhibit
**existir:** to exist
**explicar:** to explain
**explique** (*pres. subj. of* **explicar**)
**expliqué** (*pret. of* **explicar**)
**expresar:** to express
**expresión** (*f.*): expression
**expreso:** express; explicit, expressed
**extranjero:** foreigner; foreign
**extrañar:** to surprise; **extrañarse:** to be surprised; to wonder

# F

**fácil:** easy
**falta:** lack; fault; **hace falta:** there is need
**faltar:** to be lacking; **faltan diez minutos:** there's still ten minutes
**fama:** fame
**familia:** family
**familiar:** familiar; relative
**famoso:** famous
**fantasía:** fancy; imagination

**fascinador, -a:** fascinating
**fascinar:** to fascinate
**favor** (*m.*): favor; **por favor:** please
**favorito:** favorite
**febrero:** February
**fecha:** date
**felicidad** (*f.*): happiness
**felicitación** (*f.*): congratulation
**felicitar:** to congratulate
**feliz:** happy
**femenino:** feminine
**feo:** ugly
**fijarse:** to observe, to notice
**fin** (*m.*): end; **al fin:** finally; **por fin:** finally; **a fin de que:** in order that
**fingir:** to feign, pretend
**flamenco:** gypsy; Flemish
**flor** (*f.*): flower; **florecita:** little flower
**forma:** form
**formal:** formal
**formulario:** (blank) form
**fortuna:** fortune; good luck; **por fortuna:** fortunately
**foto** (*f.*): photo
**fotografía:** photograph
**francamente:** frankly
**francés, francesa:** French
**Francia:** France
**Francisca:** Frances
**franco:** franc; frank
**frase** (*f.*): phrase, sentence
**frecuencia:** frequency; **con frecuencia:** frequently
**frecuentemente:** frequently
**fresa:** strawberry
**fresco:** cool
**frijol** (*m.*): bean
**frío:** cold; **tengo frío:** I am cold; **hace frío:** it is cold
**frontera:** border
**fuego:** fire
**fuente** (*f.*): fountain
**fuera** (*adv.*): out; **allá fuera:** out there, outside
**fuera, -se** (*past subj. of* **ser** *and* **ir**)

**fui** (*pret. of* **ser** *and* **ir**)
**fumar**: to smoke

# G

**galán** (*m.*): young suitor, gallant
**galante**: gallant
**galera**: galley
**galleta**: cookie
**gana**: desire; **tener muchas ganas**: to be eager; **tener ganas**: to feel like; **nos dio la gana**: we took a notion
**ganar**: to win; to gain; to earn
**gasolina**: gasoline
**gazpacho**: gazpacho (*see note in dialogue, Lesson 37*)
**gemelo**: twin
**generación** (*f.*): generation
**Generalife**: *summer palace and gardens near the Alhambra*
**generalmente**: generally
**género**: gender
**gente** (*f.*): people
**gentuza**: (uncouth) people
**gigantesco**: gigantic
**Giralda**: *the Moorish bell tower of the cathedral of Seville*
**gitano**: gypsy; **gitanillo**: little gypsy
**glorieta**: traffic circle
**gracia**: grace; gracefulness; **gracias**: thanks; **dar (las) gracias**: to thank; **gracias a**: because of, thanks to
**gracioso**: funny, graceful
**grada**: step, ramp
**grado**: degree; grade
**gramatical**: grammatical
**Granada**: *city of southern Spain; it was the last capital of the Moors in that country*
**gran, grande**: large, great
**grandísimo**: very large
**Granja**: *former royal country seat near Segovia, Spain*
**gritar**: to shout
**grupo**: group

**Guadalquivir** (*m.*): *the most important river in Andalusia, Spain*
**Guadalupe**: *a suburb of Mexico City;* **la Basílica de Guadalupe**: *a famous shrine of this suburb*
**guapo**: good-looking, handsome
**guardar**: to watch; to keep; to protect
**guardia** (*m. and f.*): guard
**guerra**: war
**guía** (*m. and f.*): guide; **la guía**: directory
**guitarra**: guitar
**guitarrista** (*m. and f.*): guitar player
**gustar**: to please; **me gusta**: I like, it pleases me
**gusto**: pleasure

# H

**haber**: to have
**habitación** (*f.*): room; bedroom
**hablar**: to speak
**habré** (*fut. of* **haber**)
**habría** (*cond. of* **haber**)
**hacer**: to do, to make; **hacer el papel**: to play the role; **hace mucho tiempo**: for a long time; long time ago; **hace frío**: it is cold
**hacerse**: to become
**haga** (*pres. subj. of* **hacer**)
**hago** (*pres. ind. of* **hacer**)
**hambre** (*f.*): hunger; **tengo hambre**: I am hungry
**haré** (*fut. of* **hacer**)
**harén** (*m.*): harem
**haría** (*cond. of* **hacer**)
**hasta**: until; as far as; even; **hasta que**: until
**hay**: there is, there are; **¿qué hay?**: what's the matter? what's up?; **hay que**: it is necessary
**haya** (*pres. subj. of* **haber**)
**haz** (*imper. of* **hacer**)
**he** (*pres. ind. of* **haber**)

**hecho** (*p.p. of* **hacer**): done, made
**helado:** ice cream
**hermana:** sister
**hermano:** brother; **hermanos:** brother(s) and sister(s); **hermanito:** little brother
**hermoso:** beautiful
**heroísmo:** heroism
**hice** (*pret. of* **hacer**)
**hiciera, -se** (*past subj. of* **hacer**)
**hija:** daughter
**hijo:** son; **hijos:** children; sons
**hispánico:** Hispanic
**histórico:** historic
**hola:** hello
**hombre** (*m.*): man
**hombrecillo:** little man
**hombro:** shoulder
**hombrote** (*m.*): big, strong man
**homenaje** (*m.*): homage
**hondo:** deep
**honrar:** to honor
**hora:** hour
**hotel** (*m.*): hotel
**hoy:** today; **hoy en día:** nowadays
**hube** (*pret. of* **haber**)
**hubiera, -se** (*past subj. of* **haber**)
**huevo:** egg

## I

**iba** (*imperf. of* **ir**)
**idea:** idea
**idéntico:** identical
**idiomático:** idiomatic
**iglesia:** church
**igual:** equal; like
**igualdad** (*f.*): equality
**igualmente:** equally; likewise
**imagen** (*f.*): image
**imaginar:** to imagine
**imperativo:** imperative
**imperfecto:** imperfect

**imperio:** empire
**importancia:** importance
**importante:** important
**importar:** to be important; to import; **no importa:** it doesn't matter; **no me importa:** I do not care
**impresión** (*f.*): impression
**impresionar:** to impress
**imprevisto:** unforeseen, unexpected
**improvisar:** to improvise
**impulsar:** to impel
**impulso:** impulse
**increíble:** incredible
**independencia:** independence
**indicado:** indicated, appropriate
**indicar:** to indicate
**indicativo:** indicative
**indígena** (*m. and f.*): indigenous; native
**indio:** Indian
**indique** (*pres. subj. of* **indicar**)
**indiqué** (*pret. of* **indicar**)
**indiscreto:** indiscreet
**inflar:** to inflate
**informar:** to inform
**informe** (*m.*): information, report
**inglés, inglesa:** English; Englishman, Englishwoman
**inmediatamente:** immediately
**inmigración** (*f.*): immigration
**insistir:** to insist
**inteligente:** intelligent
**intensamente:** intensely
**interés** (*m.*): interest
**interesante:** interesting
**interesar:** to interest; **interesarse:** to be interested
**interrogación** (*f.*): interrogation
**interrogativo:** interrogative
**interrumpir:** to interrupt
**invierno:** winter
**invitación** (*f.*): invitation
**invitar:** to invite
**ir:** to go; **irse:** to go away
**italiano:** Italian
**izquierdo:** left

# J

¡ja!: ha!

jamón (*m.*): ham

jardín (*m.*): garden; **jardincito**: little garden

jefe (*m.*): chief, "boss"

Jerez: *important town in the province of Cadiz, southern Spain*

jerez (*m.*): sherry

Jesucristo: Christ

jondo (*slang for* **hondo**): deep

José: Joseph

Josefina: Josephine

joven (*m. and f.*): young; young man, young lady; **jóvenes**: young people; **jovencito** (*dim. of* **joven**)

Juan: John

juego: set; game

jugar (ue): to play (a game)

jugo: juice; **jugo de naranja**: orange juice; **jugo de tomate**: tomato juice

¡jum!: ahem!

junto: adjoining

juntos: together

justamente: exactly; justly

# K

kilómetro: kilometer

# L

la: the; you (*f.*): her, it

lado: side

lamentar: to lament

largo: long

las: the; you (*f. pl.*); them (*f.*)

lástima: pity

lavar: to wash

le: to you; to him; to her; to it

lección (*f.*): lesson

lectura: reading

leche (*f.*): milk

leer: to read

lejos: far

lengua: language

les: to you (*pl.*); to them

letra: letter (of the alphabet)

letrero: sign

levantado: risen, up

levantar: to lift; **levantarse**: to get up

leyenda: legend

leyera, –se (*past subj. of* **leer**)

leyó (*3 pers. s. pret. of* **leer**)

libertad (*f.*): freedom

libre: free, vacant; (*Mex., m.*) taxi

libro: book; **librito**: little book, booklet

ligar: to join, attach, bind together

limonada: lemonade

limpiar: to clean

lindo: pretty

lista: list; menu

listo: ready

literal: literal

literalmente: literally

litro: liter

lo: you; him; it

lo (*neuter*): the

loco: crazy

locución (*f.*): expression

loma: hill; height

los: the; you (*m. pl.*); them (*m.*)

luces (*pl. of* **luz**): lights

luego: then, afterwards; **luego que**: as soon as; **hasta luego**: see you later; **lueguito** (*dim. of* **luego**)

lugar (*m.*): place; **en lugar de**: instead of

Luisa: Louise

lujo: luxury

lujoso: luxurious

luna: moon

lunes (*m.*): Monday

luz: light; **a la luz de la luna**: in the moonlight

## Ll

**llamada:** call
**llamar:** to call; to knock; **llamarse:** to be named
**llanta:** tire
**llave** (*f.*): key
**llegada:** arrival
**llegar:** to arrive; **llegar a:** to get to, reach, arrive at
**llegue** (*pres. subj. of* **llegar**)
**llegué** (*pret. of* **llegar**)
**llenar(se):** to fill; to fill out
**lleno:** full
**llevar:** to take; to carry; to wear
**llorar:** to cry
**llover (ue):** to rain
**llueva** (*pres. subj. of* **llover**)
**llueve** (*pres. ind. of* **llover**)
**lluvia:** rain

## M

**madre** (*f.*): mother
**Madrid:** *the capital of Spain*
**madrileño:** Madrilene, from Madrid
**madrugada:** early morning
**magnífico:** magnificent
**mal, malo:** bad
**maleta:** suitcase
**mamá:** mama, mother
**mandar:** to command, to order; to send
**mandato:** command
**manejar:** to drive (*a car*)
**manera:** manner, way; **de ninguna manera:** by no means; **de manera que:** so that
**mano** (*f.*): hand
**mantilla:** mantilla (*lace headscarf*)
**mañana:** morning; (*m.*) tomorrow; **por la mañana:** in the morning
**mapa** (*m.*): map
**mar** (*m. and f.*): sea

**maravilla:** marvel
**maravilloso:** marvelous
**marcar:** to dial; to mark
**María:** Mary
**marque** (*pres. subj. of* **marcar**)
**marqué** (*pret. of* **marcar**)
**martes:** (*m.*) Tuesday
**más:** more; most; **no tengo más que dos:** I have only two; **por más que:** no matter how much
**masculino:** masculine
**matrimonio:** matrimony; married couple
**mayo:** May
**mayor:** older; oldest; greater; main
**mayoría:** majority
**máximo:** maximum
**me:** me; myself
**medianoche:** midnight
**médico:** physician
**medio:** half
**mediodía** (*m.*): noon
**Méjico:** *variant spelling of* **México**
**mejicano:** *variant of* **mexicano**
**mejor:** better, best
**menor:** smaller; younger
**menos:** less; least; **a lo menos:** at least; **ni muchos menos:** far from it; **a menos que:** unless
**mentira:** lie, falsehood
**mercado:** market
**merecer:** to deserve, merit
**mes** (*m.*): month
**mesa:** table; **mesita, mesilla:** little table
**mesero** (*Mex.*): waiter
**mexicano:** Mexican
**México:** Mexico
**mí:** me
**mi:** my
**miedo:** fear
**mientras:** while
**miércoles** (*m.*): Wednesday
**Miguel:** Michael
**mil:** one (a) thousand

**milagro:** miracle

**milla:** mile

**minuto:** minute

**mío:** (of) mine

**mirar:** to look; to look at

**mismo:** same; **aquí mismo:** right here; **yo mismo:** I myself, *etc.*

**Moctezuma:** Montezuma, *Aztec emperor captured by Cortés*

**moda:** style, fashion

**modelo:** model

**modismo:** idiom

**modo:** manner, way; mood; **de ningún modo:** not at all; **de modo que:** so

**molestar:** to trouble; to bother

**molestia:** trouble, annoyance

**momento:** moment; **momentito** (*dim. of* **momento**)

**monasterio:** monastery

**montaña:** mountain

**Monterrey:** *important city of northern Mexico*

**monumento:** monument

**morenita:** little brunette

**moreno:** brunette; dark-complexioned

**morir(se) (ue):** to die; **morir(se) de hambre:** to starve

**movimiento:** movement

**moza:** girl, lass; **mozuela** (*dim. of* **moza**)

**mozo:** servant; porter; young man

**muchacha:** girl

**muchacho:** boy; **muchachico** (*usually* **chico** *fam. dim. of* **muchacho**)

**muchedumbre** (*f.*): multitude

**mucho:** much

**muchos:** many

**muera** (*pres. subj. of* **morir**)

**muero** (*pres. ind. of* **morir**)

**muerto:** dead (*p.p. of* **morir**)

**mujer:** woman; **mujercita** (*dim. of* **mujer**); **mujerona:** (*aug. of* **mujer**)

**multiplicación** (*f.*): multiplication

**mundial:** (of the) world

**mundo:** world; **todo el mundo:** everybody

**muriendo** (*pr.p. of* **morir**)

**muriera, -se** (*past subj. of* **morir**)

**murió** (*3 pers. s. pret. of* **morir**)

**murmurar:** to murmur

**museo:** museum

**música:** music

**musulmán, musulmana:** Moslem

**muy:** very

# N

**nacer:** to be born

**nación** (*f.*): nation

**nada:** nothing; **de nada:** you are welcome

**naranja:** orange

**nadie:** nobody

**nariz** (*f.*): nose

**narizón, -a:** big-nosed

**natal:** native

**natural:** natural

**naturalmente:** naturally

**necesario:** necessary

**necesitar:** to need

**negación** (*f.*): negation

**negar (ie):** to deny; **negarse a:** to refuse

**negativo:** negative

**negocio:** business

**negué** (*pret. of* **negar**)

**nevado:** snow-covered

**nevar:** to snow

**ni:** nor; **ni . . . ni:** neither . . . nor

**niega tú** (*imper. of* **negar**)

**niego** (*pres. ind. of* **negar**)

**niegue** (*pres. subj. of* **negar**)

**nieve** (*f.*): snow

**ningún, ninguno:** none, no one

**niñez** (*f.*): childhood

**niño:** child; **niñito:** very young child

**nivel** (*m.*): level

**no:** no, not

**noche** (*f.*): night; **buenas noches**: good night; good evening
**nombre** (*m.*): name; noun
**norte** (*m.*): north
**Norteamérica**: North America
**norteamericano**: (North) American
**nos**: us; to us; ourselves
**nosotros, -as**: we, us
**nota**: note, grade
**notar**: to notice
**noticia**: news; notice
**novecientos**: nine hundred
**novio**: sweetheart
**nuestro**: our; ours
**nueve**: nine
**nuevo**: new; **de nuevo**: again
**numeración** (*f.*): numerals; numeration
**número**: number; numeral
**numeroso**: numerous
**nunca**: never

## O

**obispo**: bishop
**objeto**: object
**obtener**: to obtain
**ocasión** (*f.*): occasion
**oculto**: hidden, secret
**ocupar**: to occupy
**ochenta**: eighty
**ocho**: eight
**odalisca**: odalisk, harem woman
**oeste** (*m.*): west
**ofrecer**: to offer
**ofrezca** (*pres. subj. of* **ofrecer**)
**ofrezco** (*pres. ind. of* **ofrecer**)
**oiga** (*pres. subj. of* **oír**)
**oigo** (*pres. ind. of* **oír**)
**oír**: to hear; **oír hablar de**: to hear of
**ojalá**: I wish; would that . . .; I hope
**ojeada**: look, glance
**ojillo**: little eye
**ojo**: eye

**olvidar, olvidarse de**: to forget; **se me olvidó eso**: I forgot that
**once**: eleven
**ora . . . ora**: now . . . now
**oral**: oral
**ordenar**: to order
**ordinal**: ordinal
**orgullo**: pride
**orilla**: bank, shore
**oro**: gold
**ortográfico**: orthographic, pertaining to spelling
**otoño**: autumn
**otorgar**: to award, to grant
**otro**: other, another
**oye tú** (*imper. of* **oír**)
**oyendo** (*pr.p. of* **oír**)
**oyera, -se** (*past subj. of* **oír**)
**oyó** (*3 pers. s. pret. of* **oír**)

## P

**Pablo**: Paul; **Pablito** (*dim. of* **Pablo**)
**paciente** (*m. and f.*): patient
**padre** (*m.*): father; **padres**: parents
**paella**: *a Spanish dish*
**pagano**: pagan
**pagar**: to pay
**pague** (*pres. subj. of* **pagar**)
**pagué** (*pret. of* **pagar**)
**pájaro**: bird
**palabra**: word
**palacio**: palace
**panteón** (*m.*): pantheon; cemetery
**papá** (*m.*): dad, father
**papel** (*m.*): paper; role
**Paquita**: Fran, Franny
**par** (*m.*): couple, pair
**para**: for; in order to; by; **para que**: in order that
**parabrisa(s)** (*m.*): windshield
**paraíso**: paradise
**parar(se)**: to stop

**parecer:** to seem; to look like; **¿qué le parece?:** what do you think?; **al parecer:** apparently

**pareja:** couple (of persons)

**parezca** (*pres. subj. of* **parecer**)

**parezco** (*pres. ind. of* **parecer**)

**parque** (*m.*): park

**párrafo:** paragraph

**parte** (*f.*): part; **todas partes:** everywhere; **de parte de:** on behalf of

**participio:** participle

**particular:** particular; private

**partir:** to leave, depart

**pasado:** past; last; **pasado mañana:** day after tomorrow

**pasaporte** (*m.*): passport

**pasar:** to pass, to happen; to come in; to spend (time); **¿qué pasa?:** what's the matter?

**pasear(se):** to go for a ride or a walk

**paseo:** walk, ride; avenue, boulevard; **dar un paseo, ir de paseo:** to go for a walk or ride

**pasivo:** passive; **participio pasivo:** past participle

**paso:** step

**patio:** patio, courtyard

**patriota** (*m. and f.*): patriot; patriotic

**patriotismo:** patriotism

**patrón** (*m.*): pattern; patron; "boss"

**pedir (i):** to ask for, to request; to order (merchandise)

**peinar:** to comb

**película:** film

**pena:** sorrow; penalty; **valer la pena:** to be worth the trouble

**pensar (ie):** to think; to intend; to plan

**pensión** (*f.*): board and room

**peor:** worse

**Pepe** (*nickname for* **José**): Joe

**pequeñito, -a:** small child

**pequeño:** small

**perder (ie):** to lose; to miss; **perdí el tren:** I missed the train

**perdido:** lost; ruined

**perdón** (*m.*): pardon

**perdonar:** to pardon

**perfectamente:** perfectly

**periódico:** newspaper

**permiso:** permission; permit

**permitir:** to permit

**pero:** but

**perro:** dog

**persona:** person

**personal:** personal

**pertenecer:** to pertain, belong

**pesado:** heavy

**pesar** (*m.*): sorrow; **a pesar de:** in spite of

**pesar:** to weigh

**peseta:** peseta, *monetary unit of Spain*

**peso:** peso, *monetary unit of Mexico and other countries*

**petición** (*f.*): petition

**picante:** hot (*pepper sauce*)

**pida** (*pres. subj. of* **pedir**)

**pide tú** (*imper. of* **pedir**)

**pidiendo** (*pr.p. of* **pedir**)

**pidiera, -se** (*past subj. of* **pedir**)

**pidió** (*3 pers. s. pret. of* **pedir**)

**pido** (*pres. ind. of* **pedir**)

**pie** (*m.*): foot; **a pie:** on foot

**piensa tú** (*imper. of* **pensar**)

**piense** (*pres. subj. of* **pensar**)

**pienso** (*pres. ind. of* **pensar**)

**pierda** (*pres. subj. of* **perder**)

**pierde tú** (*imper. of* **perder**)

**pierdo** (*pres. ind. of* **perder**)

**pieza:** piece; room

**pintar:** to paint

**pintoresco:** picturesque

**pirámide** (*f.*): pyramid

**piso:** floor, story

**placer** (*m.*): pleasure

**placita** (*dim. of* **plaza**): small city square

**plata:** silver; money

**platicar:** to chat

**platillo:** little plate; dish

**plato:** plate; dish

**plaza:** city square
**pleno:** full
**plural** (*m.*): plural
**pluscuamperfecto:** past perfect, pluperfect
**pobre:** poor
**pobrecito:** poor dear one
**poco:** little, not much
**pocos, -as:** few
**poder (ue):** to be able; **no puedo
  más:** I cannot endure it any longer
**podré** (*fut. ind. of* **poder**)
**podría** (*cond. of* **poder**)
**poeta** (*m.*): poet
**policía** (*f.*): police (*force*); **policía**
  (*m.*): policeman
**pon tú** (*imper. of* **poner**)
**pondré** (*fut. indic. of* **poner**)
**pondría** (*cond. of* **poner**)
**poner:** to put; **poner la mesa:** to set
  the table
**ponerse:** to become; to put on
**ponga** (*pres. subj. of* **poner**)
**pongo** (*pres. ind. of* **poner**)
**poquito:** very little; a little bit
**por:** by; for; through; per; times; **por
  aquí:** this way
**por qué:** why
**porque:** because
**portamonedas** (*m.*): coin purse
**portero:** doorman
**portugués, portuguesa:** Portuguese
**pos; en pos de:** after, behind; in
  pursuit of
**posesivo:** possessive
**posible:** possible
**posición** (*f.*): position
**postal:** postal
**postre** (*m.*): dessert; **de postre:** for
  dessert
**postrero:** last
**práctica:** practice
**practicar:** to practice
**practique** (*pres. subj. of* **practicar**)
**practiqué** (*pret. of* **practicar**)

**prado:** meadow; **el Prado:** *famous art
  museum in Madrid*
**preceder:** to precede
**precio:** price
**precioso:** charming; precious
**predecesor, -a:** predecessor
**predilecto:** favorite
**preferir (ie):** to prefer
**prefiera** (*pres. subj. of* **preferir**)
**prefiere tú** (*imper. of* **preferir**)
**prefiero** (*pres. ind. of* **preferir**)
**prefiriendo** (*pr.p. of* **preferir**)
**prefiriera, -se** (*past subj. of* **preferir**)
**prefirió** (*3 pers. s. pret. of* **preferir**)
**pregunta:** question
**preguntar:** to ask, to inquire
**prenda:** article; **prenda de ropa:**
  article of clothing
**preocupado:** worried
**preocuparse:** to be worried
**preparar:** to prepare
**preposición** (*f.*): preposition
**prescindir:** to do without, omit
**presencia:** presence
**presentar:** to introduce; to present
**presente:** present
**presidente** (*m.*): president
**prestar:** to lend
**pretérito:** preterit, past tense
**primavera:** spring (*the season of the
  year*)
**primer(o):** first
**primo, -a:** cousin
**principal:** principal, main
**principiar:** to begin
**principio:** beginning; principle; **al
  principio:** at first
**prisa:** haste; **de prisa:** in a hurry;
  **darse prisa:** to hurry
**probable:** probable
**probablemente:** probably
**probar:** to prove; try
**pródigo:** prodigal
**profesor, -a:** teacher; professor
**progresivo:** progressive

**prohibir:** to forbid
**promesa:** promise
**prometer:** to promise
**pronombre** (*m.*): pronoun
**pronto:** soon, quickly; **prontito** (*dim. of* **pronto**); **tan pronto como:** as soon as
**pronunciar:** to pronounce
**propina:** tip
**propio:** own; proper
**proporción** (*f.*): proportion
**propósito:** purpose; **a propósito:** by the way
**provincia:** province
**próximo:** next
**prueba:** proof
**pude** (*pret. of* **poder**)
**pudiendo** (*pr.p. of* **poder**)
**pudiera, -se** (*past subj. of* **poder**)
**Puebla:** *important city located 85 miles southeast of Mexico City*
**pueblo:** town; people
**pueda** (*pres. subj. of* **poder**)
**puedo** (*pres. ind. of* **poder**)
**puerta:** door
**puerto:** port; pass
**pues:** well, why; since; so; accordingly
**puesto:** vendor's stall
**puesto** (*p.p. of* **poner**)
**punto:** point; **punto de vista:** viewpoint, standpoint
**puntual:** punctual
**puse** (*pret. of* **poner**)
**pusiera, -se** (*past subj. of* **poner**)

## Q

**que:** that, which, who; than
**¿qué?:** what?
**¡qué!:** what (a)!
**quedar(se):** to remain; to be; **quedarse con:** to keep, retain
**quejarse:** to complain
**quepa** (*pres. subj. of* **caber**)

**quepo** (*pres. ind. of* **caber**)
**querer (ie):** to want, to wish, to love; **quiere decir:** it means
**querré** (*fut. of* **querer**)
**querría** (*cond. of* **querer**)
**queso:** cheese
**quien:** who; **a quien:** whom, to whom
**¿quién?:** who?; **¿a quién?:** whom?
**quienquiera:** whoever
**quiera** (*pres. subj. of* **querer**)
**quiere tú** (*imper. of* **querer**)
**quiero** (*pres. ind. of* **querer**)
**quince:** fifteen
**quise** (*pret. of* **querer**)
**quisiera, -se** (*past subj. of* **querer**): I should like, I should want
**quitar:** to take away
**quizá(s):** perhaps

## R

**radiador** (*m.*): radiator
**radical** (*m.*): stem; radical
**raíz** (*f.*): stem, root
**ramo:** bunch (*of flowers*)
**rápidamente:** rapidly, in haste
**rápido:** fast, rapid
**rato:** a while, short time
**raza:** race
**razón** (*f.*): reason; **tener razón:** to be right
**realidad** (*f.*): reality; **en realidad:** really
**realizar:** to achieve, make real
**realmente:** really
**rebozo:** shawl
**recado:** message, note
**receptor** (*m.*): receiver
**recibir:** to receive
**recién:** recently; **recién casado:** newly wed
**recoger:** to pick up
**recíproco:** reciprocal

**recomendable:** recommendable
**recomendar (ie):** to recommend
**recordar (ue):** to recall
**recorrer:** to go through
**recuerda tú** (*imper. of* **recordar**)
**recuerde** (*pres. subj. of* **recordar**)
**recuerdo** (*pres. ind. of* **recordar**)
**referirse (ie):** to refer
**refiera** (*pres. subj. of* **referir**)
**refiere tú** (*imper. of* **referir**)
**refiero** (*pres. ind. of* **referir**)
**refiriendo** (*pr.p. of* **referir**)
**refiriera, -se** (*past subj. of* **referir**)
**refirió** (*3 pers. s. pret. of* **referir**)
**reflexivo:** reflexive
**refresco:** soft drink; **refrescos:** refreshments
**regalar:** to present (as a gift)
**regalo:** gift, present
**región** (*f.*): region
**regresar:** to return
**regreso:** return; **estoy de regreso:** I am back
**regular:** regular, so so
**reír (i):** to laugh
**reja:** bar; **rejas:** grill work
**relativo:** relative
**remoto:** remote
**rendir (i):** to overcome; to render ("pay"); **rendirse:** to surrender
**reñir (i):** to scold; to quarrel
**repasar:** to review
**repaso:** review
**repetir (i):** to repeat
**repugnante:** repugnant
**requerir (ie):** to require
**reservar:** to reserve
**respirar:** to breathe
**responder:** to reply
**respuesta:** reply; answer
**restaurante** (*m.*): restaurant
**resultado:** result
**retraso:** delay; **con retraso:** behind schedule
**reunirse:** to meet

**rey:** king; **los Reyes Católicos:** the Catholic Monarchs (*i.e., Ferdinand and Isabel*)
**ría** (*pres. subj. of* **reír**)
**rico:** rich; delicious
**rielar:** to glisten
**ríe tú** (*imper. of* **reír**)
**rienda:** rein
**riera, -se** (*past subj. of* **reír**)
**rinda, se** (*pres. subj. of* **rendirse**)
**ríndete tú** (*imper. of* **rendirse**)
**rindiéndose** (*pr.p. of* **rendirse**)
**rindiera, -se** (*past subj. of* **rendirse**)
**rindió, se** (*3 pers. s. pret. of* **rendirse**)
**rindo, me** (*pres. ind. of* **rendirse**)
**riña** (*pres. subj. of* **reñir**)
**río:** river
**río** (*pres. ind. of* **reír**)
**rítmico:** rhythmic
**rival** (*m. and f.*): rival
**rogar (ue):** to beg; to ask
**rogué** (*pret. of* **rogar**)
**romántico:** romantic
**romper:** to break; tear
**ropa:** clothes
**rosa:** rose
**rostro:** face
**rubio:** blond
**ruega tú** (*imper. of* **rogar**)
**ruego** (*pres. ind. of* **rogar**)
**ruegue** (*pres. subj. of* **rogar**)
**ruido:** noise
**ruina:** ruin

# S

**sábado:** Saturday
**saber:** to know (a fact); to know how
**sabré** (*fut. of* **saber**)
**sabría** (*cond. of* **saber**)
**sacar:** to take out
**saco:** coat
**sal tú** (*imper. of* **salir**)
**sala:** room

**salga** (*pres. subj. of* **salir**)

**salgo** (*pres. ind. of* **salir**)

**salir**: to leave; to go out

**saldré** (*fut. of* **salir**)

**saldría** (*cond. of* **salir**)

**salón** (*m.*): drawing room; lobby; salon; **salón de espera**: waiting room; **saloncito** (*dim. of* **salón**)

**salud** (*f.*): health

**saludar**: to greet; to salute

**Sanborn's**: *a well-known restaurant and curio shop in Mexico City*

**sangre** (*f.*): blood

**san, santo**: saint

**santuario**: sanctuary; shrine

**saque** (*pres. subj. of* **sacar**)

**saqué** (*pret. of* **sacar**)

**sarape** (*m.*): serape

**se**: yourself, himself, herself, itself, *etc.*; to you, to him, *etc.*; *it is also a sign of passive voice, as in* **se dice**: it is said

**sé** (*pres. ind. of* **saber**; *also imper. of* **ser**)

**sea** (*pres. subj. of* **ser**)

**secretario**: secretary

**secundario**: secondary

**sed** (*f.*): thirst; **tengo sed**: I am thirsty

**seda**: silk

**Segovia**: *Spanish city northwest of Madrid*

**seguida, en seguida**: immediately: **en seguidita**: right away

**seguir (i)**: to follow; to continue

**según**: according to; as

**segundo**: second

**seguro**: sure

**seis**: six

**sellar**: to stamp; to seal

**semana**: week; **Semana Santa**: Holy Week

**sentarse (ie)**: to sit down

**sentido**: sense, meaning

**sentir (ie)**: to regret; to feel; **me siento bien**: I feel well

**señor**: sir, Mr., gentleman

**señora**: lady; Mrs.

**señorita**: Miss; young lady

**señorito** (*title of courtesy used sometimes in addressing or referring to a young man*): (young) sir

**sepa** (*pres. subj. of* **saber**)

**separar**: to separate; **separarse de**: to leave, slip away from

**ser**: to be

**serenata**: serenade

**serio**: serious; **en serio**: seriously

**serpiente** (*f.*): serpent

**servicio**: service

**servilleta**: napkin

**servir (i)**: to serve; **para servir a usted**: at your service; **¿en qué puedo servirle?**: what can I do for you?

**sesenta**: sixty

**setenta**: seventy

**Sevilla**: *an important city of southern Spain*

**sevillano**: Sevillian

**sexto**: sixth

**sí**: yes

**sí** (*reflexive pronoun used · instead of* **se** *after a preposition*)

**si**: if

**siempre**: always; **siempre que**: every time that; provided

**sienta** (*pres. subj. of* **sentir**)

**siéntate tú** (*imper. of* **sentarse**)

**siente tú** (*imper. of* **sentir**)

**siente, me** (*pres. subj. of* **sentarse**)

**siento** (*pres. ind. of* **sentir**)

**siento, me** (*pres. ind. of* **sentarse**)

**sierpe** (*f.*): serpent

**sierra**: saw; mountain range; **Sierra Nevada**: *the name of a mountain range near Granada*

**siesta**: nap

**siete**: seven

**siga** (*pres. subj. of* **seguir**)

**siglo**: century

**significar**: to mean, to signify
**signo**: sign
**sigo** (*pres. ind. of* **seguir**)
**sigue tú** (*imper. of* **seguir**)
**siguiendo** (*pr.p. of* **seguir**)
**siguiente**: next, following
**siguiera, -se** (*past subj. of* **seguir**)
**siguió** (*3 pers. pret. of* **seguir**)
**silla**: chair
**simbólico**: symbolic
**simpatice** (*pres. subj. of* **simpatizar**)
**simpaticé** (*pret. of* **simpatizar**)
**simpático**: attractive
**simpatizar**: to be congenial; to become friends
**simplemente**: simply
**sin**: without; **sin que**: without
**sinceramente**: sincerely
**singular**: singular
**sino**: but
**sintiendo** (*pr.p. of* **sentir**)
**sintiera, -se** (*past subj. of* **sentir**)
**sintió** (*3 pers. pret. of* **sentir**)
**sirva** (*pres. subj. of* **servir**)
**sirve tú** (*imper. of* **servir**)
**sirviendo** (*pr.p. of* **servir**)
**sirviera, -se** (*past subj. of* **servir**)
**sirvió** (*3 pers. pret. of* **servir**)
**sirvo** (*pres. ind. of* **servir**)
**sitio**: place, site
**sobrar**: to be in excess
**sobre**: on; about; **sobre todo**: above all
**sobrina**: niece
**sobrino**: nephew
**social**: social
**socorro**: help
**sol** (*m.*): sun; **hace sol**: the sun is shining; **puesta del sol**: sunset
**solamente**: only
**solicitar**: to apply for
**solo**: alone; lonely; **a solas**: alone
**sólo**: only
**sombra**: shade; shadow; ghost
**sombrero**: hat

**sonar (ue)**: to sound, to ring
**soñar (ue)**: to dream
**sopa**: soup; stew
**sortija**: ring
**sosiego**: calm
**soy** (*pres. ind. of* **ser**)
**su**: your, his, her, its, their
**suave**: gentle, soft
**subir**: to go up; to get in; to climb
**subjuntivo**: subjunctive
**subrayar**: to underline
**sucesor**: successor
**sucio**: dirty
**suelto** (*p.p. of* **soltar**): loose; free
**suena tú** (*imper. of* **sonar**)
**suene** (*pres. subj. of* **sonar**)
**sueno** (*pres. ind. of* **sonar**)
**sueño**: sleep; dream; **tengo sueño**: I am sleepy
**suerte** (*f.*): luck
**sufrir**: to suffer
**sugerencia**: suggestion
**sugerir (ie)**: to suggest
**sugiera** (*pres. subj. of* **sugerir**)
**sugiere tú** (*imper. of* **sugerir**)
**sugiero** (*pres. ind. of* **sugerir**)
**sugiriendo** (*pr.p. of* **sugerir**)
**sugiriera, -se** (*past subj. of* **sugerir**)
**sugirió** (*3 pers. s. pret. of* **sugerir**)
**sujeto**: subject
**sultán** (*m.*): sultan
**supe** (*pret. of* **saber**)
**superlativo**: superlative
**supiera, -se** (*past subj. of* **saber**)
**suponer**: to suppose
**supuesto**: (*past part. of* **suponer**); **por supuesto**: of course
**sur** (*m.*): south
**surtidor** (*m.*): jet, spout, or shoot of water; fountain
**suspender**: to suspend, stop
**susto**: fright
**susurro**: whisper
**suyo**: yours, his, hers, its, theirs; your, his, her, its, their

# T

**tacita**: demitasse, little cup

**tal**: such; **tal vez**: perhaps; **con tal de que**: provided that; **¿qué tal?**: how goes it?; **¿qué tal le ha gustado?**: how have you liked it?

**talón** (*m.*): check, stub; heel

**talle** (*m.*): body; waist

**tamal** (*m.*): tamale, *a Mexican dish*

**también**: also

**tampoco**: neither; not . . . either

**tan**: so; as

**tanque** (*m.*): tank

**tanto**: so much; as much; **tanto más**: the more; **tanto menos**: the less

**tantos**: so many, as many

**taquilla**: ticket window; little window

**tardar**: to take (time); to delay, be late; **a más tardar**: at the latest

**tarde** (*f.*): afternoon; **buenas tardes**: good afternoon

**tarde**: late

**tarjeta**: card; **tarjeta postal**: postcard

**taxi** (*m.*): taxi

**taza**: cup

**té** (*m.*): tea

**te**: you, to you

**teatro**: theater

**telefónico**: telephonic

**teléfono**: telephone

**telegrama** (*m.*): telegram

**temer**: to fear

**templo**: temple

**temprano**: early; **tempranito** (*dim. of* **temprano**)

**ten** (*imper. of* **tener**)

**tendré** (*fut. of* **tener**)

**tendría** (*cond. of* **tener**)

**tenedor** (*m.*): fork

**tener**: to have; **tener que**: to have to; **¿Qué tienes?**: What is the matter with you?; **Aquí lo tiene usted**: here it is

**tenga** (*pres. subj. of* **tener**)

**tengo** (*pres. ind. of* **tener**)

**Teotihuacán, San Juan**: *a town about 30 miles northeast of Mexico City, famous for its ruins*

**tercer(o)**: third

**terminación** (*f.*): ending

**terminar**: to finish

**tesoro**: treasure

**ti** (*obj. pron.*): you

**tía**: aunt

**tiempo**: time; weather; tense; **a tiempo**: on time

**tienda**: store

**tierra**: land, earth

**timbre** (*m.*): small bell, buzzer

**tío**: uncle; **tíos**: uncle(s) and aunt(s); uncles

**tocar**: to touch; to play

**todavía**: still; **todavía no**: not yet

**todo**: all; everything

**todos**: all, every; **todos los días**: every day

**tolteca** (*m. and f.*): Toltec

**Toluca**: *very high city about 40 miles west of Mexico City*

**tomar**: to take; to drink

**tontería**: nonsense

**tonto**: silly, foolish

**toque**: touch

**toque** (*pres. subj. of* **tocar**)

**toqué** (*pret. of* **tocar**)

**tornar**: to return

**torre** (*f.*): tower; **la Torre del Oro**: *old Moorish tower in Seville*

**trabajar**: to work

**trabajo**: work

**tradición** (*f.*): tradition

**traducción** (*f.*): translation

**traducir**: to translate

**traduje** (*pret. of* **traducir**)

**tradujera, –se** (*past subj. of* **traducir**)

**traduzca** (*pres. subj. of* **traducir**)

**traduzco** (*pres. ind. of* **traducir**)

**traer**: to bring; to carry

**tráfico**: traffic

**traiga** (*pres. subj. of* **traer**)
**traigo** (*pres. ind. of* **traer**)
**traje** (*pret. of* **traer**)
**trajera, -se** (*past subj. of* **traer**)
**transportar**: to transport
**tratar**: to treat; **tratar de**: to try; **¿de qué se trata?**: what is it about?
**trayendo** (*pr.p. of* **traer**)
**trece**: thirteen
**treinta**: thirty
**tren** (*m.*): train
**tres**: three
**trescientos**: three hundred
**triste**: sad
**tú**: you
**tu**: your
**tuyo**: your; yours
**turista** (*m. and f.*): tourist
**tuve** (*pret. of* **tener**)
**tuviera, -se** (*past subj. of* **tener**)

# U

**último**: last
**un**: a, an
**una**: a, an
**unido**: united
**uno**: one
**unos, -as**: some
**universidad** (*f.*): university
**universitario**: of a university
**urgente**: urgent
**urgir**: to urge; to be urgent
**urja** (*pres. subj. of* **urgir**)
**urjo** (*pres. ind. of* **urgir**)
**usar**: to use
**uso**: use
**usted**: you

# V

**va** (*3 pers. s. pres. ind. of* **ir**)
**vacación** (*f.*): vacation

**vacío**: empty; vacant
**vagón** (*m.*): car (*of a train*)
**valdré** (*fut. of* **valer**)
**valdría** (*cond. of* **valer**)
**valer**: to be worth; **más vale ceder**: it is better to yield
**valga** (*pres. subj. of* **valer**)
**valgo** (*pres. ind. of* **valer**)
**valle** (*m.*): valley
**valor** (*m.*): value; courage
**vamos** (*pres. ind. of* **ir**): we are going; let us go; let us
**variación** (*f.*): variation
**varios**: several
**vascongado**: Basque
**vaso**: drinking glass
**vaya** (*pres. subj. of* **ir**)
**¡vaya!**: come on!
**ve tú** (*imper. of* **ir** *and* **ver**)
**vea** (*pres. subj. of* **ver**)
**veces** (*pl. of* **vez**)
**vecino**: neighbor
**veinte**: twenty
**vejísimo** (*absolute sup. of* **viejo**): very old
**ven tú** (*imper. of* **venir**)
**vencer**: to conquer
**vendedor, -a**: vendor
**vender**: to sell
**vendré** (*fut. of* **venir**)
**vendría** (*cond. of* **venir**)
**Venecia**: Venice
**venga** (*pres. subj. of* **venir**)
**vengo** (*pres. ind. of* **venir**)
**venido** (*p.p. of* **venir**): come; **bienvenido**: welcome
**venir**: to come
**ventaja**: advantage
**ventana**: window
**veo** (*pres. ind. of* **ver**)
**ver**: to see; **a ver**: let us see; **¿qué tiene que ver?**; what has it to do?
**verano**: summer
**veras; de veras**: truly, really
**verbo**: verb

**verdad** (*f.*): truth; **¿no es verdad?:** isn't it true?; **de verdad:** truly

**verdadero:** true; real

**vereda:** path

**vestido:** dress; dressed

**vestir(se) (i):** to dress

**vez** (*f.*): time, turn; **en vez de:** instead of; **de vez en cuando:** now and then; **otra vez:** again; **raras veces:** seldom; **a veces, algunas veces:** sometimes

**viajar:** to travel

**viaje** (*m.*): trip; **viajecito:** (*dim. of* **viaje**)

**viajero:** traveler

**viceversa:** vice versa

**vida:** life

**viejo:** old

**viento:** wind; **hace viento:** it is windy

**viernes** (*m.*): Friday

**vine** (*pret. of* **venir**)

**viniendo** (*pr.p. of* **venir**)

**viniera, -se** (*past subj. of* **venir**)

**vino** (*3 pers. s. pret. of* **venir**)

**vino:** wine; **vino de Jerez:** sherry

**virgen** (*f.*): virgin

**visión** (*f.*): vision; apparition

**visita:** visit; visitor

**visitar:** to visit

**vista:** view; sight

**vista** (*pres. subj. of* **vestir**)

**viste** (*imper. of* **vestir**)

**vistiendo** (*pr.p. of* **vestir**)

**vistiera, -se** (*past subj. of* **vestir**)

**vistió** (*3 pers. s. pret. of* **vestir**)

**visto** (*pres. ind. of* **vestir**)

**visto** (*p.p. of* **ver**): seen; **por lo visto:** apparently

**viuda:** widow; **viudita:** (*dim. of* **viuda**)

**vivir:** to live

**vocal** (*f.*): vowel

**volar (ue):** to fly

**voluntad** (*f.*): will; volition

**volver (ue):** to return; **vuelvo a estar feliz:** I am happy again

**vosotros:** you (*pl.*)

**voy** (*pres. ind. of* **ir**)

**voz** (*f.*): voice; **en voz alta:** aloud; **en voz baja:** quietly; in a low voice

**vuela tú** (*imper. of* **volar**)

**vuele** (*pres. subj. of* **volar**)

**vuelo** (*pres. ind. of* **volar**)

**vuelta:** return; **dar la vuelta:** to turn around; **estar de vuelta:** to be back

**vuelto** (*p.p. of* **volver**)

**vuelva** (*pres. subj. of* **volver**)

**vuelve tú** (*imper. of* **volver**)

**vuelvo** (*pres. ind. of* **volver**)

# X

**Xochimilco** (*initial* **X-** *pronounced as* **S-**): *a town near Mexico City, famous for its floating gardens*

# Y

**y:** and

**ya:** already; now; **ya no:** no longer; **ya que:** since

**yanqui:** Yankee

**yendo** (*pr.p. of* **ir**)

**yo:** I

# Z

**zapato:** shoe

**Zócalo:** *name of the main square of Mexico City*

**zona:** zone

Bold face numerals refer to paragraphs in the APPENDIX

**a:** un, una
(to) **abandon:** abandonar, dejar
**able; to be able:** poder (39)
**about:** de, acerca de, sobre; **at about eight o'clock:** a eso de las ocho; **about 40 miles:** unas 40 millas; **tell me what it's about:** dime de qué se trata
**above:** sobre
**absorbed:** absorto
**accent:** acento
(to) **accept:** aceptar
**accompanied:** acompañado
(to) **accompany:** acompañar
**according to:** según
**account:** cuenta; **on account of:** por, a causa de
**accustomed:** acostumbrado
**across** (*opposite*): enfrente
**act:** acto
**address:** dirección (*f.*)
**adjective:** adjetivo
**advance; in advance:** con anticipación (*f.*)
(to) **advance:** avanzar (38)
**advantage:** ventaja; **to take advantage (of):** aprovechar
(to) **advise:** aconsejar
**affection:** cariño
**after:** (*prep.*) después de; (*conj.*) después que
**afternoon:** tarde (*f.*)
**afterwards:** después, luego, más tarde
**again:** otra vez; volver (ue) a . . .; **I fell asleep again:** volví a dormirme
**age:** edad (*f.*)
**agent:** agente
**ago:** hace; **three minutes ago:** hace tres minutos

**agreement:** concordancia
**ahead:** adelante; **straight ahead:** derecho
**air:** aire (*m.*)
**airport:** aeropuerto
**all:** todo, **all day:** todo el día; **not at all:** de ningún modo, de ninguna manera, no . . . nada; **all right:** bien, bueno, muy bien; **all that which:** cuanto, todo lo que
**almond:** almendra
**almost:** casi
**alone:** solo; a solas
**along:** por
**aloud:** en voz alta
**already:** ya
**also:** también; **also (not):** tampoco
**altitude:** altura
**always:** siempre
**am:** estoy, soy, tengo; *see* **to be**
**a.m.:** de la mañana
(to) **amaze:** admirar; **to be amazed:** admirarse de
**American:** americano
**amount:** cantidad (*f.*)
**an:** un, una
**ancestor:** antepasado
**and:** y; (e *before a word beginning with* i *or* hi)
**Andalusia:** Andalucía (*Southern region of Spain*)
**Andalusian:** andaluz, –a
**angel:** ángel (*m.*)
**angry:** enojado; **to get angry:** enojarse
**Anne:** Ana; **Annie:** Anita
(to) **annoy:** molestar
**another:** otro
**answer:** respuesta

(to) **answer**: contestar

**antiquity**: antigüedad (*f.*)

**anxious**: ansioso; **to be anxious to
. . .**: tener (muchas) ganas de . . .

**any**: algún, alguna, os, as; cualquier
(-a); **not any**: ninguno, –a,–os –as;
**without any accent**: sin acento

**anything**: algo, alguna cosa; cualquier
cosa; (*after a negative*) nada

**apparently**: al parecer, por lo visto

(to) **appear**: aparecer **(38)**, parecer **(38)**

**appetizer**: aperitivo

(to) **apply (for)**: solicitar

**appointment**: cita

(to) **appreciate**: agradecer **(38)**; apre-
ciar

(to) **approach**: acercarse **(38)**

**aqueduct**: acueducto

**archeological**: arqueológico

**are**: (*pres. of*) estar, ser, tener; *see* **to
be**

**arm**: brazo

**arranged**: arreglado

**arrangement**: arreglo

**arrival**: llegada

(to) **arrive**: llegar **(38)**

**art**: arte (*m. and f.*)

**article**: artículo

**artist**: artista (*m. or f.*)

**as**: tan, como; según; **as . . . as**: tan
(tanto) . . . como; **as indicated**:
según se indica; **as if**: como si
(+ *past subjunctive*): **as for**: en
cuanto a

**aside**: aparte; **let's leave the future
aside**: dejemos aparte lo futuro

(to) **ask** (*a question*): preguntar; **to ask
for**: pedir (i); **to beg, request**:
rogar (ue)

**at**: a, en; **at your service**: para servirle
(a usted); **at home**: en casa, **at 8
o'clock**: a las ocho

(to) **attach**: ligar

(to) **attend**: (*to care for*) atender; (*to be
present*) asistir (a)

**aunt**: tía

**automobile**: automóvil (*m.*), coche
(*m.*)

**avenue**: avenida

(to) **await**: esperar

(to) **award**: otorgar

**away**: (*far*) lejos; **right away**: en
seguida, ahorita; **to go away**: irse
**(39)**; **to take away**: quitar; **two
blocks away**: a dos cuadras; **to get
away**: escaparse

**awful**: terrible; **I'm awfully sorry!**:
¡Cuánto lo siento!

**Aztec**: azteca (*m. or f.*)

# B

**back**: espalda; atrás; **the back part**:
la parte de atrás; **to be back**: estar
de regreso, estar de vuelta; **to give
back**: devolver (ue); **we are back
on the avenue**: estamos otra vez
en la avenida; **to go back**: volver
(ue) atrás

**bad**: malo

**baggage**: equipaje (*m.*)

**bank**: banco, caja; **exchange bank**:
caja de cambio; **bank** (*of a river*):
orilla

**bar**: bar (*m.*)

**base**: base (*f.*)

**basket**: cesta

**Basque**: vascongado

**B.C.**: antes de Jesucristo

(to) **be**: ser **(39)**, estar **(39)**, (tener **(39)**,
hacer **(39)**, haber **(39)**, *used in idioms*)

**bean**: frijol (*m.*)

**beautiful**: hermoso, lindo

**because**: porque; **because of**: por, a
causa de

**bed**: cama; **to go to bed**: acostarse
(ue)

**bedroom:** alcoba; **she has an extra bedroom:** le sobra una alcoba
**before:** (*adv.*) antes; (*prep.*) antes de; (*conj.*) antes que
(to) **beg:** rogar (ue), pedir (i)
(to) **begin:** empezar (ie), comenzar (ie), principiar
**behalf; on behalf of:** de parte de
**behind:** (*adv.*) atrás; (*prep.*) detrás de; **behind** (*schedule*): atrasado, a
(to) **believe:** creer **(38)**; **it is believed:** se cree
**bell:** timbre (*m.*), campana
(to) **belong:** pertenecer **(38)**
**bet:** apuesta
(to) **bet:** apostar (ue)
**better:** mejor
**between:** entre
**big:** grande, gran
(to) **bind together:** ligar
**bishop:** obispo
**bit, a little bit:** un poquito
**blank:** blanco; **a blank form:** una forma en blanco, un formulario
**block** (*of a city*): cuadra (*Mex.*), manzana (*Spain*)
**blond (e):** rubio
**blood:** sangre (*f.*)
**blue:** azul
(to) **board** (*a train*): subir (a)
**boat:** barco, canoa; **a boat ride:** un paseo en canoa
**body:** cuerpo, talle (*m.*)
**book:** libro
**bookshelf:** estante (*m.*)
**border:** frontera
(to) **bore:** aburrir
**born; to be born:** nacer **(38)**
**bother:** molestia
**bottle:** botella
**boulevard:** paseo
**bouquet:** ramo
**boy:** muchacho, niño; **my boy:** hijo mío
**bracelet:** brazalete (*m.*)

(to) **break:** romper
**breakfast:** desayuno; **to breakfast, to eat breakfast:** desayunarse
(to) **breathe:** respirar
**breeze:** brisa
(to) **bring:** traer **(39)**
**brother:** hermano
**brother-in-law:** cuñado
**brunet(te):** moreno
(to) **build:** construir **(38)**
**building:** edificio
**built:** construido, –a
**bus:** autobús (*m.*), camión (*m.*)
**business:** negocio
**but:** pero, sino
(to) **buy:** comprar
**by:** por, de; **by 8:30:** para las ocho y media

# C

(to) **call:** llamar
**calm:** calma
**campus:** campo; **university campus:** ciudad universitaria
**can:** poder **(39)**
**canal:** canal (*m.*)
**canoe:** canoa
**car:** carro, coche (*m.*), automóvil (*m.*); **hired car:** coche de alquiler; **dining car:** coche-comedor (*m.*); **sleeping car:** coche-cama (*m.*), vagón (*m.*)
**card:** tarjeta
**care:** cuidado
(to) **care:** cuidar; **I don't care:** no me importa
**carnation:** clavel (*m.*)
**carnival:** carnaval (*m.*)
(to) **carry:** llevar; **to carry one away:** arrebatarlo a uno
**case:** caja; caso; **in that case:** en ese caso
**cashier:** cajero, –a
**castanet:** castañuela

castle: castillo
cathedral: catedral (f.)
Catholic: católico, –a
cave: cueva
cedar: cedro
cent: centavo (Mex.), céntimo (Spain)
central: central
century: siglo
certain: cierto
(to) change: cambiar
(to) charge: encargar; to take charge of: encargarse de
Charles: Carlos
charm: encanto
(to) charm: encantar
charming: encantador, –a; simpático, precioso
(to) chat: platicar (38), charlar
cheap: barato
check: cheque (m.); traveler's checks: cheques de viajero; (baggage) check: talón (m.)
cheese: queso
chess: ajedrez (m.)
chief: jefe (m.); chieftain: cacique (m.)
child: hijo, –a; niño,–a; small child: niñito, –a
childhood: niñez (f.)
chocolate: chocolate (m.)
Christianity: cristianismo
church: iglesia
circle: círculo; traffic circle: glorieta
city: ciudad (f.); Mexico City: la ciudad de México
class: clase (f.)
clause: cláusula
(to) clean: limpiar
clerk: empleado, –a; dependiente (m.)
(to) climb (up): subir
close: cerca; to get close: acercarse (38); to close: cerrar (ie); close by here: por aquí cerca
clothed: vestido
club: club (m.); night club: cabaret (m.)

coach: (railroad) vagón (m.)
coat: saco, chaqueta
cocktail: coctel (m.)
coffee: café (m.)
coin: moneda; coin purse: portamonedas (m.s.)
coincidence: coincidencia
cold: frío; I am cold: tengo frío; it's cold here: hace frío aquí; the water is cold: el agua está fría
college: colegio
collegian: colegial, –a
color: color (m.)
column: columna
(to) comb: peinar
(to) come: venir (39); to come down: bajar; to come up: subir, to come out: salir (39); to come in(to): entrar (en); come (now)!: ¡vaya!
comfort: comodidad (f.)
(to) command: mandar
command: mandato
commitment: compromiso
company: compañía
complete: completo; to complete: completar
completely: por completo, completamente
composition: composición (f.).
concerning: acerca de
condition: condición (f.); on condition that: a condición de que
(to) confess: confesar (ie)
(to) congratulate: felicitar
congratulation: felicitación (f.)
(to) conquer: conquistar, vencer
conquest: conquista
content: contento
contrary: contrario; on the contrary: al contrario
conversion: conversión (f.)
(to) convince: convencer (38)
cooky: galleta
corner: esquina
correctly: correctamente, bien

**correspondence:** correspondencia

(to) **cost:** costar (ue)

**could:** (*past or conditional of*) poder **(39)**

**couple:** par (*m.*); pareja; **married couple:** matrimonio

**course:** curso; **of course:** claro

**courtyard:** patio

**cousin:** primo, –a

(to) **cover:** cubrir (*p.p.* cubierto); **to cover up, conceal:** encubrir (*p.p.* encubierto)

(to) **cross:** atravesar (ie), cruzar **(38)**

**cultural:** cultural

**cup:** taza; **small cup:** tacita

**curiosity:** curiosidad (*f.*)

**curve:** curva

**custom:** costumbre (*f.*)

**customs, customhouse:** aduana

## D

(to) **dance:** bailar, danzar **(38)**

**dancer:** bailador, –a; bailarín, bailarina (*professional dancer*)

(to) **dare:** atreverse (a)

(to) **dash:** correr; **he dashed out:** salió de prisa

**date:** (*calendar*) fecha; (*appointment*) cita

**daughter:** hija

**day:** día (*m.*); **day after tomorrow:** pasado mañana; **day before yesterday:** anteayer

(to) **decide:** decidir

**decided, it's decided:** está decidido

(to) **declare:** declarar

(to) **decorate:** decorar, adornar

**decorated:** adornado

(to) **dedicate:** dedicar **(38)**

**dedicated:** dedicado

**deep:** hondo

(to) **delay:** tardar (en)

**delicious:** delicioso, rico

(to) **delight:** encantar

**delighted:** encantado

(to) **depart:** partir (de); salir (de)

(to) **deposit:** depositar

(to) **deserve:** merecer **(38)**

**desire:** deseo, gana

(to) **desire:** desear, tener **(39)** ganas (de)

**dessert:** postre (*m.*); **for dessert:** de postre

(to) **destroy:** destruir **(38)**

(to) **dial** (*a number*): marcar **(38)**

**did** (*past of* hacer, *not translated when it is an auxiliary*); **didn't you?:** ¿no es verdad?

(to) **die:** morir (ue), morirse (ue)

**different:** distinto, diferente

**difficult:** difícil; **difficulty:** dificultad (*f.*)

(to) **dine:** comer

**dining room:** comedor (*m.*); **dining car:** coche-comedor (*m.*)

**dinner:** comida

**direction:** dirección (*f.*)

**directory** (*telephone*): guía (*f.*)

**dirty:** sucio

(to) **discover:** descubrir (*p.p.* descubierto)

**dish:** plato

(to) **displease:** digustar

(to) **do:** hacer **(39)**; **do me the favor:** hágame el favor; **do you want?:** ¿desea usted?; **don't you?:** ¿no es verdad?; **what can I do for you?:** ¿en qué puedo servirle?; **to have to do with:** tener que ver con

**doctor:** doctor, –a, médico

**dollar:** dólar (*m.*)

**don (doña):** (*title of respect used with first names*)

**done:** hecho

**door:** puerta

**dormitory:** dormitorio; colegio

**double:** doble

**doubt:** duda; (to) **doubt:** dudar: **doubtless:** sin duda; **there's no (room for) doubt:** no cabe duda

**down**: abajo; **to go (or come) down**: bajar; **to sit down**: sentarse (ie); **down below**: allá abajo

**dozen**: docena

**dream**: sueño

(to) **dream**: soñar (ue)

**dress**: vestido

(to) **dress**: vestir (i); **to dress (oneself)**: vestirse (i); **she is dressed**: está vestida

(to) **drink**: tomar, beber

(to) **drive**: manejar; **to take a drive**: dar un paseo

**driver**: chofer (*m.*)

**duke**: duque

**during**: durante


# E

**each**: cada (uno); **they look at each other**: se miran (el uno al otro); **we look at each other**: nos miramos

**early**: temprano; **early morning**: madrugada

**earth**: tierra

**easier**: más fácil

**easy**: fácil

(to) **eat**: comer, tomar; **to eat breakfast**: desayunarse; **to eat lunch**: almorzar (ue) **(38)**; **to eat dinner**: comer; **to eat supper**: cenar

**economy**: economía

**egg**: huevo

**Egypt**: Egipto; **Egyptian**: egipcio, de Egipto

**eight**: ocho; **it's ten minutes to eight**: son las ocho menos diez

**eighty**: ochenta

**either**: o; **either . . . or**: o . . . o; **(not . . .) either**: tampoco

**eleven**: once; **at 11:00 a.m.**: a las once de la mañana

(to) **embrace**: abrazar(se) **(38)**

**emperor**: emperador (*m.*)

**empire**: imperio

**employment**: empleo

**empty**: vacío

**enchanted**: encantado

**end**: fin (*m.*), cabo

**ending**: terminación (*f.*)

**enemy**: enemigo

**English**: inglés, inglesa; **English (language)**: inglés (*m.*)

(to) **enjoy**: gozar **(38)**, divertirse (ie); **how I have enjoyed the visit!**: ¡cuánto me ha gustado la visita!

**enough**: bastante; **big enough for four people**: en que quepan (caben) cuatro personas

(to) **enter**: entrar (en)

**entrance**: entrada

**equal**: igual

**equally**: igualmente

**even**: hasta, aun

**evening**: tarde (*f.*); **good evening**: (*before dark*) buenas tardes; (*after dark*) buenas noches

**ever**: jamás; **(which)ever**: (cual) quiera; **more than ever**: más que nunca

**every**: todo; cada; **every day**: todos los días

**everybody**: todo el mundo

**everything**: todo

**everywhere**: a (de, en, por) todas partes

**exact**: exacto, justo; **exactly**: exactamente, justamente, con exactitud (*f.*)

**exactness**: exactitud (*f.*)

(to) **examine**: examinar

**example**: ejemplo; **for example**: por ejemplo

**excellent**: excelente

**except**: excepto, sino

**excess**: exceso

**exchange**: cambio; **to exchange**: cambiar

**exclamation**: exclamación (*f.*)

**excursion:** excursión (*f.*)
(to) **excuse:** perdonar
**exemplary:** ejemplar
(to) **exhibit:** exhibir
**exhibition:** exhibición (*f.*)
(to) **exist:** existir
**expensive:** caro
(to) **explain:** explicar **(38)**
**express:** expreso: **Southern Express:** Expreso del Sur
**expression:** expresión (*f.*)
**extra:** extra, de sobra; **to be extra:** sobrar; **she has an extra bedroom:** le sobra una alcoba
**extremely:** extremadamente; **extremely tired:** cansadísimo
**eye:** ojo; **little eyes:** ojitos, ojuelos, ojillos

# F

**face:** rostro; cara
**facial:** del rostro
**fact:** hecho; **in fact:** en efecto
(to) **fall:** caer **(39)**; **to fall in love (with):** enamorarse (de); **to fall asleep:** dormirse (ue)
**family:** familia
**famous:** famoso
**far:** lejos; **far from it:** ni mucho menos
(to) **fascinate:** fascinar
**fascinating:** fascinador, –a
**father:** padre, papá
**favor:** favor (*m.*)
**favorite:** favorito, predilecto
**fear:** miedo
(to) **fear:** temer; tener miedo
**February:** febrero
**feel:** sentir (ie); sentirse (ie)
**feminine:** femenino
**few:** pocos; **a few:** unos pocos, unos cuantos

**fifty:** cincuenta
(to) **fill:** llenar
**filling station:** estación de gasolina
**film:** película
**final:** final, último
**finally:** finalmente, al fin
(to) **find:** hallar, encontrar (ue), dar con; **found out:** *pret. of* saber **(39)**
**fine:** fino, bien
(to) **finish:** acabar, terminar
**fire:** fuego
**first:** primero,–a; (*adv.*) primero, antes; **at first:** al principio
**five:** cinco; **500:** quinientos, –as
**floor:** piso; **floor show:** espactáculo
**flower:** flor (*f.*)
(to) **fly:** volar (ue)
(to) **follow:** seguir (i)
**following:** (*adj.*) siguiente; (*part.*) siguiendo
**foot:** pie (*m.*)
**for:** por, para
(to) **forbid:** prohibir
**foreign:** extranjero; **foreigner:** extranjero, –a
**forest:** bosque (*m.*)
(to) **forget:** olvidar(se); **I had forgotten:** se me había olvidado
**fork:** tenedor (*m.*)
**form:** forma
**formal:** formal
**formerly:** antes, antiguamente
**fortunately:** por fortuna
**forty:** cuarenta
**fountain:** fuente (*f.*); **fountain with water jets:** surtidor (*m.*)
**four:** cuatro
**fourteen:** catorce
**Fran:** Paquita
**franc** (*French monetary unit*): franco
**Frances:** Francisca
**frankly:** francamente
**free:** libre; **free rein:** rienda suelta
**freedom:** libertad (*f.*)
**French:** francés, francesa, de Francia

**frequently:** frecuentemente; con frecuencia

**Friday:** viernes (*m.*)

**friend:** amigo, –a; **boy (girl) friend:** novio, –a

**from:** de, desde

**front:** frente (*f.*); (*adj.*) delantero; **in front of:** enfrente de, delante de

**full:** lleno

**funny:** gracioso

**future:** futuro

# G

**gallant:** galán (*m.*); (*adj.*) galante

**galley:** galera

**garden:** jardín (*m.*)

**gasoline:** gasolina

**gay:** alegre

**gender:** género

**gentle:** suave

**gentleman:** señor (*m.*)

**German:** alemán, alemana

(to) **get:** obtener (39); ponerse (39); **to get into** *or* **on:** subir (a); **to get in:** llegar (38), entrar; **to get out of** *or* **off:** bajar (de), salir (39); **to get (here):** llegar (38) (aquí); **now I get it!:** ¡ya caigo!; **to get up:** levantarse; **to get away:** escaparse; **to get near:** acercarse (38); **to get dressed:** vestirse (i)

**ghost:** sombra

**gigantic:** gigantesco

**girl:** muchacha, moza, señorita; **girl friend:** novia; (*servant*) **girl:** criada

(to) **give:** dar (39)

**glad:** alegre, contento; **to be glad:** alegrarse (de), estar contento, tener (39) (mucho) gusto (en); **glad to be alive:** encantado de la vida; **how glad I am! . . .:** ¡cuánto me alegro!

**glass:** vaso; **wineglass:** copa

(to) **glisten:** rielar

(to) **go:** ir (38), andar (39); **go on foot:** ir a pie; **go up:** subir; **go ahead:** pasar; **go down:** bajar; **go out (of):** salir (39) (de); **go into:** entrar (en); **go with:** acompañar; **let's go:** vamos; **to go back:** volver (ue), regresar; **how goes it?:** ¿qué tal?; **to go to bed:** acostarse (ue); **go on (continue):** seguir (i) (38)

**goddess:** diosa

**gold:** oro

**good:** bueno; **good morning:** buenos días; **good afternoon:** buenas tardes

**goodbye:** adiós, hasta luego

**goodness:** bondad (*f.*); **goodness!:** ¡caramba!

**grandma:** abuelita (*fam.*)

**grandmother:** abuela

(to) **grant:** otorgar (38)

**grateful:** agradecido; **to be grateful:** agradecer (38)

**great:** gran, grande

(to) **greet:** saludar

**grill:** reja

**group:** grupo

**guard:** guardia (*m.*); **to guard:** guardar

**guide:** guía (*m.*)

**guitar:** guitarra; **guitar player:** guitarrista (*m.*)

**gypsy:** gitano, a; **gypsy music:** música flamenca

# H

**half:** medio; **half an hour:** media hora

**ham:** jamón (*m.*)

**hand:** mano (*f.*); **on the other hand:** en cambio; **by hand:** a mano; **handmade:** hecho a mano

(to) **happen:** pasar, suceder, acontecer (38)

**happiness:** felicidad (*f.*)

**happy:** feliz, alegre, contento; **to be happy:** alegrarse

**hard:** duro; difícil

**hardly:** apenas; **hardly any:** casi nada

**harem:** harén (*m.*); **harem girl:** odalisca

**harp:** (el) arpa (*f.*)

**haste:** prisa

(to) **have:** tener (**39**), (*aux.*) haber (**39**); **to have to:** tener que . . .; **to have a good time:** divertirse (ie)

**he:** él

**head:** cabeza

**health:** salud (*f.*)

(to) **hear:** oír (**39**); **I hear:** oigo; **I have heard (said):** he oído decir

**heart:** corazón (*m.*)

**heaven:** ciclo

**heavy:** pesado

**height:** altura; **in height:** de altura

**hello!:** ¡hola!; (*answering telephone*): ¡bueno!, ¡diga!

(to) **help:** ayudar; **Help!:** ¡Socorro!

**Henry:** Enrique

**her:** su, sus; la, le

**here:** aquí

**heroism:** heroísmo

**hey!:** ¡oye!, ¡oiga(n)!

**hidden:** oculto, –a

**high:** alto; de altura

**hire:** alquiler (*m.*); (to) **hire:** alquilar

**hired car:** coche (*m.*) de alquiler

**his:** su, sus; suyo; de él

**holy:** santo

**homage:** homenaje (*m.*); **to pay homage:** rendir (i) homenaje

**home:** casa; **at home:** en casa

**honor:** honor (*m.*), honra; **to honor:** honrar

(to) **hope (for):** esperar; **I hope he comes!:** ¡ojalá que venga!, ¡espero que venga!

**hot:** caliente; **hot sauce:** salsa picante

**hotel:** hotel (*m.*)

**hour:** hora

**house:** casa; **customhouse:** aduana; **little house** (*cottage*): casita; **big house:** caserón (*m.*)

**hovel:** casucha

**how:** cómo; **how funny!:** ¡qué gracioso!; **how much?:** ¿cuánto, a?; **how many?:** ¿cuántos, as?; **how do you like?:** ¿qué tal le gusta?

**hunger:** (el) hambre (*f.*)

**hungry; to be hungry:** tener (**39**) hambre

**hurry:** prisa; **in a hurry:** rápidamente; **to hurry:** darse (**39**) prisa, tener (**39**) prisa, apresurarse

**husband:** esposo, marido

(to) **hush:** callar

# I

**I:** yo

**ice:** hielo; **ice cream:** helado

**idea:** idea

**identical:** idéntico

**idiom:** modismo

**if:** si

**ill:** enfermo

**imagination:** fantasía, imaginación (*f.*)

(to) **imagine:** imaginarse

**immigration:** inmigración (*f.*)

**importance:** importancia

**important:** importante; **to be important:** importar

(to) **impress:** impresionar

**impression:** impresión (*f.*)

(to) **improvise:** improvisar

**impulse:** impulso; **under the impulse of:** a impulso de

**in:** en, por, de; **is Miss West in?:** ¿está la señorita West?

**incredible:** increíble

**indeed:** de veras; **yes, indeed:** ya lo creo

**Indian:** indio

(to) **indicate**: indicar **(38)**; **as indicated**: según se indica
**indigenous**: indígena (*m. or f.*)
**indiscreet**: indiscreto
**inflated**: inflado
(to) **inform**: informar
**information**: informe (*m.*)
(to) **inquire**: preguntar
**inside (of)**: dentro (de)
(to) **insist**: insistir
(to) **inspect**: examinar
**instead of**: en vez de, en lugar de
**institute**: instituto
**intelligent**: inteligente
**intense**: intenso; **intensely**: intensamente
(to) **interest**: interesar; **to be interested in**: interesarse por
**interesting**: interesante; **how interesting!**: ¡qué interesante!
**interrogative**: interrogativo, –a
(to) **interrupt**: interrumpir
**intersection**: bocacalle (*f.*), encrucijada
(to) **introduce**: presentar
**invitation**: invitación (*f.*)
(to) **invite**: invitar, convidar
**it**: (*subject or object of preposition*) él, ella, ello; (*object of verb*) lo la, le; **it's, it is**: es, está, hace
**Italian**: italiano

# J

**Joe**: Pepe
(to) **join**: ligar
**Joseph**: José
**just**: justo; **to have just** (+ *past part.*): acabar de (+ *infinitive*); **he has just arrived**: acaba de llegar

# K

(to) **keep**: guardar, quedarse con
**key**: llave (*f.*)

**kilometer**: kilómetro
**kind**: (*adj.*) amable; (*n.*) clase (*f.*)
**kindness**: bondad (*f.*)
**knife**: cuchillo
(to) **knock**: llamar; **to knock on the door**: llamar a la puerta
(to) **know**: (*a fact*) saber **(39)**; (*a person*) conocer **(38)**; **it's not known**: no se sabe

# L

**lack**: falta; **to be lacking**: faltar
**lady**: señora, dama; **(young lady)**: señorita; **the Lady of Elche**: la Dama de Elche
**language**: lengua; idioma (*m.*)
**large**: grande, gran
**larger**: más grande, mayor
**last**: último; pasado; postrer(o), a; **last year**: el año pasado; **last night**: anoche; **at last**: al fin
**late**: tarde; **to be late**: tardar (en)
**later**: más tarde, luego
**latest**: último
**latter; the latter**: éste, –a
(to) **laugh (at)**: reírse (i) (de)
**law**: ley (*f.*), derecho; **law studies**: estudios de derecho
(to) **lead**: llevar; conducir **(38)**
(to) **learn**: aprender; **I learned (found out) today**: supe hoy
**least**: menos; **at least**: a lo menos
(to) **leave**: salir **(39)** (de), partir (de); dejar; **to take leave**: despedirse (i); **to leave off, omit**: prescindir de
**left**: izquierdo, –a; **to the left**: a la izquierda
**legend**: leyenda
**lemonade**: limonada
**less**: menos
**lesson**: lección (*f.*)
**let**: dejar, permitir; **let's go**: vamos; **let's eat**: vamos a comer

**letter:** (*of the alphabet*) letra; (*epistle*): carta

**level:** nivel (*m.*); **above sea level:** sobre el nivel del mar

**library:** biblioteca

**life:** vida

**light:** luz (*f.*); **moonlight:** luz de la luna

**likable:** simpático

**like:** como; **to like:** querer **(39)**, gustarle a uno; **I would like:** me gustaría; **how do you like . . .?:** ¿qué te parece . . .?, ¿qué tal te gusta . . .?

**line:** línea; cola; **to get in line:** formar cola, ponerse **(39)** en la cola

(to) **listen:** escuchar; **listen!:** ¡oye!, ¡oiga!

**liter:** litro

**little:** poco; (*small*) pequeño, chico; **little moment:** momentito; **little Paul:** Pablito; **little bit:** poquito; **little wineglass:** copita; **little dish:** platillo; **Boabdil the Little:** Boabdil el chico; **little house:** casita, casilla, casucha; **little man:** hombrecillo; **little table:** mesita; **little trip:** viajecito

(to) **live:** vivir

**lobby:** salón (*m.*)

(to) **lodge:** alojar

**lodging:** alojamiento

**long:** largo; **a long time:** mucho tiempo; **how long?:** ¿cuánto (tiempo)?

**longer:** más largo; **no longer:** ya no

**look:** ojeada

(to) **look:** ver, mirar; **to look at:** mirar; **to look for:** buscar **(38)**; **to look like:** parecer **(38)**; **to look over:** ojear

(to) **lose:** perder (ie)

**lost:** perdido

**lot; a lot:** mucho, —a, —os, —as

**love:** amor (*m.*); **to love:** amar, querer **(39)**; **to fall in love (with):** enamorarse (de)

**low:** bajo; desinflado

**luck:** suerte (*f.*)

**lunch:** almuerzo; **to (eat) lunch:** almorzar (ue) **(38)**

# M

**madam:** señora

**Madrilene** (*native or resident of Madrid*): madrileño, a

**main:** principal

**majority:** mayoría

(to) **make:** hacer **(39)**

**making:** haciendo; **basket-making:** hacer cestas

**man:** hombre; **that little man:** aquel hombrecillo

**many:** muchos, as; **how many?:** ¿cuántos, as?; **as (so) many:** tantos, as; **many people:** mucha gente

**market:** mercado

**married:** casado; **married couple:** matrimonio

(to) **marry:** casarse (con); **she married him:** se casó con él

**marvel:** maravilla

**marvelous:** maravilloso

**marvelously:** maravillosamente, divinamente

**mate:** compañero

**matter:** asunto, materia: **what's the matter?:** ¿qué hay?; **what does it matter?:** ¿qué importa?; **it doesn't matter:** no importa

**maximum:** máximo

**May:** mayo

**me:** me, mí; **with me:** conmigo

**meal:** comida

(to) **mean:** querer decir **(39)**; **means** (*n.*): medio; **by no means:** de ninguna manera (to) **meet**: encontrar (ue), conocer **(38)**; **I met her a month ago**: la conocí hace un mes

**menu**: lista; **today's menu**: la lista de los platos del día

(to) **merit**: merecer **(38)**

**message**: recado

**Mexican**: mexicano

**Mexico**: México

**might** (*aux. verb*): (*past tense of*) poder **(39)**; *or past subj. of verbs*

**mile**: milla

**milk**: leche (*f.*)

**mine**: mío; **a friend of mine**: un amigo mío

**minute**: minuto

**miracle**: milagro

**Miss**: señorita; **to miss**: perder (ie); echar de menos

**Mr.**: señor; **Mrs.**: señora; **Mr. and Mrs.**: los señores

**mob**: horda, muchedumbre (*f.*)

**model**: modelo (*m. or f.*)

**moment**: momento

**monarch (king)**: rey

**monastery**: monasterio

**Monday**: lunes (*m.*)

**money**: dinero, moneda, plata; **Mexican money**: pesos; **Spanish money**: pesetas

**moon**: luna

**moonlight**: luz (*f.*) de la luna

**more**: más; **more and more**: cada vez más; **more or less**: más o menos; **the more ... the more**: cuanto más ... (tanto) más ...

**morning**: mañana; **good morning**: buenos días; (*early*) **morning**: madrugada; **Sunday morning**: el domingo por la mañana

**most**: más, –ísimo

**mother**: madre, mamá

**mountain**: montaña

(to) **mourn**: llorar

**movement**: movimiento

**movie, movies**: cinema (*m.*), cine (*m.*); **movie theater**: cine (*m.*)

**much**: mucho, a; **very much**: muchísimo; **thank you very much**: muchas gracias; **so much**: tanto; **how much?**: ¿cuánto?

**murmur**: murmullo

**museum**: museo

**music**: música

**must**: deber, tener **(39)** que; **one must know**: hay que saber; **it must be two o'clock**: deben de ser las dos, serán las dos

**my**: mi, mis

**myself**: me; **I myself**: yo mismo, –a

## N

**name**: nombre (*m.*); **what is your name?**: ¿cómo se llama usted?; **my name is**: me llamo

**namesake**: tocayo

**nap**: siesta

**napkin**: servilleta

(to) **narrate**: contar (ue)

**narrow**: estrecho; **very narrow**: estrechísimo

**native**: nativo, natal

**near**: (*adv.*) cerca, (*prep.*) cerca de

**nearby**: cercano

**necessary**: necesario; **it's necessary**: hay que, es necesario

(to) **need**: necesitar, faltarle a uno, hacer **(39)** falta

**need**: falta, necesidad (*f.*)

**negative**: negativo

**neighbor**: vecino, –a

**neither**: ni; **neither ... nor**: ni ... ni; (*also not*) tampoco

**nephew**: sobrino

**never**: nunca, jamás

**nevertheless**: sin embargo

**new**: nuevo

**news:** noticias (*used also as singular noun*), noticia

**next:** próximo, siguiente; **next month:** el mes que viene, el mes próximo

**nice:** bonito, simpático, amable

**niece:** sobrina

**night:** noche (*f.*); **Saturday night:** la noche del sábado; **last night:** anoche; **good night:** buenas noches

**nine:** nueve; **9:30:** las nueve y media

**no:** no; ningún, ninguno, −a, −os, −as

**nonsense:** tontería

**north:** norte (*m.*); **North American:** norteamericano, yanqui

**nose:** nariz (*f.*); **big-nosed** (*n. or adj.*): narizón (*m.*)

**not:** no; **not at all:** de nada

**nothing:** nada

(to) **notice:** notar, fijarse (en)

**notion:** gana; **to take a notion:** darle (a uno) la gana

**noun:** nombre (*m.*)

**now:** ahora, ya; **right now:** ahora mismo; **now . . . now . . .:** ora . . . ora . . .; **now that . . .:** ya que . . .

**nowadays:** hoy en día

**number:** número

**numeral:** número

# O

**object:** objeto; (*grammatical*) complemento

(to) **obtain:** obtener (*conjugated like* tener, **39**)

**occasion:** ocasión (*f.*)

**o'clock:** (hora) **at eight o'clock:** a las ocho

**odalisk:** odalisca

**of:** de; **of course!:** ¡claro!

**off; to get off:** bajar de

(to) **offer:** ofrecer (**38**)

**often:** a menudo, muchas veces, con frecuencia

**oil:** aceite (*m.*)

**old:** viejo; anciano; antiguo; **how old are you?:** ¿cuántos años tiene usted?

**older:** mayor, más viejo, más antiguo

(to) **omit:** prescindir de; omitir

**on:** en, sobre

**once:** una vez; **at once:** en seguida

**one:** un, uno, una; **the one:** el, la (que, de); (*as subject of verb*) se, uno

**only:** sólo, solamente, no más que; **not only . . . but also:** no sólo . . . sino también

(to) **open:** abrir (*p.p.* abierto)

**opened:** abierto

**opportunity:** oportunidad (*f.*)

**opposite:** contrario

**or:** o (*written* u *before* o *or* ho)

**order; in order to:** para

(to) **order:** mandar, pedir (i)

**other:** otro; **each other (one another):** uno (a) otro (*see under* each)

**otherwise:** si no; de otra manera

**ought:** deber

**our:** nuestro, −a

**out:** fuera; **to go** (*or* come) **out:** salir (**39**); **to get out** (*of a vehicle*); bajar

**outside:** afuera

**over:** sobre, encima de; **over here:** por aquí

**own:** propio

**owner:** dueño

# P

**pagan:** pagano

(to) **paint:** pintar

**palace:** palacio

**pantheon:** panteón (*m.*)

**paradise:** paraíso

**paragraph:** párrafo

**pardon:** perdón (*m.*); **I beg your pardon:** le pido perdón

**parents:** padres (*m.*)

**park:** parque (*m.*)

(to) **park:** estacionar, parar

**part:** parte (*f.*)

**pass:** (*mountain*) puerto; **to pass:** pasar; **to pass through:** pasar por, atravesar (ie)

**passport:** pasaporte (*m.*)

**past:** antigüedad (*f.*); pasado, a; **let's forget the past:** olvidemos lo pasado

**patient:** paciente (*m.*)

**patio:** patio

**patriotic:** patriota, patriótico

**patriotism:** patriotismo

**Paul:** Pablo; **little Paul, dear Paul:** Pablito

(to) **pay:** pagar; **to pay homage:** rendir (i) homenaje

**people:** gente (*f. singular*), personas (*f. plural*); **the young people:** los jóvenes; **(uncouth) people:** gentuza

**perfect:** perfecto; **perfectly:** perfectamente

**perhaps:** quizás, tal vez

**permission:** permiso

**person:** persona; **(flashy) person:** majo, a

**personal:** personal

**petition:** petición (*f.*)

**picturesque:** pintoresco

**piece:** pedazo; (*of baggage*) bulto

**pity:** lástima; **it's a pity that you aren't going:** es lástima que tú no vayas

**place:** lugar (*m.*), sitio

(to) **plan:** pensar (ie), proyectar

**plane:** (*airplane*) avión (*m.*)

**plate:** plato

(to) **play** (*games*): jugar (ue); (*musical instruments*): tocar **(38)**

**player:** jugador, a; **guitar player:** guitarrista (*m. or f.*)

**pleasant:** agradable, ameno

(to) **please:** gustar; . . . , **please:** . . . , por favor; **please,** . . .: haga usted el favor de . . .

**pleasure:** gusto, placer (*m.*); **what a pleasure!** ¡cuánto placer!; **to give pleasure:** agradar

**plus:** más

**poet:** poeta (*m.*)

**point:** punto

**police:** policía; **policeman:** policía (*m.*), guardia (*m.*)

**polite:** cortés, (*plural*, corteses)

**poor:** pobre; **poor kid!:** ¡pobrecito!

**porter:** mozo

**Portuguese:** portugués, portuguesa

**position:** posición (*f.*)

**possible:** posible

**postcard:** tarjeta postal

**practice:** práctica

(to) **practice:** practicar **(38)**

(to) **precede:** preceder

(to) **prefer:** preferir (ie); gustarle a uno más

(to) **prepare:** preparar

**presence:** presencia

**present:** presente (*adj.*); presente (*m.*), regalo

(to) **present:** presentar

**pretty:** bonito, guapo, lindo

**price:** precio

**pride:** orgullo

**private:** particular

**probable:** probable; **the most probable:** lo más probable

**probably:** probablemente

**prodigal:** pródigo

**promise:** promesa

(to) **promise:** prometer

(to) **pronounce:** pronunciar

**proof:** prueba

**proportion:** proporción (*f.*)

(to) **prove:** probar (ue)

**province:** provincia

**purse:** bolsa; **coin purse:** portamonedas (*m. s.*)

(to) **put**: poner **(39)**; **to put on**: ponerse **(39)**

**pyramid**: pirámide (*f.*)


# Q

**quality**: calidad (*f.*)

**quarter**: cuarto; **quarter** (*of a city*): barrio

**question**: pregunta

**quite**: bastante, muy


# R

**race**: (*of people*) raza

**radiator**: radiador (*m.*)

**rain**: lluvia

(to) **rain**: llover (ue)

(to) **read**: leer **(38)**

**ready**: listo

**real**: verdadero

**reality**: realidad (*f.*)

**really**: verdaderamente, de veras, realmente

**reason**: razón (*f.*); **for that reason**: por eso

(to) **recall**: recordar (ue)

(to) **receive**: recibir

**receiver** (*of telephone*): receptor (*m.*)

**reciprocal**: recíproco

(to) **recommend**: recomendar (ie)

**recommendable**: recomendable

**reform**: reforma; **Reform Boulevard**: Paseo de la Reforma

**refreshment**: refresco

(to) **refuse**: negarse (ie) a **(38)**

**region**: región (*f.*)

(to) **regret**: sentir (ie); **how I regret it!**: ¡cuánto lo siento!

**rein**: rienda; **free rein**: rienda suelta

(to) **remain**: quedar, quedarse, permanecer **(38)**

(to) **remember**: acordarse (ue) de; **I remember having read that**: me acuerdo de haber leído eso

**remote**: remoto

(to) **rent**: alquilar

(to) **repeat**: repetir (i)

**report**: informe (*m.*)

(to) **request**: rogar (ue) **(38)**, pedir (i)

(to) **reserve**: reservar

**rest (remainder)**: lo demás

**restaurant**: restaurante (*m.*)

**result**: resultado

(to) **result**: resultar

**return**: vuelta, regreso; **return trip**: viaje de vuelta

(to) **return** (*go back*): volver (ue), regresar; (*give back*): devolver (ue)

**review**: repaso

(to) **review**: repasar

**rhythmic**: rítmico

**rich**: rico, –a; **richer**: más rico

**ride**: paseo; **to ride**: pasearse

**right**: derecho; **to the right**: a la derecha; **right away**; ahorita, en seguida, en seguidita, **to be right**: tener **(39)** razón; **all right**; bien; **right here**. aquí mismo; **right near**: cerquita

**ring**: anillo, sortija

(to) **ring**: sonar (ue)

**rival**: rival

**romantic**: romántico

**room**: habitación (*f.*), cuarto, alojamiento; sala; **waiting room**: sala de espera; **to be room for**: caber **(39)**; **there's room for us**: cabemos

**rose**: rosa

(to) **run**: correr, andar **(39)**

(to) **rush**: apresurarse


# S

**sad**: triste; **to become sad**: entristecerse **(38)**

**said:** dicho (*past part. of* decir); **better said:** mejor dicho; **it is said:** se dice

**saint:** san, santo, santa

**salon:** salón (*m.*), sala

**same:** mismo

**sandwich:** sandwich (*m.*), emparedado, bocadillo

**Saturday:** sábado (*m.*)

**sauce:** salsa

(to) **say:** decir **(39)**; **how do you say?:** ¿cómo se dice?; **you say, one says, it is said:** se dice

**scare:** susto; **you scared me:** me diste un susto

**schedule:** horario, cédula; **behind schedule:** atrasado

**scholarship:** beca

**school:** escuela

(to) **scold:** reñir (i)

**sea:** mar (*m. and f.*)

**season:** estación (*f.*), época

**seat:** asiento

**second:** segundo

**secondary:** secundario

**secret:** secreto; oculto

**secretary:** secretario, –a

(to) **see:** ver **(39)**; **see you later:** hasta luego; **seeing everything:** viéndolo todo; **let's see:** a ver, vamos a ver, veamos

(to) **seem:** parecer **(38)**

**seen:** visto; **they are not seen:** no se ven

(to) **sell:** vender; **they are sold:** se venden

(to) **send:** mandar, enviar

**sentence:** frase (*f.*)

(to) **separate:** separar(se)

**serape:** sarape (*m.*)

**serenade:** serenata

**serious:** serio; **seriously:** en serio

**serpent:** sierpe (*f.*); **Serpent Street:** calle de las Sierpes

**servant:** criado, –a

(to) **serve:** servir (i); **lunch is served:** el almuerzo está servido

**service:** servicio; **at your service:** para servirle (a usted)

**set:** juego; **chess set:** juego de ajedrez

(to) **set:** asentar (ie); **to set the table:** poner **(39)** la mesa

**setting (atmosphere):** ambiente (*m.*)

**seven:** siete

**seventy:** setenta

**several:** varios, –as

**shadow:** sombra

(to) **shave:** afeitar(se)

**shawl:** rebozo

**she:** ella

**sherry:** jerez, vino de Jerez

(to) **shine:** brillar; **the sun is shining:** hace sol

**shoe:** zapato

**shop:** tienda, taller (*m.*)

**shopping; to go shopping:** ir **(39)** de tiendas, ir de compras

**shoulder:** hombro; **to shrug one's shoulders:** encogerse **(38)** de hombros

(to) **shout:** gritar

(to) **show:** mostrar (ue), enseñar; **show window:** escaparate (*m.*); **floor show:** espectáculo

**shrine:** santuario

(to) **shrug one's shoulders:** encogerse **(38)** de hombros

**sick:** enfermo

**sight:** vista

**sight-seeing; to spend the day sight-seeing in Seville:** pasar el día recorriendo a Sevilla

**sign:** letrero

**silk:** seda; **silk shawl:** rebozo de seda

**silly:** tonto

**silver:** plata; **silver objects:** objetos de plata

**since:** (*in expressing time*) desde, desde que; (*in expressing cause*) ya que, como

**sincerely:** sinceramente
**(to) sing:** cantar
**singing:** canto, (*gypsy dialect*) cante (*m.*)
**sir:** señor (*m.*)
**sister:** hermana
**site:** sitio
**six:** seis
**sixteen:** diez y seis
**sixty:** sesenta
**sixty-four:** sesenta y cuatro
**sixth:** sexto
**sky:** cielo
**sleep:** sueño
**(to) sleep:** dormir (ue); **to fall asleep:** dormirse (ue)
**sleeping car:** coche-cama (*m.*)
**sleepy; to be sleepy:** tener (39) sueño
**small:** pequeño
**snow:** nieve (*f.*)
**(to) snow:** nevar (ie)
**so:** tan; **so much:** tanto, a; **so . . . as:** tan . . . como; **so so:** regular; **I am less so now:** ya lo estoy menos; **so that:** para que, de modo que, de manera que
**social:** social
**some:** unos, as; algún, a, as, os; **some day:** algún día
**something:** algo, alguna cosa
**sometimes:** a veces
**son:** hijo
**song:** canción (*f.*)
**soon:** pronto, ya; **soon after:** poco después (de)
**sorry; to be sorry:** sentir (ie)
**soup:** sopa
**south:** sur (*m.*)
**southern:** del sur
**sovereign: Catholic Sovereigns:** Reyes Católicos
**Spain:** España
**Spaniard:** español, española
**Spanish:** español, española; **Spanish** (*language*): español (*m.*)

**(to) speak:** hablar; **to speak to:** saludar
**specialist:** especialista (*m. or f.*)
**spectator:** espectador, –a
**(to) spend:** pasar; gastar
**spite, in spite of:** a pesar de
**spoken:** hablado
**spontaneous:** espontáneo, –a
**spoon:** cuchara; **teaspoon:** cucharita
**square:** (*adj.*) cuadrado; (*n.*) plaza
**stairs, stairway:** escalera; (*outside*) **stairway:** escalinata; **to come downstairs:** bajar
**stall:** puesto
**(to) stamp:** sellar
**(to) stand:** estar (39) de pie, ponerse (39) de pie; **I can't stand any more:** no puedo más
**(to) starve:** morirse (ue) de hambre
**statement** (*of money carried*): declaración (de divisas)
**station:** estación (*f.*)
**statue:** estatua
**(to) stay:** quedarse
**step:** paso
**still:** (*yet*) todavía, aún; (*even*) aun
**(to) stop:** parar, pararse, detenerse (*conjugated like* tener (39))
**store:** tienda
**story** (*of a building*): piso
**straight:** derecho
**strawberry:** fresa
**street:** calle (*f.*)
**(to) stroll:** pasearse
**study:** estudio
**(to) study:** estudiar
**style:** moda
**subject:** sujeto
**successor:** sucesor
**such:** tal, tanto
**(to) suggest:** sugerir (ie)
**suggestion:** sugerencia
**suitcase:** maleta
**suitor:** galán
**sultan:** sultán

**sun:** sol (*m.*); **the sun was shining:** hacía sol

**Sunday:** domingo; **on Sundays:** los domingos

**supper:** cena; **to eat supper:** cenar

**surname:** apellido

(to) **surprise:** sorprender; **to be surprised:** extrañarse

(to) **surrender:** rendir(se) (i)

**surroundings:** alrededores (*m. pl.*)

(to) **suspend:** suspender

**sweetheart:** novio, –a

**symbolic:** simbólico

(to) **sympathize:** simpatizar (38)

# T

**table:** mesa

(to) **take:** tomar, llevar, sacar (38); **to take a trip:** hacer (39) un viaje; **to take a seat:** tomar asiento, sentarse (ie); **why did you take so long?:** ¿por qué tardaste tanto?; **to take a walk, ride:** pasearse, dar (39) un paseo; **to take a boat ride:** dar un paseo en canoa; **to take photographs:** sacar fotografías; **to take away (from):** quitar (a); **to take (down** *or* **up) the receiver:** descolgar (ue) (38) el receptor

(to) **talk:** hablar, platicar (38)

**tall:** alto; **taller:** más alto

**tank:** tanque (*m.*)

**taxi:** taxi (*m.*)

**tea:** té (*m.*)

(to) **teach:** enseñar

**teacher:** maestro, –a, profesor, –a

(to) **tear:** romper

**teaspoon:** cucharita

**telegram:** *telegrama* (*m.*)

**telephone:** teléfono; **a telephone call:** una llamada telefónica; **to telephone:** telefonear, llamar por teléfono

(to) **tell:** decir (39), contar (ue)

**temple:** templo

**ten:** diez

**tense** (*of verb*): tiempo

**than:** que, del que, de lo que, *etc.*; (*before numerals*) de

(to) **thank:** dar (39) gracias

**thanks:** gracias; **thank you:** gracias; **thank you very much:** muchas gracias

**that:** que; ese, –a, –o; aquel, aquella, –o

**the:** el, la, los, las, lo

**theater:** teatro, cine (*m.*)

**their:** su, sus

**them:** los, las, les; ellos, –as

**then:** entonces; luego

**there:** allí, allá, ahí; **there is, there are:** hay; **there was, were:** había

**therefore:** por eso

**these:** estos, –as, éstos, –as

**they:** ellos, –as

**thing:** cosa; **something:** algo, alguna cosa; **anything:** algo, alguna cosa; **(not) anything:** nada

(to) **think:** pensar (ie), creer (38); **I think so:** creo que sí; **I don't think so:** creo que no

**thirst:** sed (*f.*)

**thirsty; to be thirsty:** tener (39) sed

**thirty:** treinta; **at ten-thirty:** a las diez y media

**this:** este, –a, –o

**those:** esos, –as, aquellos, –as; ésos, –as, aquéllos, –as; **all those people:** toda esa gente

**thousand:** mil

**three:** tres; **at 3:00:** a las tres

**through:** por, entre

**thus:** así

**ticket:** (*in Spain*) billete (*m.*), (*in Mexico*) boleto

**tight:** apretado

**till:** hasta que

**time:** tiempo; (*of day*) hora; (*occasion*) vez (*f.*); **at the same time:** a la vez;

**many times:** muchas veces; **first time:** primera vez; **from time to time:** de vez en cuando; **on time:** a tiempo; **what time is it?:** ¿qué hora es?; **to have a good time:** divertirse (ie); **times** (*multiplied by*): por

**tip:** (*gratuity*) propina

**tire:** (*of automobile*) llanta, goma

(to) **tire:** cansar

**tired:** cansado; **to get tired:** cansarse

**to:** a; **(in order) to:** para

**today:** hoy

**together:** junto(s)

**tomorrow:** mañana (*m.*); **day after tomorrow:** pasado mañana

**too:** (*also*) también; (*excessively*) demasiado; **too much:** mucho, demasiado, a

**top:** lo alto, lo más alto

**touch:** toque (*m.*)

(to) **touch:** tocar (**38**)

**tourist:** turista (*m. or f.*)

**tower:** torre (*f.*)

**town:** pueblo

**tradition:** tradición (*f.*)

**traffic:** tráfico; **traffic circle:** glorieta

**train:** tren (*m.*)

(to) **translate:** traducir (**38**)

**translation:** traducción (*f.*)

(to) **transport:** transportar

(to) **travel:** viajar

**traveler:** viajero, –a; **traveler's check:** cheque (*m.*) de viajero

**treasure:** tesoro

**trip:** viaje (*m.*); **to take a trip:** hacer (**39**) un viaje

(to) **trouble:** molestar; (*n.*) molestia

**true:** verdadero; **it's true:** es verdad

**truth:** verdad (*f.*); **to tell the truth:** a decir (la) verdad

**truthfully:** de verdad, verdaderamente

(to) **try:** probar (ue); tratar de

**Tuesday:** martes (*m.*)

(to) **turn:** volver (ue), tornar; **to turn around:** volver, dar la vuelta; **to turn on:** (*the fountains*) abrir

**twelve:** doce; **1200:** mil doscientos

**twenty:** veinte

**twins:** gemelos

**two:** dos

# U

**U-drive-it:** coche de alquiler

**unable; to be unable:** no poder (**39**)

**uncle:** tío

**uncouth:** grosero; rudo; **uncouth people:** gentuza

**under:** bajo, debajo de; **under the impulse of:** a impulso de

(to) **underline:** subrayar

(to) **understand:** entender (ie), comprender

**unexpected:** imprevisto

**unfortunately:** por desgracia, desafortunadamente

**unimportant:** sin importancia

**United States:** los Estados Unidos

**university:** universidad (*f.*)

**unless:** a menos que

**until:** hasta

**up:** arriba; **up there above:** allá arriba; **to go** (*or* **come**) **up:** subir; **what's up?:** ¿qué hay?; **to get up:** levantarse; **she is up:** está levantada

**urgent:** urgente; **to be urgent:** urgir (**38**)

**use:** uso; **there is no use:** es inútil, no vale la pena; **to be used to:** estar acostumbrado a

(to) **use:** usar, emplear; **used to speak:** *imperfect tense of* hablar

**usual:** usual, general; **usually:** generalmente

# V

**vacant:** libre
**vacation:** vacación (*f.*)
**vendor:** vendedor, –a
**Venice:** Venecia
**very:** muy, mucho, –ísimo, a (*added to adj. or adv.*); **very much:** muchísimo
**view:** vista; **point of view:** punto de vista
**virgin:** virgen (*f.*)
**vision:** visión (*f.*)

# W

(to) **wait (for):** esperar, aguardar
**waiter:** mesero, mozo, camarero
**waiting room:** salón (*m.*), sala de espera
(to) **wake (up):** despertar(se) (ie)
(to) **walk:** andar (39), ir a pie; **to take a walk:** dar un paseo; **to walk (over):** recorrer a pie
(to) **want:** desear, querer (39)
(to) **warm:** calentar (ie); **to get warm:** calentarse (ie); **to be warm** (*person*): tener (39) calor; **to be warm** (*weather*): hacer (39) calor
(to) **watch:** mirar, guardar; **watching it makes me think . . . :** el mirarlo me hace pensar . . .
**water:** (el) agua (*f.*); *water* **glass:** vaso
**way:** (*manner*) manera; dirección (*f.*); **which way?:** ¿por dónde?; **by the way:** a propósito; **by way of:** por
**we:** nosotros, –as
(to) **wear:** llevar; **(to) wear out:** acabar(se)
**weather:** tiempo; **weather vane:** giralda
**Wednesday:** miércoles (*m.*)
**week:** semana; **a week ago:** hace ocho días
(to) **weep:** llorar

**welcome:** bienvenido
**well:** bien, bueno; pues
**what:** qué, lo que; **what a pleasant life!:** ¡qué vida tan agradable!
**when:** cuando; **when?:** ¿cuándo?
**where:** donde; **where?:** ¿dónde?
**wherever:** (a)dondequiera
**whether:** si
**which:** que, el cual (la cual); **which?:** ¿qué?, ¿cuál?
**while:** mientras
**whisper:** susurro
**who:** que, quien; **who?:** ¿quién?; **whoever:** quien, quienquiera
**whole:** entero
**whom:** que, a quien; **whom?:** ¿a quién?, ¿quién?
**whose:** (*poss. rel.*) cuyo; (*interrog.*) ¿de quién?
**why?:** ¿por qué?
**widow:** viuda
**wife:** esposa, señora
**will** (*to be willing*): querer (ie) (39). *See Appendix ¶31, for future tense of verbs.*
(to) **win:** ganar
**wind:** viento
**window:** ventana; **ticket window:** taquilla
**windshield:** parabrisa(s) (*m. s.*)
**windy; it's windy:** hace viento
**wine:** vino; **sherry wine:** jerez
(to) **wish:** desear, querer (39); **I wish I could (knew how to) speak English!:** ¡ojalá que supiera hablar inglés!
**with:** con; **with me:** conmigo
**within:** dentro (de)
**without:** sin; afuera
**woman:** mujer; señora
(to) **wonder:** maravillarse, preguntarse; **I wonder what's the matter with him?:** ¿qué tendrá?
**wonderful:** maravilloso; bonísimo
**word:** palabra
**work:** trabajo, obra; **grill-work:** reja

**world:** mundo

(to) **worry:** preocuparse; **to be worried:** estar preocupado; **no need to worry:** no hay que preocuparse, no hay cuidado; **don't worry:** no tenga cuidado

**worse:** peor

**worship:** culto

**worth:** valor (*m.*); **to be worth:** valer **(39); how much is it worth?:** ¿cuánto vale?

(to) **write:** escribir (*p.p.* escrito)

**written:** escrito

**wrong; to be wrong:** no tener razón; **I wonder what's wrong with papa:** ¿qué tendrá papá?

# Y

**Yankee:** yanqui (*i.e., person from the United States*)

**year:** año

**yearning:** anhelo

**yen:** gana; **I have a yen to go:** tengo ganas de ir

**yes:** sí

**yesterday:** ayer; **day before yesterday:** anteayer

**yet:** ya, todavía; **not yet:** todavía no

(to) **yield:** ceder

**you:** usted, ustedes, tú, vosotros, le, lo, la, les, los, las, te, os

**young:** joven (*pl.* jóvenes); **the young lady:** la señorita; **the young people:** los jóvenes

**younger:** menor, más joven

**your:** tu, tus; su, sus; vuestro, —a, —os, —as

**yours:** tuyo, —a; suyo, —a; de usted, de ustedes; vuestro, —a, —os, —as

**yourself:** te, se

# Z

**zero:** cero

**zone:** zona

# Index

# Index

# MAPAS

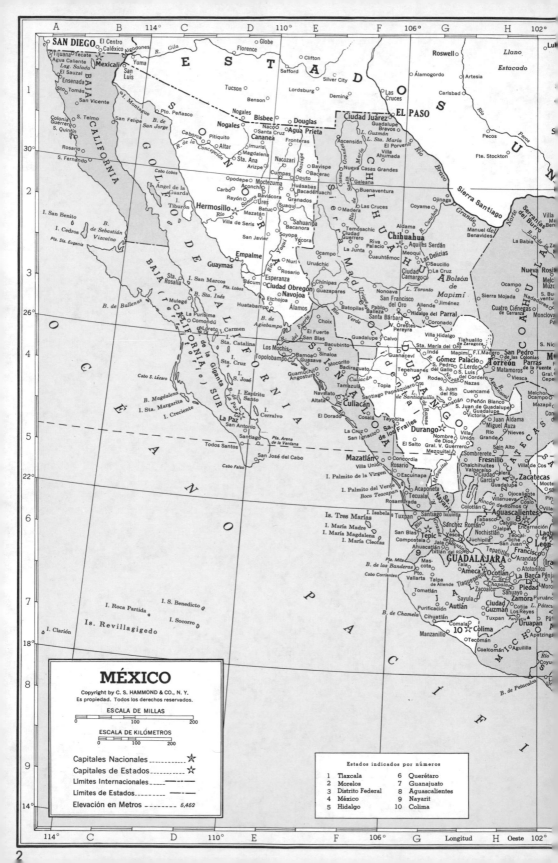

## AMÉRICA CENTRAL

Copyright by C. S. HAMMOND & CO., N. Y.
Es propiedad.    Todos los derechos reservados.

### ESCALA DE MILLAS
0    25    50                100                150

### ESCALA DE KILÓMETROS
0    25    50        100            150

Capitales Nacionales _ _ _ _ _ _ _ _ _ _ _ _ ☆

Límites Internacionales _ _ _ _ _ _ _ _ _

Canales _ _ _ _ _ _ _ _ _ _ _ _ _ _ _ _ _

Elevación en Metros _ _ _ _ _ _ _ _ _ _ _  *4,237*

4

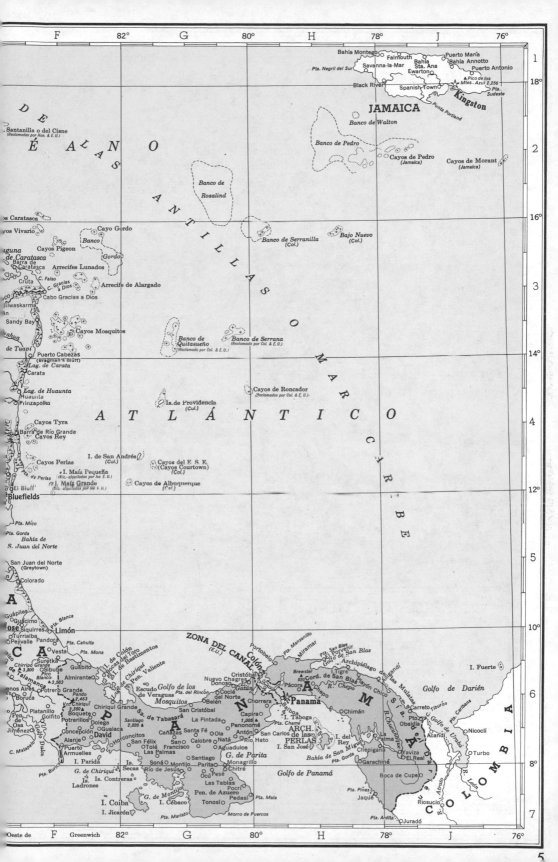

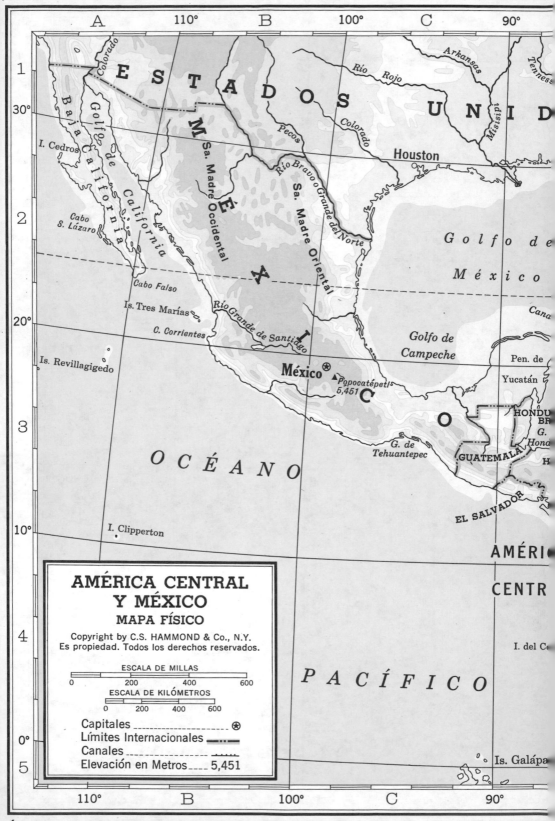

AMÉRICA CENTRAL
Y MÉXICO
MAPA FÍSICO

Copyright by C.S. HAMMOND & Co., N.Y.
Es propiedad. Todos los derechos reservados.

ESCALA DE MILLAS
0     200     400     600

ESCALA DE KILÓMETROS
0     200     400     600

Capitales _____ ⊛
Límites Internacionales _____
Canales _____ .......
Elevación en Metros ____ 5,451

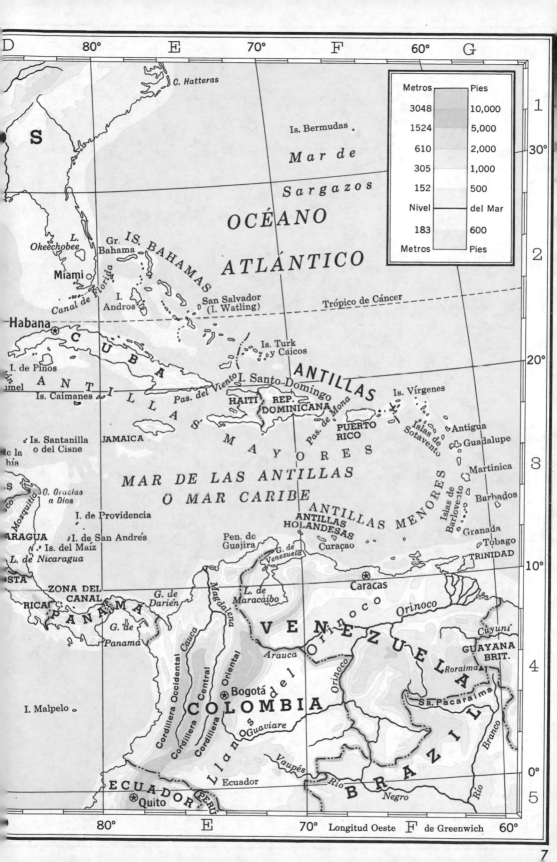

C. Hatteras

S

Is. Bermudas

Mar de

Sargazos

OCÉANO

ATLÁNTICO

| Metros | | Pies |
|---|---|---|
| 3048 | | 10,000 |
| 1524 | | 5,000 |
| 610 | | 2,000 |
| 305 | | 1,000 |
| 152 | | 500 |
| Nivel | | del Mar |
| 183 | | 600 |
| Metros | | Pies |

L. Okeechobee

Gr. IS. BAHAMAS
Bahama

Miami

Canal de Florida

I. Andros

San Salvador
(I. Watling)

Trópico de Cáncer

Habana

C U B A

I. de Pinos

imel

A N T I L L A S

Is. Caimanes

Pas. del Viento

I. Santo-Domingo

Is. Turk
y Caicos

ANTILLAS

Is. Vírgenes

HAITI   REP.
DOMINICANA

Pas. de Mona

PUERTO
RICO

Islas de
Sotavento

Antigua

Guadalupe

Is. Santanilla
o del Cisne

JAMAICA

M A Y O R E S

la
hía

O. Gracias
a Dios

MAR DE LAS ANTILLAS
O MAR CARIBE

Martinica

Mosquitia

ANTILLAS MENORES

Islas de
Barlovento

Barbados

I. de Providencia

ARAGUA

I. de San Andrés

ANTILLAS
HOLANDESAS

Curaçao

Granada

Tobago

Is. del Maíz

L. de Nicaragua

Pen. de
Guajira

G. de
Venezuela

TRINIDAD

STA

ZONA DEL
CANAL

G. de
Darién

L. de
Maracaibo

Caracas

O r i n o c o

Orinoco

RICA

PANAMA

Magdalena

V E N E Z U E L A

Cuyuní

GUAYANA
BRIT.

G. de
Panamá

Arauca

Roraima

I. Malpelo

Cordillera Occidental

Cauca

Cordillera Central

Cordillera Oriental

Bogotá

C O L O M B I A

Orinoco

Sa. Pacaraima

B R A S I L

Branco

Guaviare

Llanos del

Vaupés

Río

Negro

Río

ECUADOR

PERU

Ecuador

Quito

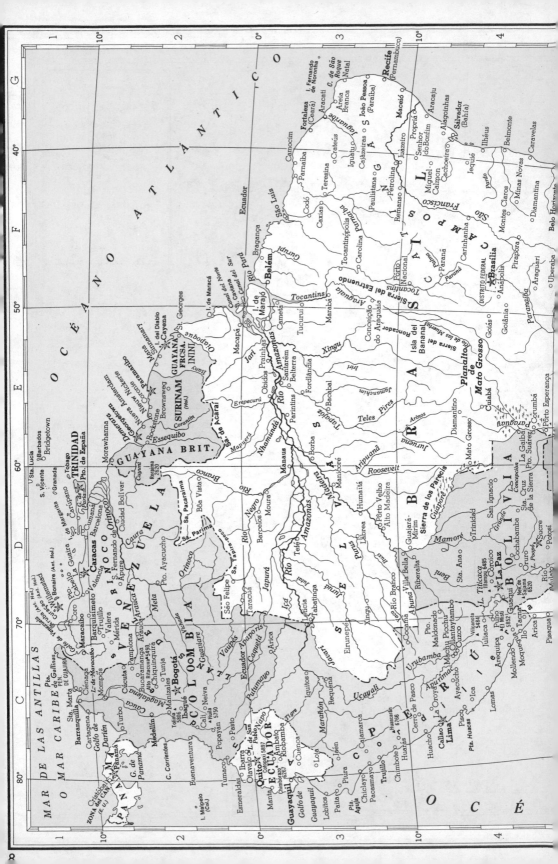

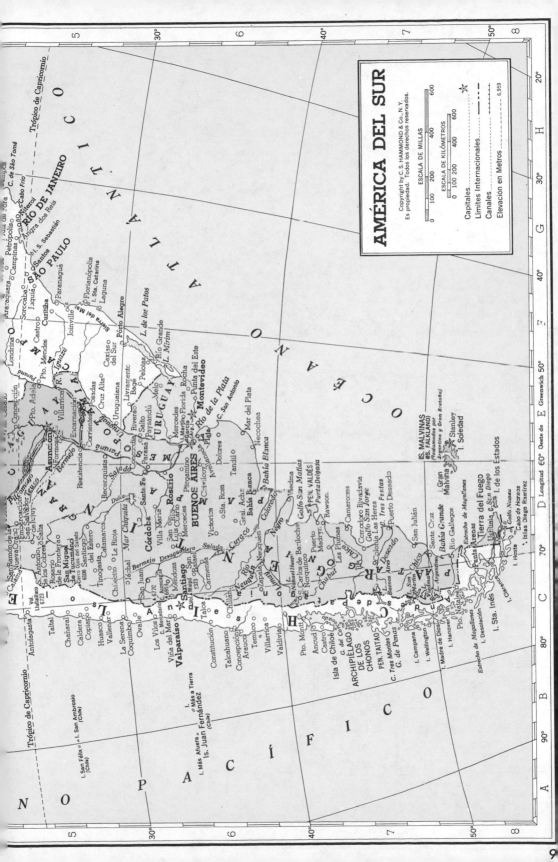

## AMÉRICA DEL SUR

Copyright by C. S. HAMMOND & Co., N.Y.
Es propiedad. Todos los derechos reservados.

ESCALA DE MILLAS
0    100   200   400   600

ESCALA DE KILÓMETROS
0    100  200   400   600

Capitales............................... ⭐
Límites Internacionales.........
Canales.................................
Elevación en Metros............... 6,959

9

# AMÉRICA DEL SUR
## MAPA FÍSICO

Copyright by C. S. HAMMOND & CO., N. Y.
Es propiedad. Todos los derechos reservados.

ESCALA DE MILLAS
100    200    400    600

ESCALA DE KILÓMETROS
0   200   400   600

Elevación en Metros -------- 6,959

| Metros | Pies |
|---|---|
| | 16400 |
| 5000 | 13120 |
| 4000 | 9840 |
| 3000 | 6560 |
| 2000 | 3280 |
| 1000 | 1640 |
| 500 | 656 |
| 200 | Nivel del Mar |
| Nivel del Mar | 656 |
| 200 | 9840 |
| 3000 | Pies |
| Metros | |

OCÉANO ATLÁNTICO

OCÉANO PACÍFICO

Trópico de Capricornio

I. San Félix
I. San Ambrosio
IS. JUAN FERNÁNDEZ
I. Más Afuera
I. Más a Tierra

Desierto de Atacama
Cordillera de los Andes
Cerro Ojos del Salado
Cerro Mercedario
Cerro Aconcagua 6,959
Sierras Pampeanas
Sa. de Famatina

Chaco Central
Chaco Austral
Pilcomayo
Bermejo
Paraguay
Mesopotamia
Paraná
Salado
Dulce
Mar Chiquita

Pampa Húmeda
Pampa Seca
Sa. de la Ventana
Bahía Blanca
Río de la Plata
Colorado
Río Negro
G. San Matías
P.n. Valdés
G. Dos Bahías
Chubut
G. San Jorge
C. Tres Puntas

Isla de Chiloé
ARCH. de los CHONOS
Pen. Taitao
G. de Peñas
I. Wellington
I. Madre de Dios
I. Hanover
ARCHIPIÉLAGO REINA ADELAIDA
I. Desolación
Estr. de Magallanes
I. Sta. Inés

Nahuel Huapi
Buenos Aires
Viedma
Argentino
Tierra del Fuego
Estr. de Magallanes
C. S. Diego
I. de los Estados
C. de Hornas
Is. Diego Ramírez

IS. MALVINAS
Bahía Grande
I. Gran Malvina
I. Soledad

I. S. Sebastián
I. Sta. Catarina
I. de los Patos
L. Mangueira
Mirim
Cuchilla Grande
Río Negro
Salto Grande

Sierra Gda.
Sierra Geral
Cordillera del Iguazú
Cajarías del Iguazú

C. de S. Tomé
C. Frío

Trópico de Capricornio

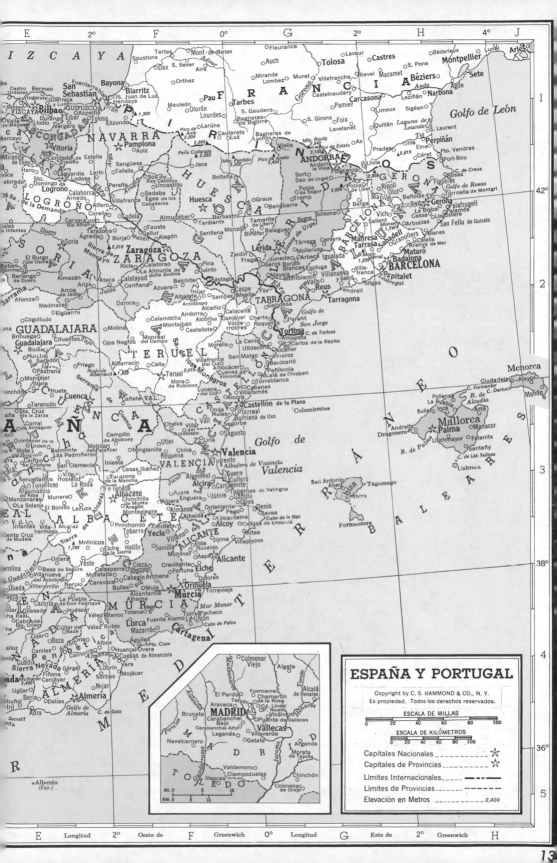

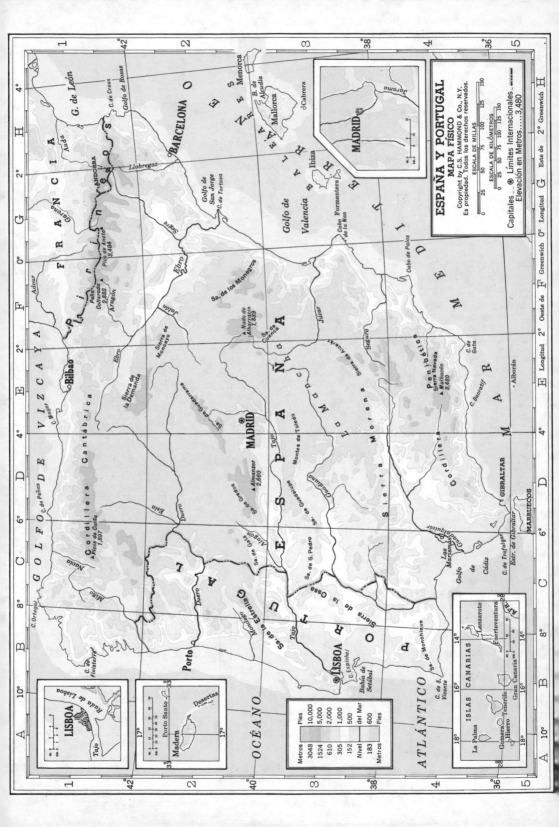

ESPAÑA Y PORTUGAL
MAPA FÍSICO

Copyright by C.S. HAMMOND & Co., N.Y.
Es propiedad. Todos los derechos reservados.

ESCALA DE MILLAS

0    25   50   75   100   125   150

ESCALA DE KILÓMETROS

0   25   50   75   100  125  150

Capitales___⊛    Límites Internacionales___
Elevación en Metros.....3,480

LISBOA

MADRID

Porto Santo

Madera
Desertaa

LISBOA

ISLAS CANARIAS
La Palma
Gomera
Hierro
Tenerife
Gran Canaria
Fuerteventura
Lanzarote
ÁFRICA

OCÉANO    ATLÁNTICO

Metros    Pies
3048      10,000
1524       5,000
610        2,000
305        1,000
152          500
Nivel     del Mar
183          600
Metros     Pies

G. de León
C. de Creus
Golfo de Rosas
BARCELONA
ANDORRA
Llobregat
Golfo de
San Jorge
C. de Tortosa
Sierra
MALLORCA
Cabrera
Ibiza
Formentera
B. de Alcudia
Menorca
BALEARES

Golfo de
Valencia
Cabo Formentera
de la Nao

Cabo de Palos

FRANCIA
Pirineos
Peña de Aneto
3,404
Peña
Collarada
2,808
Aragón

Sa. de los Monegros

Ebro

Nudo de
Albarracín
1,839
Sa. de
Cuenca

Júcar

Segura

Sierra de Alcaraz

Penibética
Sierra Nevada
Mulhacén
3,480
C. de
Gata
Alborán
C. Sacratif
MAR    MEDITERRÁNEO

GIBRALTAR
MARRUECOS
Estr. de Gibraltar
C. de Trafalgar
Golfo
de
Cádiz
Las Marismas
Guadalquivir

Cordillera

ADOUR
GARONA
C. Mayor
VIZCAYA
Bilbao
GOLFO DE VIZCAYA
C. de Peñas
C. Ortegal
C. de Finisterre
Cordillera Cantábrica
Peña de Cerbo
1,697
Sierra de
la Demanda
Sierra de
Moncayo
Ebro
Nájera
Miño
Duero
Esla
Duero

MADRID

Sa. de Guadarrama
Almanzor
2,660
Sa. de Gredos
Tajo
Montes de Toledo
Guadiana
La Mancha
Sierra Morena
Sa. de S. Pedro
Sierra de la Ossa
Guadiana

Tajo
ESPAÑA
Jalón

Sa. de Estrella
PORTUGAL
Porto
Duero
Montejunto
C. Espichel
Bahía de
Setúbal
Sa. de Monchique
C. de S. Vicente

Sierra
de Guara

FRANCIA

# ÍNDICE

16